아리스토텔레스 수사학

일러두기

- 본문의 난외에 표시된 아라비아 숫자와 로마자는 『아리스토텔레스 수사학』을 인용하거나 참조할 때 편리하도록 Immanuel Bekker, *Aristotelis Opera*(Berlin, 1831)에 수록된 본문의 쪽과 단과 행을 표기한 것이다. 수사학은 베커 판본 1354-1420쪽에 수록되어 있고, 한 쪽은 두 단으로 되어 있다. 예컨대, 1354a5는 베커 판본 1354쪽의 왼쪽 단 5행을 가리키고, 1354b20은 1354쪽의 오른쪽 단 20행을 가리킨다.
- 수사학 각 장의 제목은 그리스어 원문에는 나오지 않고, 주로 Hugh. C. Lawson-Tancred, *The Art of Rhetoric*, Penguin Classics(London. Penguin Books, 2004)를 참고해 역자가 붙였다.
- 고유명사는 대체로 문체부의 외래어 표기법을 따랐고, 그리스어를 음역한 경우에는 아티케 그리스어의 원래 발음을 그대로 표기했다.
- 본문 하단의 각주는 모두 역자가 붙였다.

현대지성 클래식 30

아리스토텔레스 수사학

ARISTOTELES TECHNE RHETORIKE

아리스토텔레스 | 박문재 옮김

현대
지성

차례

제1권

제2권

제3권

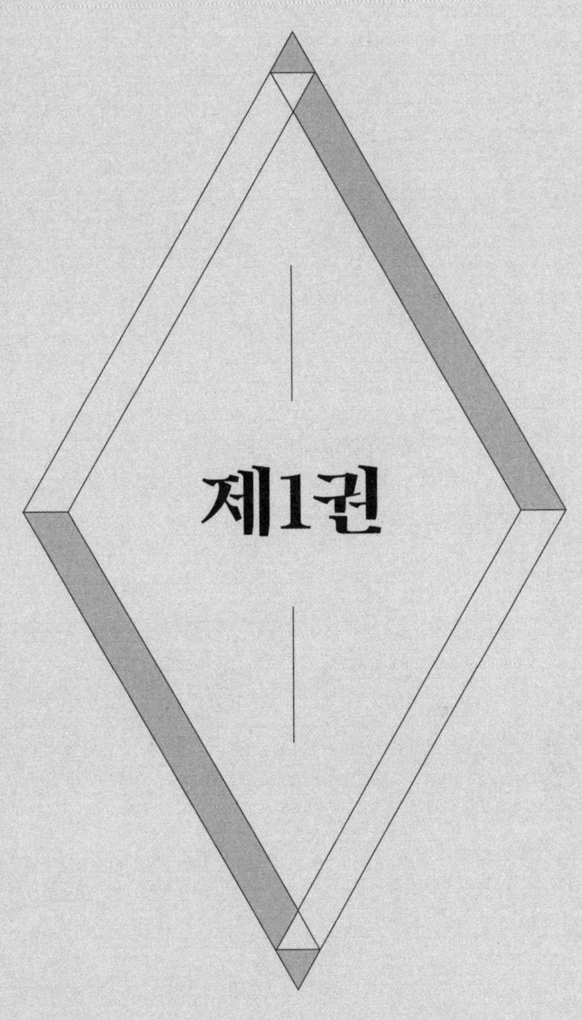

제1권

제1장

수사학의 본질

수사학과 변증학은 짝[1]을 이룬다. 이 둘은 어떤 의미에서는 누구에게나 친숙한 것을 다루지만, 어느 특정한 기술이나 지식 분야에 속한 것은 아니다. 따라서 모든 사람이 이 둘에 참여하고 있다고도 할 수 있다. 누구나 어느 정도는 어떤 추론을 검증하거나 제시하고, 자신을 변호하거나 남을 고발하기 때문이다.

사람들은 보통 각자 성향에 따라 어쩌다 그렇게 하거나 습관적으로 그렇게 한다. 하지만 이 둘을 어쩌다 하거나 습관적으로 하는 것이 가능하다는 점에서, 체계적으로 그렇게 하는 것도 분명 가능하다. 사람들이 어쩌다 또는 습관적으로 이 둘을 했을 때 여기에서 성공을 거둔 이유를 찾아낼 수 있고, 모종의 기술[2]을 사용해 그런 식으로 이유를 찾아낸다는 것은 누구나 동의하기 때문이다.

하지만 지금까지 '말하는 기술'에 관한 글을 써온 사람들은 이 기술에 관해 단편적인 것만 다루었다고 본다. 이 기술의 핵심은 설득하는 것이고, 그 밖의 다른 모든 것은 보조적인 부분인데도 그들은 설득의 몸통인 생략 삼단논법[3]에 관해서는 아무것도 말하지 않고, 대체로 이 기술과는 상관없

---

1 "짝"으로 번역한 그리스어 '안티스트로포스'(ἀντίστροφος)는 고대 그리스 비극에 나오는 합창시에서 어떤 시구에 화답하여 부르는 또 하나의 시구를 가리키는 말에서 나온 형용사다. 시에서는 "대구"로 번역된다. 이 두 시구는 짝을 이룬다. 이처럼 "짝"은 둘이 서로 어울려 한 쌍을 이루는 것으로 정의된다.

2 여기서 "기술"로 번역한 그리스어는 '테크네'(τέχνη)이다. 여기서는 수사학과 변증학으로 번역했지만, 사실은 수사'술' 또는 웅변'술'과 변증'술'이다. 그리스어로 "학문"은 '에피스테메'(ἐπιστήμη)이고, "지식"으로도 번역된다.

3 대전제-소전제-결론으로 이어지는 변증학적 삼단논법에서 전제 중 하나 또는 결론을

는 것을 다루기 때문이다. 즉, 그들이 다루는 비방, 연민, 분노를 비롯해서 그런 유사한 심리적 감정은 이 기술이 다루는 사안과는 아무 상관이 없고, 그 사안을 결정하는 재판관을 목표로 삼는 것들이다.

따라서 만일 모든 재판이 적어도 오늘날 일부 국가들, 특히 법률이 잘 정비되어 있는 국가에서처럼 수행된다면, 그런 글을 쓴 사람들은 아무것도 말할 수 없게 될 것이다. 왜냐하면 모든 사람은 그런 것들을 법적으로 금지해야 한다고 믿고 있고, 실제로 그런 취지의 법률이 이미 제정되어 있어서, 아레이오스 파고스[4] 같은 곳에서는 해당 사안과 관련 없는 말을 하는 것을 금지하기 때문이다. 이것은 제대로 바르게 생각한 것이다. 재판관을 유도해서 분노나 시기나 연민을 느끼게 하려는 것은 잣대를 의도적으로 구부리는 것과 같아, 해서는 안 되는 일이기 때문이다. 게다가 소송 당사자가 할 것은 오로지 어떤 일이 실제로 일어났는지 일어나지 않았는지를 증명해 보이는 것뿐이고, 그 일들이 중대한 것인지 사소한 것인지 또는 옳은 것인지 옳지 않은 것인지를 입법자가 정해놓지 않았다면, 그것을 판단하는 일은 오직 재판관 몫이고, 소송 당사자들이 왈가왈부할 문제는 아니다.

따라서 제대로 제정된 법률의 가장 큰 특징은 가능한 한 많은 것을 미리 정해놓고, 재판관들이 재량으로 결정할 수 있는 부분을 가능한 한 줄이는 것이다. 그 이유 중 첫 번째는 법률을 제정하고 판결을 내릴 수 있는

생략해서 제시한 것을 "생략삼단논법"이라고 한다. 생략삼단논법에서는 누구나 아는 자명한 사실을 표현한 명제를 생략함으로써, 간결하게 완결된 문장을 제시할 수 있고, 청중 스스로 전제나 결론을 생각하게 하기 때문에 청중에게 즐거움을 선사하는 강점이 있다. 생략삼단논법은 전제나 결론이 생략되어 있지만, 실제로는 삼단논법의 모든 요소를 포함하고 있기 때문에, 여전히 연설가가 제시하는 주장이나 명제가 참되거나 개연성 있음을 증명하는 역할을 한다고 볼 수 있다.

4 "아레이오스 파고스"는 "아레스의 언덕"이라는 뜻으로, 아크로폴리스의 북서쪽에 있는 바위 언덕을 가리킨다. 여기에서는 일찍부터 살인죄를 다루는 아테나이(아테네) 법정이 열렸는데, 나중에 이 법정은 아테나이의 중요한 국가대사를 광범위하게 심리하는 곳이 되었다. 그 재판관들은 아테나이의 유력인사들로 구성되었다.

지혜와 능력을 지닌 사람은 그렇게 많지 않아 기껏해야 한두 명이나 소수에 지나지 않기 때문이다. 두 번째는 법률 제정이 오랜 시간에 걸친 숙고 1354b1
후에 이루어지는 반면, 판결은 단기간에 이루어지기 때문에, 재판관들이 정의와 신속을 둘 다 훌륭하게 만족시키기 어렵기 때문이다.

하지만 그중 가장 중요한 이유는 입법자의 결정은 개별적인 사건이 아니라 미래에 일어날 것으로 예상되는 일반적인 사건에 관한 것이지만, 배심원이나 재판관이 내리는 결정은 현재의 특정 사건에 대한 것이기에 그렇다. 이 때문에 흔히 좋아하거나 싫어하는 감정과 개인적인 이해관계가 재판에 개입되어, 진실을 제대로 볼 수 없게 되고 도리어 그들의 즐거움이나 불쾌감으로 판단이 좌우되는 결과가 나온다.

그래서 앞에서 말했듯이 다른 것과 관련해서 재판관이 결정해야 할 일이 가능한 한 적어야 한다. 하지만 어떤 일이 일어났는지 일어나지 않았는지, 또는 장래에 일어날 것인지 일어나지 않을 것인지, 어떤 일이 존재하는지 존재하지 않는지를 결정하는 것은 재판관에게 맡기지 않을 수 없다. 입법자가 그런 것을 미리 알 수는 없기 때문이다.

사실이 이러하다면, 변론의 도입부나 본론이나 다른 부분에 어떤 내용이 담겨야 하는가만 설명하고, 어떻게 해야 생략삼단논법을 능숙하게 사용해서 제대로 설득해낼지는 전혀 보여주지 않는 그런 글을 쓰는 사람은, 오직 재판관의 심리에 영향을 미치는 일에만 관심을 갖고, 이 기술과는 아무 상관 없는 법칙만 설명하려는 모양새임이 너무나 분명하다.

그렇기 때문에 그런 글을 쓰는 사람들은, 대중 연설과 법정 변론에는 동일한 방법론이 사용되고, 대중 연설이 법정에서 개인 간의 문제를 놓고 변론하는 것보다 더 고귀하고 시민에게 더 가치 있는 일임에도, 대중 연설에 관해서는 아무것도 말하지 않고, 오로지 법정 변론의 기술 설명에만 몰두한다. 이것은 대중 연설에서는 해당 사안과 무관한 것을 말하는 게 별 효과가 없는데다가 보편적인 사안을 다루다 보니 분노와 같은 감정을 부추기는 것이 그리 쉽지 않기 때문이다.

왜 그런가 하면, 대중 연설에서는 재판관인 청중이 자신의 개인적인 이
30 해관계에 따라 판단하는 까닭에, 연설가는 조언자로서 자기 말이 사실임
을 보여주는 것 외에는 아무것도 할 필요가 없는 반면에, 법정 변론에서
는 그것만으로는 충분하지 않고, 배심원 청중을 사로잡는 것이 중요해서
다. 배심원이 결정해야 하는 것은 남의 일이고, 거기에서 자기 이해관계를
추구하며 듣는 까닭에, 바르게 결정하기보다는 소송 당사자 중에서 그들
을 만족시키고 기쁘게 해주는 쪽의 손을 들어주기 때문이다.

1355a1 앞에서 이미 말했듯이, 이런 이유에서 많은 나라는 법정에서 해당 사안
과 무관한 것을 말하지 않도록 법으로 금지하고 있다. 반면에 대중 연설
에서는 재판관인 청중이 연설가가 그렇게 하지 못하도록 감시하는 역할
을 한다.

따라서 수사학의 고유한 방법론은 엄밀하게 따지자면 설득 작업과 연
5 관된다. 그리고 설득은 일종의 증명 작업이라 할 수 있다.(어떤 것이 증명되
었다고 할 때 가장 믿을 만하기 때문이다). 수사학에서 설득은 생략삼단논법
에 따라 이루어진다. 간단히 말해, 생략삼단논법은 설득하는 데 있어서 가
장 중요한 수단이다. 그리고 생략삼단논법은 일종의 삼단논법이다.

변증학 전체 또는 일부는 온갖 종류의 삼단논법을 다 똑같이 연구한다.
10 그러므로 삼단논법이 어떤 요소를 통해 어떤 방식으로 이루어지는지를
익히고, 거기 더해 생략삼단논법이 어떤 것을 다루며 변증적인 삼단논법
들과 어떤 차이가 있는지를 안다면, 우리는 생략삼단논법에 관해서도 잘
알게 될 것이다.

15 진리와 진리에 가까운 것은 동일한 능력으로 파악되고, 게다가 인간은
진리에 도달하는 충분한 능력을 본성적으로 갖추고 있으며, 실제로도 진
리에 도달한다. 그렇기 때문에 사람들에게 일반적으로 받아들여지는 것
을 알아내는 자에게는 진리를 알아내는 능력도 있다.

20 이상으로 우리는 지금까지 수사학에 관해 글을 쓴 사람들이 실제로는
수사학과는 아무 상관없는 전문 기술을 설명하는 데 몰두해왔고, 그 때문

에 법정 변론을 선호해왔음을 밝혔다.

그럼에도 수사학은 유용하다. 진리와 정의는 그 반대되는 것보다 본성적으로 더 힘이 있기 때문에 수사학이 유용한 것이다. 따라서 판단이나 판결이 적절하게 내려지지 않아 진리와 정의가 패배했다면, 그것은 변론한 사람의 잘못이기 때문에 그들이 비난을 받아야 한다.

또한 판단이나 판결이 적절하게 내려지지 않는 또 다른 이유는 변론하는 사람이 해당 사안에 정확한 지식이 있다고 해도, 청중 가운데는 그런 지식에 의거한 변론으로 설득하기 어려운 자들이 있기 때문이다. 지식에 기반한 변론을 하려면 어떤 가르침이 필요한데, 이들에게는 그것이 불가능하다. 따라서 그런 경우에는 내가 『명제론』에서 대중을 상대로 어떻게 말해야 하는지를 설명할 때 이미 언급했듯, 누구나 알고 있는 것을 명제로 삼아 그들을 설득해야 한다.

또한 삼단논법에서와 마찬가지로 우리는 자신과 정반대 입장에서 사람들을 설득할 수 있어야 한다. 그때그때 상황에 따라 둘 중 하나를 선택해서 설득하려는 것이 아니라(나쁜 것을 하라고 설득해서는 안 되기 때문에), 해당 사안의 모든 진상을 철저하게 알고서 옳지 않은 논증을 펴는 자를 반박해야 하기 때문이다. 다른 기술이나 학문 중에는 서로 정반대되는 결론을 둘 다 증명하는 학문은 없다. 오직 변증학과 수사학만이 서로 반대되는 것을 증명하는 데 관심이 있다. 하지만 증명과 관련해서 둘이 동질적인 것은 아니다. 언제나 본성적으로 참되고 더 훌륭한 것을 더 쉽게 증명할 수 있고, 솔직히 말해 더 설득력도 있다.

또한 몸을 사용해 자신을 지키지 못하면 치욕스럽지만 말을 사용해 자
1355b1
신을 지키지 못하는 일은 치욕스럽지 않다고 한다면, 이는 오산이다. 몸을 쓰는 것보다 말을 쓰는 것이 인간에게 더 고유한 속성이기 때문이다.

말의 그러한 힘을 잘못 쓰는 사람은 큰 해악을 끼칠 수 있다. 그것은 미덕을 제외한 모든 좋은 것들, 특히 육체적인 힘, 건강, 부, 지휘관의 직책 같은 선한 것에도 해당한다. 결국 그런 것은 선용하면 최고의 유익을 가

져다주지만, 악용하면 최악의 해악을 불러온다.

또한 수사학은 변증학과 마찬가지로 특정 학문 분과에 속하지는 않지만, 유용한 기술임은 분명하다. 수사학의 임무는 설득이 아니라, 각각의 사안에서 설득에 유용한 측면을 찾아내는 것인데, 이것은 다른 모든 기술에서도 마찬가지다. 예컨대, 의술은 건강하게 만드는 것이 아니라, 가능한 한도 내에서 사람의 몸 상태를 증진하는 데 있다. 어떤 환자를 건강하게 할 수는 없어도, 좀 더 나은 상태가 되도록 치료할 수는 있기 때문이다.

또한 진정한 삼단논법과 사이비 삼단논법을 가려내는 것이 변증학의 역할이듯, 진정 설득력 있는 것과 설득력 있게 보이는 것을 구분하는 일이 수사학의 역할이기도 하다. 결국 궤변이냐 아니냐는 능력의 문제가 아니라 의도의 문제다. 변증학에서, 궤변론자는 의도만 있으면 얼마든지 될 수 있지만, 변증가는 의도가 아니라 능력이 있어야 가능하다. 반면에 수사학에서는 지식을 따랐을 때나 의도를 따랐을 때나 연설가로 통한다.

이제 방법론 자체, 즉 어떤 것으로 어떻게 하면 우리 목표를 달성할 수 있을지를 말할 차례다. 따라서 처음부터 다시 수사학이 무엇인지를 정의하고, 그런 후에 나머지를 살펴보기로 하자.

제2장
수사학의 정의

수사학은 각각의 사안과 관련해 거기 내재된 설득력 있는 요소들[5]을 찾아내는 능력이다. 다른 기술 중에 이것을 과제로 삼는 것은 없다. 다른 기술은 각각 자신의 고유한 분야에 속하는 것들을 가르치고 설득한다. 예컨대, 의술은 건강과 질병에 관해, 기하학은 크기의 속성에 관해, 산술은 수에 관해 가르치고 설득하며, 그 밖의 다른 기술과 지식도 마찬가지다. 반면에 수사학은 어떤 것이 주어진다고 해도 거기에서 설득력 있는 요소를 찾아낼 수 있다고 생각한다. 수사학이라는 기술은 특정 부류를 자기 영역으로 삼지 않는다고 말하는 이유가 여기 있다.

설득력 있는 요소 중에서 어떤 것은 이 기술에 해당하고 어떤 것은 이 기술이 아니다. 이 기술에 해당하지 않는다 함은 연설가가 제시하지 않고도 이미 존재하는 것을 말하는데, 예컨대 증언이나 자백이나 계약서 등이 그것이다. 반면에 이 기술에 속한다 함은 수사학적 방법론을 사용해 연설가가 제시할 수 있는 것을 가리킨다. 따라서 전자는 사용하면 되고, 후자는 찾아내야 한다.

말로 신뢰를 주는 방법으로는 세 가지가 있다. 어떤 것은 화자의 성품과 관련되어 있고, 어떤 것은 청중의 심리 상태와, 어떤 것은 뭔가를 증명하거나 증명하는 것처럼 보이는 말 자체에 관한 것이다.

화자의 성품으로 인한 신뢰는, 청중이 그를 신뢰할 만하다고 생각하도

---

5 "설득력 있는 요소"를 한 단어로 표현하면 '피스티스'(πίστις)이다. 수사학에서 '피스티스'는 변증학에서 '증거'에 해당하는 말이다. '증거'가 참이나 거짓을 필연적으로 보여주는 것이라면, '피스티스'는 개연적으로만 보여주는 것이라는 점이 다를 뿐이다. 본서에서는 편의상 '피스티스'를 "증거"로 번역하기도 했다.

록 화자가 말할 때 생긴다. 우리는 일반적으로 모든 일에서 합리적이고 공정한 사람을 더 크게 더 신속하게 신뢰하고, 어느 쪽이 옳은지를 똑 부러지게 말할 수 없는 일에서는 더더욱 그러하기 때문이다.

하지만 그런 신뢰도 화자의 말을 통해 얻어야 하고, 화자에 대해 가진 선입관을 통해 얻어서는 안 된다. 수사학에 관해 글을 쓴 일부 사람과는 달리, 우리는 화자의 합리적이고 공정한 성품이 청중을 설득하는 데 아무 기여도 하지 않는다고 보고 수사학에서 배제하는 일은 하지 않는다. 도리어 정반대로 화자의 성품은 청중에게 신뢰를 주는 데 가장 강력한 수단이라고 말한다.

청중으로 인한 신뢰는 화자의 말에 청중이 어떤 감정을 지니게 되었을 때에 생긴다. 괴로우냐 기쁘냐에 따라, 또는 좋아하느냐 미워하느냐에 따라 우리 판단은 달라지기 때문이다. 앞에서 이미 말했듯이, 오늘날 수사학에 관해 글을 쓰는 사람들은 오로지 이것을 연구하고 설명하는 데만 몰두한다. 이 각각의 감정에 관해서는 나중에 감정들을 다루면서 자세하게 살펴볼 것이다.

말 자체로 인한 신뢰는 화자가 각각의 사안과 관련해 진정으로 설득력 있는 요소들, 또는 그렇게 보이는 것을 드러낼 때 생긴다.

신뢰는 이 세 가지로 생기기 때문에, 이것을 활용하려면 삼단논법을 통한 추론을 할 수 있어야 하고, 성품과 미덕에 대해 알아야 하며, 셋째로는 감정과 관련해서 각각의 감정이 어떤 것이고 그 특징은 무엇이며 어떻게 생기는지를 알아야 한다.

따라서 수사학은 일종의 변증학이고, 성품에 관해 다루는 일종의 윤리학일 뿐만 아니라 정치학이라고 부르는 것도 옳다. 이것이 수사학이 정치학 행세를 하는 이유이고, 수사학을 안다고 하는 사람들이 무지 때문이든 으스대고 싶어서든 아니면 그 밖의 다른 인간적인 요인 때문이든 간에 정치인 행세를 하는 이유이다. 또한 서두에서 이미 말했듯이, 수사학은 변증학의 일부이고 한 짝이다. 둘 중 어느 쪽도 제한된 특정 분야를 연구하는 학문 분과가 아니라, 둘 모두 논증을 수행하는 능력을 뜻한다. 이것으로 수사학과 변증학이 무엇을 할 수 있는지, 그리고 서로 어떤 관계에 있는지는 어느 정도 설명되었다.

진정으로 증명한 것이나 그렇게 보이는 것으로 인한 신뢰와 관련해 변증학은 귀납법, 삼단논법, 사이비 삼단논법을 말하는데, 이것은 수사학에서도 마찬가지다. 수사학에서는 예증[6]이 귀납법에 해당하고, 생략삼단논법이 삼단논법에 해당하며, 사이비 생략삼단논법이 사이비 삼단논법에 해당하기 때문이다. 그래서 나는 생략삼단논법을 수사학적 삼단논법이라 부르고, 예증을 수사학적 귀납법이라 부른다.

증명을 통해 설득하려는 사람은 누구나 예증이나 생략삼단논법에 의거해야 하고, 이것 외에 다른 수단은 존재하지 않는다. 따라서 어떤 것을 증명하려고 할 때 반드시 삼단논법이나 귀납법을 사용해야 한다면(이것에 대해서는 『분석론』에서 이미 증명했다),[7] 생략삼단논법은 삼단논법에 해당하고 예증은 귀납법에 해당하는 것일 수밖에 없다.

예증과 생략삼단논법이 서로 다르다는 것에 대해서는 내가 『명제론』에서 귀납법과 삼단논법을 다룰 때 이미 증명한 바 있다.[8] 즉, 다수의 유사한 사례에 의거해 어떤 것이 그러함을 증명하는 일을 변증학에서는 귀납법이라 하고 수사학에서는 예증이라 한다. 반면, 어떤 명제가 참인 경우에 그 명제와는 다른 어떤 명제가 그 명제로 인해 언제나 또는 대체로 참이 됨을 증명하는 것을 변증학에서는 삼단논법이라 하고 수사학에서는 생략삼단논법이라 한다.

---

6 "예증"은 어떤 사례를 제시해, 그 예들이 보여주는 일반적이고 보편적인 사실이나 명제가 참임을 증명하는 것이다. 이것은 유비와 유추를 통해 구체적인 예에서 어떤 유사성이나 동일성을 찾아낸다. 그래서 변증학의 귀납법에 해당한다. 하지만 아리스토텔레스는 연역법인 생략삼단논법에 의한 증명과 설득을 더 중시한다.

7 『분석론 전서』 제2권 23장과 『분석론 후서』 제1권 1장 71a1-11을 보라.

8 『명제론』 제1권 1장 100a25-30과 12장 105a10-19를 보라.

내가 『방법론』[9]에서 말한 것이 여기에도 똑같이 적용되기 때문에, 수사학의 이 두 가지 기법에는 자신만의 고유한 장점이 있음이 분명하다. 그래서 예증을 위주로 한 연설도 있고, 생략삼단논법을 위주로 한 연설도 있다. 마찬가지로 예증을 주로 사용하는 연설가도 있고, 생략삼단논법을 주로 사용하는 연설가도 있다.

예증을 사용한 연설은 설득력에서 결코 뒤지지 않지만, 청중의 호응을 더 많이 이끌어내는 것은 생략삼단논법을 사용한 연설이다. 그 이유와 각각의 기법을 어떻게 사용해야 하는지는 나중에 설명하기로 하고, 지금은 그 자체를 좀 더 명확하게 살펴보자.

어떤 말이 설득력 있다는 것은 누군가에게 설득력 있게 통했다는 것인데, 이는 그 자체로 설득력 있고 신뢰할 만하거나, 그 자체로 설득력 있고 신뢰할 만한 것에 의해 증명되었다고 여기기 때문이다. 하지만 그 어떤 기술도 단지 개별적인 것은 주목하지 않는다.

예컨대 의술은 소크라테스나 칼리아스[10]의 건강이 아니라, 이런저런 다양한 환자의 건강을 개선할 수 있는 방법을 주목한다(후자는 기술의 영역 안에서 할 수 있지만, 전자와 같은 개별 사례는 무한히 많아서 체계적인 지식의 대상이 될 수 없기 때문이다).

마찬가지로 수사학도 소크라테스나 히피아스[11] 같은 개개인의 개별적

---

9 앞에서 언급된 『방법론』은 8권으로 된 책이지만, 여기 언급한 『방법론』은 한 권으로 된 책이다. 아리스토텔레스의 이 두 저서는 현재 남아 있지 않다.

10 "칼리아스"는 기원전 5세기에 활동했던 고대 그리스의 정치가이자 군인이며 외교관이었다. 아테나이에서 최고 갑부 중 한 사람이었고, 소피스트들의 후원자였다. 그의 저택은 플라톤의 『프로타고라스』와 크세노폰의 『향연』의 무대로 등장한다.

11 "히피아스"(재위 기원전 527-510년)는 아테나이의 제2대 참주다. 쿠데타로 제1대 참주가 된 페이시스트라토스(기원전 600년경-527년)의 장남이자 후계자로 아테나이를 경제적으로나 문화적으로 발전시켰다. 하지만 기원전 514년에 그의 아우 히파르코스가 암살되면서 그는 폭군으로 변했고, 결국 기원전 510년에 스파르타의 도움을 받은 아테나이인에게 추방되어 페르시아로 피신했다. 기원전 490년에 페르시아 왕 다리우스 1세의 그리스 원정에서 길잡이를 했지만, 마라톤 전투에서 페르시아군이 패한 후에 죽은 것으

인 견해가 아니라, 이런저런 다양한 사람들의 견해를 주목한다. 이것은 변증학도 마찬가지다. 따라서 변증학은 아무 견해나 마구잡이로 삼단논법 추론의 전제로 삼는 것이 아니라(미친 자들에게도 견해라는 것이 있어 보이기 때문에), 오직 이미 검증이 끝나 또 다른 검증을 필요로 하지 않은 것만을 전제로 삼고, 수사학도 이미 사람들 사이에서 충분한 고찰된 것만을 전제로 삼는다.

수사학이 하는 일은, 많은 것을 결합해 이해하거나 일련의 긴 추론을 따라갈 능력이 없는 청중을 대상으로, 우리가 숙고한 것이긴 하지만, 어떤 다른 전문 기술에서도 다루지 않는 것을 고찰하는 데 있다. 하지만 우리는 가능해 보이는 것을 고찰한다. 과거나 현재나 미래에서 달라질 가능성이 없다고 생각되는 것은 아무도 고찰하지 않는다. 고찰해도 얻을 것이 없기 때문이다.

삼단논법으로 결론을 이끌어낼 때, 이전에 삼단논법으로 증명된 것이든 아직 삼단논법에 따라 증명되지 않은 것이든, 일반적으로 받아들여지는 견해가 아니어서 삼단논법에 의거해 설명하거나 증명할 필요가 있는 것을 전제로 삼는 때가 있다. 그런데 그런 경우에는 삼단논법을 따라 증명해야 하기 때문에 추론 과정이 길어 청중이 잘 따라갈 수가 없고(우리는 단순하게 생각하는 재판관을 전제하므로), 일반적으로 받아들여지지 않은 것을 전제로 삼고 있어 설득력이 없다.

따라서 변증학의 삼단논법 및 귀납법에 해당하는 수사학의 생략삼단논법 및 예증에서 전제는 일반적으로 받아들여지는 것을 사용해야 하고, 적은 수의 전제들, 즉 통상적으로 원래의 삼단논법보다 더 적은 수의 전제를 사용해야 한다. 전제로 사용할 것 중에서 이미 잘 알려진 게 있다면, 청중이 스스로 보충해서 들을 것이고, 따라서 굳이 언급할 필요가 없기 때문이다.

로 알려져 있다.

예컨대, 도리에우스[12]가 어느 경기에서 월계관을 차지한 사실을 증명하겠다면 그가 올림피아 경기에서 우승했음을 말하는 것으로 충분하다. 올림피아 경기에서 우승한 사람에게 월계관이 주어진다고 굳이 말할 필요가 없다. 모든 사람이 아는 사실이기 때문이다.

수사학적 삼단논법[13]의 전제들이 반드시 참인 경우는 별로 없다. (우리가 판단하고 검토하는 대상은 대체로 받아들여지는 것이다. 우리는 행위를 고찰하고 검토하는데, 모든 행위는 바로 그런 부류이고 사실상 거기에는 필연성이 존재하지 않기 때문이다.)

그리고 개연적인 전제에서는 개연성을 지닌 결론이 도출되고, 필연적으로 참인 전제에서는 필연적으로 참인 결론이 도출된다. (이것은 『분석론』에서 내가 이미 증명했다.)[14]

따라서 생략삼단논법의 전제 중에서 일부는 필연적이지만, 대부분은 개연적인 것임이 분명하다. 그리고 생략삼단논법은 개연적인 것과 증표[15]를 전제로 삼기 때문에, 개연적인 것은 개연적인 전제가 되고, 증거는 필연적인 전제가 된다는 데 의심의 여지가 없다.

개연적인 일이란 대체로 일어나는 것이고, 어떤 이들이 정의하듯 절대적인 것이 아니라 다른 가능성과의 관련 속에서 일어난다. 개연적인 것과 다른 가능성의 관계는 보편적인 것과 개별적인 것의 관계와 같다.

증표 중 어떤 것은 그 표상하는 것과 관련해서, 보편을 보며 개별을 주

12 "도리에우스"는 그리스 로도스 섬 출신의 디아고라스 가문의 아들로 올림피아 경기의 우승자였다. 핀다로스가 지은 일곱 번째 올림피아 찬가는 그에게 헌정되었다. 디아고라스의 첫째 아들은 권투, 둘째 아들은 판크라티온, 셋째 아들은 레슬링에서 우승자였다.

13 "수사학적 삼단논법"은 생략삼단논법을 가리킨다. 반드시 참인 것을 의미하는 필연성을 다루는 것은 변증학이고, 일반적으로 받아들여지는 것들인 개연성을 주로 다루는 것이 수사학이다.

14 『분석론 전서』 제2권 1, 8, 13-14장을 보라.

15 그리스어로 "개연적"이라 함은 '에이코스'(εἰκός)로 "진리 또는 진실에 가깝다"는 뜻이고, "증표"는 '세메이온'(σημεῖον)으로 "진리 또는 진실을 나타내는 표시"라는 뜻이다.

목하게 하는 관계가 있고, 어떤 것은 개별을 보고 보편으로 가게 하는 관계도 있다. 또한 증표 중에서 필연적인 것은 증거라 불리지만, 필연적이지 않은 것을 지칭하는 명칭은 따로 없다. 여기에서 내가 말한 필연적인 증표는 삼단논법의 전제가 될 수 있다. 이것이 그런 부류의 증표를 증거라고 부르는 이유다. 자기가 말한 것을 누구도 반박할 수 없다고 느낄 때, 사람들은 증거를 제시함으로써 자기 말이 최종적으로 증명되었다고 보았기 때문이다. 고대 언어에서 '증거'를 뜻하는 '테크마르'와 '끝'을 의미하는 '페라스'는 동의어였다.

증표 중 어떤 것은 그 표상하는 것과 관련해 보편을 보고 개별로 나아가는 경우가 있다. 어떤 사람이 소크라테스가 지혜로웠고 정의로웠다는 사실을 증표로 삼아 지혜로운 자는 정의롭다고 말하는 것이 그 예다. 이것은 분명 증표이긴 하지만, 거기에서 도출된 결론을 반박하는 일은 가능하다. 이 증표 자체가 말하는 것은 참이지만, 그 결론은 삼단논법으로 도출된 것이 아니기 때문이다.

반면에 어떤 사람의 몸에서 열이 나는 것으로 보아 그에게 병이 있다고 말하거나, 어떤 여자에게서 젖이 나오는 것으로 보아서 그 여자는 아이를 낳은 것이라고 말한다면, 이는 필연적인 증표라고 할 수 있다. 오직 그런 증표만이 참되고 반박이 불가능하기 때문에 증거가 된다.

자신이 표상하는 것과 관련해서 개별을 보고 보편으로 가게 하는 증표도 있다. 누군가가 어떤 사람이 숨을 가쁘게 몰아쉬는 것을 증표로 삼아 그 사람의 몸에 열이 있다고 말하는 것이 그 예다. 하지만 그런 경우에는 그 증표가 참이라고 할지라도, 거기에서 도출된 결론은 참이 아닐 수 있다. 몸에 열이 없는데도 숨을 가쁘게 몰아쉬는 사람도 있기 때문이다.

이상으로 우리는 개연적인 것과 증표와 증거가 무엇이고, 어떻게 서로 다른지를 살펴보았다. 그에 대한 좀 더 명확한 설명 그리고 그중 어떤 것이 삼단논법이 될 수 있고 어떤 것이 될 수 없는지에 대해서는 『분석론』에

서 자세하게 설명했다.[16]

또한 예증과 관련해서도 예증은 귀납법이고, 어떤 종류의 귀납법인지에 대해 설명했다. 거기서 예증은 전체에 대한 부분의 관계도 아니고, 부분에 대한 전체의 관계도 아니며, 전체에 대한 전체의 관계도 아니고, 부분에 대한 부분의 관계이고, 동등한 것에 대한 동등한 것의 관계이다. 즉, 두 가지가 동일한 종류에 속해 있고 하나가 다른 것보다 더 알려져 있다면, 더 알려져 있는 것이 예증이 된다.

예컨대 디오니시오스 1세[17]가 호위대를 요구하는 것은 참주가 되기 위한 것임을 증명하려고 한다고 하자. 그런 경우에는 디오니시오스가 그런 이유로 호위대를 요구하는 것인지를 아무도 모른다고 할지라도, 전에 페이시스트라토스가 호위대를 요구했다가 그 요구가 받아들여지자 참주가 되었다는 것, 그리고 메가라의 테아게네스를 비롯해서 청중이 알고 있는 그 밖의 다른 모든 유사한 사례가 디오니시오스와 관련해서 예증이 된다. 그리고 이 모든 예증은 참주가 되려는 자는 호위대를 요구한다는 보편적인 명제 아래 포함된다.

이상으로 우리는 이른바 예증에 속한다고 하는 증거들의 전제에 대해 설명했다. 하지만 거의 모든 사람이 알아차리지 못하고 있지만, 변증학의 삼단논법 사이에도 서로 큰 차이가 있는 것처럼 생략삼단논법 사이에도 아주 큰 차이가 있다. 생략삼단논법이라고 하더라도, 어떤 것은 수사학에 속하고 어떤 것은 변증법적 삼단논법에 속하며 어떤 것은 이미 정립되어 있거나 아직 정립되어 있지 않은 이런저런 다른 기술에 속하기 때문이다.

---

16 『분석론 전서』 제2권 27장을 보라.

17 "디오니시오스 1세"(기원전 432년경-367년경)는 시칠리아 섬에 있던 도시국가 시라쿠사이의 참주였다. "페이시스트라토스"(기원전 600년경-527년경)는 고대 아테나이의 참주로 솔론의 개혁 이후에 평민과 귀족 사이의 분쟁을 이용해 참주가 되었다. "메가라"는 그리스 남부 코린트 지협 남안에 있던 도시국가였고, "테아게네스"는 기원전 7세기 말에 그 메가라의 참주였던 인물이다.

이런 이유로 청중은 그러한 차이를 알지 못하고 주제 속으로 더 깊이 들어갔다가 변증학과 수사학에서 벗어난다. 좀 더 자세하게 설명하면 이것은 더욱 분명해진다.

내가 말하려는 것은 변증학과 수사학에 속한 삼단논법에서는 우리가 논제[18]라고 부르는 것을 다루는데, 그 논제들은 도덕과 자연학과 정치학을 비롯해서 서로 다른 수많은 지식 분과에 공통적인 일반 논제이다. 예컨대, 각각의 지식 분과에서 다루는 문제의 내용과 성격이 서로 다르더라도, 더 큰 것과 더 작은 것이라는 공통적인 일반적 논제를 다룬 변증학과 수사학의 삼단논법과 생략삼단논법의 결론은 도덕이나 자연학처럼 서로 다른 수많은 지식 분과에 속한 문제와 관련한 논증에 공통적으로 적용될 수 있다.

반면, 특수 논제는 각각의 특정한 지식 분과와 관련된 전제[19]에서 생긴다. 예컨대, 자연학에 속한 어떤 전제로는 윤리학에 속한 삼단논법이나 생략삼단논법을 전개할 수 없고, 윤리학에 속한 어떤 전제로는 자연학에 속한 삼단논법이나 생략삼단논법을 전개할 수 없다. 이것은 모든 지식 분과에 적용된다.

일반 논제는 특정한 지식 분과와 관련된 논제를 다루지 않기 때문에,

---

18 "논제"(τόπος, '토포스')는 논증하려는 명제를 말한다. 자기 생각이나 주장을 제시하거나 찬성 또는 반대 의견으로 제시할 만한 것이 논제가 된다. 변증학에서 "명제"(προτάσις, '프로타시스')는 필연적으로 참이거나 거짓인 사실을 표현한 문장이지만, 수사학에서는 개연적으로 참이거나 거짓인 것을 표현한 문장이기 때문에 "논제"('토포스')라는 표현을 사용한다. 하지만 본서에서는 번역의 편의상 논제를 명제로도 번역할 것이다. 일반적인 용법에서 논제는 하나의 연설에서 논증하고 설득하려는 전체적인 주제라는 의미로 사용되기 때문이다.

19 여기에서 "전제"로 번역한 그리스어 '프로타시스'(προτάσις)는 "명제"로도 번역될 수 있다. "명제"는 판단을 언어로 표현한 것을 가리킨다. 삼단논법에서 어떤 명제를 근거로 다른 명제를 도출해냈을 때, 전자를 "전제"라 부르고 후자를 "결론"이라 부른다. 변증법의 명제는 수사학에서 "논제"('토포스')로 지칭되기도 하는데, 수사학은 엄밀한 의미에서 절대적으로 참되거나 거짓인 명제만을 다루는 것이 아니기 때문이다.

특정 분야와 관련된 지식을 알게 해주지 않는다. 반면, 누군가가 특수 논제를 전제로 선택할수록, 자기도 모르는 사이에 변증학 및 수사학과는 다른 지식을 만들어내게 된다. 특정 분야의 최초의 원리를 알아내 그 원리들을 전제로 사용해 추론을 전개해나가는 일은 더 이상 변증학이나 수사학이 아니라 그 특정한 지식 분과에 속하는 활동이기 때문이다.

하지만 대부분의 생략삼단논법은 그러한 개별적인 특수 논제에서 나오고, 소수만이 일반 논제에서 나온다. 따라서 우리는 『명제론』에서 그랬던 것처럼,[20] 여기에서도 생략삼단논법의 전제로 사용되는 특수 논제와 일반 논제를 구별하지 않으면 안 된다. 즉, 특수 논제는 특정한 지식 분과에 속한 전제이고, 일반 논제는 모든 지식 분과에 공통된 전제이다.

우리는 먼저 특수 논제를 살펴보겠지만, 그렇게 하기 전에 수사학의 유형을 알아볼 것이다. 그렇게 연설의 여러 유형을 구분해보고 그런 후에는 각각의 구성 요소와 전제를 알아볼 것이다.

---

20 『명제론』 제1권 10, 14장을 보라.

제3장

수사학의 유형

수사학은 연설을 듣는 청중에 따라 세 유형으로 구분된다. 모든 연설은 화자, 주제, 청중이라는 세 가지 요소로 구성되는데, 그중에서 수사학의 목표는 마지막 요소인 청중이기 때문이다. 1358b1

청중은 관찰자 혹은 과거사나 미래사를 판결하는 재판관일 수밖에 없다. 예를 들어, 민회 구성원은 미래사를 판결하는 재판관이고, 배심원은 과거사를 판결하는 재판관이며, 관찰자는 화자의 능력을 판단하는 사람이다. 따라서 수사학적 연설에는 세 가지 유형이 존재할 수밖에 없다. 조언을 위한 연설, 법정에서의 변론, 선전을 위한 연설.[21]

조언을 위한 연설은 권유하거나 만류하는 연설이다. 개인적으로 또는 일반 대중을 상대로 조언하는 자들은 언제나 이 둘 중 하나를 한다. 법정에서의 변론은 고발하거나 변호하는 연설이다. 소송 당사자는 이 둘 중의 하나를 해야 한다. 선전을 위한 연설은 찬양하거나 비난하는 연설이다.

또한 이 세 가지 유형의 연설이 중시하는 시간도 서로 다르다. 조언을 위해 연설하는 자에게는 미래가 중요하다(권유하는 것이든 만류하는 것이든 미래사에 관해 조언하는 것이기 때문에). 법정에서 변론하는 자에게는 과거가 중요하다(고발하는 것이든 변호하는 것이든 언제나 과거사에 관해 변론하는 것이기 때문에). 선전을 위한 연설을 하는 자에게는 현재가 중요하다(모

---

21 "조언을 위한 연설"은 국가의 중요한 정책들과 관련해서 어떤 것을 권유하거나 만류하기 위해 대중 집회에서 행하는 정치 연설을 가리킨다. "선전을 위한 연설"은 제전이나 행사에서 신들이나 인물들을 칭송하거나 비난하는 연설이다. 본서에서 많이 인용되는 이소크라테스의 『제전 연설』이 대표적이다. 따라서 정책 연설, 법정 변론, 인물 연설로 지칭해도 되겠지만, 원어에 충실해서 위의 명칭을 사용하고자 한다.

든 사람이 어떤 것을 찬양하거나 비난할 때는 현재 상황에 따라 그렇게 하기 때문에). 물론, 그들은 종종 과거사를 상기시키거나 미래사를 예측하기도 하지만, 그것은 어디까지나 부차적일 뿐이다.

이 세 유형의 수사학은 지향점도 서로 다르다. 수사학의 유형이 세 가지이듯, 그 지향점도 세 가지다. 조언을 위한 연설가는 이로운 것이냐 해로운 것이냐를 지향한다. 그가 어떤 것을 권유할 때는 그것이 더 이롭기 때문에 그렇게 조언하는 것이고, 어떤 것을 만류하는 것은 더 해롭기 때문에 만류하는 것이다. 어떤 것이 합법적이냐 불법적이냐, 또는 아름다운가 추한가와 같은 그 밖의 다른 것은 그에게 부차적이다.

법정에서 변론하는 자는 합법적인 것이냐 불법적인 것이냐를 지향한다. 물론 그들도 이 외에 다른 측면을 고려하긴 하지만, 그것은 어디까지나 부차적일 뿐이다. 선전을 위한 연설가는 아름다우냐 추하냐를 지향한다. 그들이 이 외에 다른 측면을 고려하더라도, 어디까지나 부차적이다.

이 세 유형의 수사학은 그 지향점도 서로 다름을 보여주는 증표가 있는데, 각 유형의 연설자는 자신이 지향하는 것 외의 다른 측면과 관련해서는 종종 반박하지 않는다는 것이다.

예컨대 법정에서 변론하는 사람은 어떤 일이 일어났거나 자기가 피해를 준 것에 대해서는 반박하지 않을 수 있지만, 자기가 불법을 저질렀다는 것은 결코 동의하지 않을 것이다. 그것을 인정한다면, 소송은 필요 없게 되기 때문이다.

조언을 위한 연설가도 마찬가지다. 그들은 종종 다른 것에 대해서는 양보하겠지만, 자신이 해로운 것을 권유하거나 이로운 것을 만류한다는 데에는 결코 동의하지 않는다. 반면에 아무 잘못도 하지 않은 이웃나라 시민을 조국이 노예로 삼는 것이 불법적이냐 아니냐 하는 문제는 전혀 고민하지 않을 것이다.

1359a1 찬양 혹은 비난을 지향하는 선전을 위한 연설가도 마찬가지다. 그들은 어떤 사람이 자신에게 이로운 것을 행했느냐 해로운 것을 행했느냐는 고

려하지 않고, 도리어 그 사람이 자신의 이익을 버리고 훌륭한 행동을 한 것을 들어 그 사람을 칭송할 것이다.

예컨대, 자기 친구 파트로클로스의 원수를 갚으러 간다면 반드시 죽게 될 것을 알고 있었던 아킬레우스는 그렇게 하지 않으면 얼마든지 살 수 있었음에도, 그렇게 해서 죽는 쪽을 택했기 때문에 칭송을 받는다.[22] 그 역시 살아남는 것이 자신에게 이익이 되는 행동이었지만, 그런 식으로 죽는 것은 더 훌륭한 행동이었기 때문이다.

지금까지 말한 것에 비추어 분명한 사실은 수사학의 세 유형이 각각 지향하는 바를 고려해 전제를 준비해야 한다는 것이다. 수사학에서 전제가 되는 것으로는 증거와 개연적인 것과 증표[23]가 있다. 모든 삼단논법은 전제에서 나오고, 생략삼단논법도 방금 말한 전제에서 형성되는 삼단논법이기 때문이다.

불가능한 것은 미래에 행할 수도 없고 과거에 행한 것일 수도 없다. 오직 가능한 것만이 미래에 행해질 수 있고 과거에 행한 것일 수도 있다. 또한 일어나지 않은 것은 과거에 행한 것일 수 없고, 일어나지 않을 것은 미래에 행한 것일 수 없다. 따라서 조언을 위한 연설가든, 법정에서 변론하는 연설가든, 선전을 위한 연설가든 어떤 것이 가능한지 불가능한지, 일어난 것인지 일어나지 않은 것인지, 일어날 것인지 일어나지 않을 것인지를 고려해 전제를 준비해야 한다.

또한 칭찬하든 비난하든, 권유하든 만류하든, 고발하든 변호하든, 모든

---

22 "아킬레우스"는 호메로스가 쓴 장편 서사시 『일리아스』의 주인공으로 그리스 신화에 나오는 트로이 전쟁에서 그리스군의 영웅이다. 자신의 친구인 파트로클로스가 트로이군의 맹장 헥토르에게 죽자, 그가 헥토르를 죽여 복수하고 나면 자신도 죽게 되리라고 말해준 자기 어머니인 바다의 여신 테티스의 예언을 듣고도, 그는 친구의 원수를 갚기 위해 나가 싸워 헥토르를 죽인다.

23 앞에서는 "개연적인 것"과 "증표"만을 언급했지만, 여기에서는 "증거"를 추가한다. "증거"는 진리나 진실을 필연적으로 보여주는 증표이기 때문에, 여기에서 "증표"는 또 다른 증표들, 즉 진리나 진실을 필연적으로 보여주는 것이 아닌 증표들을 가리킨다.

연설가는 방금 말한 것을 증명해야 할 뿐만 아니라, 이익과 손해, 좋은 것과 나쁜 것, 훌륭한 것과 추한 것, 합법적인 것과 불법적인 것 중에서 어느 쪽이 크거나 작은지를 그 자체로, 또는 서로 비교해 증명해야 한다.

따라서 연설가는 일반 논제든 특수 논제든 방금 말한 각각의 지향점과 관련해 그 자체로 큰 것과 작은 것, 또는 상대적으로 더 큰 것과 더 작은 것을 고려해 전제들을 준비해야 한다. 예컨대, 이익이 되는 것이 더 큰지 작은지, 또는 불법성이나 합법성 중에서 어느 쪽이 더 크거나 더 작은지를 고려해야 하고, 다른 측면과 관련해서도 이것은 마찬가지다.

이상으로 우리는 어떤 것에서 전제를 가져와야 하는지를 설명했다. 다음으로는 조언을 위한 연설과 선전을 위한 연설, 세 번째로는 법정에서의 변론이라는 수사학의 세 유형에서 사용하는 전제가 서로 어떻게 다른지를 살펴보자.

제4장

조언의 범위

먼저 조언을 위한 연설가의 조언에는 어떠한 이익 혹은 불이익이 있는지를 알아야 한다. 모든 것이 조언의 대상이 되는 것이 아니라, 일어날 수도 있고 일어나지 않을 수도 있는 것만이 그 대상이 되고, 반면에 반드시 존재하거나 존재하게 될 것, 또는 현재나 미래에 존재할 수 없는 것은 조언의 대상이 될 수 없기 때문이다.

심지어 일어날 수도 있고 일어나지 않을 수도 있는 것들, 즉 개연성을 지닌 것이라도 모두 조언의 대상이 되지는 않는다. 그런 것 중에서도 자연발생적으로, 또는 우연하게 생겨나 이익이 되는 것도 있는데, 그런 것은 조언의 대상이 아니기 때문이다.

따라서 무엇이 조언의 대상인지는 분명하다. 즉, 본질적으로 우리가 일으키는 것, 그 원인이 우리에게 있는 모든 것이 대상이다. 그리고 그것을 행할 수 있는지 없는지를 알아낼 때까지 우리는 계속 검토해 나간다.

따라서 조언의 대상이 되어 온 것을 여러 유형으로 분류해 전부 열거하거나, 가능한 한 정확하게 정의하려고 할 필요는 없다. 그것은 수사학에서 할 일이 아니라, 좀 더 실천적이고 현실적인 것을 다루는 지식 분과에서 할 일이다.

그런데도 우리는 지금까지 수사학에서 그 고유 대상이 아닌 것을 많이 다루어왔다. 앞에서 말한 대로, 수사학은 분석하는 지식(논리학)을 정치학 가운데 윤리에 관한 부분과 결합한 것이어서, 한편으로는 변증학을 닮았고, 다른 한편으로는 소피스트들의 담론[24]을 닮았기 때문이다.

---

24 철학자들은 근본적인 문제들을 추구했던 반면에, 소피스트들은 여러 실용적인 지식들을

따라서 우리가 변증학이나 수사학을 단지 연설에 관한 기술이 아니라, 어떤 실용적이고 현실적인 주제를 다루는 지식으로 개조해서, 원래대로 하나의 기술이 아니라 학문 분과로 만들려고 하면 할수록 변증학과 수사학은 우리도 알지 못하는 사이에 본질을 잃어버리게 된다.

이제 우리는 변증학이나 수사학에서 다룰 필요가 없는 것은 정치학에 맡겨두기로 하고, 여기에서는 조언을 위한 연설에서 다루어야 할 대상이 무엇인지를 살펴보고자 한다.

조언의 주된 논제이자 연설가들이 가장 흔히 다루는 논제는 다섯 가지인데, 여기에는 국가 재정, 전쟁과 평화, 국방, 수출입, 입법이 있다.

따라서 국가 재정에 관해 조언하려는 연설가는 누락된 세원은 추가하고 세입이 적으면 늘리도록 하기 위해, 국가 세원에는 무엇이 있고 그 규모는 어떠한지를 알아야 한다. 또한 불필요한 지출은 없애고 지출이 너무 많을 때는 줄이도록 조언하기 위해, 국가의 모든 세출도 알아야 한다. 이미 가지고 있는 것에 추가적인 수입을 더할 때만이 아니라, 지출을 줄일 때도 국부는 증가하기 때문이다. 이런 것은 한 개인이 경험한 것만으로는 다 알 수 없기 때문에, 다른 사람이 발견해낸 것도 연구해야 한다.

전쟁과 평화에 관해 조언하려는 연설가는 국가의 현재 군사력과 잠재적 군사력을 알아야 하고, 현재 군사력이 어떤 식으로 구성되어 있으며, 그것을 어떻게 증강할 수 있는지를 알아야 한다. 또한 국가가 과거에 어떤 전쟁을 어떤 방식으로 치렀는지도 알아야 한다.

이와 같은 것을 단지 자국과 관련해서 뿐만 아니라, 인접국들 특히 장래에 전쟁 상대국이 될 가능성이 있는 나라들과 관련해서도 알아야 한다.

추구했고, 특히 정치적 선동술이나 법정 소송에서 이기기 위한 변론술을 탐구했다. 그들이 행한 이 후자의 활동으로 그들은 '궤변론자'라는 말을 듣게 된다. 아리스토텔레스는 변증학에서는 참과 거짓을 분명하게 구별하는 논리학을 사용하지만, 정치학 중 윤리 분야는 참과 거짓을 명확하게 구별할 수 없다는 점에서 소피스트들의 담론과 닮았다고 말한다.

군사력이 더 강한 나라와는 평화를 유지하고, 더 약한 나라와는 전쟁을 1360a1
하느냐 마느냐를 선택해야 하기 때문이다. 또한 국력이 동일한지 아니면 차이가 나는지도 알아야 한다. 이것도 전쟁이나 평화와 관련한 이해득실에 영향을 미치기 때문이다.

또한 그런 것 외에도 자국이 치른 전쟁만이 아니라 다른 나라가 치른 전쟁이 어떤 식으로 끝났는지도 조사해야 한다. 동일한 조건에서 동일한 결과가 나오는 것은 당연하기 때문이다.

국방에 관해 조언하려는 연설가는 국가가 어떤 식으로 방어되는지를 알아야 하고, 국가 방위를 맡은 군 병력의 규모와 종류와 배치를 알아야 한다(지리를 잘 모른다면 불가능한 일이다). 이렇게 해야만 군 병력이 적으면 그 규모를 늘리고, 남아돌면 전략적으로 중요한 지역에 병력을 보강하여 더 안전하게 지키도록 조언할 수 있다.

식량에 관해 조언하려는 연설가는 국가에 얼마나 많은 식량이 필요한지, 그리고 식자재 중에서 국내에서 생산하는 것은 무엇이고 수입하는 것은 어떤 것인지, 그리고 어떤 것을 수출하고 어떤 것은 수입해야 하는지를 알아야 한다. 이것은 식자재를 수출하거나 수입하는 나라와 조약도 맺고 협정도 체결하기 위한 것이다. 또한 자국보다 더 강대국인 나라와 교역에 이로운 나라, 이렇게 두 부류와는 분쟁이 일어나지 않도록 조심해야 한다.

국가의 안전을 도모하려면 연설가가 이 모든 것을 살피고 필수적으로 검토해야 하지만, 그것 못지않게 입법에 대해 잘 알고 있어야 한다. 국가의 안위는 법률에 있기 때문이다. 따라서 연설가는 국가 형태로는 무엇이 있고,[25] 각각의 국가 형태는 어떤 조건 아래에서 성공하며, 내재적이거나

25 "국가 형태"란 민주정 또는 공화정, 과두정 또는 귀족정, 전제정 또는 군주정 같은 국가 체제를 의미한다. 국가의 통치권이 민주정에서는 국민에게 있고, 과두정에서는 귀족에게 있으며, 군주정에서는 왕이나 참주에게 있다.

적대적 요인으로 무너졌던 사례도 알고 있어야 한다.

내재적 요인에 의해 무너진다고 한 것은 완벽한 국가 형태가 아닌 모든 국가 형태에서는 지나치게 이완되거나 긴장되는 경우에 무너진다는 뜻이다. 예컨대 민주정 국가는 이완에 의해서만 아니라 지나친 긴장으로도 약화되어 과두정 국가가 된다. 이것은 매부리코나 납작코가 적당한 수준에 있으면 정상적이지만, 그 형태가 지나치다면 아예 코로 생각되지 않는 것과 같다.

또한 입법에 관해 조언하려는 연설가는 과거 사례들을 연구해서 자국에 어떤 국가 형태가 적합한지를 파악할 뿐만 아니라, 다른 나라의 국가 형태에 대해서도 연구해서 어떤 형태가 어떤 민족에 적합한지도 알아두는 것이 유용하다.

따라서 입법에 관해 조언하는 연설가에게는 세계를 두루 여행한 사람이 쓴 글이 유용하고(그런 글은 다른 나라의 법률에 관해 알게 해준다), 국사에 관해 조언하는 연설가에게는 역사가가 쓴 글이 유용하다. 하지만 이 모든 것은 정치학에서 할 일이고, 수사학이 해야 할 일은 아니다.

이상으로 지금까지 말한 것은 조언을 위한 연설가가 알아야 할 중요한
1360b1 사항이다. 이제 이런 것과 그 밖의 다른 것과 관련해서 권유하거나 만류할 때 토대가 되는 것을 말해보자.

제5장
행복

사람은 개인적으로나 인류 전체로나 어떤 목표를 갖고 있어서, 거기에 따라 뭔가를 추구하거나 회피하며 살아간다고 해도 별로 틀린 말은 아니다. 단도직입적으로 말해, 목표라는 것은 행복[26]과 그 구성 요소로 되어 있다. 따라서 우리는 예시를 통해 행복이란 무엇이고, 그 구성 요소는 어떤 것인지를 개략적으로 알아둘 필요가 있다.

모든 권유와 만류는 행복과 관련되어 있고, 행복에 기여하는 것이냐 행복을 방해하는 것이냐와 연관된다. 행복 또는 행복의 구성 요소를 만들어내거나 적어도 그것을 줄어들게 하지 않고 늘어나게 하는 게 우리가 할 일이며, 그것을 파괴하거나 방해하거나 그와 반대되는 결과물을 낳는 일은 해서는 안 되기 때문이다.

행복은 미덕을 실천하는 삶, 풍요로운 삶, 지극히 즐겁고 안전한 삶, 재물이 풍족하고 육신이 편안한 가운데 그런 것을 지키고 사용할 힘이 있는 것이다. 이 중에서 어느 하나 또는 여럿이 합쳐진 것이 행복임은 거의 모두가 동의한다.

행복이 그런 것이라면, 그 구성 요소는 다음과 같은 것일 수밖에 없다. 즉, 훌륭한 가문에서 태어나기, 많은 친구, 훌륭한 친구, 부요함, 훌륭한 자녀, 많은 자손, 행복한 노년 그리고 육신과 관련된 좋은 것(예컨대 건강, 아름다움, 체력, 건장한 체격, 싸움에서 이기는 힘), 명성, 존경받는 삶, 행운, 미덕

---

26 본문에서 "행복"으로 번역한 '유다이모니아'(εὐδαιμονία)는 신의 축복과 도움으로 행운을 만나 모든 일이 잘되고 번성하며 부유한 상태를 가리킨다. 아리스토텔레스 철학에서 중심 개념 중 하나다.

또는 그 요소인 지혜, 용기, 정의로움, 절제.

어떤 사람이 이러한 좋은 것을 내적 및 외적으로 지니고 있다면, 그 사람은 스스로 만족스러워 할 것이다. 이 외에 다른 좋은 것은 존재하지 않기 때문이다. 내적으로 좋은 것은 정신과 육체에도 좋다. 외적으로 좋은 것은 훌륭한 태생, 친구들, 부, 명예인데, 우리는 거기에 능력과 행운이 있어야 한다고 믿는다. 그럴 때만 삶이 안전하다.

이제 행복의 이러한 구성 요소를 하나씩 똑같은 방식으로 살펴보기로 하자.

민족이나 국가와 관련해서 훌륭한 태생이라 함은 그 민족이나 국가가 현재 정착한 지역에서 깊이 뿌리를 내렸거나 아주 오랫동안 살아왔고, 그 최초의 통치자들이 유명했으며, 다른 민족이나 국가가 부러워할 만한 유명한 자손을 많이 배출했다는 뜻이다.

개인과 관련해서 훌륭한 태생이라 함은 그 사람의 친가와 외가가 둘 다 훌륭한 가문이고, 그 사람이 시민권을 지닌 부모에게서 적자로 태어났다는 것, 그리고 양쪽 가문의 시조가 미덕이나 부, 사람들이 존경할 만한 어떤 것으로 유명했고, 남녀노소를 불문하고 양가에서 훌륭한 자손이 많이 나왔다는 데 있다.

훌륭한 자녀와 많은 자손이 있다는 것이 무슨 의미인지는 굳이 말하지
1361a1 않아도 알 것이다. 공동체와 관련해서 그것은 훌륭한 자녀들, 즉 훌륭한 청년이 많이 있다는 것이다. 여기에서 "훌륭하다"는 것은 그 청년들이 건장한 체격, 아름다움, 체력, 싸움에서 이기는 능력 같은 신체적인 미덕들, 그리고 청년의 정신적인 미덕인 절제와 용기를 지니고 있다는 점이다.

개인과 관련해서 훌륭한 자녀와 많은 자손이 있다는 것은 어떤 사람이 위에서 말한 그런 훌륭한 아들들과 딸들을 많이 두었다는 것이다. 여기서 딸의 경우에 신체적 미덕은 아름다움과 훌륭한 몸매를 의미하고, 정신적 미덕은 절제와 자유민다운 근면함을 가리킨다. 개인이든 공동체든, 남자든 여자든, 이런 미덕들을 갖추기 위해 모두가 애쓰고 노력하는 것이 마

땅하다. 라케다이몬처럼 여자의 지위와 행실에 신경을 쓰지 않는 나라는[27] 자신의 행복 중에서 절반은 포기한 것이라고 할 수 있다.

부를 구성하는 요소는 돈과 땅이 많은 것이다. 즉, 아주 크고 좋은 땅을 많이 소유하고 있을 뿐만 아니라, 아주 좋은 동산과 노예와 가축을 많이 소유하고 있어야 한다. 또한 이 모든 것은 개인적으로 소유한 것이어야 하고, 안전하며 자유롭고 유용한 것이어야 한다.

"유용하다"는 것은 좀 더 생산적이라는 의미이고(돈이 되는 것을 말한다), "자유롭다"는 것은 사용과 관련해서 자유롭다는 것이다(사용하는 데 특별히 언급할 만한 장애물이 없어 단지 사용하기만 하면 된다는 것이다).

"안전하다"는 것은 소유자가 이 모든 것을 언제든지 자기 뜻대로 사용할 수 있는 장소에 그런 방식으로 소유하고 있다는 것이다. "개인적으로 소유하고 있다"는 것은 소유자가 이 모든 것을 증여하든 매도하든 자기 뜻대로 처분할 수 있다는 것이다.

일반적으로 부의 미덕은 소유하는 데 있기보다는 사용하는 데 있다. 부를 현실화해서 사용하는 것이 부요함이기 때문이다.

명성이란 모든 사람에게 존경받거나, 모두에게 혹은 대부분에게, 훌륭한 자나 지혜로운 자들이 원하는 어떤 특질을 지니고 있는 것이다.

명예, 즉 존경받는다는 것은 선행을 행하여 좋은 평판을 얻었음을 보여주는 징표다. 이미 선행을 해온 사람들이 존경을 받는 것은 당연하고 옳지만, 선행을 할 수 있는 잠재력을 지닌 사람도 존경을 받는다. 선행이란 안전한 삶이나 삶을 안전하게 하는 온갖 원인, 부 그리고 특정한 때나 장소에서는 일반적으로 얻기 쉽지 않은 좋은 것을 제공하는 일이다. 많은

---

27 여기에 "라케다이몬"으로 지칭된 나라는 아티케 그리스어로는 "스파르테"로 불렸고 도리아 그리스어로는 "스파르타"로 불렸다. 고대 그리스인은 이 나라를 "라케다이몬" 또는 "라케다이모니아"라고 불렀다. 그리스 신화에서 라케다이몬은 제우스의 아들로 스파르테와 결혼해서 자신의 이름을 딴 나라를 건설했고, 그 수도를 아내의 이름을 따라 스파르테로 명명한다.

사람이 별 것 아닌 것을 행하고도 존경을 받는데, 그 이유는 그것을 행한 때나 장소에 있다.

명예를 구성하는 요소로는 다음과 같은 것이 있다. 사람들이 그를 기려 제사를 드려주는 것, 운문과 산문으로 칭송하는 글을 써서 송덕비를 세워주는 것, 주어지는 여러 가지 특전, 토지를 하사받는 것, 공식 행사에서 상좌에 앉을 권리를 얻는 것, 국가적으로 장례를 치러주는 것, 기념 조각상을 세워주는 것, 나라에서 나오는 연금을 받아 생활하는 것, 그리고 그 앞에서 사람들이 부복하는 것이나 뒤로 물러나 서는 것 같은 야만족의 관행, 각각의 시기와 장소에서 존경의 표시로 주어지는 선물.

선물은 한편으로는 재산을 부여받는 것일 뿐 아니라, 다른 한편으로는 명예의 징표가 된다. 그래서 돈을 좋아하는 사람이든 명예를 좋아하는 사람이든 두 부류 모두 선물을 바란다. 선물은 돈을 좋아하는 사람에게는 재물이, 명예를 좋아하는 사람에게는 명예가 되는 까닭에, 이 두 부류가 바라는 것을 지니고 있기 때문이다.

신체적인 미덕은 건강이다. 건강이란 모든 질병에서 자유로운 가운데 신체를 사용하는 것이다. 헤로디코스[28]가 말했듯이, 인간으로서 모든 활동 또는 대부분의 활동을 그만두는 대가로 병에 걸리지 않고 건강하다면, 그런 상태를 행복하다고 말할 사람은 아무도 없을 것이다.

아름다움은 인생의 시기마다 다르다. 청년의 아름다움은 경기에서나 체력을 요구하는 온갖 일에서 힘든 것을 해내면서도 보기에도 좋은 신체를 소유한 데서 온다. 그런 점에서 5종경기[29] 선수들은 민첩함과 체력을

---

28 "헤로디코스"는 기원전 5세기에 그리스에서 활동한 의사로 체육 활동을 질병 치료와 건강 유지에 사용한 스포츠 의학의 창시자로 알려져 있다. 또한 그는 체육교사와 소피스트로도 활동했다. 플라톤에 의하면, 그는 환자들에게 아테나이에서 메가라까지 20마일(약 32킬로미터)이 조금 넘는 거리를 걷게 했다고 한다.

29 "5종경기"는 고대 그리스의 올림피아 경기대회에서 실시했고, 창던지기, 멀리뛰기, 192미터 일주 달리기, 원반 던지기, 레슬링으로 구성되었다.

둘 다 갖추고 있기 때문에 가장 아름답다.

한창때 남자의 아름다움은 힘든 전쟁을 치러낼 수 있고, 보기에도 즐거움을 줄 뿐만 아니라 경외심을 불러일으킨다. 반면, 노인의 아름다움은 어쩔 수 없이 해야 하는 힘든 일을 잘 감당하는 것, 그리고 노년을 괴롭히는 온갖 것으로 인한 고통에서 벗어나 있는 것이다.

체력이란 다른 것을 제 뜻대로 움직이는 능력이다. 그렇게 하려면, 당기거나 밀거나 들거나 누르거나 조여야 하기 때문에, 체력이 있는 사람은 이것 전부 또는 일부를 할 만한 힘이 있다.

체격의 미덕은 키와 덩치와 몸무게가 움직임이 느려지지 않을 수준에서 대부분 사람을 능가하는 것이다.

신체의 경기력은 체격과 체력과 민첩성으로 구성된다(민첩함도 힘이다). 어떤 방법으로든 두 다리를 앞으로 뻗어 민첩하게 멀리 움직이는 사람이 달리기 선수이고, 상대방을 강한 힘으로 누르고 조여 꼼짝 못하게 하는 사람이 레슬링 선수이며, 주먹으로 가격해서 밀어내는 사람이 권투 선수이다. 그리고 레슬링과 권투를 둘 다 할 수 있는 사람이 격투기 선수이고, 이 모든 종목을 다 하는 사람이 5종경기 선수이다.

행복한 노년이란 고통 없이 서서히 늙는 것이다. 빨리 늙거나, 서서히 늙기는 하지만 고통스럽게 늙는다면 그런 노년은 행복할 수 없다. 행복한 노년은 신체적 미덕과 행운의 산물이다. 힘이 없고 질병에서 자유롭지 못한 사람은 고통에서 벗어날 수 없고, 행운이 주어지지 않는다면 고통 없이 장수하지 못하기 때문이다.

하지만 체력과 건강 없이 장수하는 것도 가능하다. 실제로 신체적 미덕 없이도 장수한 사람이 많다. 지금 여기서는 그런 것까지 자세하게 살필 필요는 없을 것이다.

친구의 정의를 알면, "친구가 많은 것"과 "훌륭한 친구가 있는 것"이 어떤 의미인지 금방 드러난다. 친구란 어떤 사람에게 좋은 일이라고 생각하는 것을 그를 위해 하려고 애쓰는 사람이다. 그런 사람이 많으면 친구가 많은 것이고, 그들이 고결하다면 당신에게는 훌륭한 친구가 있다고 할 수 있다.

"행운이 있다"는 말은 좋은 것을 누리고 소유하게 되었을 때, 행운이 그
1362a1 렇게 된 전적인 혹은 대부분의 원인이거나 가장 중요한 원인일 때를 말한다. 행운을 원인으로 하여 얻은 것 중에는 기술을 통해 얻게 된 것도 있겠지만, 다수는 자연이 준 것처럼 기술과는 상관이 없다(하지만 행운을 원인으로 얻은 것은 자연이 준 것과 다를 수도 있다). 예컨대, 건강의 원인이 기술이라면 아름다움과 건장한 체격의 원인은 자연이다.

행운으로 얻어지는 좋은 것은 대체로 시기를 불러일으킨다. 또한 행운은 그 이유를 설명할 수 없는 좋은 일의 원인이기도 하다. 형제는 모두 못생겼는데 자기는 잘 생긴 것, 또는 다른 사람은 발견하지 못했는데 자기만 보물을 발견한 것, 또는 누가 자기를 겨냥해서 화살을 쏘았는데 자기는 맞지 않고 옆 사람이 맞은 것, 또는 어느 날 어떤 장소에 처음으로 갔던 사람들은 다 죽임을 당했는데 거기에 매일 가던 사람이 그날은 가지 않아 살아남게 된 일 등이 그런 예들이다. 이 모두는 행운에 따른 것이다.

미덕은 칭찬이라는 주제와 밀접한 관계이기 때문에, 미덕에 대해서는 칭찬을 다룰 때 정의하고자 한다.

제6장
좋은 것과 이로운 것

따라서 미래에 일어날 개연성이 있는 것과 이미 존재하는 것 중에서 무엇을 권유하고 무엇을 만류해야 하는지는 분명하다. 권유할 것과 만류할 것은 서로 반대되기 때문이다. 그런데 조언을 위한 연설가의 목표는 이득이기 때문에(사람들은 이득을 얻겠다는 조언을 구하려는 것이 아니라, 그 목표를 이룰 수단, 즉 어떻게 해야 이득을 얻을 수 있을지에 관해 조언을 구한다), 우리는 좋은 것과 이득의 구성 요소를 전체적으로 알 필요가 있다.

좋은 것이란 다음과 같다. 그 자체로 사람들의 선택을 받거나 사람들이 그것을 얻고자 다른 것을 선택하는 바로 그것, 모든 존재 특히 지각이나 이성을 지닌 존재가 바라는 것, 어떤 존재가 이성을 지니게 되었을 때 바라는 것, 이성이 일반적으로 또는 구체적인 상황에서 각 사람에게 좋은 것이라고 말해주는 것, 더 건전해지게 하고 더 부족함 없게 하는 것, 부족함이 없는 것, 이를 만들어내거나 보존하거나 수반하는 것, 이와 반대되는 것을 막아주고 파괴하는 것.

"수반하는 것"에는 두 종류가 있는데 하나는 동시적인 것이고, 다른 하나는 후속적인 것이다. 예컨대 아는 것은 배우는 것에 수반하지만 후속적인 반면, 사는 것은 건강한 것에 수반하지만 동시적이다. "만들어내는 것"에도 세 종류가 있다. 첫 번째는 건강함이 건강을 만들어내고, 두 번째는 음식이 건강을 만들어내며, 세 번째는 (통상적으로 그렇듯이) 운동이 건강을 만들어낸다.

이것이 확증되었기 때문에, 여기서 필연적으로 도출되는 결론은 좋은 것을 얻는 일과 나쁜 것을 버리는 일이 둘 다 좋다는 것이다. 나쁜 것을 버리면 동시적으로 좋아지는 결과가 따르고, 좋은 것을 얻으면 후속적으로 좋아지는 결과가 따르기 때문이다.

또한 덜 좋은 것 대신 더 좋은 것을 얻거나, 더 나쁜 것 대신 덜 나쁜 것을 얻었을 때도 마찬가지다. 더 큰 것은 더 작은 것을 초과하는 까닭에 그
1362b1 초과되는 정도만큼 전자는 좋은 것을 얻고, 후자는 나쁜 것을 버린 게 되기 때문이다.

미덕은 좋은 것일 수밖에 없다. (미덕을 지닌 사람은 건전하고, 미덕은 좋은 것을 만들어내며 실천적이기 때문이다. 어떤 것이 미덕이고, 각각의 미덕이 어떻게 좋은 것인지는 나중에 따로 살펴보려고 한다.)

또한 즐거움도 좋은 것이다. 모든 살아 있는 것은 본성적으로 즐거움을 바란다. 따라서 즐거운 것과 아름다운 것도 좋은 것일 수밖에 없다. 즐거운 것은 즐거움을 만들어내고, 아름다운 것은 그 자체로 좋은 것이고 누구나 선택하는 것이기 때문이다.

모든 좋은 것을 열거해보자면, 이런 것은 좋을 수밖에 없다. 행복은 그 자체로 누구나 선택하고, 부족함 없게 해주며, 그것을 얻으려고 다른 많은 것을 선택하기 때문에 좋다. 정의로움, 용기, 절제, 고결함, 관용을 비롯해 그 밖의 다른 비슷한 성품은 정신의 미덕이기 때문에 좋다.

건강함과 아름다움 등은 신체의 미덕으로, 다른 좋은 것을 많이 만들어내기 때문에 좋다. 예컨대, 건강함은 즐거움과 활력을 가져온다. 그래서 사람들은 자신이 가장 소중히 여기는 두 가지인 즐거움과 활력을 가져오는 건강을 모든 것 중에서 으뜸으로 여긴다.

부는 소유의 미덕으로 다른 많은 좋은 것을 만들어내기 때문에 좋다. 친구와 우정도 그러하다. 친구는 그 자체로 누구나 선망하는 것이고, 다른 많은 좋은 것을 만들어내기 때문이다. 명예와 명성도 즐거운 것이고 다른 많은 좋은 것을 만들어내며, 사람들로부터 존경받게 하는 많은 것을 수반하기에 좋다.

말하는 능력과 행동하는 능력도 좋은 것을 만들어낸다. 또한 타고난 재능, 기억력, 잘 배우는 능력, 재치 등도 좋은 것을 만들어낸다. 마찬가지로,

모든 지식과 기술도 좋고, 생명도 좋은 것이다. 그것이 설령 다른 좋은 것을 만들어내지 않는다 해도, 누구나 이를 선택하기 때문이다. 정의도 공동체에 유익하기에 좋다.

따라서 이런 것은 누구나 동의하듯 좋은 것이다. 반면에, 논란의 여지가 있으면 다음과 같은 추론을 통해 좋은지 아닌지를 결정할 수 있다.

나쁜 것과 반대된다면 좋은 것이다. 또한 적에게 이롭지 않다면 좋은 것이다. 예컨대 한 국가의 시민이 비겁하면 적에게 대단히 이롭지만, 그 시민이 용감하면 국가에 대단한 도움이 되어 좋은 것이다. 일반적으로 어떤 것을 적이 원하거나 기뻐한다면, 그것과 반대는 우리에게 도움이 되는 것이어서 좋다고 할 수 있다. 이것이 "그럼, 프리아모스가 기뻐하겠군요"라는 말이 나온 이유이다.[30]

하지만 이것은 대체로 맞지만, 언제나 그렇지는 않다. 어떤 것이 적대 관계인 양쪽에게 모두 이롭거나 해로운 경우도 있기 때문이다. 그래서 어떤 것이 양쪽 모두에게 해로울 때, 그 나쁜 일이 사람들을 하나로 단결시킨다고 말한다.

지나치지 않아야 좋은 것이고, 꼭 필요한 것보다 더 많으면 나쁘다. 또한 많은 노력이나 비용을 필요로 하는 것이 좋다. 어떤 것을 목표로 삼고 많은 노력과 비용을 들여 이것을 얻고자 한다면 좋은 것임에 분명하다. 사람들이 목표로 삼는 일은 좋은 것이다.

그래서 "아르고스의 헬레네를 이대로 놓아두고 떠남으로써 프리아모스가 [그리고 트로이 사람들이] 기고만장해져도 된다는 겁니까?"라는 말

30 호메로스가 쓴 『일리아스』 제1권 255행에 나오는 말이다. 트로이 전쟁에서 그리스군에서 가장 용맹스러운 장군 아킬레우스가 사소한 문제로 그리스군 총사령관 아가멤논과 언쟁을 벌이면서 자기는 이 전쟁에서 빠지겠다고 경고하자, 그리스군에서 가장 나이 많고 지혜로운 자로 유명했던 필로스의 왕 네스토르가 한 말이다. "프리아모스"는 그리스군의 적인 트로이 왕의 이름이다.

이 나왔고,[31] "이렇게 오랫동안 애써 왔는데 이대로 돌아간다는 것은 치욕스러운 일입니다"라는 말이 나왔다.[32] 그리고 "문 앞까지 다 와서 물동이가 깨졌다"는 속담도 생겼다.

다수가 얻고 싶어 하고 얻으려고 서로 다투는 일도 좋다. 모든 사람이 얻고 싶어 하는 것은 좋은 것이고, 다수가 그렇다면 모든 사람 역시 그러고 싶을 것이 분명하기 때문이다.

칭송받는 것은 좋은 것이다. 좋지 않은 것을 칭송하는 사람은 없기 때문이다. 적들과 악인에게조차 그런 칭송을 받는다면 그 역시 좋은 것이다. 자신에게 해악을 끼치는데도 칭송한다면, 그들은 그것이 진정 좋다는 것을 인정함으로써 모든 사람이 칭찬하는 것과 같기 때문이다. 또한 친구들에게도 비난받는 자들은 나쁜 자이고, 적들에게도 비난을 받지 않는 자들은 좋은 자이기 때문이다. 이것이 시모니데스가 "일리온은 코린토스 사람을 비난하지 않는다"[33]라고 쓴 것을 코린토스인이 자신들을 모욕한 것이라고 여긴 이유였다.

현명하거나 훌륭한 남자나 여자가 특별하게 선택한 것은 좋은 것이다. 아테나 여신이 오디세우스를, 테세우스가 헬레네를, 여신들이 알렉산드로

---

31 호메로스의 『일리아스』 제2권 160행에서 그리스군이 트로이를 포기하고 철군하려 하자, 헤라 여신이 그리스의 수호신인 아테나에게 한 말이다. "헬레네"는 스파르테의 왕비로, 트로이 왕자 파리스가 그녀를 납치한 것이 트로이 전쟁의 발단이 되었다. "아르고스"는 펠로폰네소스 반도의 북동 지방을 가리키는데, 호메로스는 이 명칭을 사용해 그리스를 지칭했다. 스타르타는 이 반도의 남동 지방에 있었다.

32 호메로스의 『일리아스』 제2권 298행에서 오디세우스가 오랫동안 트로이와 싸워 왔는데 이대로 빈손으로 철군한다면 수치스러운 일이라며 철군을 만류하며 한 말이다.

33 호메로스는 트로이를 자주 "일리온"으로 지칭했다. 코린토스인은 트로이 전쟁에서 그리스군의 일원이 되어 싸운 것을 자랑스럽게 생각해서, 당연히 트로이에게 비난을 듣길 원했다. 그런데 시모니데스는 코린토스 출신으로 리키아인의 왕이 된 글라우코스가 트로이군 편에 서서 싸운 사실을 근거로 트로이가 코린토스인을 비난하지 않을 것이라고 말함으로써 코린토스인을 모욕했다. "시모니데스"(기원전 556년경-466년경)는 에게해의 키오스 섬 출신의 고대 그리스 서정시인이다.

스를, 호메로스가 아킬레우스를 선택한 것이 그 예다.[34]

일반적으로 사람들이 심사숙고해서 선택한 것은 좋은 것이다. 실제로 사람들은 심사숙고해서, 우리가 앞에서 말한 것, 적들에게 나쁜 것, 친구에게 좋은 것, 실행 가능한 것을 선택한다. 실행 가능함은 그렇게 할 수 있는 것과 그 일이 쉽게 일어나게 하는 것, 두 가지를 의미한다. 어떤 일이 쉽게 일어났다면 그것을 하는 데 힘이 들지도 않고 시간도 얼마 걸리지 않았다는 뜻이다. 어렵다는 것은 힘이 들거나 시간이 많이 걸리는 것으로 정의되기 때문이다.

사람들이 원하는 것도 좋은 것이다. 사람들은 해악이 전혀 없거나, 있더라도 유익보다 더 적은 것을 원하기 때문이다(후자는 처벌이 가볍거나 신경 쓸 만한 것이 아닌 경우다). 또한 남들은 아무도 갖고 있지 않아 자신에게만 예외적으로 있는 게 좋은 것이다. 그렇게 하면 더 큰 명예를 가져오기 때문이다.

사람의 출신 배경이나 역량으로 그에게 귀속되어 있어 각자에게 어울리는 일도 좋은 것이다. 또한 어떤 사람이 자기에게 뭔가가 결여되어 있다는 느낌도 좋은 것이다. 다른 사람은 하찮게 여기더라도, 그것을 얻으려는 그 사람의 간절한 욕망은 전혀 줄어들지 않기 때문이다.

쉽게 해낼 수 있어서 실천 가능한 것도 좋은 것이다. 모든 사람, 또는 대부분 사람, 또는 자기와 대등하거나 열등한 사람이 그것을 성공적으로 해냈기 때문이다.

친구를 기쁘게 하거나 적을 괴롭게 하는 일도 좋은 것이다. 또한 훌륭

---

34 "아테나 여신"은 오디세우스가 역경에 처할 때마다 그를 도와주고 용기를 불어넣어 주어 극복할 수 있게 했다. "테세우스"는 아테나이 최고의 영웅으로 제우스의 딸이자 스파르테의 공주이며 그리스 신화에 나오는 최고의 미녀 헬레네와 결혼하기 위해 그녀를 납치했다. "알렉산드로스"는 트로이의 왕자 파리스의 다른 이름으로, 여신들은 자기들 중에서 누가 가장 아름다운지를 결정할 인물로 그를 선택했다. 그리스 최고의 서사시인인 "호메로스"는 『일리아스』의 주인공으로 아킬레우스를 선택했다.

하다고 존경받는 사람들이 심사숙고해서 행하는 것도 좋다. 사람들이 잘 할 수 있고 능숙하게 하는 것도 좋은 것이다. 사람들도 그것을 쉽게 해낼 수 있다고 생각하기 때문이다.

악인이 아무도 따르길 원하지 않아도 좋은 것이다. 이는 더욱 칭송받아 마땅하다. 또한 사람들이 몹시 얻고 싶어 하거나 행하려 해도 좋은 것이다. 그런 것은 틀림없이 즐거울 뿐만 아니라 더욱 좋을 것이기 때문이다.

무엇보다도 각자가 본성적으로 좋아하는 게 좋은 것이다. 예컨대, 이기
1363b1 는 것을 좋아하는 사람에게는 승리가 좋고, 명예를 좋아하는 사람에게는
명예가 좋으며, 돈을 좋아하는 사람에게는 돈이 좋다. 그리고 이것은 다른
부류의 사람에게도 똑같이 적용된다. 따라서 청중에게 어떤 것이 좋고 이
롭다는 신뢰를 갖게 하려면, 그것이 지금껏 우리가 말한 것에 속해 있음
을 증명해야 한다.

제7장
상대적 이로움

사람들은 양쪽이 다 유용하다는 데는 동의하지만, 어느 쪽이 더 이로운지를 놓고는 많이 다투기 때문에, 우리는 다음으로 어떤 것이 더 좋고 더 이로운 것은 무엇인가에 대해 살펴보아야 한다.

상대를 넘어서는 것은 크고도 더욱 큰 것이고, 모자라는 것은 다른 것 안에 포함되는 것이다. 더 큰 것이나 더 많은 것은 언제나 더 작은 것이나 더 적은 것과 비교해서 상대적으로 그러하고, 큰 것과 작은 것과 많은 것과 적은 것은 다수의 것과 비교해서 상대적으로 그러하다. 따라서 넘치는 것은 큰 것이고, 모자라는 것은 작은 것이며, 이것은 많은 것과 적은 것의 경우에도 마찬가지다.

우리가 좋다고 부르는 것은 다른 것 때문이 아니라 그 자체로 사람들이 선택하기 때문이고, 모든 사람이 원하며, 생각 있고 분별력 있는 사람이라면 누구나 얻으려 하고, 그런 좋은 것을 만들어내거나 보존하고, 좋은 것이 따르며, 사람들이 다른 것을 행할 때 그 목표가 되기 때문이다. 그리고 특정한 사람과 관련해서 이런 조건이 충족되었을 때, 그것은 그 사람에게 좋은 게 된다.

따라서 둘 중 어느 하나가 다수의 좋은 것에 속하고, 다른 하나는 하나의 좋은 것이나 소수의 좋은 것에 속하며, 그 하나 또는 소수의 좋은 것은 다수의 좋은 것에 포함되어 있다면, 둘 중에서 전자는 후자보다 더 좋은 것일 수밖에 없다. 전자는 넘치는 것으로서, 모자라는 것인 후자를 포함하기 때문이다.

또한 어떤 종류의 가장 큰 것이 또 다른 종류의 가장 큰 것보다 더 크다면, 첫 번째 종류에 속한 것이 두 번째 종류에 속한 것보다 더 크다. 그리고 어떤 종류에 속한 것이 또 다른 종류에 속한 것들보다 더 크다면, 첫 번째 종류의 가장 큰 것은 또 다른 종류의 가장 큰 것보다 크다. 예컨대 일반적으로 남자는 여자보다 더 크다. 그리고 일반적으로 남자가 여자보다 더 크다면, 가장 큰 남자는 가장 큰 여자보다 더 크다. 종류 간의 우열관계와 각각의 종류에서 가장 큰 개체 간의 우열관계에는 정비례 관계가 존재하기 때문이다.

또한 이것은 저것을 동시적으로든 후속적으로든 잠재적으로든 따르지만, 저것은 이것을 어떤 식으로든 따르지 않는다면, 저것은 이것보다 크다. 수반되는 것은 수반하는 것에 포함되기 때문이다. 예컨대, 건강은 살아 있음을 동시적으로 수반하지만, 살아 있음은 건강을 동시적으로 수반하지 않는다. 배우는 것은 아는 것을 후속적으로 수반한다. 신전 물건을 훔치는 성물 절도는 일반적인 절도를 잠재적으로 수반한다. 성물 절도범이라면 일반적인 절도도 할 가능성이 높기 때문이다.

어떤 것보다 더 많이 큰 것이 더 적게 큰 것보다 더 크다. 더 많이 큰 것은 그 어떤 것보다 더 클 뿐만 아니라, 더 적게 큰 것보다 크기 때문이다. 또한 더 좋은 것을 만들어내는 것이 더 좋다. 마찬가지로 더 좋은 것이 만들어내는 일은 더 좋은 것이다. 예컨대, 건강을 만들어내는 것이 즐거움을 만들어내는 것보다 더 선호되고 더 좋은 것이라면, 건강은 즐거움보다 더 좋다고 할 수 있다.

1364a1 그 자체로 선호되는 것은 그 자체로 선호되지 않는 것보다 더 좋다. 예컨대, 체력은 체력을 만들어내는 것보다 더 좋은 것이다. 후자는 그 자체로 선호되지는 않지만, 앞서 보았듯이 전자는 그 자체로 좋기 때문이다.

이것은 목표이고 저것이 목표가 아니면, 이것이 더 좋은 것이다. 이것은 그 자체로 선호되지만, 저것은 다른 것을 얻기 위해 선호되기 때문이다. 예컨대, 운동은 신체의 건강을 위해 선호된다.

다른 이나 다른 것을 덜 필요로 하는 게 더 좋다. 그것은 그 자체로 부족함이 덜해서 적게 혹은 좀 더 쉬운 것만 필요로 하기 때문이다. 이것은 저것 없이는 존재할 수도 만들어질 수도 없으나, 저것은 이것 없이도 존재하고 만들어질 수도 있다면, 저것은 스스로 부족함이 없어 다른 것의 도움을 필요로 하지 않기 때문에 더 좋은 것임에 틀림없다.

어떤 것은 제1원리[35]이고 다른 것은 제1원리가 아니라면, 전자가 후자보다 더 좋은 것이다. 전자는 다른 것의 원인인 반면에, 후자는 원인이 아니고 그것의 원인이나 제1원리로 인해 존재하거나 만들어지는 것이기 때문이다.

두 개의 제1원리 중에서 더 좋은 원리에서 만들어지는 것이 더 좋은 것이고, 두 개의 원인 중에서 더 좋은 원인에서 만들어지는 것이 더 좋은 것이다. 역으로, 두 개의 제1원리 중에 더 좋은 것을 만들어내는 것이 더 좋은 원리이고, 두 개의 원인 중에 더 좋은 것을 만들어내는 것이 더 좋은 원인이다.

따라서 지금까지 말한 것으로부터, 무엇이 더 좋다는 것은 두 가지 방식으로 증명해보일 수 있음이 분명하다. 하나는 이것이 제1원리이고 저것은 제1원리가 아니라면, 이것이 더 좋다는 것이고, 다른 하나는 이것이 제1원리일 때 저것이 제1원리는 아니지만 목표라면, 저것이 더 좋다고 본다.

이것으로 레오다마스는 칼리스트라토스를 고발하면서, 조언한 자가 없었다면 실행한 자도 없었음을 근거로 내세워, 조언한 그가 실행한 자보다 더 큰 죄를 지었다고 말했다. 반면에, 카브리아스를 고발할 때는, 조언은 실행을 목표로 하는 것이기 때문에 만일 조언을 실행하는 자가 없었다면 그 일은 일어나지 않았을 것이라는 근거를 내세워, 실행한 자가 조언한 자보다 죄가 더 크다고 말했다.[36]

---

35 "제1원리"(ἀρχή, '아르케')는 모든 명제의 전제로, 모든 논증의 출발점이기 때문에 그 자체는 논증으로 증명할 수 없거나 모든 것의 원인으로 그 자체의 원인은 존재하지 않는 것을 가리킨다. 전자는 변증학에서 "공리"라고 하는 것으로 여러 개가 존재할 수 있고, 후자는 자연학에서 만물의 최초 원인을 말한다.

36 기원전 366년에 테바이의 군대가 아테나이의 관할 아래 있던 보이오티아 지방의 오로포

희소한 것이 풍부한 것보다 더 좋다. 예컨대 금이 철보다 더 좋은 이유는 금은 철보다 덜 이롭지만, 희소해서 얻기가 더 어렵기 때문이다. 하지만 다른 관점에서, 풍부한 것은 더 자주 사용된다는 점에서 희소한 것보다 더 좋다. 자주 사용되는 것이 드물게 사용되는 것보다 더 좋기 때문이다. 이것이 "가장 좋은 것은 물이다"라는 말이 나온 이유다.[37]

일반적으로 더 어려운 것이 더 쉬운 것보다 더 좋다. 더 어려운 것이 더 희소하기 때문이다. 하지만 다른 관점에서는 더 쉬운 것이 더 어려운 것보다 더 좋다. 더 쉬운 것은 사람들이 원하기만 하면 쉽게 얻을 수 있기 때문이다.

어떤 것과 반대되는 것이 더 중요하고, 뭔가가 없는 것이 더 중요하다면, 그 어떤 것은 더 중요하다.[38] 가령, 미덕은 악덕이 아닌 것보다 더 중요하고, 악덕은 미덕이 아닌 것보다 더 중요하다. 미덕과 악덕은 목표인 반면에, 악덕이 아닌 것과 미덕이 아닌 것은 목표가 아니기 때문이다.

어떤 것의 결과가 더 아름답거나 더 추하면, 그 어떤 것은 더 좋거나 더 나쁘다. 역으로 어떤 것의 장점이나 단점이 더 크다면, 그것의 결과도 더 좋거나 나쁘다. 제1원리나 원인이 어떠하다면 그것이 만들어낸 결과도 그러하고, 그 결과가 어떠하다면 그 결과를 만들어낸 제1원리나 원인도 그러하기 때문이다.

다른 것을 능가해서 더 선호되거나 더 훌륭하다면 더 좋은 것이다. 예

스를 기습적으로 점령하자, 아테나이는 장군 카레스를 출정시켰지만 정치가였던 "칼리스트라토스"는 전쟁을 중단시키고 "카브리아스"를 보내 협상을 시도하다가 결국 실패한다. 그러자 정치가이자 대중 연설가였던 "레오다마스"는 이 둘을 고발하면서 칼리스트라토스의 죄를 논할 때는 "제1원리"를 적용해서 그의 죄가 더 무겁다고 주장했고, 카브리아스의 죄를 논할 때는 수단과 "목표"라는 관점에서 그의 죄가 더 무겁다는 논증을 폈다.

37 핀다로스의 『올림피아 우승자들에게 바치는 찬가』 첫 번째 노래 1행에 나오는 말이다. 핀다로스(기원전 522-443년경)는 보이오티아 출신의 고대 그리스 서정시인이다.

38 "어떤 것"과 반대되거나 없는 것이 더 중요한 것은 그 '어떤 것'이 중요한 것이기 때문이다. 어떤 것이 별로 중요한 것이 아니라면, 그 어떤 것과 반대되거나 없는 것도 별로 중요하지 않을 것이다.

컨대, 정확히 보는 것은 정확히 냄새 맡는 것보다 더 좋고(보는 것이 냄새
맡는 것보다 더 선호되기 때문에), 친구를 사랑하는 것은 돈을 사랑하는 것보 1364b1
다 더 훌륭하기 때문에 더 좋다.

역으로, 더 좋은 것을 능가하는 것은 더욱 좋은 것이고, 더 훌륭한 것을 능가하는 것은 더욱 훌륭한 것이다. 우리가 원하는 것이 더 훌륭하거나 더 좋다면, 더 좋은 것을 원하는 게 더욱 좋기 때문에, 더 좋고 훌륭한 것을 원하는 게 그 더 좋고 훌륭한 것으로 인해 더욱 좋다.

어떤 지식이 더 훌륭하거나 더 중요하다면, 그 지식이 다루는 내용도 더 훌륭하고 더 중요하다. 어떤 지식이냐에 따라 어떤 내용을 다루느냐가 정해지는 까닭에, 지식이 어떠하면 거기에서 다루는 내용도 그러하기 때문이다. 따라서 동일한 이유와 동일한 논리에서, 더 중요하고 훌륭한 것을 다루는 지식이 더 좋은 것이다.

현명한 사람이나 모든 사람, 또는 대다수나 다수, 또는 가장 능력 있는 사람들이 더 좋다고 판단할 만하거나 이미 그렇게 판단한 것은 무조건적으로, 또는 그렇게 판단한 자들의 현명한 정도에 따라 더 좋다. 이것은 다른 것에도 공통적으로 적용된다. 좋은 것의 본질과 양과 질은 지식과 현명함이 정하기 때문이다.

하지만 이것은 좋은 것을 말할 때만 해당된다. 현명하다면 누구나 좋은 것을 선택한다고 정의되는 까닭에, 현명함이 더 좋다고 말하는 것이 더욱 좋을 수밖에 없기 때문이다.

더 훌륭한 사람들이 지닌 것은 무조건적으로, 또는 그들이 훌륭한 정도만큼 더 좋다. 용기가 체력보다 더 좋은 것이 그 예다. 또한 더 훌륭한 사람이 선택하는 것은 무조건적으로, 또는 그들이 훌륭한 정도만큼 더 좋다. 불의를 행하는 것보다 불의를 당하는 일이 더 좋은 게 그 예다. 더 정의로운 사람은 후자를 선택하기 때문이다.

더 즐거운 것이 덜 즐거운 것보다 더 좋다. 누구나 즐거움을 추구하고, 즐거움을 그 자체로 얻고자 하며, 이 두 가지를 기준으로 삼아 '좋은 것'과

'목표'가 정의되기 때문이다. 그리고 고통이 덜한 것과 즐거움이 더 오래 지속되는 것이 더 즐거운 것이다.

더 훌륭한 것이 덜 훌륭한 것보다 더 좋다. 훌륭한 것은 즐겁거나, 그 자체로 선호되기 때문이다. 또한 사람들이 자신이나 친구들에게 일어나기를 바라는 마음이 더 강한 것일수록 더 좋고, 일어나지 않기를 바라는 마음이 더 강할수록 더 나쁜 것이다.

오래 지속되는 것이 단명하는 것보다 더 좋고, 안전한 것이 안전하지 않은 것보다 더 좋다. 오래 지속되는 것은 사용 시간에서 단명하는 것을 능가하고, 안전한 것은 우리가 원할 때마다 더 쉽게 사용할 수 있다는 점에서 안전하지 않은 것을 능가한다.

동일한 어원이나 동일한 어간에서 나온 것 중에서 어느 하나가 좋으면, 거기에서 파생된 다른 모든 것도 좋다. 예컨대, "용기 있게"가 "절제 있게"보다 더 훌륭하고 선호되는 것이라면, '용기'가 '절제'보다 더 선호되는 좋은 것이고, '용감하다'가 '절제하다'보다 더 선호되는 좋은 것이다.

모든 사람이 선택하는 것이 모든 사람이 선택하지 않는 것보다 더 좋고, 다수가 선택하는 것이 소수가 선택하는 것보다 더 좋다. 좋은 것은 모든 사람이 바라는 것이어서, 더 많은 사람이 바랄수록 더 좋기 때문이다.

경쟁자나 적들이 선택하는 것은 더 좋은 것이고, 재판관이나 그 대리인이 선택하는 것은 더 좋은 것이다. 전자는 모든 사람이 선택하고, 후자의 경우는 권위 있는 전문가가 선택하기 때문이다.

어떤 때는 모든 사람이 참여하는 것이 더 좋은 것이다. 참여하지 않는 것이 치욕이 될 때가 그러하다. 어떤 때는 아무도 참여하지 않거나 소수가 참여하는 것이 더 좋다. 그것은 더 드물기 때문이다.

더 칭송받는 것이 더 좋은 것이다. 그것은 더 훌륭하기 때문이다. 마찬가지로 더 큰 명예나 상이 주어지는 것이 더 좋은 것이다. 명예나 상은 어떤 것의 가치를 평가하는 척도이기 때문이다. 더 큰 벌을 받는 것은 더 나쁜 것이다. 또한 좋다고 인정받거나 그렇게 여겨지는 것보다 더 좋다면 더욱 좋은 것이다.

어떤 것을 여러 부분으로 나누었을 때, 그 부분들이 좋은 것이라면, 그 어떤 것은 더 좋은 것이다. 그 어떤 것이 그 부분을 능가한다는 것은 분명하기 때문이다. 도성이 함락되었을 때 멜레아그로스는 사람들에게 닥친 온갖 참혹한 일을 듣고 마음이 움직여서 자리에서 일어나 싸우러 나갔다고 저 시인이 말한 이유가 이것이다. "백성은 도륙당하고, 도성은 불에 타 흔적도 없이 사라졌으며, 자녀들은 외적에게 끌려갔다."[39]

에피카르모스[40]가 그랬듯이, 여러 부분을 더하고 쌓아올렸음은 많은 것이 축적되어 이룬 제1원리이자 원인이 아주 크고 중대함을 보여주기 때문에, 앞에서 말한 여러 부분으로 나눈 것에 대해 말했을 때와 동일한 이유에서 더 좋다.

더 어렵고 더 희소한 것이 더 좋기 때문에, 어떤 기회나 나이나 장소나 시간이나 능력이 어떤 것을 더 크게 만든다. 즉, 어떤 사람이 능력이나 나이나 동년배를 뛰어넘는 일을 했고, 그 일이 어느 특정한 시간이나 장소에서, 또는 어느 특정한 방식으로 행해진 경우에는, 그 일은 더 훌륭하고 더 좋고 더 정의로운 일이 되거나, 정반대로 더 추하고 더 악하며 더 불의한 일이 될 수 있다. 이것이 올림피아 경기에서 우승한 어떤 사람에 관해 이런 경구가 생긴 이유다. "전에는 내가 두 어깨에 딱딱한 막대기를 메고,

---

39 이것은 호메로스의 『일리아스』 제9권 592-594행에 나오는 말이다. "멜레아그로스"는 칼리돈의 왕 오이네우스의 아들로 그리스 신화에 나오는 영웅이다. 그는 아르테미스 여신이 분노해서 보낸 괴물 멧돼지를 죽이고 나서 사소한 다툼으로 자신의 외숙부들을 살해했고, 이 일로 어머니의 저주를 받고 두문불출했다. 그 와중에 괴물 멧돼지의 가죽을 차지하려고 부족들 간에 전쟁이 벌어져서 자기 나라가 풍전등화의 위기에 처했어도 참전할 생각을 하지 않았던 그는 아내의 이 말을 듣고 전쟁터로 나갔고, 칼리돈을 위기에서 구한 후 자신도 전사했다.

40 "에피카르모스"(기원전 550년경-450년경)는 고대 그리스의 희극작가로 희극의 창시자 중 한 사람으로 여겨지기도 한다. 아리스토텔레스는 그가 희극의 줄거리를 최초로 만들어냈다고 말하고, 소크라테스는 그를 "희극의 왕자"라고 불렀으며, 호메로스는 그를 "비극의 왕자"라고 불렀다.

아르고스에서 테게아까지 물고기를 날랐지."[41] 또한 그런 이유에서 이피크라테스[42]도 자기 입으로 스스로 칭송하면서 자기 출신이 어떠했는지를 거론했다.

타고난 것이 후천적으로 얻은 것보다 더 좋은 것이다. 전자가 후자보다 더 어렵기 때문이다. 시인이 "나는 독학했다"고 말한 이유가 여기 있다.[43] 또한 좋은 것 중에서 가장 좋은 부분이 더 좋은 것이다. 페리클레스[44]가 국장을 치를 때 읽은 조사에서 국가가 청년을 빼앗긴 것은 한 해의 봄을 빼앗긴 것과 같다고 말한 이유가 여기 있다.

노년이나 병들었을 때처럼 더 절실하게 필요한 때 쓸모 있는 것이 더 좋은 것이다. 또한 둘 중에서 목표에 더 가까우면 더 좋은 것이고, 모든 사람이 아니라 특정 개인과 밀착된 것이 더 좋은 것이다.

가능한 것이 불가능한 것보다 더 좋다. 전자는 이득을 줄 수 있지만, 후자는 줄 수 없기 때문이다. 또한 인생의 달성된 목표가 더 좋은 것이다. 이루어진 목표가 목표에 가까운 것들보다 더 좋기 때문이다.

1365b1 실체를 지향하는 것이 과시를 지향하는 것보다 더 좋은 것이다. 과시를 지향함은 사람들이 알아주지 않으면 선택하지 않는 것을 말한다. 그리고 이 때문에 사람들은 선행을 하기보다 선행을 받기를 더 선호한다. 후자는 알아주는 사람이 아무도 없어도 선호되지만, 전자는 알아주는 사람이 없

---

41 시모니데스의 글로 추정된다. "아르고스"는 펠로폰네소스 반도 북동부에 있는 아르골리스 지방의 도시이고, "테게아"는 이 반도 중앙부에 있는 아르카디아 지방의 도시이다.

42 "이피크라테스"(기원전 415년경-353년경)는 제화공의 아들로 태어나서 아테나이의 장군이 된 입지적인 인물로 나중에 트라키아 왕의 공주와 결혼했다. 아리스토텔레스(기원전 384-322년)와 활동 기간이 겹치는 인물이다.

43 호메로스의 『오디세이아』 제22권 347행에 나오는 말이다. 이 작품 속에서 이 말을 한 사람은 페미오스다. 그는 오디세우스가 없는 집에서 그의 부인 페넬로페에게 청혼하려고 서사시를 읊는 이타카 출신의 음유시인으로 나온다.

44 "페리클레스"(기원전 495년경-429년)는 아테나이의 황금기에, 즉 펠로폰네소스 전쟁과 페르시아 전쟁 사이 기간에 활동한 영향력 있는 탁월한 정치가이자 대중 연설가이며 장군으로서 아테나이의 민주정을 완성한 인물이다.

다면 아무도 선호하지 않기 때문이다.

실제로 원하는 것이 겉으로만 원하는 것보다 더 좋다. 전자가 후자보다 더 실체를 지향하기 때문이다. 정의를 하찮은 것으로 여기고, 실제 정의로운 것보다는 정의롭게 보이는 것을 더 선호한다는 사람이 있지만, 건강과 관련해서 이것을 생각해보면 그렇지 않다는 것이 금방 드러난다.

여러 가지로 이로운 것이 더 좋은 것이다. 살아가는 데도 이롭고, 잘 살아가는 데도 이로우며, 즐거움을 위해서도 이롭고, 선행하는 데도 이롭다면, 그것이 바로 이런 것이다. 부와 건강은 이 모든 것에서 다 이롭기 때문에 가장 좋다고 여겨진다.

고통이 없을 뿐만 아니라 즐거움을 주는 것이 더 좋다. 여기에는 두 가지 이득이 있기 때문이다. 또한 어떤 것에 더해져 전체를 더 좋은 것으로 만드는 것이 어떤 것에 더해졌을 때 그렇지 않은 것보다 더 좋다.

실제로 존재하는 것이 실제로 존재하지 않는 것보다 더 좋은 것이다. 전자는 실체가 있는 것이기 때문이다. 이것이 실제로 부자인 것이 부자처럼 보이는 것보다 더 좋은 이유이다.

소중한 것 중에서 오직 하나밖에 없는 것이 여러 개 있는 것보다 더 좋다. 이것이 두 눈을 모두 가진 사람의 눈 한쪽을 멀게 하는 것과 오직 눈 하나를 가진 사람의 한쪽 눈마저 멀게 만드는 게 동일한 손실이 아닌 이유이다. 후자는 자신에게 있던 단 하나의 소중한 것을 잃었기 때문이다.

지금까지 우리는 조언을 위한 연설가의 입장에서 청중을 권유하거나 만류할 때 그들을 설득하기 위해 뭔가를 증명할 때 사용할 만한 전제를 거의 다 제시했다.

제8장
국가 형태

하지만 청중을 잘 설득하고 조언하기 위해 필요한 모든 요소 중에서 가장 중요하고 강력한 것은 모든 국가 형태를 알고, 각각의 국가 형태가 지닌 특징과 제도와 이점을 잘 파악하는 것이다. 모든 사람은 자신에게 이롭다는 점이 증명되면 거기에 설득되고, 그들에게 이롭다면 그들의 국가 형태도 잘 보존하려 하기 때문이다.

또한 국가의 의사를 결정하는 권력이 주권인데, 주권의 형태는 국가 형태마다 서로 달라서, 주권의 형태도 국가 형태의 수만큼 많다. 국가 형태는 네 가지다. 민주정, 과두정, 귀족정, 군주정.[45] 따라서 주권을 지닌 자로서 국가의 의사를 결정하는 자는 각각의 국가 형태에 따라 국민, 소수의 통치자, 귀족, 군주이다.

민주정은 추첨을 통해 관직을 배분하는 국가 형태이고, 과두정은 재산을 가진 정도에 따라 매겨진 등급에 의거해 관직을 배분하는 국가 형태이다. 귀족정은 교육받은 정도에 따라 관직을 배분하는 국가 형태인데, 여기에서 교육이란 법률로 정해진 교육을 의미한다. 따라서 귀족정에서는 법률에 충실한 자들이 국가를 다스린다. 그런 사람들이 "최고로 훌륭한 사람들"로 생각될 수밖에 없기 때문인데, 거기에서 이 국가 형태의 명칭이 유래했다.

---

45 민주정(δημοκρατία, '데모크라티아')은 대중('데모스')이 통치하는('크라티아') 국가이고, 과두정(ὀλιγαρχία, '올리가르키아')은 소수의 사람들('올리고스')이 지배하는('아르키아') 국가이며, 귀족정(ἀριστοκρατία, '아리스토크라티아')은 최고로 훌륭한 사람들('아리스토스')이 통치하는 국가이고, 군주정(μοναρχία, '모나르키아')은 한 사람('모노스')이 지배하는('아르키아') 국가이다.

군주정이란 그 명칭이 보여주듯 한 사람이 모든 사람의 주인인 국가 형태이다. 군주정에는 두 종류가 있는데, 그중에서 군주의 권력에 일정한 제약이 가해지는 것을 군주정이라고 하고, 어떠한 제약도 가해지지 않는 것은 참주정[46]이라고 한다. 1366a1

각각의 국가 형태가 추구하는 목표를 간과해서도 안 된다. 사람들은 자신이 지향하는 목표를 이루는 데 더 필요한 것을 선택하기 때문이다. 민주정의 목표는 자유이고, 과두정의 목표는 부이며, 귀족정의 목표는 교육 및 제도와 관련되어 있고, 참주정의 목표는 참주 자신의 안전이다. 따라서 우리는 각각의 국가 형태가 자신의 목표와 관련해서 어떻게 서로 다른 특징과 제도와 이점을 지니는지를 알아야 한다. 사람들은 자신의 목표를 이루는 데 더 필요한 것을 선택하기 때문이다.

또한 신뢰는 어떤 것이 이롭다는 증명에 따른 논증으로만이 아니라, 그것이 무엇에 적합한지를 증명하는 논증으로도 생기기 때문에(연설가가 어떤 특성을 지닌 것으로 보일 때, 예컨대 그가 좋은 사람이거나 선의를 지녔다고 생각될 때 청중은 그를 더 신뢰하는 것처럼), 우리는 각각의 국가 형태가 지닌 특성을 알아야 한다. 그 특성에 맞는 것을 말할 때 청중에게 큰 설득력을 지닐 수밖에 없기 때문이다.

그리고 우리는 각각의 국가 형태가 지닌 특성을 똑같은 방식으로 알 수 있다. 각각 무엇을 선택하느냐에 따라 그 특성이 드러나고, 무엇을 선택하느냐는 각각의 국가 형태가 지향하는 목표로 결정되기 때문이다.

이상으로 연설가가 미래의 것이든 현재의 것이든 어떤 것을 권유하고자 할 때 그것이 청중에게 이롭다는 점을 설득하려면 어떤 전제를 사용해

---

46 고대 그리스의 아테나이에서 귀족 세력과 평민 세력 사이의 다툼을 이용해 독재 권력을 장악하여 국가를 지배한 독재자를 '참주'라고 하고, 그런 국가 체제를 '참주정'이라고 한다. 고대 그리스에서 참주정은 귀족정이 쇠퇴하면서 기원전 7세기에서 3세기에 이르기까지 각지에서 출현했다. 참주정은 폭정이 되기 쉬웠지만, 선정을 편 이들도 있었다. 아테나이의 참주 페이시스트라토스(기원전 600년경-527년) 통치기는 황금기로 불린다.

서 그 이로움을 증명해야 하는지를 살펴보았다. 또한 그렇게 하려면 각각의 국가 형태가 지닌 특성과 제도가 어떠하고 어떻게 서로 다른지를 연설가가 알아야 하는데, 이에 대해서도 현재 논의와 관련해서 필요한 만큼만 살펴보았다. 좀 더 자세한 것은 『정치학』에서 논의될 것이다.

제9장
선전을 위한 연설

이제 미덕과 악덕, 고결한 것과 추악한 것에 관해 논의해보자. 이것은 칭송과 비난의 대상이다. 이것을 논의하면, 어떤 것이 연설가가 지닌 도덕적 특성을 보여주는지도 부수적으로 드러난다. 앞에서 말했듯이 연설가의 도덕적 특성은 청중을 설득하는 두 번째 요소이다. 청중이 제3자를 신뢰하는 바로 그 미덕과 청중이 연설가를 신뢰하게 되는 그 미덕은 서로 동일하다.

하지만 사람들은 농담으로 칭송할 수도 있고, 진심으로 칭송할 수도 있으며, 사람이나 신만이 아니라 심지어 무생물이나 어떤 짐승도 마구잡이로 칭송할 수 있기 때문에, 조언을 위한 연설에서와 마찬가지로 칭송하는 연설에서도 뭔가를 전제로 삼아 논증해나가야 한다. 여기에서는 예를 들어 설명하는 방식으로 그러한 전제들을 살펴보기로 하자.

고결한 것은 그 자체로 선호할 만해서 칭송받아 마땅하거나, 그 자체로 좋고, 또한 좋아서 즐겁기도 한 것이다. 그러하다면, 미덕은 좋아서 칭송받아 마땅하다는 점에서 훌륭한 것일 수밖에 없다. 미덕은 좋은 것을 만들어내고 보존할 수 있는 능력이고, 모든 것에 온갖 이로움을 많이 만들어내는 능력으로 여겨지기 때문이다. 미덕을 이루는 요소는 정의, 용기, 절제, 통큼, 호방함, 후함, 현명함, 지혜로움이다.

미덕이 이로움을 주는 능력이라면, 다른 사람에게 가장 이로운 것이 가장 큰 미덕일 것임에 틀림없다. 사람들이 정의와 용기를 가장 큰 미덕으로 여기고 소중히 여기는 이유가 이것이다. 용기는 전쟁 때 다른 사람에게 유익하고, 정의는 평화로울 때 다른 사람에게 유익하기 때문이다. 그 다음으로 큰 미덕은 후함이다. 다른 사람이 특히 돈을 더 갖고 싶어 할 때,

후한 자들은 돈 문제에서 인색하지도 않고 다투지도 않기 때문이다.

정의는 법이 정한 바에 따라 자신의 것을 소유하는 미덕이고, 불의는 법을 어기고 남의 것을 자기 것처럼 소유하는 악덕이다. 용기는 사람이 위험을 감수하고라도 법에 복종해서 법이 명령하는 고결한 행위를 행하는 미덕이고, 비겁함은 그 반대이다.

절제는 사람이 육체의 즐거움과 관련해서 법이 정한 만큼만 적절하게 누리는 미덕이고, 방종은 그 반대이다. 후함은 돈으로 다른 사람들에게 이로움을 주는 것이고, 인색함은 그 반대이다. 호방함은 남에게 크게 은혜를 베푸는 미덕이고, 옹졸함은 그 반대이다. 통큼은 큰돈을 좋은 일에 거침없이 쓰는 미덕이고, 그 반대는 옹졸함과 쩨쩨함이다. 현명함[47]은 앞에서 말한 좋은 것과 나쁜 것을 잘 구별해서 조언해줌으로써 사람들에게 행복을 얻게 해주는 미덕이다.

이상으로 우리는 현재의 논의와 관련해서 필요한 정도로는 충분할 만큼 미덕에 관한 전반, 그리고 그 구성 요소까지 살펴보았다. 이를 토대로 나머지를 아는 것은 어렵지 않다. 미덕을 만들어내는 것은 미덕을 지향하므로 고결한 것임에 틀림없고, 미덕이 만들어낸 것도 미덕의 증표이자 결과물이라는 점에서 고결한 것임에 틀림없기 때문이다.

미덕의 증표들과 고결한 사람들이 행하거나 겪는 일은 좋은 것이기 때문에, 용기의 결과물이나 용기의 증표나 용기 있게 행하는 것은 훌륭할 수밖에 없다. 이것은 정의로운 것과 정의의 결과물도 마찬가지이고, 다른 미덕의 경우도 마찬가지이다. (하지만 사람이 정의에 따라 겪는 일은 고결한 것이 아니다. 미덕 중에서 오직 정의는, 정의에 따라 겪는 일이 형벌의 경우처럼 언제나 고결하지만은 않다. 정당하게 형벌받는 것이 부당하게 형벌받는 것보다

---

47 "현명함"은 그리스어로 '프로네시스'(φρόνησις)인데, 이것은 모든 것의 근원을 묻고 근본적인 문제들을 다루는 철학적인 지혜인 '소피아'(σοφία)와는 달리 실용적인 지혜를 가리킨다. 앞에서와는 달리 여기에서 아리스토텔레스는 근본적인 지혜인 '소피아'는 언급하지 않고 실용적인 지혜만 언급한다.

더 수치스러운 것이기 때문이다).

어떤 것을 했을 때 얻는 것이 명예이거나, (부수적으로 돈이 따르지만) 그 주된 상이 명예인 그런 행위는 고결한 것이다. 사람들이 선호하는 것을 자신을 위해서가 아니라 다른 사람을 위해 하는 행위, 무조건적으로 좋은 행위, 사람이 자기 이익을 버리고 조국을 위해 하는 행위 그리고 본질에 있어서 훌륭하다면 고결한 것이다.

좋은 행위이면서도 본인을 위해 좋은 게 아니라면 고결한 것이다. 좋은 행위라고 해도 본인을 위한다면 이기적인 행위이기 때문이다. 또한 행한 일에 따른 이득을 자기가 살아 있을 때보다 죽고 나서 누리는 행위가 더 고결하다. 살아 있을 때 이득을 누리는 행위에는 이기적인 동기가 더 강하게 작용하기 때문이다.

다른 사람을 위한 행위들은 고결한 것이다. 그런 것은 덜 이기적이기 때문이다. 자기 자신이 아니라 다른 사람을 이롭게 하는 행위는 훌륭한 것이다. 은인에게 보답하는 행위는 정의롭기에 훌륭한 것이다. 은혜를 베푸는 행위도 훌륭한데 이는 자신을 위한 것이 아니기 때문이다.

사람들이 수치스러워하는 것의 반대는 고결한 것이다. 사람들은 수치스러운 것을 말하거나 행하거나 계획하는 것을 부끄러워하기 때문이다. 그래서 알카이오스가 "나는 말하고 싶지만, 수치심이 나를 가로막는구나"라고 썼을 때,[48] 사포는 이렇게 응수했다. "당신이 고결한 것을 원했고, 혀를 놀려 나쁜 말을 하려고 한 것이 아니었다면, 수치심이 당신의 두 눈을 덮지 않았을 것이고, 당신은 기꺼이 정의롭게 말했을 것입니다."[49]

---

48 알카이오스의 단편 55에 나온다. "알카이오스"(기원전 620년경-580년경)는 레스보스 섬 미텔레네 출신의 고대 그리스의 서정시인이다. 주로 정치적 분쟁과 거기에 얽힌 개인의 분노를 다룬 정치시로 유명하다.

49 사포의 단편 28에 나온다. "사포"(기원전 612년경-560년경)는 기원전 레스보스 섬 미텔레네 출신의 고대 그리스 최고의 여류 서정시인이다. 그녀는 당시에 같은 지역에 살던 서정시인 알카이오스와 많은 교류를 했다고 한다. 사포는 그 섬에서 소녀들을 모아 가르쳤는데, 여기서 레스보스가 "공부하는 여성들이 있는 곳"이라는 뜻이었다가 나중에는 여

사람들이 두려워하지 않고 분투하여 얻으려 한다면 고결한 것이다. 사람들은 자기 명성을 높여준다고 생각되는 것에 이런 반응을 보이기 때문이다. 본성적으로 더 뛰어난 자들의 미덕과 행위가 더 고결한 것이다. 예컨대 남자의 미덕과 행위가 여자의 것보다 더 고결하다.

자신보다 다른 사람을 더 즐겁게 해준다면 고결한 것이다. 정의와 정의로운 행동이 고결한 이유가 여기 있다. 원수와 타협하지 않고 제대로 복수한다면 고결한 것이다. 복수는 정의롭고, 정의로움은 고결하며, 굴종하지 않음은 용기를 나타내기 때문이다. 승리와 명예도 훌륭한 것이다. 그것으로 얻는 것이 없더라도, 사람들은 그 자체로 선호하며, 미덕의 우월성을 보여주기 때문이다.

기억해둘 만한 가치가 있다면 고결한 것이고, 더 귀할수록 더 기억해둘 가치가 있다. 그 일을 행한 사람이 죽은 후에야 결과가 나타나는 것, 명예가 수반되는 것, 탁월한 것, 오직 한 사람에게만 속한 것은 고귀하다. 그런 것이 더 잘 기억되기 때문이다.

이득이 나지 않는 것은 고결한 것이다. 자유민에게 더 어울리기 때문이다. 각각의 집단에 특유한 것과 각각의 집단에서 칭송받는 것의 증표는 고귀한 것이다. 예컨대 라케다이몬인 사이에서는 긴 머리가 귀하다. 거기에서 긴 머리는 자유민의 증표여서, 긴 머리를 한 사람이 남의 밑에서 품꾼으로 일한다는 것은 생각하기 어렵기 때문이다. 전문적인 생업에 종사하지 않는 것도 고결한 것이다. 생업에 얽매임 없이 살아가는 것이 자유민의 증표이기 때문이다.

어떤 것이 칭송하거나 비난할 만하다면, 그와 비슷한 것도 칭송하거나 비난할 만한 것으로 여겨야 한다. 예컨대 조심스럽고 주의 깊은 사람은

성 동성애자를 가리키는 '레즈비언'(레스보스인)이라는 용어가 나왔다. 플라톤은 9명으로 이루어진 무사 여신들 다음으로 사포를 "열 번째 무사 여신"이라고 불렀다. 그녀는 시대를 초월한 보편적인 인간 감정을 잘 표현한 최고의 서정시인으로 꼽히지만, 그녀의 시는 650행만이 남아 있다.

냉철하고 사려 깊은 사람으로 여겨야 하고, 세상 물정 모르는 순진한 사람은 선량하고 정직한 사람으로 여겨야 하며, 둔감한 사람은 점잖고 온유한 사람으로 여겨야 한다.

따라서 연설가는 자기가 칭송하려는 사람이 지닌 것과 아주 비슷하면서 최고로 고결한 것을 그 사람에게 돌려야 한다. 예컨대 성미가 급해서 화를 잘 내고 쉽게 흥분하는 사람에게는 솔직한 사람이라고 하고, 오만한 사람은 포부가 크고 자부심이 강한 사람이라고 해야 한다. 1367b1

어떤 극단에 치우친 사람이 있다면, 연설가는 그들을 각각의 극단적인 측면과 상응하는 미덕을 지닌 사람으로 묘사해야 한다. 예컨대 무슨 일이든 무모하고 경솔하게 덤비는 사람에겐 용기 있다고 하고, 낭비가 심한 사람은 후하다고 해야 한다. 다수의 사람은 그렇게 생각하고, 아울러 이유나 동기에 비추어 보았을 때도 그렇게 보는 것이 옳다.

어떤 사람이 어떤 일에서 굳이 위험을 무릅쓸 이유가 없는데도 위험을 무릅쓴다면, 그 일이 고귀한 일일 때는 더욱 그럴 것이라고 생각하는 것이 옳고, 누구에게나 후하게 쓰고 베푼다면, 자기 친구들에게는 더욱 그럴 것이라고 생각하는 것이 옳다. 그리고 모든 사람에게 잘하는 것이 최고의 미덕 아니겠는가.

연설가는 자신이 어떤 청중 앞에서 칭송하는지를 주의해야 한다. 소크라테스가 말했듯이, 아테나이인 앞에서 아테나이인을 칭송하는 것은 어려운 일이 아니다.[50] 연설가는 청중이 스키타이인이냐 라케다이몬인이냐 철학자냐에 따라, 각 청중이 존중하는 것을 말해야 한다. 일반적으로 존중받는 것은 고결한 것으로 여겨진다. 사람들은 이 둘이 서로 밀접하다고 생각하기 때문이다.

50 플라톤의 『메넥세노스』 235d에 나오는 말이다. 소크라테스는 플라톤의 스승이고, 플라톤은 아리스토텔레스의 스승이다. "스키타이인"은 기원전 6-3세기경에 남부 러시아의 초원지대를 무대로 활약한 최초의 기마유목 민족이다.

격에 맞는다면 고결한 것이다. 예컨대 자기 조상이나 이전의 업적에 걸맞게 하는 것이 그러하다. 이는 자신을 행복하게 하고, 추가로 명예를 얻게 하기 때문이다.

격에 맞지 않더라도 더 좋고 더 훌륭한 쪽으로 나아갔다면 고결한 것이다. 예컨대 어떤 사람이 행운을 조금밖에 누리지 못하는데도 불운함 속에서 호방해졌거나, 출세했는데도 더 선량해지고 더 너그러워졌다면 훌륭한 것이다. 이것이 이피크라테스가 "어디에서 시작해서 어디까지 왔는지를 보라"고 말했고, 올림피아 경기 우승자에 대해 어떤 시인이 "전에 내 두 어깨에 딱딱한 막대기를 메었지"라고 읊었으며, 시모니데스가 "그녀의 아버지와 남편과 오빠들은 모두 참주였어"[51]라고 읊은 이유였다.

실제로 행한 일로 사람은 칭송을 받고, 의도적으로 행한 고결한 일로 그는 구별된다. 그렇기 때문에 연설가는 자신이 칭송하는 사람이 의도적으로 그렇게 했음을 보여주려고 애써야 하고, 그가 자주 그런 식으로 행했음을 보여주어야 한다. 어떤 훌륭한 일이 여러 부수적인 상황과 결합되어 우연히 일어났다고 해도, 연설가는 그 일이 사전에 의도된 것이라고 말해야 하는 이유가 여기 있다. 그런 비슷한 사례를 많이 제시하면, 그것은 모두 사전에 의도되어 행한 것으로 미덕을 나타내는 증표로 보일 것이기 때문이다.

칭송이란 큰 미덕이 있음을 드러내보이는 말이다. 따라서 연설가는 어떤 사람의 행위가 그에게 그런 큰 미덕이 있음을 보여주는 증표임을 청중이 확신하게 해야 한다. 찬사는 어떤 사람이 실제로 한 행위에 관한 것이

---

51 시모니데스의 단편 111에 나오는 말이다. 아테나이의 마지막 참주 히피아스는 딸 아르케디케를 소아시아 람프사코스의 참주 히포클레스의 아들 아이안티데스와 결혼시켰다. 하지만 아르케디케는 그런 환경 속에서 자신의 고결함을 지켰기 때문에, 시모니데스는 이 말로 그녀를 칭송했다. 투키디데스의 『펠로폰네소스 전쟁사』 제5권 59장에 그 전문이 나온다. "먹구름이 당대에 그리스에서 가장 훌륭한 인물인 히피아스의 딸 아르케디케를 뒤덮는다. 그녀의 아버지와 남편과 오빠들은 모두 참주였지만, 그녀의 마음은 허영으로 부풀어오르지 않았다."

기 때문에, 사람들은 그 일을 행한 자에게 찬사를 지어 바친다. (물론 고매한 가문에서 태어났다거나 교육을 잘 받은 등의 주변적인 것도 청중의 신뢰를 이끌어내는 데 도움이 된다. 훌륭한 가문에서 훌륭한 인물이 나오고, 교육을 잘 받으면 훌륭한 사람이 될 가능성이 높기 때문이다.)

어떤 사람이 행한 일은 그 사람의 성품을 보여주는 증표들로 여겨진다. 사람들은 어떤 사람이 고결한 성품을 지닌 사람이라고 확신하면, 그가 실제로 그런 성품을 드러내는 일을 하지 않았더라도 그 사람을 칭송하기 때문이다. 복받았다거나 행복하다는 것은 서로 동일한 것이지만, 칭송이나 찬사와 동일하지는 않다. 행복이 미덕 이상의 것이듯, 칭송과 찬사 이상의 것이기도 하기 때문이다.

칭송과 조언은 서로 공통점을 지닌다. 조언할 때 표현하는 방식만 바꾸면 찬사가 되기 때문이다. 따라서 연설가는 사람이 무엇을 행해야 하고 1368a1
어떤 사람이 되어야 하는지를 알고 있기 때문에, 조언할 때 사용하는 것을 표현 방식만 바꾸어서 칭송에 사용해야 한다.

예컨대 "우리는 운으로 얻은 것보다 자신이 스스로 해낸 것에 자부심을 가져야 한다"는 말은 조언이다. 하지만 표현 방식을 바꾸어 "그 사람은 운으로 얻은 것이 아니라 자신이 스스로 해낸 것에 자부심을 갖고 있다"라고 말한다면 칭송하는 것이 된다.

따라서 칭송할 때는 조언할 내용을 살피고, 조언할 때는 칭송할 내용을 살펴야 한다. 한 가지 주의할 것은 만류의 뜻을 담은 조언을 칭송으로 바꿀 때는 그가 그것을 행하지 않았음을 칭송해야 한다는 것이다.

칭송의 효과를 강화하는 방법도 활용해야 한다. 오직 그 사람이 해냈다거나, 그가 처음으로 했다거나, 그렇게 한 소수의 사람 중 하나가 그 사람이라거나, 누구보다도 탁월하게 해냈다는 것이 그런 예다. 이 모두가 고결한 것이기 때문이다. 어떤 것을 행한 시기나 그것을 적시에 한 덕분에 그 행위가 기대 수준을 뛰어넘어 특별하게 인정받았을 때도 그에 대한 언급은 칭송의 효과를 강화한다. 동일한 것을 여러 차례 해낸 일도 그러하다.

그것은 운이 아니라 스스로의 힘으로 해냈음을 증명한다고 여겨지기 때문이다.

장려될 만하거나 존중되어야 마땅한 일을 창안하고 정립했다는 사실도 거기에 속한다. 또한 히폴로코스처럼 최초로 찬사를 헌정받았다거나, 하르모디오스와 아리스토게이톤[52]처럼 광장에 기념 조각상이 세워진 것도 거기에 속한다. 마찬가지로, 비난하는 경우에도 비난을 강화하는 많은 방법을 활용해야 한다.

자신이 칭송하려는 사람에게서 고결한 것을 찾아내지 못했다면 연설가는 다른 사람과 비교해서 그를 칭송해야 한다. 이것은 이소크라테스[53]가 법정 변론에 익숙하지 않았기 때문에 사용한 방법이었다. 이 경우 자신이 칭송하려는 사람을 유명한 사람들과 비교해야 한다. 그렇게 했을 때만, 그가 다른 유명한 사람들보다 더 고결함이 입증되었다는 점에서 고결한 사람일 수밖에 없음을 청중에게 확인해줌으로써 칭송을 강화할 수 있기 때문이다.

이렇게 비교를 통해 칭송을 강화하는 일은 당연히 칭송에 속한다. 칭송이란 다른 것보다 뛰어나고 탁월한 것을 칭찬하는 일이고, 다른 것보다 뛰어나고 탁월한 것은 고결한 것이기 때문이다. 따라서 자신이 칭송하려는 사람을 유명한 사람과 비교할 수 없다면 연설가는 다른 평범한 사람과라도 비교해야 한다. 다른 평범한 사람보다 더 뛰어난 것도 미덕이 있음

---

52 "히폴로코스"에 대해서는 알려진 것이 없다. 동성애 관계이던 "하르모디오스"와 "아리스토게이톤"은 자신에게 못된 짓을 한 아테나이의 참주 히피아스와 그의 아우를 죽이려는 계획을 세우고 기원전 514년에 그 계획을 실행했다가 히피아스는 죽이지 못하고 그의 아우만을 죽이게 된다. 이 일을 계기로 아테나이인은 4년 후에 라케다이몬인의 도움을 받아 히피아스를 추방하고 참주정을 무너뜨린 후에 이 두 사람을 기려서 아테나이에 기념 조각상을 건립했다.

53 "이소크라테스"(기원전 436-338년)는 고대 그리스의 대중 연설가이자 수사학자로서, 그가 아테나이에 문을 연 수사학교에는 그리스 전역에서 수많은 학생이 몰려들었다. 그는 수사학을 산문예술로 승화시킨 인물로 평가받는데, 그의 산문 전통은 키케로에게도 큰 영향을 주었다고 한다.

을 드러내는 증표로 여겨지기 때문이다.

일반적으로, 모든 연설에서 공통적으로 사용되는 것 중에서, 칭송이나 비난을 강화하는 이런 방법은 선전을 위한 연설에 가장 적합하다(청중은 연설가가 칭송하는 사람의 행위는 의심할 여지없이 틀림없다고 받아들이는 까닭에, 연설가는 자기 행위가 위대하고 고결하다는 것만 확신시키면 된다). 예증은 조언을 위한 연설에 가장 적합하다(사람들은 과거 일을 근거로 삼아 미래 일을 판단하기에). 생략삼단논법은 법정 변론에 가장 적합하다(과거 일은 모호해서, 그 원인과 책임 소재를 밝히는 것이 가장 중요하기 때문에).

이상으로 우리는 칭송하거나 비난하는 모든 연설에서 다루어야 할 것, 연설가가 누군가를 칭송하거나 비난할 때 명심해야 할 것, 찬사와 비방을 초래하는 것을 거의 다 설명했다. 칭송할 때 다루어야 하는 이런 것을 다 알면, 비난할 때 다루어야 할 것도 알게 된다. 비난할 것은 칭송할 것과 반대되기 때문이다.

제10장
불의와 불법

1368b1 다음으로 할 것은 고발과 변론에 대해 살펴보고, 삼단논법에서는 얼마나 많은 것을 사용해야 하며 그 종류에는 무엇이 있는지를 알아보는 것이다. 연설가가 알아야 할 것은 세 가지다. 첫 번째는 사람들이 불법[54]을 행하는 동기에는 무엇이 있고 그 종류는 얼마나 많은가이다. 두 번째는 사람들이 어떤 상태에서 불법을 행하는가 하는 것이다. 세 번째는 어떤 부류의 사람이 어떤 상황에서 불법을 행하는가이다.

먼저 불법을 정의하고 나서, 이러한 것을 차례대로 살펴보기로 하자. 불법을 행한다는 것은 "의도적으로 법을 어기고 해악을 입히는 행위"라고 정의할 수 있다. 법은 실정법 혹은 보편법이다. 실정법은 특정한 국가를 규율하고자 제정된 성문법을 가리키고, 보편법은 모든 사람이 동의할 것으로 여겨지는 불문법을 가리킨다.

'의도적으로' 행한다는 것은 어떤 강제도 없는 상태에서 자신이 무슨 짓을 하는지를 알면서 그렇게 하는 것이다. 알면서 행하는 것이 모두 계획적인 행위는 아니지만, 모든 계획적인 행위는 알면서 행하는 것이다. 자신이 계획해서 하는 일을 모를 수는 없기 때문이다.

사람들에게 법을 어기고 다른 자들에게 피해를 주며 비열한 짓을 하도

---

54 "불법"으로 번역되는 그리스어 '아디코스'(ἄδικος)는 "불의"를 의미하기도 한다. 그리스에서는 성문법인 법률과 마찬가지로 불문법인 관습법도 아주 강력한 효력을 지니고 있었다. 즉, 그리스어로 "법"이라고 할 때 사용되는 '노모스'(νόμος)는 일차적으로 관습법을 가리킨다. 그래서 이 모든 것을 잘 지켜 행하는 것을 "정의"라고 했고, 그 반대는 "불의"였다. 하지만 법정에서 다툴 때 이것은 '합법'이냐 '불법'이냐의 문제가 된다. 따라서 법정 변론 상황에서는 "합법"과 "불법"으로 번역하기로 한다.

록 결심하게 하는 것은 악덕과 도덕적 결함이다. 어떤 사람이 한 가지 또는 여러 가지 악덕이나 도덕적 결함을 지닌 경우, 그 사람은 그러한 악덕이나 결함과 관련된 불법을 저지를 것이기 때문이다.

예컨대 인색한 사람은 돈 문제와 관련해서, 방탕한 사람은 육체적인 쾌락과 관련해서, 의지가 약한 사람은 나태함과 관련해서 불법을 저지를 것이고, 겁 많은 사람은 위험한 것과 관련해서 불법을 저지를 것이다(그런 사람은 위험에 빠졌을 때 두려워 동료를 버릴 것이기 때문이다).

또한 야심이 큰 사람은 명예욕 때문에, 성미 급한 사람은 분노 때문에, 승부욕 강한 사람은 이기려는 욕심 때문에, 원한을 품은 사람은 복수심 때문에, 어리석은 사람은 정의와 불의를 혼동하기 때문에, 수치를 모르는 사람은 사람들의 평판을 아랑곳하지 않기 때문에, 그 밖에도 이런저런 악덕이나 도덕적 결함을 지닌 사람들은 바로 그 악덕이나 결함 때문에 불법을 저지른다.

이와 관련된 것은 앞에서 미덕에 관해 말하면서 어느 정도 분명해졌고, 앞으로 감정에 관해 언급하면서 더욱 분명해질 것이다. 따라서 우리가 이제 할 일은 사람들이 무엇 때문에 어떤 심리적 상태에서 누구에게 불법을 저지르는지를 살피는 것이다.

먼저 우리는 불법을 행하려는 자들이 무엇을 얻고 어떤 것을 피하려 하는지를 알아야 한다. 고발한 사람은 그런 것 중에서 어떤 것이 고발당한 자에게 어느 정도로 작용했는지를 살펴야 하고, 고발당한 자도 그런 것 중에서 어떤 것이 자신에게 어느 정도로 작용했는지를 알아야 하기 때문이다.

사람의 모든 행위는 스스로 했거나 그렇지 않으면 스스로 하지 않은 것이다. 스스로 하지 않은 행위는 우연히 일어났거나 필연적으로 그렇게 된 것이다. 필연에 의한 행위는 강제적이거나 본성을 따른 것이다. 따라서 스스로 하지 않은 행위는 우연이나 본성에 의한 것이거나 강제적으로 그렇게 된 것이다.

1369a1 사람들이 스스로 행하여 자기 자신에게 책임이 있는 행위는 습관이나 욕구를 따른 것이고, 후자는 합리적이고 계산적인 욕구를 따르거나 혹은 불합리한 욕구에 의한 것이다. 소원은 좋은 것을 바라는 합리적인 욕구이고(좋다고 생각하지 않는 것을 원하는 사람은 아무도 없기 때문에), 분노와 욕망은 불합리한 욕구이다. 그러므로 사람들은 필연적으로 다음과 같은 일곱 가지 원인으로 무슨 일이든 행한다. 우연, 본성, 강제, 습관, 계산, 분노, 욕망.[55]

행위의 원인을 추가로 세분해서 나이나 성격이나 행위와 관련된 다른 것에 따라 구분할 필요는 없다. 예컨대, 쉽게 흥분하여 분노하거나 욕망이 강한 것이 청년의 특성이기는 하지만, 그들이 그런 것은 청년이기 때문이 아니라, 분노와 욕망 때문이다.

또한 부유함이나 가난함이 행위의 원인도 아니다. 예컨대, 가난한 사람은 돈이 없어서 돈에 대한 욕망이 강하고, 부자들은 재력이 있어서 꼭 필요하지도 않은 쾌락을 누리려는 욕망이 있는 게 보통이다. 하지만 그들이 그렇게 행하는 것은 부유함이나 가난 때문이 아니라, 그들이 지닌 욕망 때문이다.

마찬가지로, 정의로운 사람과 불의한 사람, 그리고 앞에서 말한 대로 자신의 성품에 따라 행동하는 사람도 위에서 열거한 일곱 가지 원인에 따라 행동한다. 그 원인은 계산일 수도 있고 감정일 수도 있다. 그들 중에서 어떤 사람은 좋은 습관과 감정 때문에, 어떤 사람은 나쁜 습관과 감정 때문에 그렇게 행동하겠지만, 둘 다 습관과 감정 때문에 행동하는 것은 동일하다.

물론 그렇다고 해서 좋은 성품에서 좋은 행위가 나오고, 나쁜 성품에서 나쁜 행위가 나온다는 것을 부정하지는 않는다. 절제력 있는 사람은 자신

---

55 "욕구"에 의한 행위들은 합리적이고 계산적인 욕구와 불합리한 욕구로 구분되는데, 아리스토텔레스는 전자를 "계산"으로, 후자는 "분노"와 "욕망"으로 열거한다.

의 절제력으로 쾌락과 관련된 것에서 바른 생각과 욕구를 갖는 반면, 절제력 없는 사람은 쾌락과 관련된 것에서 잘못된 생각과 욕망을 갖기 때문이다.

따라서 우리는 그런 구분을 하려 하기보다는, 통상적으로 어떤 부류의 사람이 어떠한 행위를 하는지 살펴보는 것이 더 옳다. 어떤 사람의 피부색이 희냐 검으냐, 또는 키가 크냐 작으냐 하는 것은 그가 어떤 행위를 할지 보여주지 않지만, 어떤 사람이 청년이냐 노인이냐, 정의로우냐 불의하냐는 것은 그 사람이 하는 행위에 차이를 만들기 때문이다.

일반적으로, 사람들의 행동 방식에 차이를 만들어내는 것이 있다. 예컨대 자기를 부자 혹은 가난하다고 생각하는 것, 또는 자기가 운이 좋다고 혹은 운이 나쁘다고 생각하는 것이 그런 것이다. 하지만 이것은 나중에 다루기로 하고, 여기에서는 앞에서 설명하다가 잠시 중단했던 것, 즉 사람들의 모든 행위의 원인에 관해 계속 얘기해나가고자 한다.

우연에 의한 행위는 그 원인이 일정하지 않고, 어떤 목적을 위해 하는 것도 아니며, 항상 혹은 대부분 혹은 정해진 대로 일어나지 않는 행위들이다(우연에 대한 정의에 비추어보면 이것은 분명하다).

본성에 의한 행위는 그 원인이 행위 자체 안에 있고 일정하다. 그것은 언제나, 또는 대체로 동일한 방식으로 행해지기 때문이다. 본성을 벗어난 행위라고 판단된다면 그것이 본성을 따른 것인지, 아니면 어떤 다른 원인 때문인지를 굳이 정확히 규명하려고 애쓸 필요는 없다. 물론 우연이 원인일 수도 있다.

강제에 따른 행위는 행위자가 자신의 욕구나 계산에 반하여 하는 행위들이다. 습관에 의한 행위는 행위자가 이전에 자주 하던 대로 하는 행위들이다.

계산에 의한 행위는 행위자가 앞에서 말한 여러 이득 중 하나를 얻으려는 목적이나 수단이 되기에 좋다고 생각하고서, 그 행위가 지닌 이득 때문에 행하는 행위들이다. 방탕한 사람이 어떤 행위를 하는 목적은 이득이 아니라 쾌락 때문이기는 하지만, 어쨌든 그렇게 해서 얻어지는 쾌락은 그들에게 이득이 되기 때문이다.

화가 나거나 분노 때문에 행하는 행위는 보복을 위한 행위들이다. 하지만 보복과 처벌은 다르다. 처벌은 처벌받는 자와 관련되는 것인 반면에, 보복은 보복하는 자의 만족을 위한 것이기 때문이다. 따라서 분노가 무엇인지는 감정을 설명할 때 다룰 것이다.

욕망에 따른 행위는 즐거워보여서 하는 행위들이다. 즐거운 것 중에는 익숙해진 것과 습관화된 것이 있다. 본성을 따라서는 즐겁지 않지만, 사람들이 익숙해졌기 때문에 즐겁게 행하는 것이 많다.

이상을 종합해보면, 사람들이 스스로 행하는 모든 행위는 자기에게 이롭거나 이로워보이는 것들, 또는 즐겁거나 즐거워 보이는 것이다. 즉, 사람들이 스스로 행하는 모든 행위는 자발적으로 행하는 것이고, 사람들이 스스로 행하지 않는 모든 행위는 자발적으로 행하지 않는 것이기에, 사람들이 자발적으로 행하는 모든 행위는 자기에게 이롭거나 이로워 보이고, 또는 즐겁거나 즐거워 보인다. 사람들이 해로운 것이나 해로워 보이는 것을 피하고, 더 해로운 것을 덜 해로운 것으로 바꾸는 것도 자기에게 이로운 것을 선택하는 것이고, 괴롭거나 괴로워 보이는 것을 피하는 것과 더 괴로운 것을 덜 괴로운 것으로 바꾸는 것도 자기에게 즐거운 것을 선택하기 때문이다.

따라서 연설가는 이롭고 즐거운 것에는 어떤 것이 있고 얼마나 많은지를 알아야 한다. 그런데 이로운 것에 대해서는 조언을 위한 연설과 관련해서 이미 설명했기 때문에, 이제 여기에서는 즐거운 것에 대해 살펴보기로 하자. 그리고 각각의 즐거운 것에 관한 정의는 분명하기만 하면 충분하고 지나치게 자세할 필요는 없다.

제11장

즐거움

즐거움이란 정신의 어떤 활동으로, 우리 정신이 원래 본성으로 돌아가는 상태가 그대로 느껴지는 것이고, 괴로움은 그 반대라고 일단 정의해보자. 즐거움이 그런 것이라면, 방금 말한 그런 상태를 만들어내는 것은 즐거운 일인 반면에, 그런 상태를 파괴하거나 정반대가 되게 하는 것은 괴로운 일임이 분명하다.

따라서 본성적인 상태로 나아가는 것은 대체로 즐거울 수밖에 없고, 그 중에서도 자발적으로 자기 본성으로 돌아가는 일은 가장 즐거울 수밖에 없다.

또한 습관에 따른 것도 즐거운 일이다. 습관은 본성과 흡사해서, 습관에 따르는 일은 본성을 따르는 것과 사실상 동일하다. 본성에 따른 것은 언제나 행하게 되고, 습관에 따른 것은 대부분 행하게 되는데, 언제나 행하거나 대부분 행하는 것은 거의 같기 때문이다.

또한 강제로 하지 않은 것은 즐거운 일이다. 강제적인 일은 본성을 벗어난 것이어서 괴로울 수밖에 없기 때문이다. 그래서 어떤 사람이 "강제에 따른 모든 행위는 본성적으로 괴로울 수밖에 없다"[56]라고 말한 것은 옳다.

반면에, 집중과 진지함과 긴장을 필요로 하는 일은 괴롭다. 그런 것은 습관이 아니어서, 어느 정도 강제성이 있을 수밖에 없기 때문이다. 하지만 그런 것도 습관이 되면 즐거워진다. 그와 반대 상태라면 즐겁다. 쉬운

---

56 에우에노스의 단편 8에 나오는 말이다. 플라톤의 글에서 에우에노스는 기원전 5세기에 활동한 시인이자 대중 연설가로 소개된다. 그의 비가 중 몇몇 단편이 남아 있다.

것과 힘이 들지 않는 것과 여유로움과 오락과 휴식과 잠은 이런 이유에서 즐거운 것이다. 거기에는 강제로 해야 하는 것이 없기 때문이다.

우리 안의 욕구에 따르면 모두 즐겁다. 욕구는 즐거움을 갈구하기 때문이다. 욕구 중에는 이성과는 상관없는 욕구도 있고 이성에 따른 욕구도 있다. 이성과는 상관없는 욕구라 함은 어떤 것을 이성적으로 생각하는 것과는 상관없이 생기는 욕구를 가리킨다. (이것은 육체로 인해 생겨나는 본성적인 욕구들이다. 예컨대, 목마름과 굶주림 등의 식욕, 온갖 음식에 대한 욕구, 미각에 의한 욕구와 성욕, 촉각과 후각과 청각과 시각에 의한 욕구와 같은 것이다.) 반면에, 이성에 따른 욕구는 이성적으로 설득됨으로써 갈구하게 된 욕구를 가리킨다. 어떤 말을 듣고 설득되었을 때 사람들에게는 그것을 보거나 소유하려는 욕구가 생긴다.

또한 즐거워하는 것이란 감각을 통해 어떤 것을 지각하는 일이다. 상상도 약한 지각이라 할 수 있는데, 그가 무엇인가를 회상하거나 기대하면 거기에는 언제나 그렇게 회상하거나 기대하는 것에 대응하는 상상이 존재하기 때문이다. 이것이 사실이라면, 회상이나 기대 속에는 지각이 포함되어 있기 때문에 사람이 회상하거나 기대할 때는 거기에 틀림없이 즐거움이 존재한다.

따라서 모든 즐거운 일은 현재를 지각하거나 과거를 회상하거나 미래를 기대하는 데 있기 마련이다. 사람은 현재의 것을 지각하고 과거의 것을 회상하며 미래의 것을 기대하기 때문이다.

1370b1 과거를 회상할 때는, 당시 즐거웠던 경우만이 아니라 그때는 즐겁지 않았지만 나중에 결과가 좋았을 때도 즐거움이 된다. 그래서 어떤 시인은 "생존자에게는 그들이 고생했던 일을 회상하는 것조차 즐거운 일이다"[57]

57 에우리피데스의 『안드로메다』 단편 131(나우크 판본)에 나오는 말이다. 에우리피데스(기원전 484년경-406년경)는 고대 그리스 3대 비극시인 중 한 명이다. 살라미스 섬에 있던 자기 소유지인 동굴에서 평생을 지내면서 바다를 바라보고 독서와 집필에 전념했다. 그의 비극들은 합리적이고 자유주의적이고 인도주의적인 사상을 내포하고 있어서,

라고 읊었고, “많은 고난을 겪고 많은 일을 해낸 사람이라면 나중에 자기가 고생한 것을 회상하는 것조차도 즐겁다”[58]라고 읊었다. 그런 회상이 즐거운 것은 그런 일이 과거에는 괴로웠지만, 현재에는 그 결과가 좋기 때문이다. 또한 현재 우리가 기대하는 것도 나중에 아무 괴로움 없이 우리에게 큰 즐거움을 가져다준다고 보기 때문에 그렇다.

일반적으로, 어떤 것이 존재함으로 그 즐거움을 지각하게 되면 사람이 기대하거나 회상만 해도 대체로 즐거워진다. 이것이 분노조차 즐거운 이유다. 그래서 호메로스는 이렇게 말했다. “분노는 뚝뚝 떨어지는 꿀보다 훨씬 더 달콤하다.”[59] 보복하는 것이 불가능해 보이면 원수에게 분노할 수 없고, 자기보다 훨씬 더 힘이 강한 원수에게는 분노하지 못하거나 아주 조금 화를 낼 수 있을 뿐이다.

대부분 욕구에도 어느 정도 즐거움이 수반된다. 과거에 그 욕구가 충족된 것을 회상하거나 미래에 그 욕구가 채워질 것을 기대하면서 즐거움을 맛보기 때문이다. 예컨대 몸에 열이 나서 갈증에 시달리는 사람은 과거에 물을 마신 것을 회상하고 미래에 물을 마시게 될 것을 기대하며 즐거워하고, 사랑에 빠진 자가 자기 연인과 관련해서 말하거나 글을 쓰거나 뭔가를 하는 것은 언제나 즐거운 일이다. 사랑에 빠진 자는 이 모든 행위에서 연인을 떠올리면서 그 연인을 지각하기 때문이다.

실제로 연인과 함께 있는 것만 즐거운 게 아니라, 함께 있지 않을 때도 연인을 회상하며 즐거워하는 일이 모든 사랑의 시작이다. 연인이 자기 곁에 없으면 괴롭기는 하지만, 슬픔과 애달픔 속에서 어떤 즐거움이 생긴다. 연인과 함께 있지 못한 것이 괴롭지만, 회상을 통해 연인의 모습을 그

유럽 근세의 비극에 큰 영향을 미쳤다. 92편의 작품 중에서 19편이 남아 있다.

58 호메로스의 『오디세이아』 제15권 400-410행에 나오는 말이지만, 현존하는 본문과 조금 다르다.

59 호메로스의 『일리아스』 제18권 109행에 나오는 말이다. 분노는 보복하려는 것이고, 미래에 보복이 가능할 것으로 기대하기 때문에 현재적으로 즐거움을 가져다준다.

리며 상대방이 했던 말이나 행동을 떠올리면 즐겁기 때문이다. 그래서 시인이 이렇게 말한 것은 일리가 있다. "이렇게 그는 말했고, 그의 말은 모든 사람의 심금을 울려 소리 내어 울고 싶게 했다."[60]

보복도 즐거운 일이다. 보복하지 못해 괴로워하다가 결국 보복에 성공하면 즐거움을 주기 때문이다. 분노하는 사람이 보복할 수 없다면 이루 말할 수 없이 괴로운 것이 사실이지만, 언젠가는 보복할 수 있다는 기대가 있기 때문에 즐거워한다.

이기는 것은 승부욕이 강한 사람만이 아니라 모든 사람에게 즐거움을 준다. 이기려는 것은 정도의 차이는 있지만 모든 사람이 지닌 욕구여서 우월감을 낳기 때문이다. 이렇게 이기는 일이 즐거움을 주기 때문에 놀
1371a1 이와 시합과 논쟁이 즐거운 것이다(그런 것을 하다 보면 이기는 때가 자주 있다).

공기놀이, 공놀이, 주사위놀이, 장기 같은 놀이가 그러하고, 진지하게 치러지는 시합도 그렇다. 그런 것 중에는 익숙해지면 즐거운 일이 있고, 사냥개를 이용한 사냥이나 일반적인 사냥처럼 처음부터 즐거운 것도 있다. 우월함을 다투는 경쟁이 있는 곳에는 승리도 있기 때문이다. 변론에 익숙하고 잘하는 사람에게 법정 변론이 즐거운 이유이기도 하다.

명예와 명성은 가장 즐거운 일에 속한다. 명예와 명성을 누리는 자는 자기를 고상한 인물로 상상하게 되고, 진실을 말한다고 여기는 사람들에게 찬사를 들었을 때는 그러한 상상은 더욱 강화된다.

먼 곳이 아니라 가까운 곳에 있는 사람들, 다른 나라 사람이 아니라 같은 나라에서 함께 사는 사람들, 후대 사람이 아니라 동시대 사람들, 어리석은 사람이 아니라 현명한 사람들, 소수보다는 다수가 진실을 말한다고 생각되는 사람들이다. 그렇지 않은 사람들보다 그들이 진실을 말할 가능성이 더 높기 때문이다.

---

60 호메로스의 『일리아스』 제23권 108행에 나오는 말이다.

반면에, 어린아이나 짐승들처럼 자기보다 훨씬 못하다고 생각되는 존재로부터 받는 존경이나 찬사는 명예나 명성으로 여겨지지 않기 때문에 누군가가 그런 것을 중시한다면 그것은 명예나 명성과 관련해서가 아니라 다른 이유 때문이다.

친구도 즐거운 것이다. 우정을 주는 것도, 받는 것도 즐거운 것이다(술이 즐거운 것이 아니라면, 아무도 술을 좋아하지 않으리라는 것과 동일한 이치다). 우정을 주고받는 것은 모든 사람의 욕구이고, 우정을 주고받을 때 자기가 훌륭한 사람이라고 상상하게 되는데, 사람이 친구의 우정을 받을 때는 자기에게 무엇인가 사랑받을 만한 것이 있어 그렇다고 생각하기 때문이다.

누가 우러러보는 일도 존경받는 것과 동일한 이유에서 즐겁다. 또한 아부와 그렇게 아부하는 사람도 즐겁다. 아부하는 사람은 어쨌든 외관상으로는 우러러보는 자로 보이기 때문이다.

동일한 것을 자주 반복해서 행하는 일은 즐겁다. 앞에서 이미 보았듯이, 익숙한 것은 즐겁기 때문이다.

변화도 즐거운 것이다. 변화는 본성과 부합한다. 언제나 동일하다면, 안정된 상태에 지나치게 고착되기 때문이다. 여기에서 "모든 변화는 달콤하다"[61]라는 말이 나왔다. 그래서 사람이든 사물이든 가끔씩 보면 즐거워진다. 이전 것에서 변화되었고, 가끔씩 보는 것이어서 희소성이 더해지기 때문이다.

뭔가를 배우고 놀라워하는 일은 대체로 즐거움을 준다. 감탄에는 배우려는 욕구가 들어 있어서, 감탄의 대상은 욕망의 대상이 되고, 배움은 본성적인 상태로 돌아가게 하기 때문이다.

호의를 베푸는 것과 호의를 받는 것도 즐거운 것이다. 호의를 받는 것으로는 자기가 바라는 것을 얻고, 호의를 베푸는 것으로는 자기에게 그럴

---

61 에우리피데스의 『오레스테스』 234행에 나오는 말이다.

1371b1 만한 능력이 있고 우월함을 보이게 하는데, 이 둘은 모두가 바라기 때문이다. 이렇게 호의를 베풀면 즐겁기 때문에, 가까운 이들의 잘못을 바로잡거나 그들의 결핍을 채워주는 것도 즐겁다.

배움이나 감탄이 즐겁기 때문에 그림을 그리거나 조각하거나 시를 짓는 일 같은 모방이 즐거운 것이다. 모방의 대상 자체는 즐겁지 않더라도 어떤 것을 모방하는 일 자체는 즐거울 수밖에 없다. 모방을 통해 '이것이 그런 것이었군' 하고 추론하는 과정에서 뭔가를 배워가며 즐거움을 느끼기 때문이다. 또한 극적인 반전과 아슬아슬한 위기 탈출도 즐겁다. 그런 것은 모두 감탄을 가져오기 때문이다.

본성에 부합하면 즐거운 법이다. 그런데 동일한 부류에 속한 것은 서로 본성에 부합하기 때문에 동일하거나 비슷한 부류에 속하면 대체로 즐겁다. 예컨대 인간은 인간에게, 말은 말에게, 청년은 청년에게 즐거움을 느낀다. 여기서 여러 속담이 생겼다. "또래는 또래를 즐거워한다." "비슷한 사람들끼리 어울린다"(유유상종). "짐승은 짐승을 알아본다." "까마귀는 까마귀와 어울린다."

동일하거나 비슷한 부류에 속한 모든 것은 즐겁고, 각 사람에게는 자신이 가장 그러하기 때문에, 모든 사람은 정도의 차이는 있지만 자신을 사랑할 수밖에 없다. 온갖 동일하거나 비슷한 요소가 자신에게 가장 많이 존재하기 때문이다.

또한 모든 사람은 자기를 사랑하기 때문에 각 사람은 자기가 한 일과 말처럼 자신에게 속한 것을 즐거워할 수밖에 없다. 사람들이 자기에게 아부하는 자들과 자기를 사랑해주는 자들, 그리고 대체로 자기 자녀들을 사랑하는 이유가 여기 있다. 자녀를 사랑하는 것은 그들이 자신에게서 나왔기 때문이다.

다른 사람의 결핍을 채워주는 일은 즐겁다. 그것은 오롯이 자기 업적이 되기 때문이다. 다스리는 것은 아주 즐겁기 때문에 사람들에게서 현명하다는 말을 들으면 즐겁다. 실천적 지혜는 우리가 통치할 수 있게 하고 체계적 지혜는 감탄스럽게 하는 많은 것을 알게 하기 때문이다.

또한 사람들은 대체로 명예를 사랑하기 때문에 가까운 사람을 비난하거나 그들을 다스리는 것도 즐거울 수밖에 없고, 자기가 최고라고 생각하는 일을 하면서 시간을 보내는 것도 즐거운 일이다. 이것이 저 시인이 "그는 자기가 가장 잘할 수 있는 일에 하루의 대부분을 사용하며 매일 살아가고 있다"고 노래한 이유이다.[62]

마찬가지로, 놀이를 비롯해서 긴장을 풀어주는 모든 일은 즐겁고, 웃는 것도 즐겁기 때문에, 사람이든 말이든 행동이든 웃음을 가져오는 일은 즐거울 수밖에 없다. 웃음을 가져오는 것에 관해서는 『시학』에 자세하게 설명되어 있다.[63]

즐거운 것에 관해서는 지금까지의 논의로 충분하겠고, 그 반대를 생각해보면 괴로운 것이 무엇인지 분명하게 드러날 것이다.

---

62 에우리피데스의 『안티오페』 단편 183(나우크 판본)에 나오는 말이다.

63 『시학』 제6권에서는 나중에 희극에 관해 자세하게 논의하겠다고 말하지만, 현재의 본문에는 그런 내용이 없다.

제12장

범죄자들의 심리 상태

앞에서 우리는 사람들이 무엇 때문에 불법을 행하는지, 즉 불법의 원인 또는 동기를 살펴보았다. 지금부터는 사람들이 어떤 심리 상태에서 누구를 상대로 불법을 저지르는지를 살펴보기로 하자.

사람들은 불법을 성공시키는 것이 객관적으로 가능할 뿐만 아니라, 자기가 그것을 성공시킬 수 있다고 생각할 때 불법을 행한다. 즉, 사람들은 발각되지 않고 불법을 행할 수 있거나 발각되더라도 처벌받지 않을 것이라고 생각할 때, 처벌받더라도 그 처벌이 자신이나 자기가 염두에 둔 자들이 얻을 이익보다 적다고 생각할 때 불법을 행한다. 어떤 것이 가능해 보이고 어떤 것이 불가능해 보이는지는 나중에 살펴보자(이것은 모든 연설에 공통적이다).

불법을 행하고도 처벌받지 않는다고 생각할 가능성이 높은 사람은 말솜씨가 좋은 자들, 세상 물정에 밝은 자들, 소송 경험이 많은 자들이다. 친구나 돈이 많은 자들도 그렇게 생각할 가능성이 높다. 그런 자들이 방금 말한 조건을 아울러 갖춘 경우에 그 가능성은 극대화된다. 하지만 자신에게 그런 조건이 갖추어져 있지 않더라도, 그런 조건을 갖춘 친구나 조력자, 공범들이 있다면 불법을 자행할 가능성이 높다. 그런 사람들 덕분에 불법을 행하고도 발각되지 않아 처벌받지 않을 수 있기 때문이다.

자신이 피해자나 재판관의 친구일 때도, 불법을 행하고도 처벌받지 않는다고 생각할 가능성이 높다. 친구라면 자신이 불법에 따른 피해를 당했으리라고 의심하기가 쉽지 않고, 설령 그런 피해를 확인했다고 해도 소송으로 가기 전에 합의를 통해 해결하려고 하기 때문이다. 재판관이 친구라면, 불법을 행한 자를 무죄로 방면하거나 가볍게 처벌할 것이기 때문이다.

불법을 행했다고 고발된 사람이 죄명과 전혀 어울리지 않는 사람이라면 그가 저지른 불법은 발각되지 않으리라 여겨진다. 예컨대, 병약한 사람이 폭행죄로 고소되거나, 하루 벌어 하루 먹고 사는 자나 흉측하게 생긴 자가 간통죄로 고소될 때가 그렇다. 또한 많은 사람이 보는 앞에서 공공연하게 행한 불법도 발각되지 않는다고 여긴다. 그런 상황에서 불법을 행했으리라 의심할 사람은 없기 때문이다.

사람이라면 그 누구도 저지르지 않을 그런 엄청나고 극악무도한 불법도 발각되지 않을 가능성이 높다. 설마 그런 불법을 저질렀으리라 의심할 사람이 아무도 없기 때문이다. 사람들은 통상적으로 발생하는 병과 불법은 세심하게 신경 쓰지만, 아무도 걸린 적이 없는 병에 신경 쓰는 사람은 없기 때문이다.

적이 아예 없거나 혹은 아주 많은 사람도 자신이 발각되지 않는다고 생각한다. 적이 없는 사람은 자신이 감시당하고 있지 않아 발각되지 않는다고 믿기에 그렇고, 적이 많은 사람은 감시를 당하고 있어 감히 어떤 짓을 하리라고 의심받지 않는데다가, 자기가 그런 상황에서 어떻게 불법을 저지를 엄두를 내겠느냐고 반박할 수 있기 때문에 그렇다. 또한 장물을 숨길 방법이나 장소가 있거나, 장물을 쉽게 처분할 길이 있는 사람도 자신이 발각되지 않는다고 생각한다.

발각되더라도 재판을 피하거나 연기하거나 재판관과 배심원을 매수할 수 있을 때, 또는 형벌을 선고받더라도 그 집행을 피하거나 연기할 수 있을 때, 사람들은 자신이 불법을 저질러도 처벌받지 않는다고 생각한다.

가난해서 잃을 것이 없을 때, 또는 불법으로 인한 이익은 크고 눈앞에 어른거리는 반면에, 처벌은 가볍거나 불확실하거나 멀리 있을 때도 마찬가지다. 또한 불법으로 인한 이득이 나중에 받게 될지도 모르는 처벌보다 클 때도 사람들은 불법을 저지르려고 한다. 예컨대 쿠데타가 그렇다.

불법을 행하면 이득을 얻을 것이 분명한데, 처벌은 단지 비난받고 욕먹는 정도라면, 또는 그것과는 정반대로 제논처럼 자기 아버지나 어머니의 원수를 갚음으로써 비록 불법을 저지르긴 했지만 도리어 칭송받고 처벌은 기껏해야 벌금이나 추방 같은 것이라면 사람들은 불법을 행하려고 한다.[64] 이렇게 사람들은 그 성격이 동일하지 않고 정반대인 두 가지 동기와 두 가지 심리 상태에서 불법을 저지른다.[65]

불법을 행하고도 발각되거나 처벌받은 적이 별로 없는 사람들, 또는 불법을 행할 때마다 대체로 발각되거나 처벌받은 사람들은 불법을 저지를 가능성이 높다. (그런 자들 중에는 전쟁하는 것과 마찬가지로 불법을 행하는 일에도 또다시 도전해보고 싶어 하는 자가 있기 때문이다.)

즐거움과 이득은 당장 얻을 수 있지만, 괴로움과 처벌은 그다음 문제라고 여기는 사람도 불법을 저지를 가능성이 높다. 이런 자들은 의지가 박약하다. 자신이 원하는 모든 것에 절제할 힘이 없다. 반대로, 괴로움이나 처벌은 지금 한번 받으면 끝이지만, 즐거움과 이득은 그 후에도 오래 지속된다고 여기는 자들도 불법을 저지를 가능성이 높다. 절제력과 현명함을 갖춘 자들은 그런 것을 추구하기 때문이다.

우발적으로나 어쩔 수 없어, 또는 본능적으로나 습관을 따라 행했다고 보이는 사람들, 즉 일반적으로 불법을 저지른 것이 아니라 단지 실수한 것으로 보이는 사람들, 또는 충분히 정상참작이 되는 자들도 불법을 저지를 가능성이 높다.

또한 자신에게 꼭 필요한 것이 결핍된 자들도 마찬가지다. 결핍에는 두 종류가 있다. 가난한 자들에게 꼭 필요한 생필품이 없거나, 부자들에게 꼭 필요한 사치품이 없는 경우다. 또한 사람들의 평판이 아주 좋거나 아주 나쁜 자도 불법을 저지를 가능성이 높다. 전자는 불법을 저지를 것이라고 의심받지 않기 때문이고, 후자는 불법을 저질러도 평판이 더 나빠지지 않

64 여기에 언급된 "제논"에 대해서는 알려져 있는 것이 없다.

65 이것은 어떤 사람은 불법을 행하는 것이 어떤 식으로든 이득이 되고 그 이득이 처벌보다 더 크기 때문에 불법을 저지르지만, 어떤 사람은 불법을 행하면 자신에게 불이익이 돌아오긴 하나 그 불법이 칭송받을 일이기 때문에 그렇게 한다는 뜻이다.

기 때문이다.

이상으로 우리는 사람들이 어떤 심리 상태에서 불법을 저지르는지 살펴보았다. 지금부터는 그런 자들이 어떤 사람을 대상으로, 어떤 불법을 저지르는지 살펴보자.

범죄자들은 자기에게 결핍된 생필품이나 사치품이나 자신에게 이득이 될 만한 것을 가진 사람을 대상으로 삼는다. 하지만 멀리 있느냐 가까이 있느냐는 상관하지 않는다. 전자가 대상이라면 신속하게 목적을 달성할 수 있고, 후자를 대상으로 삼으면 카르케돈[66]을 약탈했던 자들이 생각했듯 보복이 쉽지 않기 때문이다.

신중하고 조심스러우며 경계심이 많은 자가 아니라 사람을 쉽게 믿는 자들이 범죄 대상이 된다. 그런 자들을 감쪽같이 속이고 범죄하는 것은 쉬운 일이다. 성가신 일을 싫어하는 자도 범죄 대상이 된다. 그런 자들은 범죄를 당해도 재판에 휘말려 시달리는 것을 원하지 않기 때문이다. 체면을 중시하는 자도 범죄 대상이 된다. 그런 자들은 돈 문제를 놓고 다투고 싶어 하지 않기 때문이다.

많은 사람에게서 불법적인 피해를 겪어왔는데도 고소한 적이 없는 자들도 범죄 대상이 된다. 오죽했으면 "미시아 사람 약탈하기"[67]라는 속담이 생겼겠는가. 범죄 피해를 당한 적 없는 자들과 자주 범죄를 당한 자들도 대상이 된다. 전자는 한 번도 피해를 당하지 않았기 때문에, 후자는 설마 또다시 피해를 당하지는 않으리라 생각해서 경계하지 않기 때문이다.

비난을 받아왔거나 비난받기 쉬운 자도 범죄 대상이 된다. 그런 자들은

---

66 고대 로마인이 "카르타고"라고 부른 나라를 고대 그리스인은 "카르케돈"이라고 불렀다. 이 나라는 티레에 살던 고대 페니키아인이 북아프리카의 튀니스만 북쪽 연안에 세운 도시국가다.

67 이것은 손쉬운 먹잇감을 말할 때 사용하는 속담이다. "미시아 사람"은 고대에 소아시아 북서쪽 아나톨리아의 한 지방에 살았던 민족이다. 그들은 리디아, 페르시아, 셀레우코스 왕조, 페르가몬에게 계속 지배를 받다가 기원전 129년에는 로마의 속국이 되었다. 이런 역사 때문에 이 속담이 생겨난 것으로 보이지만, 속담의 정확한 배경은 분명하지 않다.

재판관을 두려워하여 고소할 엄두를 내지 못하거나, 사람들에게 미움이나 질시를 받아온 자들이라 재판관을 설득할 수 없기 때문이다. 범죄자가
1373a1 자신이나 자기 조상, 자기와 가까운 사람들에게 피해를 끼쳤거나 피해를 끼치려는 자들에게 보복한 것에 불과하다고 핑계 댈 빌미를 준 사람도 대상이 된다. "악행을 저지르는 데는 오직 핑계만 필요할 뿐이다"라는 속담도 있다.

적도 친구도 둘 다 범죄 대상이 된다. 친구를 상대로 범죄하는 것은 쉽고, 적을 상대로 범죄하는 것은 즐거운 일이기 때문이다. 친구가 없는 자나 말이나 일에 서투른 자도 대상이 된다. 그런 자들은 고소하려 하지 않고 적당히 합의보려고 하며, 아무것도 관철해내지 못하기 때문이다. 외지인이나 자작농처럼 판결이나 집행을 기다리며 시간을 허비할 여유가 없는 자들도 대상이 된다. 그런 자들은 쉽게 합의해서 얼른 일을 마무리 지으려 하기 때문이다.

많은 범죄를 저질러 왔거나 특정 범죄를 자주 저질러 온 자들도 대상이 된다. 범죄를 상습적으로 저질러 온 자들은 자신이 범죄의 피해자가 되었을 때는 피해를 입었다고 생각하지 않는 게 보통이기 때문이다. 예컨대 상습적으로 폭행을 일삼아 온 자가 누군가에게 도리어 폭행을 당했을 때가 그런 경우다.

악행을 저질러왔거나 저지르려고 했거나 지금 또는 나중에 그렇게 할 자들도 범죄 대상이 된다. 그런 자에게 피해를 입히는 것은 즐겁고 고결한 일로 여겨져, 범죄로 보이지 않기 때문이다. 범죄자가 어떤 사람에게 피해를 입히고, 그것이 범죄자의 친구들 또는 범죄자가 존경하거나 사랑하거나 섬기는 사람들, 즉 범죄자의 삶에서 아주 중요한 자들에게 기쁨을 준다면, 그 사람은 범죄 대상이 된다.

범죄자가 어떤 사람에게 범죄를 저질러도, 그 사람이 범죄자를 관대하게 처분할 것이 예상되면, 그 사람은 범죄 대상이 된다. 전에 고소를 당했거나 분쟁에 휘말린 전력이 있는 자들도 범죄 대상이 된다. 예컨대 칼리

포스가 디온을 죽인 것이 그런 경우다.[68] 그런 자들에 대한 범죄는 범죄로 생각되지 않는 것이 보통이기 때문이다.

어떤 사람이 범죄자에게 피해를 입지 않더라도, 언젠가는 누군가에게 피해를 입을 가능성이 많다면, 그는 범죄 대상이 된다. 그 사람을 범죄 대상으로 삼아도 되는지를 깊이 생각할 필요가 없기 때문이다. 그래서 아이네시데모스는 자기가 차지하려던 도시국가를 겔론이 먼저 차지하자 코타보스라는 시합에서 이겼을 때 주는 상을 겔론에게 보냈다고 한다.[69]

어떤 사람에게 범죄를 저지른 후, 범죄자가 거기서 얻은 이득을 가지고 많은 정의로운 일을 해서 그 범죄를 속죄한다면, 그는 범죄의 대상이 된다. 그래서 테살리아의 이아손[70]은 정의로운 일을 많이 하기 위해서라도 어느 정도 범죄를 저질러야 한다고 말했다. 모든 사람이나 다수의 사람들이 습관적으로 저지르는 죄도 범죄 대상이 된다. 그런 범죄는 용납된다고 생각되기 때문이다.

은폐하기 쉬운 것도 범죄 대상이 된다. 예컨대 음식처럼 빨리 소모되는 것들, 형태나 색깔이나 성분을 쉽게 바꿀 수 있는 것들, 숨길 곳이 많아 쉽게 감출 수 있는 것들, 쉽게 들고 가 작은 공간 어디에나 감출 수 있는 것들, 범죄자가 소유한 것 중에서 비슷한 것이 많아 장물임을 알아내기 어

---

68 "디온"(기원전 408년경-354년)은 플라톤의 이상국가를 실현하고자 쿠데타를 일으켜 디오니시오스 2세를 몰아내고 시라쿠사의 지배자가 되었지만, 친구인 칼리포스에게 암살당했다.

69 "겔론"은 시칠리아 섬의 겔라의 참주였던 히포크라테스가 죽자 그의 뒤를 이어 겔라의 참주가 된 후에(기원전 491-485년), 기원전 485년에는 분쟁을 틈타 시라쿠사를 복속시켜 그곳의 참주가 된다. 아이네시데모스는 히포크라테스를 도운 공으로 기원전 498년에 레온티노이의 참주가 된 인물이다. 여기에서는 아이네시데모스가 히포크라테스 사후에 그의 뒤를 이어 겔라의 참주가 되려는 야망을 품었지만, 겔론이 선수를 쳐서 겔라를 차지한 일을 가리킨다. "코타보스"는 포도주 잔에 남은 찌꺼기를 뿌려 목표물을 맞추는 시합이었는데, 그 상으로는 단 것이 주어졌다.

70 "테살리아"는 고대 그리스의 중북부에 있던 지방이다. "이아손"은 테살리아 지방의 페라이시의 참주였다(기원전 387년경-370년).

려운 것이 그렇다.

범죄로 피해를 보았다고 밝히는 것이 수치스러울 때도 범죄 대상이 된다. 예컨대 피해자 집안의 여자들이나 피해자 자신이나 자기 자녀들에 대해 가해진 폭행이 그러하다. 고소하면 소송을 남발하는 자로 여겨지는 범죄도 대상이 된다. 사소한 범죄나 관례적으로 용인되는 범죄가 그러하다.

이상으로 우리는 사람들이 어떤 심리 상태에서 어떤 부류의 사람들에게 어떤 범죄를 무슨 이유로 저지르는지를 거의 다 살펴보았다.

제13장

범죄와 처벌

이제 온갖 불법 행위와 합법 행위를 구분하고자 하는데, 먼저 여기에서 시작해보자. 앞에서 우리는 합법 행위와 불법 행위를 두 종류의 법과 두 가지 규율 대상과 관련해서 정의했다.

두 종류의 법은 실정법과 보편법을 말한다. 실정법은 각각의 공동체가 자신을 규율하고자 정한 법으로 성문법과 불문법으로 구분된다. 보편법은 인간의 본성에 부합하는 자연법이다.

사람 사이에 어떤 교감이나 합의가 없더라도, 모든 사람에게는 정의로운 것과 불의한 것을 아는 보편적인 지식이 어느 정도 존재한다. 예컨대, 소포클레스의 작품에서 왕은 폴리네이케스를 매장하는 것을 금지했지만, 그를 매장하는 것은 정의로운 일이라고 안티고네가 말한 것은 그렇게 하는 게 본성적으로 정의롭다는 의미로 말한 것이 분명하다. “이 법은 어제나 오늘 생긴 것이 아니라, 언제나 살아 있고, 어디로부터 왔는지를 아무도 알지 못하기 때문이죠.”[71]

엠페도클레스도 생명 있는 것을 죽이지 말라고 하면서, 이는 누군가에게는 정의롭고 누군가에게는 불의한 그런 것이 아니라, “모든 사람을 위한 법으로 무한한 햇살을 통해 드넓은 하늘에 중단 없이 펼쳐져 있다”라

---

71 소포클레스의 『안티고네』 456-457행에 나오는 말이다. “소포클레스”(기원전 496년경-405년경)는 고대 그리스의 3대 비극시인 중 한 명이다. 이 작품에서 주인공 안티고네는 오이디푸스의 딸이다. 그녀의 오빠들인 에테오클레스 왕과 폴리네이케스가 서로 싸우다가 둘 다 죽고 나서, 새로 왕이 된 크레온이 두 오빠 중에서 폴리네이케스는 장례를 치르지 말라는 영을 내린다. 하지만 안티고네는 오빠인 폴리네이케스의 장례를 치러 주었고, 그 사실이 발각되자 이 말을 하며 보편법이 존재한다고 항변한다.

고 말했다.[72] 또한 알키다마스도 메세네인의 해방을 축하하는 연설에서 이렇게 말한다. "신은 모든 사람을 자유민으로 이 땅에 보내셨고, 자연은 그 누구도 노예로 만들어내지 않았다."[73]

규율 대상과 관련해서도 법은 두 종류로 구분된다. 법은 해야 할 것과 하지 않아야 할 것을 정해놓는데, 그 대상이 공동체이거나 공동체를 이루는 개개인일 수도 있다. 따라서 불법 행위와 합법 행위는 두 가지인데, 하나는 특정 개인에 대한 것이고, 다른 하나는 공동체에 대한 것이다. 예컨대 간통을 저지른 자와 폭행범은 어느 개인에게 범죄를 저질렀다면, 병역을 기피한 자는 공동체에 범죄를 저지른 것이다.

이렇게 모든 불법 행위는 두 가지로 구분되어, 어떤 것은 공동체에 불법을 행하고, 어떤 것은 한 개인 또는 여러 개인에게 불법을 행하는 것이다. 따라서 불법을 당한다는 것이 무엇인지를 살펴보자. 우리는 앞에서 불법을 행한다 함은 의도적인 행위라고 정의했기 때문에, 불법을 당한다는 것은 의도적으로 자행된 불법적인 행위를 겪는다는 의미이다.

불법을 당하는 것은 피해를 입는다는 말이며, 그 피해는 의도적인 행위에 의한 것이다. 어떤 것이 피해인지는 앞에서 좋은 것과 나쁜 것에 관한 설명에서 분명하게 드러났고, 의도적인 행위란 불법을 행하는 자가 자기 행위가 어떤 의미인지를 알면서 하는 행위를 가리킨다.

따라서 모든 고발 사건은 공동체나 개인에 대한 것일 수밖에 없고, 불법을 행한 자가 자기도 모르는 사이에 의도적이지 않게 저질렀거나 혹은 알면서 의도적으로 저지른 것일 수밖에 없으며, 의도적인 것 중에서도 계

---

72 엠페도클레스의 단편 135에 나오는 말이다. 엠페도클레스(기원전 493-433년)는 고대 그리스의 철학자, 정치가, 시인이었다. 만물이 4원소(물, 공기, 불, 흙)의 사랑과 다툼에서 생겼다고 말한 인물이다.

73 알키다마스는 기원전 4세기에 활동한 수사학자였다. 소피스트로 유명했던 고르기아스의 제자였던 그는 이소크라테스와 동시대에 아테나이에서 수사학을 가르쳤다. 그는 메세니아인이 라케다이몬에 오랫동안 복속되었다가 해방된 것을 축하하는 연설에서 이 말을 한 것으로 전해진다.

획적으로 저질렀거나 혹은 감정에 따라 충동적으로 저지른 것일 수밖에 없다. 분노에 대해서는 나중에 감정을 설명할 때 다룰 텐데, 사람들이 어떤 심리 상태에서 범죄를 계획하는지는 앞에서 살펴보았다.

고발당한 자는 자기가 특정 행위를 했음은 인정하면서도, 그러한 행위 1374a1
가 범죄라는 사실 또는 고발장에 기재된 그런 특정한 범죄라는 것은 인정하지 않을 때가 많다.

예컨대, 물건을 가져간 것은 인정하면서도 그것이 절도임은 인정하지 않고, 먼저 때린 것은 인정하면서도 그것이 폭행임은 인정하지 않으며, 여자와 함께 잤다는 것은 인정하면서도 그것이 간통임을 인정하지 않는다.

또는 절도죄를 지은 것은 인정하지만 그것이 성물절도죄임은 인정하지 않고(그 물건이 신에게 드려진 성물이 아니라는 이유로), 남의 땅을 침범한 것은 인정하지만 그것이 공유지를 침범한 것임은 인정하지 않으며, 적과 내통한 것은 인정하지만 그것이 반역죄임은 인정하지 않는다.

그렇기에 그런 범죄가 성립하는지 그렇지 않는지를 알려면, 우리는 절도가 무엇이고 폭행이 무엇이며 간통이 무엇인지를 정의함으로써, 어떤 것이 합법 행위이고 어떤 것이 불법 행위인지를 확정해야 한다.

이 모든 것에서 쟁점은 고발당한 자가 악한지, 또는 불의하지 않은지에 있다. 사악함과 불의함은 의도성에 있고, 폭력과 절도 같은 죄명은 그 의도성을 보여주기 때문이다. 사람을 때렸다고 해서 모두 폭행이 되는 것은 아니고, 상대방을 욕보이거나 자기 즐거움을 위해 때리는 것처럼 어떤 의도가 있을 때만 폭행이 된다. 또한 어떤 물건을 몰래 가져갔다고 해서 모두 절도가 되는 것은 아니고, 그 물건의 주인에게 손해를 입히고 자신은 이득을 보려는 의도로 그렇게 했을 때만 절도가 된다. 이것은 다른 행위도 마찬가지다.

합법 행위와 불법 행위에는 두 종류가 있음을 앞에서 보았다(즉, 성문법에 따른 것인지 불문법에 따른 것인지에 따라 다르다). 성문법에서 정한 것은 이미 설명했고, 불문법에 의한 것으로는 다시 두 종류로 구분된다.

그중 하나는 남들을 뛰어넘는 미덕과 악덕의 행위들이다. 그런 행위에는 비난이나 칭송, 망신이나 명예, 상이 주어진다(그런 행위 중 전자에는 은인에게 보답하기, 호의를 호의로 갚기, 친구 돕기 등이 속한다). 다른 한 종류는 성문법인 실정법에서 누락된 것이다. 사회상규[74]에 맞는 것은 합법적인 것으로 여겨져, 성문법에 규정되어 있지 않더라도 합법적이기 때문이다.

그러한 누락은 입법자가 의도할 때도 있고 의도하지 않을 때도 있다. 입법자들이 알지 못하는 사이 그런 누락이 생긴 것은 의도하지 않은 일이다. 반면에 입법자들이 모든 가능성을 예상해서 그 모든 것에 다 적용되는 법을 만들어야 하지만 그렇게 할 수가 없어 대부분의 경우에만 적용되는 법을 만들어낼 수밖에 없었다면, 그것은 의도한 것이다. 예컨대 어떤 종류에 속한 어떤 크기의 위험한 물건으로 누군가에게 상해를 입힐 때 어떤 처벌을 내려야 하는지를 정하는 것처럼 그 경우의 수가 무한대여서, 평생을 바쳐도 그 모든 가능성을 다 열거해 법에 담는 일이 가능하지 않을 때가 그러하다.

따라서 경계가 불분명하고 정확하게 정의할 수 없더라도, 반드시 법으로 규정하지 않으면 안 되는 것이라면, 일반적인 표현을 사용해서라도 입법을 해야 한다. 그런 경우에 어떤 사람이 반지를 낀 채로 손을 들어 올리거나 다른 사람을 때리면 성문법에 의하면 유죄이고 불법을 저지른 것이지만, 사실 그런 행위는 사회상규에 비추어 볼 때 불법 행위가 아니기 때문에 실제로는 불법을 저지른 것이 아니다.

1374b1 방금 말한 것이 사회상규라면, 어떤 행위가 사회상규에 맞는 것이고 어떤 행위들이 맞지 않는 것인지, 그리고 어떤 사람이 사회상규에 어긋나게

---

74 "사회상규"로 번역한 그리스어 '에피에이케스'(ἐπιεικής)는 누가 보아도 적절하고 옳다고 생각되는 것을 뜻한다. 사회상규는 "공정하게 사고하는 평균인이 건전한 사회생활을 하면서 옳다고 인정하는 정상적인 행위 규칙"으로 정의된다. 아리스토텔레스는 다른 곳에서 이 단어를 이렇게 정의한다. "이것은 법이 정의롭다고 인정한 것이 아니라, 법에서 정의롭다고 하는 것의 토대라고 할 수 있다."

행동하는지는 분명하다.

관습에 의해 용납되는 것은 사회상규에 맞는 행위들이다. 또한 과실에 의한 것과 의도적인 범죄를 동일하게 처벌해서는 안 되고, 과실이나 자기 힘으로 어쩔 수 없는 사고로 일어난 일을 동일하게 처벌해서는 안 된다는 것도 사회상규에 부합한다. 사고는 예상할 수 없고 악의에 의한 것이 아니고, 과실은 예상할 수는 있지만 악의에 따른 것은 아닌 반면에, 의도적인 범죄는 예상한 것이고 동시에 악의에 따른 것이며 욕구를 따라 저질러진 범죄는 악의에 의한 것이기 때문이다.

인간적인 약점을 용납해주는 것도 사회상규에 맞는다. 또한 법률 자체보다는 입법자를, 법조문보다는 입법자의 의도를, 행위 자체보다는 의도를, 부분보다는 전체를, 행위자가 지금 어떤 사람인가 하는 것보다는 평소 항상 혹은 대체로 어떤 사람이었는가를 고려하는 것이 사회상규에 맞는다. 또한 상대방이 한 나쁜 짓보다 그가 한 선행을 기억하고, 자신이 베푼 호의보다 자신이 받은 호의를 기억하는 것이 사회상규에 맞는다.

부당한 대우를 받았을 때 참는 것, 그리고 폭력이 아니라 이성적으로 문제를 해결하려는 것도 사회상규에 적합하다. 또한 재판으로 가는 것보다는 중재를 택하는 것도 사회상규에 맞는다. 중재자는 사회상규를 따지고, 재판관은 법률을 따지기 때문이다. 실제로 중재 제도를 만든 것은 사회상규에 따라 문제를 해결하기 위한 것이다. 사회상규에 대한 설명은 이 정도로 충분할 것이다.

제14장
범죄의 경중

더 심한 불의에서 나온 것일수록 더 중해진다. 그래서 아주 사소한 행위가 가장 중대한 범죄가 될 수 있다. 예컨대 칼리스트라토스가 멜라노포스를 고발하면서, 신전 건축을 감독하는 관리들을 속이고 신전에 바쳐진 반 오볼로스짜리 동전 3개를 횡령했다고 한 것이 그런 경우다.[75] 단순히 법적으로 볼 때는 이것은 중대한 범죄가 아니다. 하지만 이 범죄에는 더 큰 범죄를 저지를 가능성이 들어 있다는 점에서 중하다. 신전에 바쳐진 반 오볼로스짜리 동전 3개를 훔친 자는 어떤 범죄도 저지를 수 있기 때문이다.

이렇게 범죄는 방금 말한 관점에서 더 중한 것으로 판단될 때도 있지만, 범죄에 따른 피해라는 관점에서 판단하기도 한다. 또한 어떤 범죄에 상응하는 처벌이 존재하지 않아 어떻게 처벌해도 범죄에 비해 처벌이 가벼우면, 그것은 더 중해진다.

어떤 범죄로 인한 피해를 회복하기 어렵거나 아예 불가능해서 피해 회복이 되지 않아도, 그 범죄는 더 중해진다. 어떤 사람이 범죄를 저질렀는데도 피해자가 가해자를 법정에 세워 처벌받게 할 수 없어도 그 범죄는 더 중해진다. 법정에 세워 처벌받게 하는 것이 피해 회복인데, 이렇게 되면 피해가 회복될 수 없기 때문이다.

범죄 피해를 당한 자가 그 범죄로 인해 자해했다면 가해자가 더 큰 처벌을 받는 것이 마땅하다. 그래서 소포클레스는 폭행을 당한 뒤에 자살한

---

75 "칼리스트라토스"는 기원전 3세기 또는 4세기에 활동한 고대 그리스의 소피스트이자 수사학자이고, "멜라노포스"에 대해서는 알려진 것이 없다. "오볼로스"는 16드라크메에 해당하는데 "반 오볼로스짜리 동전 3개"는 푼돈에 불과했다.

에우크테몬을 변호하면서, 자기는 피해자가 스스로 자신에게 부과한 것보다 덜한 처벌을 가해자에게 요구할 수는 없다고 말했다.[76] 1375a1

어떤 사람이 그 범죄를 저지른 유일한 사람이거나 최초의 사람이거나 극소수의 사람 중 하나일 때도, 그 범죄는 더 중해진다. 동일한 범죄를 여러 번 저질렀어도, 그것은 더 중해진다. 어떤 범죄로 예방조치와 처벌 사항이 새롭게 만들어졌다면, 그 범죄는 더 중해진다. 그래서 아르고스[77]에서는 어떤 사람이 저지른 범죄로 법률이 제정되고 감옥이 지어졌다면 그 죄를 더 엄하게 처벌한다. 범죄가 야만적이고 잔인하거나 사전에 치밀하게 계획되었다면, 청중이 그 범죄에 대해 들었을 때 동정하기보다는 두려워하게 되어도, 그것은 더 중해진다.

범죄의 경중과 관련한 수사학적 기법에는 다음과 같은 것이 있다.

범죄자가 맹세와 합의와 약속과 결혼 서약 등을 자주 파기했음을 보여준다면, 그의 범죄는 더 중해진다. 그가 많은 불법을 밥 먹듯이 저질러 왔음을 확인해주기 때문이다. 범죄자가 재판을 받는 중에도 범죄를 저질렀다는 것을 밝혀내면, 그의 범죄는 더 중해진다. 예컨대 위증죄를 범한 경우가 그런 것인데, 범죄자가 법정에서도 서슴지 않고 범죄를 저질렀다면 어느 곳이든 상관하지 않고 범죄를 저지를 것이 뻔하기 때문이다. 엄청난 수치심을 초래하는 범죄를 저질렀음이 밝혀져도, 그 범죄는 더 중해진다. 은인에게 범죄한 경우에도 은혜를 원수로 갚았다는 점에서 더 중해진다.

불문법을 어기는 것은 더 중대한 범죄다. 성문법은 강제적인 것인 반면 불문법은 강제적인 것이 아니기 때문에 더 훌륭한 사람은 강제에 따르지 않고도 정의롭게 행할 것이다. 하지만 다른 관점에서 보면, 성문법을 어기

76 여기에 언급된 "소포클레스"는 고대 그리스의 3대 비극시인 중 한 사람이 아니다. "에우크테몬"은 크세노폰의 글에서 언급한 집정관이 아닐 가능성이 높다. 그렇다면 소포클레스와 에우크테몬에 관해 알려진 것은 없다.

77 "아르고스"는 그리스 펠로폰네소스 반도의 아르골리스 지방에 있는 도시다. 코린토스에서 남서쪽으로 37킬로미터 되는 곳에 있는 비옥한 평야 지대다.

는 것이 더 중대한 범죄다. 처벌에 대한 두려움이 수반되는 범죄들을 저지르는 사람이라면 처벌을 받지 않는 불법들은 거리낌 없이 자행할 것이 분명하기 때문이다. 이상으로 우리는 범죄의 경중에 대해 살펴보았다.

제15장

수사학 밖의 설득 요소들

다음으로 살펴볼 것은 본래의 수사학 영역에 속하지 않지만 청중에게 신뢰를 주기 위해 연설가가 사용하는 것들인데, 이는 법정 변론에서 특유하다. 그런 것으로는 법률, 증인, 계약, 고문, 선서, 이렇게 다섯 가지가 있다.

먼저 법률과 관련해서, 연설가가 권유하거나 만류하든지 고발하거나 변호하려 할 때 법률을 어떻게 사용해야 하는지 살펴보자. 성문법이 자기 입장과 맞지 않아 불리하면 연설가는 보편법과 사회상규를 거론하며 그것이 더 정의롭고 공평하다고 해야 한다. 배심원들이 "정직한 의견을 따라 최선의 판단을 하겠다"라고 선서하는 것이 바로 그런 의미로, 오로지 성문법에만 의거해 판단하지 않겠다는 뜻이라고 주장해야 한다.

보편법과 사회상규는 언제나 타당하고 결코 바뀌지 않는 반면에(그것은 본성을 따르므로), 성문법은 자주 바뀌고, 이것이 소포클레스의 작품인 『안티고네』에서 말하는 의미라고 해야 한다. 즉, 거기서 안티고네는 자기가 오빠의 시신을 매장한 것은 크레온왕이 정한 법을 어긴 것이지만 불문법을 어긴 것은 아니라고 주장하면서 자신의 행위를 변호했다. "이 법은 어제나 오늘 만들어진 것이 아니라 언제나 있어 온 것이기 때문에, 나는 그 누구로 인해서도 이 법을 어기고 싶지 않습니다."[78]

아울러, 정의로운 것은 참되고 이롭지만, 불의한 것은 이롭지 않은데, 해당 성문법은 법률로서의 역할을 제대로 하지 못하므로 법률이라고 할

---

78 소포클레스의 『안티고네』 456-458행에 나오는 말이다. 이에 대해서는 제1권 제13장 1373b12에서 이미 설명한 바 있다. 정확히 말하자면, 457행은 앞에서 이미 인용되었고, 여기에서 인용된 것은 456, 458행이다.

수 없다고 말해야 한다.[79] 또한 재판관이 하는 일은 은의 순도를 검사하는 사람처럼 거짓 정의와 참된 정의를 가려내는 일이고, 성문법보다는 불문법을 고집하고 사용하는 것이 더 훌륭한 재판관이라고 말해야 한다.

연설가는 해당 법률이 이미 널리 받아들여져 적용되고 있는 다른 법률과 맞지 않거나 해당 법률의 다른 규정과 반대되는지도 살펴야 한다. 예컨대 모든 계약이 구속력을 지닌다고 규정한 조목과 법률에 어긋나는 계약을 맺는 것을 금지하는 조목이 있어 서로 충돌하는 경우가 그러하다. 또한 법률 규정이 모호하다면 여러 가지로 해석해보고 그중에서 어떤 해석이 정의롭거나 이로운지를 살펴서, 그 해석을 따라 법률 규정을 활용해야 한다. 또한 법률이 규율하려는 것은 이제 더 이상 없는데도 법률 자체는 그대로 시행되고 있다면 그 사실을 분명하게 밝혀 해당 법률에 맞서 싸워야 한다.

반면에, 성문법이 자기 입장과 맞아서 유리하다면, 연설가는 배심원들이 "정직한 의견을 따라 최선의 판단을 하겠다"고 선서하는 것은 법률과 어긋나는 평결을 내려도 괜찮다는 의미가 아니라, 법률이 무엇을 말하는지를 몰라 잘못된 평결을 내렸을 때도 그 책임을 묻지 않겠다는 뜻이라고 말해야 한다. 또한 인간은 절대적으로 좋은 것이 아니라 상대적으로 좋은 것을 택할 뿐이고, 이미 제정되어 있는 법률을 사용하지 않는 것은 그 법률을 아예 제정하지 않은 것과 다를 바가 없다고 말해야 한다.

아울러, 다른 기술에서도 의사보다 더 지혜로운 체하는 것은 전혀 이로울 것이 없는데, 의사가 실수하더라도 상습적으로 권위에 복종하지 않는 것만큼 해롭지는 않기 때문이다. 따라서 이미 제정된 법률보다 더 지혜로운 체해서는 안 된다고 말해야 하는데, 가장 훌륭한 법령도 그것을 금하

---

79 앞에서 아리스토텔레스는 모든 미덕은 사람들을 이롭게 하므로 미덕이라고 말한 바 있다. "정의"는 무슨 희생을 치르더라도 법을 지키기 때문에 평시에 이롭고, "용기"는 무슨 희생을 치르더라도 자신에게 주어진 임무를 완수하기 때문에 전시에 이롭다는 것이다.

고 있다. 법률에 대한 설명은 이 정도로 해두자.

증인은 옛 증인과 최근 증인, 이렇게 두 종류가 있다. 최근 증인으로는 위험을 감수해야 하는 증인과 그렇지 않은 증인이 있다.

옛 증인이란 어떤 판단을 내렸는지 분명하게 알려져 있는 옛적의 시인들과 그 밖의 유명한 사람들을 가리킨다. 예컨대 아테나이 사람은 살라미스와 관련해서 호메로스를 증인으로 세웠고,[80] 근래에는 테네도스인이 시게이온에 관한 분쟁에서 코린토스의 페리안드로스를 증인으로 세웠다.[81] 또한 클레오폰은 크리티아스를 공격할 때 그 가문이 오랫동안 전횡을 일삼아왔다는 솔론의 비가를 인용하면서, 만일 그것이 사실이 아니었다면, 솔론이 "빨간 머리 크리티아스에게 아버지가 했던 대로 하라고 전해주시오"라고 읊지는 않았다고 말했다.[82]

지나간 일에 관해서는 그런 증인을 세워야 하지만, 미래 일과 관련해서는 신탁을 받아 말하는 자들을 증인으로 세워야 한다. 예컨대 테미스토클레스는 "나무로 된 성벽"에 관한 신탁을 가져와서, 그것을 해전을 의미하는 것으로 해석하여 해전을 벌일 것을 주장했다.[83]

---

80 살라미스의 영유권을 두고 아테나이와 메가라 사이에 분쟁이 일어났을 때, 아테나이의 정치가이자 개혁자인 솔론(기원전 630년경-560년경)은 호메로스가 『일리아스』 제2권 557-558행에서 아이아스(트로이 전쟁에서 활약한 그리스 연합군의 용장)가 살라미스에 자기 함선을 이끌고 와서 아테나이군 진영에 정박한 것을 근거로 살라미스의 영유권은 아테나이에 있음을 증명했다.

81 "테네도스"는 에게해 북동부에 있는 섬이고, "시게이온"은 레스보스 섬의 도시국가 미틸레네 사람들이 기원전 8세기 또는 7세기에 건설한 그리스 식민도시로 현재의 터키 북서부 차낙칼레주에 있어 테네도스와 가까웠다. 기원전 7세기에 시게이온의 영유권을 두고 미틸레네와 아테나이 사이에 분쟁이 일어났을 때 코린토스의 참주 "페리안드로스"의 증언으로 영유권은 아테나이인에게 돌아갔다. 하지만 여기 언급된 테네도스인과 관련된 사건에 대해서는 알려진 것이 없다.

82 솔론의 단편 22a에 나오는 말이다. 펠로폰네소스 전쟁(기원전 431-404년) 말기에 클레오폰은 민주정 지도자로, 크리티아스는 과두정 지도자로서 서로 정적이었다. 솔론(기원전 630년경-560년경)은 기원전 600년 무렵에 집정관으로 활동한 정치개혁자로 고대 그리스의 일곱 현인 중 한 사람이다.

83 이 내용은 헤로도토스의 『역사』 제7권 141, 143장에 나온다. 테미스토클레스(기원전

앞에서 말했듯이, 속담을 증거로 제시하는 것도 가능하다. 예컨대 노인을 친구로 삼지 말라고 조언하려 한다면, "절대로 노인에게 잘해주지 말라"는 속담을 증거로 제시하면 된다. 또한 아버지를 죽였을 때는 그의 자녀들도 제거해야 한다고 조언하려면, "아버지를 죽인 후에 자녀들을 살려두는 자는 어리석은 자이다"[84]라는 속담을 증거로 제시할 수 있다.

'최근 증인'이란 어떤 문제에 관해 유명 인사가 자기 결정을 제시한 것을 말한다. 그들이 다루었던 것과 동일한 문제가 논란이 되었다면, 그들의 결정은 유용하다. 예컨대 에우불로스는 법정에서 카레스와 다툴 때, 플라톤이 아르키비오스를 비판하면서 "이 나라에서는 자기가 저지른 악행을 거리낌 없이 공개하는 것이 무슨 유행처럼 되어 왔다"라고 한 말을 사용하여 카레스를 반박했다.[85]

위증을 한 경우 처벌받는 위험을 감수해야 하는 사람들의 증언도 증거가 된다. 하지만 그런 증인은 단지 어떤 일이 일어났는지 일어나지 않았는지, 또는 어떤 것이 존재하는지 존재하지 않는지만 증언할 수 있고, 어떤 일이 정의로운지 불의한지, 또는 이로운지 해로운지와 같은 것은 증언할 수 없다. 후자에 관한 것을 좀 더 신뢰할 수 있게 증언할 사람은 해당 사건과 상관없는 제3자들이고, 그중에서도 가장 신뢰할 만한 것은 옛 증인의 증언이다. 제3자나 옛 증인은 매수되어 거짓 증언하기가 불가능하기 때문이다.

524-459년)는 고대 아테나이의 정치가이자 군인으로 아테나이의 해군력을 그리스 도시국가 중에서 최강으로 만들어 페르시아와의 살라미스 해전을 승리로 이끈 인물이다.

84 스타시노스의 『키프리아』 단편 2에 나오는 말이다. 스타시노스는 거의 전설로 전해지는 초기 그리스의 시인이다. 그가 썼다는 11권으로 된 『키프리아』는 트로이 전쟁을 다룬 일련의 서사시 중 하나다.

85 "에우불로스"(기원전 405년경-335년경)는 고대 아테나이의 정치가로 기원전 355-342년 동안 아테나이 정치에 막강한 영향을 미쳤고, 아테나이의 재정 문제를 해결하는 데 탁월한 능력을 발휘했다고 한다. "카레스"는 기원전 4세기에 살았던 아테나이의 장군으로 여러 해 동안 아테나이군의 핵심 지휘관이었다. "플라톤"은 희극시인이었고, "아르키비오스"는 알려진 것이 없다.

연설가가 자신의 주장을 신뢰하게 해줄 증인이나 증거를 제시할 수 없을 때가 있다. 그런 경우 개연성은 돈으로 매수할 수도 없고 위증을 범하지도 않기 때문에 개연성에 의거해 판결을 내려야 한다고 말하고, 배심원이 "최선의 판단"을 내리겠다고 선서한 것이 바로 이런 의미라고 말해야 한다.

반면에, 연설가에게는 자신의 주장을 밑받침할 증인이나 증거가 있고, 상대방에게는 그런 것이 없는 때가 있다. 그때, 사람들의 변론을 근거 삼아 사건을 심리해도 문제가 없다고 판단된다면, 증인이나 증거는 필요 없게 되기 때문에 개연성에 의거해 판결해서는 안 된다고 주장해야 한다.

증거 중에서 어떤 것은 자신과 관련되고, 어떤 것은 상대방과 관련되며, 어떤 것은 사안 자체와 관련되고, 어떤 것은 개별 성격과 관련된다. 따라서 유리한 증거가 없어 당혹스러운 일은 있을 수 없다. 사안 자체와 관련해서 우리 주장과 일치하거나 상대방 주장과 반대되는 증거가 없더라도 사안의 성격과 관련해서 우리 주장이 사회상규에 맞는다고 보여주거나 상대방이 사악하고 비열함을 보여주는 증거는 있기 때문이다.

증인과 관련된 다른 문제들, 즉 그가 친구냐 적이냐 중립적인 인물이냐, 또는 평판이 좋으냐 나쁘냐 보통이냐를 비롯해서 그 밖의 다른 온갖 차이를 놓고 변론하고자 할 때는, 우리가 생략삼단논법을 전개할 때 사용하는 것과 동일한 전제에서 결론을 이끌어내어야 한다.

계약과 관련해서는, 계약을 부각하거나 폄하하려 할 때, 또는 계약을 신뢰할 수 있거나 그렇지 않은 것으로 주장할 때 변론을 사용한다. 우리에게 유리한 계약에는 신뢰할 만하고 권위가 있다고 주장해야 하고, 상 1376b1
대방에게 유리한 계약에는 그 반대를 주장해야 한다. 계약의 신뢰 여부에 대해 변론하려 할 때는 증인의 신뢰성을 놓고 다툴 때와 별반 다르지 않은 방법을 사용한다. 계약의 신뢰 여부는 계약에 서명하거나 계약을 위임받아 수행하는 사람들의 신뢰 여부에 좌우되기 때문이다.

어떤 계약의 존재가 인정되고 그것이 우리에게 유리하다면, 그 계약을 부각하고 중요성을 강조해야 한다. 즉, 계약은 개인 간에 제한적으로 적용되는 법으로, 법률 자체를 구속력 있게 하지는 않지만, 법률은 합법적인 계약을 구속력 있게 만들고 넓게 보면 법률 자체도 일종의 계약이기 때문에 계약을 불신하거나 무시하는 사람은 누구든지 법률을 무시하는 것이라고 말해야 한다. 또한 사람들 사이의 대부분 거래, 특히 자발적인 거래는 계약을 통해 이루어지기 때문에, 계약이 구속력을 갖지 못한다면 사람들 사이의 거래는 와해되고 만다고 말해야 한다. 그리고 계약의 중요성을 부각하는 그 밖의 다른 논리도 얼마든지 쉽게 찾아낼 수 있다.

반대로 계약이 상대방에게 유리하면, 먼저 우리에게 불리한 법률에 대항하여 싸울 때 사용했던 것과 동일한 논리를 제시하는 것이 적절하다. 즉, 입법자가 잘못해서 올바르게 제정되지 못한 법률에 복종해서는 안 된다고 여기면서도 계약은 반드시 지켜야 한다고 생각하는 것은 불합리하다고 말해야 한다.

다음으로, 재판관은 선수들이 시합할 때 무엇이 정의로운지를 판정하는 심판이기 때문에, 계약 자체만 보아서는 안 되고 어떻게 판정하는 것이 더 정의로운지 생각해야 한다고 말해야 한다. 또한 정의는 언제나 변함없는 것이어서 기만이나 강제에 따라 바뀔 수 없지만, 계약은 얼마든지 기만당하거나 강요 때문에 맺어질 수 있다고 말해야 한다.

또한 계약이 자국이나 타국의 다른 성문법이나 보편법과 상충하지는 않는지 살펴보아야 한다. 그런 후에 계약이 이전이나 이후의 다른 계약들과 상충하지 않는지도 살펴보아야 한다. 이후의 계약이 유효하면 이전 계약이 무효이고, 이전 계약이 제대로 되었다면 이후의 계약은 기만에 의한 것이므로, 우리는 이 둘 중에서 우리에게 유리한 쪽을 주장해야 한다. 또한 유익성의 문제도 제기해서 어떤 점에서 계약이 재판관의 이익을 해치는지도 논증해 보여야 한다. 그 밖의 다른 것도 있지만, 그런 것은 똑같은 방식으로 생각하면 쉽게 알 수 있다.

고문으로 얻어낸 것은 증거의 한 형태인데, 그것이 신빙성 있게 보이는 것은 일종의 강제성을 띠기 때문이다. 이를 어떤 식으로 활용해야 하는지는 어렵지 않게 말할 수 있다. 우리에게 유리하다면, 그것만이 유일하게 참된 증언이라고 주장하면서 그 중요성을 부각해야 한다. 1377a1

반대로 그것이 우리에게 불리하고 상대방에게 유리하다면, 고문의 실상을 낱낱이 파헤쳐 그런 고문으로 얻은 것은 신뢰할 수 없음을 역설해서 그 신빙성을 분쇄해야 한다. 즉, 사람들은 고문을 받으면 진실을 말하지 않고 끝까지 버티거나 고문에서 빨리 벗어나려고 거짓 자백을 하기 때문에, 그런 상황에서 진실을 말하기보다는 거짓을 말할 가능성이 더 높다고 주장해야 한다. 아울러 재판관도 아는 과거 사례를 제시해야 한다. 이렇게 한편으로 우직하고 맷집 있고 고귀한 정신을 지닌 많은 사람은 고문을 잘 견뎌내고, 다른 한편으로 겁 많고 아주 조심스러운 사람은 고문 기구 앞에서 용기를 잃어버리기 때문에 고문을 통해 얻어낸 것은 진실일 수 없고, 따라서 신뢰할 수 없다고 주장해야 한다.

선서와 관련해서 우리는 네 가지 사례를 구분할 수 있다. 첫 번째는 두 당사자가 선서를 서로 주고받은 경우, 두 번째는 두 당사자 중 어느 쪽도 선서를 하지도 않고 받지도 않은 경우, 세 번째는 두 당사자 중 한 쪽이 선서를 했지만 다른 쪽은 받지 않은 경우, 네 번째는 두 당사자 중 한 쪽이 선서를 하고 다른 쪽이 받은 경우이다. 또한 이런 것 외에도, 자신이나 상대방이 이전에 이미 선서를 했는지도 살펴보아야 한다.

당신이 선서를 받아들이길 거부한다면, 우리는 사람들이 거짓으로 선서하고 실제로는 채무를 갚지 않는 일이 비일비재하다는 근거를 제시해야 한다. 그런 후에, 우리는 채무자가 아니라 배심원들을 신뢰하기 때문에 이 일을 배심원에게 맡기는 위험을 기꺼이 감수하려고 채무자의 선서를 받아들이길 거부한 것이라고 주장해야 한다.

그러나 우리가 선서하기를 거부했다면, 선서라 함은 채무에 대한 것이고, 만일 사람이 악하다면, 선서를 하지 않으면 당장 채무를 갚아야 하지만 선서를 하면 바로 채무를 갚지 않아도 되기 때문에 오히려 선서를 하는 쪽을 택했으리라는 근거를 제시해야 한다. 그렇기 때문에, 선서를 하지 않아 위증으로 처벌받을 게 두려워서가 아니라 미덕을 위해 선서하기를 거부했다고 주장해야 한다. 크세노파네스가 "불경한 자가 경건한 자에게 선서를 요구하는 것은 공평하지 못하다"라고 한 말은 이런 경우에 적절하다.[86] 그런 요구는 강자가 약자에게 한번 쳐보라거나 맞아보라고 하는 것과 같기 때문이다.

우리가 상대방의 선서를 받아들였다면, 상대방을 신뢰하기 때문이 아니라 자신을 신뢰하기 때문이라고 말해야 한다. 또한 크세노파네스의 말을 역으로 해석하면, 불경한 자는 선서를 하고 경건한 자는 그 선서를 받아들이는 것이 합당하다고 말하고, 재판관에게는 판결 전에 상대방에게서 선서를 받으라고 요구하면서 정작 우리가 상대방의 선서를 받아들이지 않는 것은 아주 악한 것이라고 말해야 한다.

우리가 선서했다면, 사건을 신들에게 맡긴 것은 경건한 행위이고, 그렇게 했으므로 상대방은 굳이 다른 재판관을 구할 필요가 없다고 말해야 한다. 또한 상대방은 재판관에게 선서를 받으라고 하면서, 정작 자신은 선서를 받아들이지 않는 것은 잘못이라고 말해야 한다.

이상으로 각각의 경우에 어떻게 말해야 하는지 살펴보았기 때문에, 이것이 함께 결합됐을 때 우리가 어떻게 말해야 하는지도 분명하다. 예컨대, 우리는 선서를 받지만 선서를 하고 싶지 않을 때도 있고, 선서를 하지만 받고 싶지는 않을 때가 있으며, 선서를 받는 동시에 선서를 하고 싶거나, 선서를 받고 싶지도 않고 선서를 하고 싶지도 않은 때도 있다. 이런 때는
1377b1 앞에서 말한 각각의 사례가 서로 결합된 것이기 때문에, 각 사건에서 사용한 논리를 서로 결합해서 제시하면 된다.

---

86 이 말은 경건한 자에게 선서는 치욕적인 일이라는 뜻이다. 크세노파네스(기원전 570년경-475년경)는 고대 그리스의 방랑시인, 철학자, 정치사회 비평가로서 수십 년간 지중해 각지를 떠돌다가 이탈리아 남부의 그리스 식민도시인 엘레아에 정착해 파르메니데스(기원전 515년경-445년경)와 함께 엘레아 학파의 창시자가 되었다.

우리가 현재의 선서와 부합하지 않는 선서를 과거에 한 적이 있다면, 우리는 위증한 것이 아니라고 주장해야 한다. 위증은 범죄이고, 범죄는 고의성을 필요로 하는데, 우리의 이전 선서는 다른 사람의 강제와 기만으로 인한 것이어서 고의성이 없기 때문에 위증이 아니라고 말해야 한다. 즉, 여기에서 우리는 위증은 말에 있지 않고 의지에 있음을 강조해야 한다.

반면에 상대방이 현재의 선서와 부합하지 않은 선서를 과거에 한 적이 있다면, 우리는 상대방이 이전에 한 선서를 지키지 않는 것은 모든 질서를 송두리째 뒤흔들어 무너뜨리는 것이라고 주장해야 한다. 아울러 재판관이 판결하기 전에 선서를 받는 것도 그런 이유라고 말해야 한다. 그런 후에 배심원들에게 이렇게 말해야 한다. "상대방은 여러분에게는 재판하기 전에 한 선서를 지키라고 요구하면서도 정작 자신은 선서를 지키려고 하지 않고 있습니다."

지금까지 말한 것 외에도 우리의 주장을 강화하는 데는 수사학 밖의 설득 요소를 사용하는 등의 여러 가지 방법이 있을 것이다. 하지만 그런 설득 요소에 관한 논의는 이 정도로 해두기로 하자.

제2권

제1장
감정과 성격

앞에서 우리는 권유하거나 만류하고, 칭송하거나 비난하고, 고발하거나 변호하기 위해 사용해야 하는 것들, 그리고 그런 논증을 신뢰할 수 있게 하는 데 유용한 견해와 전제를 살펴보았다. 생략삼단논법은 이에 관한 것이고, 각각의 연설 종류에 따라 그것을 적절하게 사용한다.

하지만 수사학은 판단을 위한 것이기 때문에(조언을 위한 연설도, 재판도 판단이 목적이다), 연설가는 자신의 연설이 뭔가를 입증하기에 신뢰할 수 있을 정도로만 신경 써서는 안 되고, 자신이 어떤 사람인지도 보여주어 연설을 듣는 자들의 판단에 영향을 주도록 관심을 기울여야 한다.

연설가가 청중에게 어떤 사람으로 보이는가, 자신이 청중을 어떻게 대하는지 알게 하는가, 그리고 청중이 그를 어떻게 대하도록 만드느냐에 따라 신뢰 형성에는 큰 차이가 난다. 이것은 조언을 위한 연설에서 특히 그러하고, 법정 변론에서도 그렇다. 연설가가 어떤 사람으로 보이는가는 조언을 위한 연설에서 더 큰 영향을 미치고, 청중이 연설가를 어떻게 대하느냐는 법정 변론에서 더 큰 영향을 미친다.

같은 것에 대해서도 사람들은 호의적일 때와 미워할 때, 또는 화가 나 있을 때와 좋은 마음일 때 똑같이 생각하지 않고, 완전히 달리 생각하거나 그 정도에서 차이가 난다. 재판관이나 배심원이 자기가 판단하는 사람에게 호의적이라면 그가 죄를 짓지 않았거나 죄를 지었더라도 작은 죄라고 생각하겠지만, 반면에 미워하는 마음이 들게 한다면 정반대로 생각할 것이다. 또한 미래에 있을 일이 기쁜 일이고 그 일이 일어나길 바라면서 기쁨으로 기다리는 사람에게는 그 일이 미래에 반드시 일어나고 좋은 일이라고 생각하겠지만, 자기와 무관하거나 도리어 자기에게 괴로운 일이라고 느끼는 사람은 정반대로 생각할 것이다.

연설가를 신뢰하게 하는 요인에는 세 가지가 있다. 자기를 입증하는 것과는 별도로 남이 나를 믿게 하려면 현명함,[87] 미덕, 선의가 필요하다. 사람들이 말이나 조언에서 거짓을 행하는 것은 이 세 가지 전부 또는 일부가 원인이다. 즉, 사람들은 현명함이 없어 올바르게 생각하지 못하거나, 올바른 생각은 지녔지만 악해서 자기 생각을 말하지 않거나, 현명함도 있고 악하지도 않지만 선의가 없어 최고의 조언을 알면서도 해주지 않는 것이다. 그 밖의 다른 원인은 없다. 따라서 이 세 가지를 모두 갖춘 연설가가 청중에게 신뢰를 받을 것은 두말할 필요가 없다.

현명함이 있고 도덕적으로 훌륭해 보이도록 하는 것이 무엇인지는 앞에서 제시한 미덕들에 관한 설명에서 유추할 수 있다. 다른 사람을 그런 사람으로 보이게 하는 것이 곧 연설가를 그런 사람으로 보이게도 하기 때문이다. 선의와 우의에 대해서는 감정을 다룰 때 살펴보기로 하자.

감정이란 사람들이 자신의 판단을 바꾸게 되는 모든 느낌을 말하는데, 여기에는 괴로움이나 즐거움이 따라온다. 가령 분노, 연민, 두려움 등과 그와 반대되는 것들이다.

각각의 감정은 세 가지 측면으로 나누어 살펴보아야 한다. 분노를 예로 들어보자. 우리는 분노한 사람이 어떠한 심리 상태에 있고, 통상적으로 어떤 사람에게 분노하며, 어떠한 것에 분노하는지를 보아야 한다. 이 세 가지 중에서 모두가 충족되지 않고 한두 가지만 충족되면 분노가 일어나지 않기 때문이다. 이것은 다른 감정도 마찬가지다. 우리가 앞에서 연설을 위한 전제들을 여러 가지로 구분해 보았듯이, 여기서도 방금 말한 대로 세 가지 측면에서 각각의 감정을 살펴보기로 하자.

---

87 앞에서 말했듯이, 이 책에서 "현명함"으로 번역한 그리스어 '프로네시스'(φρόνησις)는 실용적이고 실천적인 지식과 지혜로 근본적인 문제들을 탐구하는 지혜를 가리키는 '소피아'와는 다르다.

제2장

분노

분노는 어떤 사람 본인이나 자기에게 소중한 누군가가 정당한 이유 없이 무시를 당한 것에 대하여 반드시 복수를 하려는 괴로움이 수반하는 욕구라고 정의해보자. 이것이 분노라면, 분노한 사람은 언제나 어느 특정한 사람에게, 예컨대 인류 전체가 아니라 클레온[88]에게 분노하는 것이고, 그 특정인이 자기 자신이나 자기에게 소중한 사람에게 행한 짓이나 앞으로 하려는 짓 때문에 분노하는 것임에 틀림없다.

언젠가는 복수하리라는 기대가 있기에 모든 분노에는 즐거움이 뒤따른다. 자기가 바라는 것을 이룬다고 생각되면 즐거움이 따르는데, 절대로 이루지 못하는 일을 바라는 사람은 아무도 없고, 분노한 사람 역시 이루어질 만한 것을 바라기 때문이다. 이것이 분노에 대해 이렇게 한 말이 옳은 이유다. "분노는 뚝뚝 떨어지는 꿀보다 더 달콤해서, 사람 마음속에서 커져만 간다."[89] 그런 이유에서 분노에는 즐거움이 수반되고, 그 때문에 사람들은 복수하고야 말겠다는 일념에 사로잡힌다. 그렇게 복수를 상상할 때 꿈속에서 상상할 때처럼 즐거움이 생긴다.

업신여김은 어떤 대상을 아무 가치도 없다고 여기는 견해가 현실화된 것이다(우리는 좋거나 나쁜 것에 대해서는 진지하게 대할 가치가 있다고 생각하

---

88 "클레온"은 기원전 420년대에 활동한 고대 그리스 아테나이의 정치가이자 장군이다. 아테나이 민주정의 전성기를 이끈 개혁적인 정치가 페리클레스의 정적이었던 한 부유한 참주의 아들로, 펠로폰네소스 전쟁 초기인 기원전 427년에 미틸레네의 반역 행위에 어떻게 대처할지를 놓고 디오도토스와 벌인 논쟁이 유명하다.

89 호메로스의 『일리아스』 제18권 109-110행에 나오는 말이다. 본서 제1권 제11장 1370b12에서는 일부가 인용되었다.

지만, 아무것도 아니거나 하찮은 것에는 주목할 가치가 없다고 여긴다). 업신여김에는 세 가지 형태가 있는데, 경멸과 악의적 태도와 모욕이 그것이다.

경멸은 상대방을 (가치가 없다고 생각해) 무시하는 것이다. 사람들이 무시하는 것은 가치 없기 때문이다.

악의적 태도는 자기 이익을 도모하기보다는 단지 상대방이 잘되지 않게 하려고 상대방이 바라는 것을 가로막는 일이다. 악의적 행동은 그렇게 하는 것이 자신에게 아무 이익을 가져다주지 않는데도 그렇게 한다는 점에서 상대방을 무시한다. 악의적으로 행하는 자는 상대방이 자기에게 해악을 입히지 못한다고 생각하는 것이 틀림없다. 그렇지 않다면, 상대방을 무시하는 게 아니라 두려워할 것이기 때문이다. 또한 악의적으로 행하는 자는 상대방이 자기 입에 올릴 만한 가치가 있는 도움을 주지 못한다고 생각한다. 그렇지 않다면, 상대방과 친하게 지내려고 할 것이기 때문이다.

모욕도 무시하는 것이다. 모욕하는 것은 어떤 이익을 얻고자 함이 아니라 단지 즐거움을 맛보기 위해 상대방에게 수치를 불러일으키는 언행을 하는 것이다. 다른 사람을 모욕함으로써 얻는 즐거움 외에는 모욕을 통해 얻는 이익이 없다. 보복은 자기가 당한 대로 되갚아주는 것이라는 점에서 모욕과 다르다. 모욕하는 자들이 즐거움을 느끼는 이유는 다른 사람을 깔보고 업신여김으로써 자기가 그들보다 더 우월하다고 생각하기 때문이다 (이것이 청년과 부자가 모욕을 일삼는 이유인데, 상대방을 모욕하면서 그런 자신이 우월하다고 느끼는 것이다).

무례하게 행하는 것도 모욕에 속하기 때문에, 그런 행동 역시 업신여기는 일이다. 아무 가치가 없는 것에는 좋고 나쁘고에 상관없이 존중받을 만한 것이 없기 때문이다. 아킬레우스가 "아가멤논은 내 상을 가로채서 내게 무례를 범했다"[90]고 말하며 분노한 것도 그런 이유였다. 그는 그렇게

90 호메로스의 『일리아스』 제1권 356행에 나오는 말이다. "아가멤논"은 트로이 전쟁에서 그리스군 총사령관이었고, "아킬레우스"는 그리스군의 영웅이었다.

말한 후에, “나를 아무 존중도 받지 못할 떠돌이로 취급하다니”라는 말을 덧붙이는데, 이것이 그가 분노한 이유였다.[91]

사람들은 신분이나 능력이나 미덕을 비롯해 우월하다고 생각하는 모든 것에서 자기보다 못한 자로부터 공경을 받는 것이 마땅하다고 생각한다. 예컨대 돈에 있어서는 가난한 자가 부자를, 언변에 있어서는 말솜씨 없는 자가 연설가를, 다스림을 받는 자는 다스리는 자를, 다스림 받기에 적합하다고 생각하는 자는 다스릴 자격이 있는 자를 공경해야 한다는 것이다.

이것이 “제우스가 아끼는 왕들의 분노가 크고”, “분노한 후에도 여전히 앙금이 남아 있다”고 시인이 말한 이유다.[92] 왕들이 분노하는 것은 우월의식 때문이다. 또한 대접받는 것이 마땅하다고 생각한 사람들에게서 제대로 대접받지 못했을 때도 분노한다. 예컨대 사람들은 자기가 직접 나서서, 또는 누군가에게 부탁하거나 자기 사람을 통해 어떤 사람을 잘 대했거나 잘 대하고 있거나, 잘 대하려 하거나 또는 그러려고 했는데, 그에게서 제대로 대접받지 못하면 분노한다.

이것으로 사람들이 어떤 심리 상태에서 누구에게 어떤 일로 분노하는지가 밝혀졌다. 사람들은 괴로울 때 분노한다. 괴로워하는 자는 무엇인가를 바라기 때문이다. 예컨대 어떤 사람이 목이 말라 물이 마시고 싶을 때, 그가 바라는 것을 누군가가 직접적으로 방해하든 간접적으로 방해하든, 똑같이 자신에게 도움이 되지 않는 행동으로 느껴진다. 그리고 누군가가 그런 상태에서 자기가 바라는 것을 방해하거나 협조하지 않거나 어떤 식으로든 지장을 준다면, 그러한 모든 행동에 분노한다.

그래서 병에 걸린 자들, 가난한 자들, 사랑에 빠진 자들, 목마른 자들처럼 어떤 욕구가 있는데 충족되지 않은 사람은 쉽게 흥분하고 분노하는

---

91 호메로스의 『일리아스』 제9권 648행에 나오는 말이다.

92 호메로스의 『일리아스』 제2권 196행과 제1권 82행에 나오는 말이다.

데, 현재 그들이 처한 처지를 하찮게 여기는 자에게 특히 더 분노한다. 예컨대, 병에 걸린 자들은 자신의 병을, 가난한 자들은 자신의 가난을, 전사들은 전쟁을, 사랑에 빠진 자들은 사랑을 하찮게 여기는 자에게 분노한다. 그 밖에 충족되지 못한 다른 욕구들을 지닌 자도 똑같은 반응을 보인다. 모든 사람은 각자 현재 겪는 괴로움 때문에 분노할 준비가 되어 있고, 누군가가 그 괴로움을 건드렸을 때 분노하기 때문이다.

또한 사람들은 예상한 것과 반대의 일이 일어났을 때도 분노한다. 예상하지도 않았는데 바라던 일이 이루어졌을 때 그 기쁨이 더 큰 것처럼, 예상하지 않은 어떤 나쁜 일이 일어나면 그 괴로움은 더 크기 때문이다.

이것으로 사람들이 어떤 때, 어떤 계기로, 어떤 심리 상태에서, 인생의 어느 시기에 그리고 언제 어디에서 쉽게 분노하는지 분명해졌다. 또한 그런 요소가 어떤 사람에게 더 많이 작용할 때, 그들은 더 쉽게 분노하게 된다는 것도 분명해졌다. 따라서 그런 요소를 지닌 사람은 분노하기 쉽다.

그렇다면 사람들은 누구에게 분노하는가? 자기를 조롱하고 비웃고 야유하는 자에게 분노하고, 모욕하려는 의도로 자신에게 피해 주는 자들에게 분노한다. 그리고 그런 언행은 보복하거나 이익을 얻으려는 것이어선 안 된다. 그래야만 진짜 모욕하는 것처럼 보이니까.

사람들은 자신이 소중히 여기는 것에 관해 나쁘게 말하거나 경멸하는 자에게 분노한다. 예컨대, 철학을 대단하게 여기는 사람은 철학에 대해, 자기 외모에 자부심을 지닌 사람은 그 외모를 나쁘게 말하거나 경멸하는 자에게 분노한다. 이는 다른 것에서도 마찬가지다.

특히 자신이 소중히 여기는 것을 전부 또는 충분히 갖추고 있음을 믿지 못하거나 전혀 그렇지 않다고 생각하는데, 남들이 그것을 나쁘게 말하
1379b1 거나 경멸할 때 더욱더 분노한다. 자기가 그런 것에서 남들보다 우월함을 확신한다면 남들이 그와 관련해서 조롱하거나 야유해도 전혀 개의치 않기 때문이다.

친하지 않은 사람보다 친한 사람에게 더 분노한다. 친한 사람들에게는

더 좋은 대우를 받는 게 마땅하다고 생각하기 때문이다. 또한 사람들은 평소 자기를 존중하고 배려하던 자들이 이전과는 다른 태도로 대할 때 분노한다. 자기를 무시한 것이 아니라면, 평소와 똑같이 대했을 거라는 점에서, 그런 태도는 자기를 무시하는 행위라고 생각하기 때문이다.

자신이 베푼 호의에 전혀 또는 적절하게 보답하지 않는 자에게 분노한다. 또한 자기보다 열등한 자들이 자기를 반대할 때도 분노한다. 이 두 부류에 속한 자들은 모두 자신을 무시하는 것처럼 보이기 때문이다. 즉, 전자는 자신을 열등한 자로 취급해 무시하는 것처럼 보이고, 후자는 열등한 자들인 그들이 우월한 자신을 무시하는 것처럼 보이기 때문이다.

형편없다고 생각되는 자들에게 무시당했을 때 더욱 분노한다. 그런 무시와 분노는 무시받아 마땅한 자에게 가야 하는 까닭에, 열등한 자가 우월한 자를 무시하는 것은 마땅하지 않다고 생각하기 때문이다.

친구들이 자기에게 이익이 되게 말하고 행동하지 않을 때 분노하고, 정반대로 자기에게 불이익이 가게 말하고 행동하면 더욱 분노한다. 또한 지금 자기에게 필요한 것이 무엇인지를 친구들이 알아채지 못할 때도 분노한다. 이것이 안티폰이 쓴 비극 작품에서 플렉시포스가 멜레아그로스에게 분노한 이유였다.[93] 그런 것을 알지 못한다는 것은 자신을 무시한다는 증거이기 때문이다. 관심이 있다면, 그런 것을 모를 수가 없기 때문이다.

자신의 불행을 기뻐하거나 흡족해하는 자에게 분노한다. 그런 반응은 미워하거나 무시함을 보여주는 증표이기 때문이다. 또한 자기에게 괴로움을 안겨주고도 아랑곳하지 않는 자들에게 분노한다. 나쁜 소식을 전하

93 "안티폰"은 기원전 4세기 초에 활동한 고대 그리스 비극시인이다. 그가 쓴 이 비극 작품은 현존하지 않는다. 하지만 이 이야기는 다른 글을 통해 전해진다. 이것은 칼리돈의 왕 오이네우스의 아들 "멜레아그로스"가 삼촌들과 함께 거대한 괴물 멧돼지를 잡고서도 그 전리품인 멧돼지 가죽을 자기 연인인 아탈란테에게 주자, 삼촌 "플렉시포스"가 조카의 그런 행동에 배신감을 느끼고 크게 분노한 것을 가리킨다. 결국 멜레아그로스는 삼촌 플렉시포스를 죽이고 만다.

는 자들에게 분노하는 이유가 여기 있다.

사람들은 자기 치부를 들여다보려는 자들에게 분노한다. 그런 짓은 자신을 무시하거나 미워하는 자의 처신이기 때문이다. 친구라 함은 함께 아파하는 자들이어서, 친구의 치부를 보면 자신도 똑같이 아픈 까닭에, 그런 것을 듣거나 보려고 하지 않기 때문이다.

누군가가 다음의 다섯 부류 앞에서 자신을 무시할 때 분노한다. 즉, 우리의 경쟁자, 우리가 칭송하는 사람, 우리가 칭송받고 싶어 하는 사람, 우리가 존경하는 사람, 우리가 존경받고 싶어 하는 사람. 사람들은 이 다섯 부류에 속한 자들 앞에서 무시당하면 더욱 분노한다.

자신이 지켜주지 않으면 곧 수치스러워지는 그런 사람이 무시를 당해도 분노한다. 예컨대, 부모, 자녀, 아내, 하인들이 그런 이들이다. 또한 은혜에 보답하지 않는 자에게도 분노한다. 은혜를 무시하는 일은 도리가 아니기 때문이다. 또한 자신이 진지하게 말하는데도 농담으로 받아들이는 자에게도 분노한다. 그런 태도는 무시한다는 뜻이기 때문이다.

남에게는 잘해주면서도 자기에게는 잘해주지 않는 자에게 분노한다. 그런 행동은 자신을 다른 사람과 달리 잘해줄 가치가 없는 자로 여겨 무시하는 행동이기 때문이다. 또한 누가 우리 이름을 잊어버린 일 같은 사소한 것에도 분노한다. 망각은 무시의 증표로 생각되기 때문이다. 망각은 무관심에서 생기고, 무관심은 무시의 일종이라고 받아들인다.

1380a1 이것으로 우리는 사람들이 어떤 자에게, 어떠한 심리 상태에서, 어떤 일 때문에 분노하는지를 살펴보았다. 그러므로 연설가는 청중을 분노하는 심리 상태가 되게 하고, 청중이 그렇게 된 것은 상대방 탓이므로 그들에게 분노의 화살을 돌리고 책임지게 해야 한다.

제3장
평정심

화를 키우는 것은 차분해지는 것과 반대이고 분노는 평정심의 반대이기 때문에, 우리는 사람들이 어떠한 심리 상태에서, 어떤 사람에 대해 평정을 유지하며, 어떤 것 때문에 그렇게 차분해지는가를 알아야 한다. 평정을 유지한다는 것은 분노가 진정되어 차분해진 상태를 의미한다.

어떤 사람이 우리를 무시하되 의도적으로 그렇게 할 때 우리가 분노하는 것이라면, 어떤 사람이 우리를 무시하지 않거나, 무시하기는 하지만 의도적이지 않거나, 의도적으로 무시하는 것 같지만 사실은 그렇지 않다면 우리는 평정을 잃지 않는다. 또한 결과적으로 어떤 사람이 우리를 무시했지만, 실제로는 그렇게 하려고 한 것은 아니었음을 알았을 때도 우리는 평정을 잃지 않는다. 또한 어떤 사람이 평소 자신에게 하던 것과 동일하게 우리를 대할 때도 평정을 유지한다. 자신을 무시하는 사람은 아무도 없을 테니까.

자기 잘못을 인정하고 참회하는 자들에 대해서도, 우리는 평정을 유지한다. 그런 식으로 참회하는 과정에서 괴로움을 느낌으로써 저지른 잘못에 대한 벌을 받았다고 생각하는 까닭에, 그들에 대한 우리의 분노가 그치기 때문이다. 이것은 집안의 노예들을 벌할 때 증명된다. 우리는 노예가 자기 잘못을 부정하고 항변하면 더 혹독한 벌을 가하지만, 벌을 받는 게 마땅하다고 순순히 인정하면 분노를 그친다. 잘못한 것이 분명한데도 부정하는 일은 뻔뻔스러운 것인데, 그런 뻔뻔스러움은 우리를 무시하고 있음을 보여주기 때문이다. 자신이 경멸하는 자에게는 부끄러움을 느끼지 않는 법이다.

우리 앞에서 스스로를 낮추고 겸손하여 반박하지 않는 자에게도 평정을 유지한다. 그들은 자신의 열등함을 인정하는 것처럼 보이고, 열등한 자는 두려워하며 두려워하는 자는 누구를 무시하지 않기 때문이다. 심지어 개도 앉아 있는 사람을 물지 않는데, 겸손한 자에 대해 분노가 그친다는 것을 보여준다.

우리가 진지하게 말하거나 행동할 때 진지하게 받아주는 자들 앞에서 우리는 평정을 유지한다. 자신이 진지하게 받아들여지고 있고 무시당하지 않는다고 생각하기 때문이다. 또한 자신이 베푼 호의보다 더 큰 호의로 보답하는 자에게 우리는 평정을 유지한다. 또한 우리에게 애걸하고 간청하는 자들에 대해서도 평정을 유지한다. 어쨌든 그런 자는 자기를 낮추기 때문이다.

우리는 훌륭한 사람이나 자신과 같은 부류를 비롯해, 누군가를 모욕하거나 조롱하거나 무시하지 않는 자에 대해 평정을 유지한다. 일반적으로 말해, 평정을 유지하게 하는 것이 무엇인지는 그 정반대, 즉 분노하게 하는 것을 생각해보면 알아낼 수 있다. 또한 우리는 자기가 두려워하거나 존경하는 자들 앞에서 평정심을 유지한다. 그런 감정이 지속되는 동안에는 분노하지 않는다. 두려워하면서 분노하는 것은 불가능하기 때문이다.

화가 나서 어떤 행동을 한 자들에게 우리는 분노하지 않거나 덜 분노한다. 우리를 무시하려는 마음으로 그렇게 했다고 느끼지 않기 때문이다. 분노할 때 사람을 무시하지는 않는데, 무시에는 괴로움이 따르지 않지만 분노에는 괴로움이 따르기 때문이다. 또한 우리는 자신을 존경하는 자들에게도 평정을 유지한다.

우리는 분노하는 것과 정반대의 심리 상태에 있을 때 평정을 유지한다. 예컨대 놀 때, 웃을 때, 축제를 즐길 때, 모든 일이 잘되어갈 때, 어떤 일에 성공했을 때, 만족스러울 때 그리고 일반적으로 괴로움이 없고 과도하지 않게 즐거울 때, 희망을 품을 때가 그런 때다. 또한 시간이 흘러서 분노가 엷어졌을 때도 그렇다. 시간이 흐르면 분노도 그치기 때문이다.

어떤 사람에게 더 큰 분노가 있더라도, 그 전에 다른 사람에게 그 분노를 발산해 앙갚음을 하고 나면, 전자에 대한 분노도 그친다. 대중이 필로크라테스[94]에게 분노하여, 어떤 사람이 "왜 스스로 해명하지 않는 것입니까"라고 그에게 묻자, "아직은 때가 아닙니다"라고 했고, "그렇다면 그때가 언제입니까"라고 다시 물으니, "다른 사람이 고발당한 것을 보았을 때입니다"라고 대답한 이유다.

어떤 사람에게 화가 났더라도 그 분노를 다른 사람에게 발산했을 때는 분노 자체가 그치기 때문이다. 에르고필로스의 사례가 그것을 잘 보여준다. 대중은 칼리스테네스가 아니라 그에게 더 분노했지만, 그 전날에 칼리스테네스에게 사형을 선고하고 나서는, 정작 에르고필로스는 풀어주었다.[95]

잘못한 자에 대한 단죄가 이루어졌을 때도 분노를 그친다. 또한 화가 나서 상대방에게 가하려던 것보다 잘못을 저지른 자가 더 큰 피해를 입었을 때도 분노를 그친다. 이미 응징을 했다고 생각하기 때문이다.

자기가 잘못을 범해 정당한 벌을 받는다고 생각할 때도 평정심을 유지한다. 분노는 부당함에 대한 것이고, 정당하다고 생각되는 것에는 분노가 일어나지 않는데, 우리는 그런 때 자기가 벌받는 것을 부당하다고 생각하지 않기 때문이다. 이것이 먼저 말로 벌해야 하는 이유이다. 노예들이라고 해도 먼저 말로 벌한 후에 체벌을 하면 덜 분노한다.

잘못을 저지른 자가 자신이 벌을 받는 것도 모르고 무슨 이유로 벌을 받는지 모른다고 생각할 때도 우리는 분노를 그친다. 앞에서 말한 분노에 관한 정의에서 분명하게 알 수 있듯, 분노는 특정한 개개인에 대한 것이

94 "필로크라테스"는 기원전 340년대에 활동한 고대 그리스 아테나이의 정치가이자 대중연설가였다. 마케도니아의 필리포스 2세와 평화조약을 맺는 일을 주도했지만, 이 조약이 대중에게 원성을 사게 되어, 뇌물을 받고 마케도니아에 유리한 조약을 맺었다는 죄목으로 기원전 343년에 고발되어 사형선고를 받았으나 이미 그 전에 국외로 도피해서 죽음은 피했다.

95 "에르고필로스"와 "칼리스테네스"는 둘 다 기원전 363-362년에 북부 그리스에 있는 헬레스폰토스 해협에서 마케도니아군과 싸우다 패배한 아테나이의 장군들이다.

기 때문이다. 시인이 "네 눈을 멀게 한 자는 성을 함락시킨 오디세우스라고 말하라"고 읊은 이유가 여기 있다.[96] 만일 폴리페모스가 자기 눈을 멀게 한 사람이 누구이고 왜 눈 멀게 되었는지 모른다면, 오디세우스는 그에게 복수한 것이 아니기 때문이다.

그래서 자기가 잘못을 저질러서 벌을 받지만 그것을 알지 못하는 자나 이미 죽은 자에게 우리는 분노하지 않는다. 그런 자들은 이미 합당한 대가를 치른데다가, 분노하는 자는 자기가 응징하는 대상이 보복을 당하고 있음을 알거나 고통을 느끼기를 바라는데, 그들은 그런 것을 알지도 못하고 고통을 느끼지도 않기 때문이다. 아킬레우스가 죽은 헥토르에게 분노하는 것을 그치게 하고자, "그는 자신의 분노로 아무것도 느끼지 못하는 대지만 욕보이고 있다"고 시인이 읊은 이유가 여기 있다.[97]

따라서 청중에게 평정심을 유지하게 하려면, 연설가는 지금까지 말한 것에 따라, 청중의 분노를 사는 자들이 사실은 그들이 두려워해야 할 자거나, 존경해야 마땅한 자거나, 그들에게 호의를 베푼 자거나, 잘못을 저질렀더라도 의도적으로 그런 것이 아니고, 자신의 잘못에 합당한 고통을 이미 충분히 받은 자라는 것을 입증함으로써, 청중의 분노를 가라앉히고 평정을 유지할 수 있는 심리 상태로 이끌어야 한다.

---

96 호메로스의 『오디세이아』 제9권 504행에 나오는 말이다. "폴리페모스"는 그리스 신화에 나오는 외눈박이 식인 거인이다. 트로이 전쟁을 끝내고 집으로 돌아가다가 먹을 것을 구하려고 시칠리아 섬에 들른 오디세우스 일행을 잡아먹으려다가 눈을 찔려 눈이 멀게 된다. 결국 우여곡절 끝에 탈출한 오디세우스는 배 위에서 큰 소리로 그렇게 폴리페모스를 조롱한다.

97 호메로스의 『일리아스』 제24권 54행에 나오는 말이다. "아킬레우스"는 트로이 전쟁에서 그리스군의 영웅이었고, "헥토르"는 트로이군의 영웅이었다. 아킬레우스는 자신의 친구를 죽인 헥토르를 죽여 복수했지만, 그 분노는 그치지 않았다. 그래서 호메로스는 이 말을 통해 그것은 허망한 분노일 뿐이라고 일침을 놓은 것이다.

제4장

우의와 적의

이제 우리가 어떤 사람들을 왜 좋아하거나 미워하는지를 살펴볼 것인데, 먼저 우의[98]와 좋아한다는 것에 관해 정의해보자. 우의란, 좋다고 생각되는 것이 자기 자신이 아니라 그 사람을 위해 이루어지기를 바라면서 자신이 할 수 있는 한 그것을 이루려고 애쓰는 마음이다. 그리고 친구라 함은 자기도 상대방을 좋아하고 상대방도 그를 좋아하는 그런 사람이다. 두 사람이 서로에 대하여 그런 관계에 있다고 생각한다면, 그들은 친구다.

이런 것을 전제했을 때, 다른 이유 때문이 아니라 오직 상대방을 위해 그에게 좋은 일들을 함께 즐거워하고 그에게 괴로운 일들을 함께 괴로워하는 사람은 그의 친구일 수밖에 없다. 사람은 누구나 다 자기가 원하는 일이 일어나면 즐거워하고 그 반대의 일이 일어나면 괴로워하는 까닭에, 어떤 사람이 괴로워하는 일들과 즐거워하는 일들이 무엇이냐 하는 것은 그 사람이 무엇을 원하는지를 보여준다.

좋다고 생각하는 것과 나쁘다고 생각하는 것이 서로 같고, 자기가 좋아하는 사람들과 싫어하는 사람들이 서로 같다면, 그들은 서로 친구다. 그들은 같은 것을 원하는 까닭에, 그리고 자신과 상대방을 위해서 같은 것을 원하기에 서로 친구일 수밖에 없다. 또한 우리는 자신이 소중히 여기는 사람들을 크게, 또는 기꺼이, 또는 어려울 때 도와준 자들을 좋아하고, 언

98 여기에서 "우의"로 번역된 것은 '필리아'(φιλία)이고, "좋아한다"로 번역된 것은 '필레오'(φιλέω)여서 전자는 명사이고 후자는 동사라는 차이만 있고 동일한 의미이다. 그리스어에서 '에로스'는 애정이고, '필리아'는 우정이지만, 아버지가 아들을 사랑하는 것은 '에로스'가 아니라 '필리아'이다. 따라서 성애가 제외된 상태에서 사랑하는 것이 '필레오'이기 때문에 "좋아하다"로 번역한다.

제라도 그렇게 돕는다고 생각하는 자들을 좋아한다.

우리는 친구의 친구들이나, 우리가 좋아하는 사람이 좋아하는 자들이나, 우리를 좋아하는 사람이 좋아하는 자들을 좋아한다. 또한 우리의 적에게 적인 자들이나, 우리가 미워하는 자를 미워하는 자들이나, 우리가 미워하는 자가 미워하는 자들을 좋아한다. 그런 자들에게 좋은 것은 곧 우리에게 좋은 것이어서, 그들은 우리에게 좋은 것을 원하는데, 바로 그것이 친구의 조건이기 때문이다.

사람들은 재정적으로나 신변 안전과 관련해서 기꺼이 도움을 주려는 자들을 좋아한다. 이것이 아낌없이 베푸는 자와 용감한 자, 정의로운 자를 우리가 좋아하는 이유다. 그리고 사람들은 다른 사람에게 빌붙어서 살아가지 않는 자, 자기 힘으로 일해서 살아가는 자, 그중에서도 특히 농사를 지어서 살아가는 자와 자수성가한 자가 그런 자들이라고 생각한다.

우리는 절제력을 갖춘 자를 좋아한다. 그들은 불법을 저지르지 않기 때문이다. 그리고 동일한 이유에서 쓸데없이 참견하지 않는 자를 좋아한다. 또한 상대방이 원하기만 한다면 친구 삼고 싶은 그런 자를 좋아한다. 그들은 미덕을 갖추었고, 모든 사람 혹은 가장 훌륭한 사람 혹은 우리가 칭송하는 사람 혹은 우리를 칭송하는 사람 사이에서 평판이 좋은 자들이다.

우리는 함께 살아가거나 함께 지내는 것이 즐거운 그런 자들을 좋아한다. 성격이 좋은 사람, 시시비비를 따지기 좋아하지 않는 사람, 다투기를 좋아하지 않는 사람(다투기를 좋아하는 자들과는 싸움이 일어나기 마련이고, 그들은 서로 반대되는 것을 바란다), 농담도 잘하고 농담 받아주기도 잘하는 그런 자들이다. 농담을 잘하고 다른 사람의 농담에 잘 맞춰주는 것은 둘 다 이웃이 되려고 애쓰기 때문이다.

우리는 자신의 좋은 점을 칭찬하는 자를 좋아하고, 특히 자기에게 없다고 생각한 좋은 점을 칭찬해주면 더욱 그러하다. 또한 우리는 생김새와
1381b1 옷 입는 것과 생활 전체가 단정한 자를 좋아한다. 또한 우리 편에서 잘못한 일이든 상대방이 우리를 도우려 한 일이든 그 어느 것에 대해서도 꾸

짖지 않는 자를 좋아한다. 어느 쪽이나 시빗거리가 되기 때문이다. 또한 우리는 남이 잘못한 것에 앙심을 품거나 마음속에 담아두지 않고 얼른 툭툭 털어버리고 잘 지내려는 자들을 좋아한다. 그런 자들은 남들에게 그렇게 하는 것처럼 우리에게도 그렇게 하리라고 생각하기 때문이다.

우리는 다른 사람을 헐뜯지 않고 이웃이나 자신의 나쁜 점은 보지 않고 오직 좋은 점만 보려는 자를 좋아한다. 훌륭한 자들이 그렇게 한다. 또한 우리가 화나 있거나 어떤 일에 예민해 있을 때 방해하거나 간섭하지 않는 자를 좋아한다. 그럴 때 끼어드는 일은 싸우려는 것과 같기 때문이다.

우리는 어떤 식으로든 우리를 진지하게 대하는 자를 좋아한다. 예컨대, 칭찬을 해주거나 우리 선의를 믿어주고, 함께하는 것을 기뻐하는 그런 것 말이다. 특히 칭찬받거나 진지하게 평가받거나 좋아해주길 바라는 자를 그렇게 대해줄 때 더더욱 좋아한다.

우리는 자신과 같은 부류의 사람으로, 같은 일을 하는 자를 좋아한다. 다만 서로의 삶에 지장을 주거나 생업에서 서로 경쟁하는 관계가 아니어야 한다. 그러면 "도공(陶工) 대 도공"의 관계가 되어 버리기 때문이다.[99] 또한 우리는 같은 것을 원하고 바라는 자를 좋아한다. 다만 그런 것에 함께 참여해도 이해관계가 충돌하지 않아야 한다. 그렇지 않으면 앞에서 말한 것과 동일한 문제가 생긴다.

우리는 통상 잘못이라고 여겨지는 일을 하고서도 그 앞에서 얼굴 붉힐 필요가 없는 자도 좋아하지만, 정말 잘못을 저질렀을 때 그 앞에서 수치심을 느낄 수밖에 없는 그런 사람도 좋아한다. 우리는 경쟁자와, 우리를 시기하는 것이 아닌 부러워하고 닮고 싶어 하는 자를 좋아하거나 친구가

---

99 헤시오도스의 『일과 날』 25행에 나오는 말이다. 헤시오도스는 기원전 8세기에 활동한 고대 그리스 보이오티아의 농민 시인으로 호메로스와 쌍벽을 이루는 인물이다. 그의 대표작으로는 그리스 신화를 체계적으로 정리한 신들의 계보에 관한 이야기이자 그리스 자연철학의 선구적 작품인 『신통기』가 있고, 농경생활을 올바르게 하는 법을 설명하면서 자신의 종교와 윤리 사상을 보여준 교훈시 『일과 날』이 있다.

되려 한다. 또한 우리는 도움을 주다가 큰 손해를 초래하는 것이 아니라면 그들이 잘되도록 도와주고 싶은 마음이 드는 자를 좋아한다.

우리는 자기 곁에 있을 때나 없을 때나 친구에 대해 한결같은 우정을 드러내는 자를 좋아한다. 죽은 친구를 못 잊어 그리워하는 자를 누구나 좋아하는 이유가 여기 있다. 일반적으로 말해, 우리는 친구를 너무나 좋아하고 끝까지 버리지 않는 자를 좋아한다. 훌륭한 자들 중에서도 친구 같은 선함을 보인 사람에게 가장 친근함을 느끼기 때문이다.

우리는 앞에서 위선을 떨지 않는 자를 좋아한다. 자신의 나쁜 점까지도 얘기하는 그런 자들이다. 앞서 말했듯, 친구들 앞에서는 통상 잘못이라고 여기는 실수에 대해서도 부끄러워하지 않기 때문이다. 우리가 수치를 느낀다면 그들은 친구가 아니고, 수치심을 느끼지 않는다면 친구일 가능성이 높다. 또한 우리는 두려워하지 않고 신뢰하는 자들을 좋아한다. 자기가 두려워하는 자를 좋아하는 사람은 아무도 없기 때문이다.

우의의 종류에는 한 패거리에 속했다는 의식, 거기서 오는 친밀감 그리고 동일한 부류라는 의식 등이 있다. 이런 우의는 호의를 베풀거나, 부탁하지 않아도 해주거나, 해준 일을 드러내지 않는 데서 생긴다. 그랬을 때만 어떤 다른 이유 때문이 아니라 오로지 상대방을 위해 그렇게 한 것이 되기 때문이다.

지금까지 우의와 좋아하는 것에 대한 설명과 반대되는 것을 생각해보면, 적의와 미워하는 것이 무엇이고 어떤 것인지를 분명히 알 수 있다. 적의를 만들어내는 것은 분노와 모욕과 비방이다.

하지만 분노는 우리 자신과 관련된 것에서 생기지만, 적의는 우리 자신과 아무 상관이 없는 것에서도 생긴다. 우리는 단지 누군가가 어떤 부류라는 생각을 하면서 그 사람을 미워하기도 하기 때문이다. 그래서 분노의 대상은 언제나 칼리아스[100]나 소크라테스 같은 특정 개인이지만, 증오의

---

100 "칼리아스"는 그리스 최고 갑부 중 한 사람으로 소피스트들의 후원자였다. 플라톤의 『프

대상은 어떤 부류에 속한 모든 사람일 수도 있다. 예컨대, 도둑과 밀고자는 모든 사람이 미워한다. 또한 분노는 시간이 치유하지만, 증오는 치유되지 않는다.

분노는 상대방에게 괴로움을 주려 하지만, 증오는 해악을 끼치려고 한다. 분노한 자는 상대방이 알기를 원하는 반면에, 증오하는 자는 그런 것에 상관하지 않는다. 괴로움은 몸으로 느끼고 알 수 있는 것이지만, 불의와 어리석음처럼 가장 큰 해악을 끼치는 일은 몸으로 느껴서 아는 것이 아니기 때문이다. 어떤 사람에게 악덕이 존재해도, 그것은 자신에게 전혀 괴로움을 주지 않는다.

분노는 괴로움을 수반하지만, 증오는 괴로움을 수반하지 않는다. 분노하는 자는 연민을 느낄 때가 많지만, 증오하는 자는 연민을 전혀 느끼지 않기 때문이다. 그 이유는 분노하는 자는 자신을 분노하게 한 자가 거기에 상응한 대가를 치르길 원하는 것인 반면에, 증오하는 자는 아예 상대방이 존재하지 않았으면 하기 때문이다.

따라서 연설가는 지금까지 우리가 설명한 것에 비추어 어떤 사람이 자기 적이고 어떤 사람이 친구인지를 증명할 수 있다. 또한 적이나 친구가 아닌 자들을 적이나 친구로 만들 수도 있고, 적이나 친구라고 주장하는 자를 반박할 수도 있다. 또한 분노나 적의로 말미암아 적이 된 자를 자기가 원하는 방향으로 이끌어 자신의 적이나 친구가 되게 할 수도 있다.

로타고라스』와 크세노폰의 『향연』은 그의 집을 무대로 전개된다. 그의 가문은 대대로 엘레우시스 밀교들에서 "횃불을 드는 자", 즉 아테나이에서 엘레우시스에 이르는 행렬을 인도하는 자의 역할을 맡았다.

제5장
두려움과 자신감

이제 살펴보려는 것은 우리가 어떤 것을, 어떤 사람과, 어떠한 심리 상태에서 두려워하는가에 관한 것이다. 두려움이란 파멸이나 고통을 수반하는 나쁜 일이 곧 닥친다고 생각함으로써 생기는 괴로움 또는 불안감이라고 할 수 있다.

모든 나쁜 일을 두려워하는 것이 아니다. 예컨대, 자신이 불의해지거나 우둔해지는 것을 두려워하지는 않는다. 오직 큰 고통이나 파멸을 가져오는 어떤 나쁜 일이 먼 훗날이 아니라 곧 닥쳐올 것으로 보일 때 두려워한다. 즉, 우리는 아주 먼 훗날 일어날 일은 두려워하지 않는다. 그래서 누구나 다 자기가 죽을 것을 알지만, 당장 죽지는 않기 때문에 전혀 신경 쓰지 않는 것이다.

두려움이 그러하다면, 우리는 큰 파괴력을 지니고 있거나 큰 고통을 안길 해악이 될 만한 것을 두려워할 수밖에 없다. 그런 징후라도 보이면 두려워한다. 징후라 함은 두려워하는 일이 곧 닥칠 것을 보여주는 것인데, 두려운 일이 다가오는 것이 바로 위험이기 때문이다.

그런 징후로는 해악을 가할 자들이 품은 적의와 분노가 있다(해악을 가할 수 있고 그렇게 할 마음도 있다면, 해악이 임박했기 때문이다). 불의한 자가 불의를 행할 힘을 지닌 것도 그런 징후다. 불의한 자는 불의를 밥 먹듯이 저지르는 자여서 불의한 자라 불리기 때문이다.

응징할 힘이 있는 미덕을 지닌 자가 모욕을 당한 것도 그런 징후다(미덕이 있는 자는 모욕을 당했을 때 언제나 응징하려 할 것이 분명하고, 그럴 힘도 지녔기 때문이다). 다른 사람에게 해악을 가할 수 있는 자들이 두려움을 느끼는 것도 그런 징후다. 그런 자들은 언제든지 해악을 가할 준비가 되어 있기 때문이다.

대다수의 사람은 비열하고 자기에게 이득이 되는 것을 좇으며 위기를 맞았을 때 비겁하기 때문에, 자기 운명이 다른 사람에게 좌우되는 상황에 처하면 두려워하는 것이 보통이다. 그래서 발각되지 않았으면 하는 어떤 일을 함께 했을 때, 공범이 그 일을 폭로하거나 자기를 버릴지도 모른다는 생각에 두려워한다. 또한 불의를 행하는 자들은 그들에게 불의를 당할 수 있는 자에게 두려움의 대상이 된다. 대체로 사람들은 불의를 저지를 기회가 주어지기만 하면 언제라도 그렇게 하기 때문이다.

사람들은 불의를 당한 자나 불의를 당하고 있다고 생각되는 자를 두려워한다. 그런 사람은 언제나 보복할 기회를 노리기 때문이다. 불의를 행한 자들도 힘이 있는 때는 여전히 두려움의 대상이다. 그런 자들은 보복당할 것을 두려워하는데, 사악한 자가 힘이 있을 때 그러하다고 이미 언급했다. 모두가 가질 수 없는 것을 두고 서로 경쟁하는 사람들도 서로에게 두려움의 대상이다. 그들 사이에는 언제나 싸움이 있기 때문이다.

우리는 나보다 더 힘 있는 자가 두려워하는 자들을 두려워한다. 나보다 더 힘 있는 자를 해코지할 수 있다면, 그런 자들이 우리를 해코지하는 것은 더욱 쉽기 때문이다. 동일한 이유에서 우리는 자신보다 힘 있는 자가 실제로 두려워하는 자들을 두려워한다. 또한 나보다 더 힘 있는 자들을 제거했거나, 나보다 힘없는 자들을 공격하는 자들을 두려워한다. 전자는 현재 이미 두려운 자들이고, 후자는 나중에 세력이 커졌을 때 두려워질 것이기 때문이다.

불의를 당한 자나 적들이나 경쟁자 중에서 우리가 두려워해야 할 자는 감정을 잘 드러내고 속내를 털어놓는 자가 아니라, 점잖고 음흉하며 교활한 자들이다. 그런 자는 자기 속내를 드러내지 않아서, 그들이 해코지하려는 때가 가까웠는지 아니면 한참 후인지를 전혀 알 수 없기 때문이다.

우리는 자신이 저지른 잘못으로 어떤 두려운 일이 발생했을 때, 그 결과를 되돌리는 것이 절대 불가능하거나 그 일이 자신이 아니라 상대방에게 달려 있어 불가능할 때, 그 결과를 되돌릴 수 있는 일보다 더 두려워한다. 또한 우리는 자기 힘으로 어떻게 할 수 없거나 하기 쉽지 않은 것을 두려워한다. 간단히 말해, 다른 사람에게 일어나고 있거나 곧 일어나게 될 일인데도 그저 지켜보면서 안타까워할 수밖에 없는 그런 일을 우리는 두려워한다.

지금까지 우리는 두려운 것들, 즉 말하자면 사람이 가장 두려워한다고 할 만한 일을 거의 다 살펴보았다. 이제는 어떤 심리 상태에서 두려워하는지를 알아보자.

어떤 파괴적인 일을 겪는다고 예상할 때 거기에 두려움이 따른다면, 그런 일을 결코 겪지 않는다고 생각하는 사람은 두려워하지 않을 것이 분명하다. 따라서 비록 두려워할 만한 일이더라도, 자기가 겪으리라 생각하지 않는 일이나 누군가가 자기에게 그런 일을 겪게 하리라고 생각하지 않는다면 두려워하지 않고, 그런 일이 자신에게 일어나지 않는다고 여겨도 두려워하지 않는다. 따라서 자기가 특정한 사람들에게, 특정한 방식으로 특정한 때 자신이 두려워하는 그 일을 겪으리라고 생각한다면 두려움에 빠질 수밖에 없다.

1383a1 승승장구하거나 자기가 승승장구한다고 생각하는 사람은 자신이 어떤 두려운 일을 겪는다고 여기지 않는다(그런 자들은 오만하고 다른 사람을 무시하며 겁이 없는데, 재력과 체력과 인맥과 권력이 사람을 그렇게 만든다).

처형장의 십자가 형틀에 못 박혀 있는 자들처럼, 온갖 끔찍한 일을 이미 다 겪었다고 생각해서 미래에 대해 아무 희망이 없는 자들도 두려움을 느끼지 않는다. 사람이 두려움을 느끼려면, 자신이 처한 곤경에서 빠져나올 수 있다는 희망이 조금이라도 남아 있어야 하기 때문이다. 두려움은 어떻게 해야 그 두려움에서 벗어날 수 있을지를 고민하게 하지만, 희망 없는 일에 고민하는 사람은 아무도 없다는 것이 그 증거[101]다.

---

101 우리말로는 "증거"라고 표현하는 것이 자연스럽지만, 그리스어 원문에는 '세메이온', 즉

따라서 청중을 두려워하게 하려는 연설가라면, 그들이 전혀 예상하지 못한 때 전혀 예상하지 못한 자에게 전혀 예상하지 못했던 일을 통해 그런 두려운 일을 겪었다는 것과 그들보다 더 힘 있는 자들조차 그런 두려운 일을 겪어 왔음을 보여주어, 그들도 얼마든지 그런 일을 겪을 수 있음을 생각하게 해서, 그들의 심리를 두려워하는 상태로 만들어야 한다.

이것으로 두려움이 무엇이고, 우리는 무엇을 두려워하며, 어떠한 심리 상태에서 두려움을 느끼는지가 분명해졌다. 이로부터 자신감은 무엇이고, 우리가 자신 있어 하는 것이란 무엇이며, 우리는 어떠한 심리 상태에서 자신감을 갖는지도 분명해졌다. 자신감은 두려움과 반대이고, 자신 있게 하는 것은 두렵게 하는 것과 반대여서, 사람은 자기를 위험에서 구해줄 것이 가까이 있고, 자신이 두려워하는 것은 아예 없거나 멀리 있다고 생각할 때 자신감이 생기기 때문이다.

자신감은 다음과 같은 때에 생긴다. 즉, 두려워하는 것은 멀리 있고, 자기를 위험에서 구해줄 것은 가까이 있을 때, 어떤 위험이 닥쳐오더라도 대처할 수단이 많거나 강력하거나 둘 다인 경우, 불의를 행한 적도 없고 불의를 당한 적도 없는 경우, 경쟁자가 아예 없거나 있더라도 힘이 없거나 힘이 있더라도 친구이거나 경쟁자가 자기에게 잘해주었거나 자기가 경쟁자에게 잘해준 경우, 자신과 이해관계를 함께하는 사람이 다수이거나 더 힘 있는 자이거나 둘 다인 경우가 그렇다.

우리에게 자신감이 생기는 심리 상태는 다음과 같다. 즉, 많은 일에서 성공을 이루어냈고 실패한 적은 없다고 생각하거나, 많은 위기를 겪었지만 그때마다 늘 벗어날 수 있었다고 생각하는 사람에게는 자신감이 있다. 우리가 두려움에서 벗어나는 때는 두 가지가 있는데, 하나는 위험을 겪어 본 적이 없는 때이고, 다른 하나는 대책이 있을 때다. 따라서 장래에 바다

"증표"로 되어 있고, 사실 이것이 정확한 표현이다. 진실을 보여주는 것으로 여겨지는 증표들 중에서 오직 확실한 것만이 "증거"가 되기 때문이다.

에서 일어날 수 있는 위험과 관련해서 자신감을 보이는 자들은 폭풍을 겪어본 적이 없거나, 폭풍을 많이 경험해보아 대책이 서 있는 사람들이다.

우리는 자기와 대등한 자나 자기보다 열등한 자, 혹은 그들에 비하자면 자신에게 더 힘이 있다고 생각하는 그런 사람이 두려워하지 않는 것에 대해서도 자신감을 갖는다. 또한 우리는 자기가 어떤 사람들보다 더 힘 있다고 생각할 때 그들이나 그들보다 더 힘 있거나 그들과 대등한 자에 대해서도 자신감을 갖는다.

우리는 다른 사람을 두렵게 하는 것을 더 많이, 또는 더 나은 것을 갖고 있다고 생각할 때도 자신감을 갖는다. 그런 것에는 재력과 체력과 인맥과 영지(領地)와 전쟁을 위한 장비들이 있는데, 이 모든 것을 갖췄거나 그중 가장 중요한 것을 갖췄을 때, 우리는 자신감을 갖는다.

우리는 아무에게도 불의를 행하지 않았거나 많은 사람에게 불의를 행하지 않았거나 자신이 두려워하는 그런 사람에게 불의를 행하지 않은 때도 자신감을 갖는다. 또한 일반적으로 말해, 신들과의 관계가 좋을 때, 특히 징조와 신탁을 통해 자신이 신들과 좋은 관계에 있다고 생각할 때도 자신감을 갖는다. 분노도 자신감을 만들어낸다. 자기는 불의를 행하지 않았는데도 다른 사람에게 불의를 당했을 때 분노가 생기는데, 신들은 불의를 당한 자들을 돕는다고 믿기 때문이다. 또한 자기가 어떤 일에 손댔을 때 전에도 실패한 적 없었고 앞으로도 실패하지 않고 반드시 성공한다고 생각할 때도 우리는 자신감을 얻는다.

두려움이나 자신감은 이 정도로 해두자.

제6장
수치심

다음으로 우리는 무엇에 대해, 어떤 사람들 앞에서, 어떠한 심리 상태에서 수치심을 느끼거나 느끼지 않는가를 살펴보겠다. 수치심이란 자신이 연루된 어떤 나쁜 짓 때문에 현재나 과거 혹은 미래의 자신에게 일어날 것으로 보이는 불명예와 관련해서 생기는 괴로움 또는 불안감이고, 수치심을 느끼지 않는 파렴치는 그런 것에 대한 일종의 무시 또는 무감각이라고 할 수 있다.

수치심을 이런 식으로 정의한다면, 우리는 자신이나 자신과 관련된 자들이 우리의 명예를 더럽혀서 수치를 안겨줄 것으로 보이는 나쁜 일을 저질렀을 때 수치심을 느낄 수밖에 없다.

그런 것으로는 먼저 악덕에서 생기는 것이 있다. 예컨대, 전쟁터에서 방패를 내팽개치거나 도망치는 일은 수치심을 일으키는데, 그런 것은 비겁함에서 나오기 때문이다. 다른 사람이 맡긴 것을 횡령했거나 어떤 식으로든 손해를 끼쳤다면 수치심이 생기는데 그런 것은 불의로부터 나오기 때문이다. 부적절한 자와 부적절한 곳에서 부적절한 때 동침하는 일은 수치심을 일으키는데, 그런 것은 절제력의 부족에서 생기기 때문이다.

하찮은 일이나 수치스러운 일로 이득을 취하거나, 거지나 죽은 자처럼 아무 힘도 없는 자들에게서 이득을 취하는 것은 수치심을 불러일으키는데(여기에서 "시체에게도 이득을 취한다"라는 속담이 나왔다), 그런 것은 수전노와 인색한 자의 악덕에서 나오기 때문이다.

다른 사람을 도울 능력이 있는데도 전혀 또는 별로 돕지 않는 것도 그렇다. 자기보다 형편이 더 나쁜 사람에게서 도움을 받거나, 남이 돈을 빌려달라고 할 것 같을 때 선수 쳐서 돈을 빌리거나, 돈을 돌려달라고 하면 도리어 돈을 다시 빌려달라고 하는 것, 돈을 빌려달라고 하면 돈을 돌려달라고 하는 것, 부탁하는 것처럼 보이려고 사람을 칭찬하는 것, 거절당하면서도 계속 끈질기게 요구하는 일은 모두 수치심을 불러일으키는데, 그런 것은 다 인색함의 증표이기 때문이다.

사람을 면전에서 칭찬하는 것, 누군가의 좋은 점은 지나치게 칭찬하지만 나쁜 점에는 침묵하는 것, 누군가의 면전에서 그의 슬픔을 지나치게 슬퍼하는 것, 그 밖에도 그런 비슷한 행위는 아첨의 증표이므로 수치심을 가져온다.

1384a1 자기보다 더 나이가 많은 자나 가진 것이 풍족해서 고생하지 않고 편안하게 살아온 자들, 사회적인 지위가 높아 섬김을 받으며 살아온 자들, 요컨대 우리보다 참을성이 부족한 자도 다 참아낸 일들을 견디지 못하는 것은 수치스러운데, 그것은 모두 나약함의 증표이기 때문이다.

어떤 사람에게 자주 도움을 받아왔으면서도, 자기에게 그렇게 잘해준 사람을 비난하는 일은 수치심을 가져오는데, 그것은 모두 옹졸함과 야비함의 증표이기 때문이다. 다른 사람이 이룩한 업적을 마치 자기 것인 양 떠벌리며 온통 자신만을 자랑하고 다니는 것은 수치스러운 일인데, 그런 것은 허풍의 증표이기 때문이다.

도덕적으로 나쁜 성품에서 생기는 것과 그 증표들, 그와 같은 종류의 것도 마찬가지로 수치스러운데, 그런 것은 명예를 더럽히는 파렴치한 짓이기 때문이다.

이런 것 외에도, 모든 사람이 참여하거나 같은 부류의 사람이 모두 또는 대부분 참여하는 좋은 일에 참여하지 않는 것도 수치심을 가져온다. 같은 부류의 사람이란 자신과 같은 민족이나 국가나 나이, 부족에 속한 사람들, 요컨대 자신과 같은 처지에 있는 사람을 가리킨다. 예를 들자면 자신과 같은 부류의 사람들처럼 교육을 받지 못했다면 수치스럽고, 다른 모든 것과 관련해서도 이것은 마찬가지다. 그리고 이 모든 것에서 잘못이 자신에게 있다고 생각한다면 한층 더 큰 수치심이 생긴다. 자신이 저질렀거나 저지르고 있거나 저지르게 될 잘못의 원인이 자기에게 있다고 본다면 그 잘못을 생기게 한 자신의 악덕을 더 큰 것으로 여기기 때문이다.

불명예와 비난을 가져올지도 모를 어떤 짓을 했거나 하고 있거나 하려는 것에 대해서도 사람들은 수치심을 느낀다. 몸을 함부로 굴려 온갖 부끄러운 짓을 하는 것이 그렇다. 다른 사람이 방자하게 행동하는데도 거기에 자발적으로든 비자발적으로든 굴복하는 것도 수치심을 불러일으킨다. 비자발적이라 함은 강요에 의한 굴복을 말하는데, 어쨌든 대항해서 싸우지 않고 굴복한 것은 용기 없고 비겁함을 보여주는 증표이기 때문이다.

우리가 수치심을 느끼는 것도 이와 비슷하다. 수치심은 불명예를 가져온다고 생각되는 일을 했을 때 그 일의 결과와는 상관없이 그 자체로 생기고, 사람들은 오직 자기가 중요하게 여기는 자들이 자기를 어떻게 생각하느냐에 따라 명예가 좌우된다고 여기기 때문에, 그런 자들 앞에서 수치심을 느낄 수밖에 없다.

우리가 대단하다고 생각하는 자들, 그들이 대단하다고 스스로 생각하는 자들, 우리가 자신을 대단하다고 생각해주기를 바라는 자들, 우리가 닮고 싶은 자들, 우리가 그 생각을 무시하지 않고 존중하는 자들이 우리에 대해 어떤 생각을 하는지에 신경 쓰고, 그런 자들 앞에서 수치심을 느낀다. 따라서 우리는 명예를 가져다줄 좋은 것을 갖고 있거나, 연인처럼 우리 자신에게 절실하게 필요한 것을 가지고 있으며 그것을 줄 수 있는 자들에게서 대단하다는 평가를 받고 싶어 하고, 그런 자를 대단하다고 여기고, 그런 자들을 닮고 싶어 한다. 또한 우리는 실천적 지혜를 지닌 현명한 자가 진실을 말한다고 생각해서 그들의 말을 중시하는데, 나이 많은 사람이나 학식 있는 사람이 그런 자들이다.

눈앞에서 공개적으로 진행된 일은 더 많은 수치심을 가져온다(여기에서 "수치심은 사람들 눈 안에 있다"[102]라는 속담이 생겼다). 언제나 자신과 함께 있

102 에우리피데스의 『크레스폰테스』 단편 457(나우크 판본)에 나오는 말이다.

1384b1 을 사람들과 자신을 지켜보는 사람들 앞에서 우리가 더 큰 수치심을 느끼는 이유다. 그들은 이 두 부류의 사람들 눈 안에 있기 때문이다.

자신이 저지르는 것과 같은 수치스러운 일을 하지 않을 자들 앞에서 우리는 수치심을 느낀다. 그런 자들은 자신과 생각이 분명히 다르다고 여기기 때문이다. 그런 자들은 잘못하는 자들을 용납하지 않을 것처럼 보이므로 그들 앞에서 수치심을 느낀다. 어떤 사람이 잘못을 저질렀으면 자기와 같은 잘못을 저지른 다른 사람을 꾸짖지 않는다는 말이 있는데, 잘못을 저지르지 않는 자는 남의 잘못을 꾸짖을 것이 분명하기 때문이다.

많은 사람에게 험담하고 돌아다니는 자들 앞에서 우리는 수치심을 느낀다. 그들은 다른 사람에게 피해를 입은 경험이 있어서, 거기에 복수하려고 다른 사람을 험담하며 돌아다니는 까닭에, 언제든지 비방할 준비가 되어 있다. 그렇지 않다면, 험담하고 돌아다닐 이유가 없다. 그들은 잘못을 저지르지 않은 사람조차 험담하는 자들인데, 우리가 잘못하면 더욱더 험담하고 다닐 것이기에 그 앞에서 수치심을 느낀다.

이웃의 잘못을 찾아내는 일에 많은 시간을 쓰는 자들 앞에서 우리는 수치심을 느낀다. 예컨대, 풍자 작가나 희극 작가가 그런 자들이다. 어떤 의미에서 그들은 비방을 일삼는 자들이고 남의 험담을 하며 돌아다니는 자들이기 때문이다.

우리 부탁이라면 다 들어주는 자들 앞에서도 우리는 수치심을 느낀다. 그런 태도는 우리를 대단한 사람으로 여기고 있다는 뜻이니까. 그래서 누군가에게 처음으로 부탁할 때 우리는 수치심을 느낀다. 그는 아직 자기 명예를 잃은 적이 없기 때문이다. 최근에 와서 우리 친구가 되고 싶어 하는 자들이 그렇다. 그들은 우리의 가장 좋은 점만을 보았기 때문이다. 이것이 에우리피데스가 시라쿠사인에게 대답한 말이 적절했던 이유다.[103]

---

103 "에우리피데스"(기원전 480년-406년경)는 고대 그리스 아테나이의 유명한 비극 작가다. 그가 아테나이를 대표해서 이탈리아 시칠리아 섬에 있는 시라쿠사로 가서 협상하다가,

또한 그런 이유로 사람들은 오랜 세월 알고 지내왔지만 자기 치부를 알지 못하는 자들 앞에서도 수치심을 느낀다.

우리는 지금까지 말한 수치스러운 일 자체뿐 아니라, 그것을 보여주는 증표에 대해서도 수치심을 느낀다. 예컨대, 성적인 행위를 하는 것만이 아니라 그런 것을 넌지시 보여주는 증표에 대해서도, 그리고 부끄러운 짓을 했을 때뿐만 아니라 그런 것을 말할 때도 수치심을 느낀다. 또한 우리는 앞에서 말한 그런 자들 앞에서만 아니라, 그들의 하인이나 친구처럼 우리 치부를 알릴 수 있는 자들 앞에서도 수치심을 느낀다.

일반적으로 우리는 진실을 말하는 것과 관련해서 대체로 무시해도 좋다고 여기는 존재 앞에서는 수치심을 느끼지 않는다(아무도 어린아이나 짐승들 앞에서는 수치심을 느끼지 않는다). 또한 우리가 알고 지내는 자들 앞에서 느끼는 수치심과 알지 못하는 자들 앞에서 느끼는 수치심은 서로 다르다. 즉, 알고 지내는 자들 앞에서는 진정 부끄러운 짓을 했을 때 수치심을 느끼지만, 알지 못하는 자들 앞에서는 사회통념상 부끄러운 짓이라고 여겨지는 일을 했을 때 수치심을 느낀다.

우리는 이런 처지가 되었을 때 수치스러워한다. 먼저, 앞에서 수치심을 느낀다고 말한 자들과 어떤 식으로든 엮이게 되었을 때 그렇다. 즉, 우리를 경탄하는 자들이나 우리가 경탄하는 자들, 우리가 경탄받았으면 좋겠다고 바라는 자들이거나, 우리가 명예를 잃는다면 얻을 수 없는 것을 갖고 있고 줄 수도 있는 자들이다.

그런 자들과 엮이게 된다는 것은 그런 자들이 우리를 보고 있거나(이것이 키디아스가 사모스 땅을 분배하는 문제와 관련해서 연설할 때[104] 아테나이인에

그들이 들어주지 않자 이렇게 말했다고 한다. "당신들은 우리를 존경해왔고, 우리가 처음으로 당신들에게 협조를 요청하고 있다는 사실만으로도 당신들이 우리 제안을 거절하는 것은 도리가 아닙니다."

104 "키디아스"는 아테나이의 대중 연설가다. "사모스"는 그리스 동부 에게해에 있는 섬으로, 기원전 358년에 아테나이에 점령되었다.

게 그리스인이 둘러서서 그들이 어떤 결정을 내리는지를 들을 뿐만 아니라 보고 있다고 상상해보기를 요청한 이유다), 우리 가까이에 있거나, 우리가 한 일을 결국 알게 되는 것을 말한다. 그래서 불운한 처지가 되고 나면 이전에 우리를 부러워했던 자들에게 우리의 그런 모습을 보이고 싶어 하지 않는다.
1385a1 부러워했다는 것은 우리를 대단하다고 여겼기 때문이다.

우리는 자신이나 조상이나 가까운 친척들이 부끄러운 일이나 행위를 했을 때도 수치심을 느낀다. 또한 일반적으로 사람들은 자신을 존경하는 자들 앞에서도 수치심을 느끼는데, 즉 앞에서 말한 자들, 그들을 우러러보는 자들, 그들이 선생이나 조언자 역할을 했던 자들, 그들과 비슷한 부류로 그들을 닮고 싶어 하는 자들이 그렇다. 사람들은 그런 자들 앞에서 수치심을 느끼지 않으려고 많은 것을 하기도 하고 하지 않기도 한다.

우리는 자기 치부를 아는 자들이 지켜보고 있어 그 치부가 백일하에 드러날 때 더욱 수치심을 느낀다. 이것이 시인 안티폰이 디오니시오스의 명령으로 처형당하기 직전에,[105] 자기와 함께 사형당할 자들이 성문을 지나면서 얼굴을 가리는 것을 보고서는 다음과 같이 말한 이유다. "당신들은 왜 얼굴을 가리는가? 내일 이 사람들 중에서 누군가가 자신을 알아보지 못하게 하려는 것인가?"

수치심에 대해서는 이 정도로 해두기로 하자. 수치심을 느끼지 않는 파렴치에 관해서는 지금까지 말한 것의 반대로 생각해보면 분명하게 답을 얻을 수 있을 것이다.

---

105 고대 그리스 아테나이의 비극시인이었던 "안티폰"은 기원전 4세기 초에 아테나이의 사절로 시라쿠사에 갔다가 체제에 대항하라고 선동했다는 이유로, 또는 참주였던 디오니시오스 1세가 쓴 비극시를 조롱했다는 이유로 처형을 당했다고 한다. 여기에서 안티폰은, 수치심은 사회적인 감정 대응이기 때문에 죽음을 앞두고 수치심을 갖는 것은 어리석은 일임을 보여준다.

제7장

호의

호의를 정의하고 나면, 우리가 어떤 사람에게, 무엇 때문에, 어떠한 심리 상태에서 호의를 갖게 되는지가 분명해질 것이다. 호의라 함은 도움을 주는 자신을 위해서가 아니라 도움을 필요로 하는 상대방을 위해 아무 대가도 바라지 않고 도움을 주게 만드는 그 무엇이라고 할 수 있다.

도움을 필요로 하는 사람의 사정이 절박하거나, 필요로 하는 도움이 크고 어려운 일이거나, 도움을 필요로 하는 그 시점에 도움을 주려면 큰 희생을 감수해야 하거나, 호의를 베푸는 사람이 유일하게, 또는 처음으로, 또는 가장 크게 도움을 주는 사람일 때 그 호의는 더 큰 호의가 된다.

여기에서 도움을 받는 사람의 필요란 어떤 욕구를 가리키는데, 특히 채워지지 않았다면 괴로움이 수반되는 그런 욕구를 말한다. 예컨대, 성욕 같은 욕구나 육신이 불편하거나 위험에 처했을 때 생기는 욕구가 그러하다. 위험에 처한 사람과 괴로움에 빠진 사람에게는 욕구가 생기기 때문이다. 그래서 몹시 궁핍한 사람이나 추방당해 타지에 온 사람을 도와주면, 그것이 작은 도움일지라도, 그들의 처지가 절박하고 도움이 꼭 필요한 시점에 주어진 것이어서 그 호의는 대단한 호의가 된다. 예컨대, 리케이온에서 거적을 준 사람이 그런 경우다.[106] 따라서 호의가 되려면, 어떤 사람이 필요로 하는 것을 다 채워줄 수 있거나 채워주고도 남는 도움은 아닐지라도, 적어도 그 필요를 상당 부분 채워주는 것이어야 한다.

이렇게 해서 우리가 무엇 때문에 어떠한 심리 상태에서 어떤 사람에게

---

106 이 일에 대해서는 알려진 것이 없다. "리케이온"은 고대 그리스 아테나이에 있던 숲이었고 나중에는 체육센터가 되기도 했는데, 아리스토텔레스는 여기서 제자들을 가르쳤다.

호의를 갖는지가 분명해졌다. 따라서 연설가들은 그런 것을 토대로 해서, 어떤 때에는 자기가 변론하는 사람이 얼마나 절박한 처지에 있었고 얼마나 큰 괴로움을 겪었는지, 또는 지금 그런 처지 속에서 괴로움을 겪고 있는지를 보여주어야 한다. 그리고 청중이나 다른 사람이 그런 필요와 곤경에 빠졌을 때 자기가 변론하는 그 사람이 얼마나 큰 도움을 주었으며 지금도 주고 있는지를 보여주어야 함은 두말할 필요가 없다.

또한 연설가들은 그런 것을 토대로 어떤 사람에 대한 청중의 호의를 제거해서, 그 사람에 대하여 청중이 호의를 갖지 않게 할 수도 있다. 그렇게 하려면 상대방이 주었거나 주고 있는 도움이 청중을 위한 것이 아니라 상대방 자신을 위한 것임을 보여주어야 한다. 이것이 증명되면, 그 도움은 호의가 아니게 되기 때문이다. 또는, 그 도움이 우연 또는 강제에 의한 것이거나, 청중이 알든 모르든 상대방이 그들에게 거저 주는 선물이 아니라 보답일 뿐임을 보여주어야 한다. 그렇게 되면, 둘 중 어느 경우이든 그 도움은 아무 대가도 바라지 않고 오직 청중을 위해 주어진 것이 아니기 때문에 호의일 수 없게 된다.

연설가는 상대방이 호의라고 주장하는 것을 모든 측면에서 살펴보아야 한다. 호의는 특정한 시점에 특정한 장소에서 특정한 정도로 행한, 특정한 행위이기 때문이다. 상대방이 청중에게 작은 도움을 주긴 했지만, 자기 적들에게는 그것과 동일하거나 대등하거나 더 큰 도움을 주었음을 밝혀낸다면, 그 도움이 호의가 아니라는 증거로 삼을 수 있다. 그러한 사실은 그 도움이 청중을 위한 것이 아니었음을 분명하게 보여준다. 또한 상대방이 도움을 주긴 했지만, 도움을 받은 사람은 그것이 별로 도움이 되지 않을 것을 알았음을 밝혀내는 것도 한 방법이다. 미미한 도움을 주고 그것을 호의라고 주장하는 데 동의할 사람은 아무도 없기 때문이다.

제8장
연민

앞에서 우리는 호의를 갖는 것과 그렇지 않은 경우를 살펴보았다. 이제는 우리가 어떤 것에 연민을 느끼고, 어떤 사람에게 어떠한 심리 상태에서 연민을 느끼는지를 보기로 하자. 연민이란 어떤 사람에게 파괴적인 해악이나 고통이 뒤따르는 일이 일어났는데, 그 사람이 그런 일을 겪을 사람이 아니라고 여겨질 때 느끼는 괴로운 감정이다. 연민을 느끼려면 자기 자신이나 자신과 가까운 사람에게 머지않은 장래에 일어날 수도 있다고 생각하는 그런 일이어야 한다.

여기에서 분명한 것은 자기 자신이나 자기와 가까운 사람이 앞의 정의에서 말한 그런 것이나 그것과 비슷하거나 동등한 것에 속한 어떤 해악을 머지않은 장래에 겪게 될 수도 있다고 생각하는 사람만이 연민을 느낄 수 있다는 것이다.

따라서 완전히 파멸된 자는 연민을 느끼지 않는다. 그들은 자신의 모든 것이 이미 다 파멸되어 더 이상 망가질 게 없다고 생각하기 때문이다. 또한 스스로 기가 막히게 운이 좋다고 생각하는 자도 연민을 느끼지 않는다. 그런 자들은 도리어 기고만장할 것이다. 그들은 자신에게 모든 좋은 것이 다 있다고 생각하고, 해악을 당하지 않는 것도 그중 하나라서, 자기에게는 그 어떤 해악도 닥치지 않는다고 확신하기 때문이다.

과거에 해악을 겪었다가 지금은 거기에서 벗어난 사람은 자기가 또다시 그런 일을 겪을 수 있다고 생각하기 때문에 연민을 느낀다. 또한 삶의 지혜와 연륜이 있는 나이 많은 사람, 병약한 사람, 겁이 많은 사람, 많이 배운 사람은 자기도 그런 일을 겪을 수 있음을 잘 알기에 연민을 느낀다. 또한 부모나 자녀나 처가 있는 사람도 연민을 느낀다. 부모나 처자식은 가까이에서 얼마든지 그런 해악을 겪을 수 있기 때문이다.

분노나 자신감이 충천해서 물불을 가리지 않는 자들(이들은 장래에 무슨 일이 일어날지를 생각하지 않는다)이나 오만한 자들(이들은 자기에게 나쁜 일이 일어난다고 생각하지 않는다)은 연민을 느낄 수 없다. 또한 극도의 두려움에 사로잡힌 자들도 그러하다. 즉, 두려움에 사로잡혀 넋이 나간 사람은 온통 그 두려움에 빠져 있어 연민을 느낄 수 없다. 이 두 극단의 중간에 있는 자들이 연민을 느낀다.

이 세상에는 그래도 괜찮은 사람이 어느 정도는 있다고 여겨야 연민을 느낄 수 있다. 그런 사람은 아무리 찾아도 없다고 생각한다면 모두가 그런 해코지를 당해도 크게 상관없기 때문이다. 일반적으로, 사람들은 자기 자신이나 자기와 가까운 사람에게 그런 해악이 일어났던 것을 기억하거나, 앞으로 일어날지도 모른다고 생각할 때 연민을 느낀다.

지금까지 우리가 어떠한 심리 상태에서 연민을 느끼는지를 살펴보았는데, 연민에 대한 정의를 보면 무엇이 사람에게서 연민을 불러일으키는지 분명히 알 수 있다. 즉, 파멸적일 정도로 괴롭고 고통스러운 것, 철저하게 파멸적인 것, 우연히 일어났지만 중대한 해악을 끼친 것이 연민을 불러일으킨다.

파멸적으로 고통스러운 것으로는 죽음과 상해와 학대와 노쇠와 질병과 굶주림이 있다. 우연으로 발생한 중대한 해악으로는 친구가 아예 없는 것, 친구가 많지 않은 것(그래서 친구나 동료에게서 떠나 있을 수밖에 없게 된 사람은 연민의 대상이다), 못생긴 것, 허약한 것, 불구나 기형인 것, 통상적으로 좋은 결과가 기대되는 일에서 나쁜 결과가 나온 것, 또한 그런 일이 자주 일어나는 것, 왕이 디오페이테스에게 보낸 하사품이 그가 죽은 뒤에 당도하는 것[107]처럼 온갖 고초를 다 겪은 후에야 좋은 일이 일어나는 것,

107 여기에 언급된 "디오페이테스"는 기원전 343년에 케르소네소스에서 마케도니아의 왕 필리포스와 맞서 싸운 아테나이의 장군일 가능성이 있지만 확실하지는 않다. 만일 그를 가

좋은 일이 아예 일어나지 않거나 일어나더라도 제때 누릴 수 없는 것이 있다. 사람들이 연민을 느끼는 것은 이런 일 혹은 그와 비슷한 것이다.

우리는 어떤 사람에게 연민을 느끼는가? 자기가 알고 지내는 사람들에게 연민을 느낀다. 하지만 아주 가깝고 친밀한 관계에 있는 사람에게는 연민을 느끼지 못한다(자신도 그 일을 함께 겪는 것처럼 느끼기 때문이다). 아마시스는 이런 이유로 자기 아들이 사형장으로 끌려갈 때는 눈물을 흘리지 않았지만, 친구가 구걸하는 모습을 보고는 눈물을 흘렸다.[108] 후자는 연민을 불러일으키는 반면에, 전자는 공포를 가져오기 때문이다. 공포는 연민과 다른 감정으로, 연민을 몰아내고 연민을 없애는 데 곧잘 사용된다. 사람들은 공포스러운 일이 자신에게 다가오면 더 이상 연민을 갖지 않기 때문이다.

우리는 나이나 생활방식이나 행동거지나 사회적 지위나 출신에서 자신과 같은 부류의 사람들에게 연민을 느낀다. 그들에게 일어난 일이 언제든지 자신에게도 일어날 수 있기 때문이다. 여기에서도 우리는 자기 자신에게 일어날까 봐 두려운 일이 다른 사람에게 일어날 때 연민을 느끼는 것을 확인한다.

우리는 다른 사람이 겪은 불행한 일이 자신에게 생생하게 다가올 때 연민을 느끼지만, 그런 일이 만 년 전에 일어났거나 만 년 후에 일어날 일이라면, 상상할 수조차 없어 연민을 전혀 또는 제대로 느낄 수 없다. 따라서 그런 상황에는 몸짓이나 음성, 의상을 비롯해서 연기와 관련된 모든 수단을 동원해서 그 일을 생생하게 떠올리게 해주는 사람이 청중에게 더 큰 연민을 가져올 수 있을 것이다. 그런 사람은 그 불행한 일을 전에 일어났

리킨다면, 여기서 "왕"으로 언급된 사람은 페르시아의 왕 아르타크세르크세스 3세(기원전 358-338년)이다.

108 헤로도토스의 『역사』 제3권 14장에 나오는 이야기다. 이것은 이집트의 왕 아마시스에 관한 이야기가 아니라, 그의 뒤를 이어 즉위한 프사메티코스 3세(기원전 525년경)에 관한 이야기다. 아리스토텔레스가 착각한 것으로 보인다.

거나 앞으로 일어날 모습 그대로 우리 눈앞에 보여줌으로써, 그 일이 우
1386b1 리에게 생생해 보이게 만드는데, 방금 일어났거나 곧 일어날 일은 더 큰 연민을 불러일으키기 때문이다.

이런 이유에서 그런 일을 겪은 사람의 옷처럼 그런 불행한 일을 드러내는 증표들, 그리고 지금 죽어가는 사람처럼 현재 그런 일을 겪는 자들의 행동이나 말이나 그 밖의 다른 것도 연민을 불러일으킨다.

사람들은 훌륭한 사람이 자기 눈앞에서 불행한 일을 당하는 것을 보면서 특히 더 연민을 느낀다. 훌륭한 사람들이 그런 일을 겪는다는 것이 말도 안 된다고 생각하지만, 그런 일이 자기 눈앞에서 펼쳐지고 있어, 이 모든 것이 사람들에게 그 일을 더욱 생생하게 느끼게 하기 때문이다.

제9장
의분

연민을 느끼는 것의 대척점에는 의분이라는 감정이 있다. 누군가가 겪지 않아야 할 나쁜 일을 겪는 것을 보며 괴로워하거나, 누군가에게 누려선 안 될 좋은 것이 주어지는 것을 보고 괴로워하는 일은 정반대이긴 하지만 동일한 도덕적 성품에서 나오는 감정이다. 이 둘은 모두 훌륭한 성품을 지닌 자들이 느끼는 감정이다. 사람이라면 부당하게 불행한 일을 겪는 자와는 함께 괴로워하며 연민을 느끼고, 부당하게 잘되는 자에 대해서는 의분을 느끼는 것이 마땅한데, 그러한 부당함은 불의이기 때문이다. 우리는 이런 이유로 의분을 신들의 감정이라고 여긴다.[109]

연민의 반대는 시기로 보일 수 있다. 시기는 의분과 비슷하거나 동일해 보이기 때문이다. 하지만 시기와 의분은 다르다. 시기도 다른 사람이 잘되는 것을 보고 속상해하지만, 그럴 만한 자격 없는 자를 향한 게 아니라, 자기와 대등하거나 비슷한 자가 잘되는 것을 보며 배 아파하는 것이기 때문이다.

의분과 시기는 공통점이 있는데, 어떤 일이 자신에게도 일어날지 모른다는 생각 때문이 아니라 다른 사람에게 일어난 일 자체로 생기는 감정이라는 것이다. 만약 다른 사람이 잘 풀리면 자신에게 좋지 않은 일이 일어난 것처럼 생각해 괴로워하고 속상해한다면, 그것은 시기나 의분이 아니라 두려움으로 불려야 할 것이다.

연민과 의분에는 만족이라는 정반대되는 감정도 뒤따른다. 남이 부당

109 "의분"은 그리스어로 '네메시스'(νέμεσις)이다. 그리스 신화에서 "네메시스"는 복수의 여신인데, 선이든 악이든 분수를 지키지 않는 모든 것을 응징한다.

하게 불행한 일을 겪는 것을 보고 괴로워하는 사람은 남이 정당하게 불행한 일을 겪는 것을 보면서 기뻐하거나, 적어도 괴로워하지는 않을 것이다.

예컨대, 선량한 사람이라면 아버지를 살해한 자나 살인자가 처형당하는 것을 보며 전혀 괴로워하지 않는다. 그런 자들이 처형당하는 것과 잘되어야 할 자가 잘되는 것은 둘 다 정의로운 일이어서 사람이라면 마땅히 기뻐해야 할 일이기 때문이다. 따라서 분별 있는 자는 자신과 같은 부류에게 일어난 일은 자기에게도 얼마든지 일어날 일이라고 생각해서 그런 일을 기뻐할 수밖에 없다.

이런 감정은 모두 동일한 도덕적 성품에서 나오고, 이와 반대되는 감정들은 정반대되는 도덕적 성품에서 비롯된다. 다른 사람이 잘못되는 것을 1387a1 기뻐하는 자는 다른 사람이 잘되는 것을 시기하는 자이기도 하다. 다른 사람이 뭔가를 얻었을 때 괴로워하는 자는 다른 사람이 그것을 잃었을 때 기뻐할 수밖에 없다. 그런 감정은 앞에서 말한 이유 때문에 서로 다른 감정이긴 하지만, 연민을 방해한다는 점에서는 모두 동일하다. 따라서 연설가는 청중이 어떤 사람이나 일에 관해 연민을 못 느끼게 하는 데 이 모든 감정을 유용하게 사용해야 한다.

이제 먼저 어떤 사람에게 어떤 것 때문에 어떠한 심리 상태에서 의분을 느끼는지 살펴보고, 그런 후에 다른 감정에 대해 살펴보기로 하자.

다른 사람이 부당하게 잘되는 것을 괴로워하는 일이 의분이라면, 모든 좋은 것에는 의분을 느낄 수 없음은 무엇보다 자명하다. 어떤 사람이 정의롭거나 용감하거나 미덕을 갖추고 있다면, 아무도 그런 사람에게 의분을 느끼지 않을 것이기 때문이다(또한 우리는 그런 사람과 정반대되는 사람에게는 연민을 느끼지 않을 것이다). 반면에, 부와 권력처럼 훌륭한 자들이 누리는 것들, 또는 좋은 가문이나 아름다운 용모처럼 나면서부터 소유하는 좋은 것에는 의분을 느낀다.

오래된 것은 원래 있는 것처럼 보이므로, 사람들은 동일하게 좋은 것을 가진 자들 중에서도 그런 것을 최근에 우연히 얻어 그 덕분에 지금도 승승장구하는 자들에게 더 큰 의분을 느낄 수밖에 없다. 그래서 우리는 가문 대대로 오랜 세월 부자로 살아온 자보다 갑자기 부자가 된 자에게 더 큰 의분을 느낀다.

이것은 통치자나 권력자나 많은 친구를 둔 자나 훌륭한 자녀를 둔 자에 관해서도 마찬가지이고, 그런 자들이 자신의 좋은 것을 이용해 또 다른 좋은 것을 얻었을 때도 마찬가지다. 즉, 그런 경우, 오랫동안 관직에 있으면서 부를 축적한 자들보다 갑자기 부자가 되어 자기 부를 이용해 관직에 오른 자들에게 더 의분을 느낀다. 이것은 방금 언급한 다른 경우도 마찬가지다.

우리가 그런 식으로 반응하는 이유는, 전자는 원래부터 그들 소유인 것을 소유하는 듯 보이는 반면, 후자는 원래 그들 것이 아닌 것을 소유하는 듯하기 때문이다. 즉, 언제나 그 사람 소유였던 것은 진정으로 그의 것으로 여겨지지만, 그렇지 않은 것은 그 사람의 소유로 여겨지지 않기 때문이다.

또한 좋은 것이라 해도 누구나 가져도 그만인 것이 아니고, 분수에 맞고 어울리는지를 따져서 가질 만한 사람이 가져야 한다. 예컨대, 훌륭한 무기는 선량한 사람에게는 어울리지 않고 용감한 사람에게 어울리며, 성대한 결혼식은 졸부가 아니라 명문가에 어울린다. 그래서 우리는 훌륭한 사람이 자신에게 어울리는 것을 얻지 못했을 때 분개한다.

사람들은 아랫사람이 윗사람에게 싸움 거는 것에 분개하고, 동일한 분야에서 일하는 사람 사이에서 그런 일이 벌어졌을 때는 특히 분개한다. 시인은 이로 인해 "헥토르는 텔라몬의 아들 아이아스와의 싸움을 피했는데, 이것은 더 나은 자와 싸우려고 했을 때 제우스가 분개했기 때문이었다"라고 썼다.[110]

---

110 호메로스의 『일리아스』 제11권 542-543행에 나오는 말이다. 현존하는 본문에는 543행이 없다. "헥토르"는 트로이 전쟁에서 트로이군의 영웅이었고, "텔라몬의 아들 아이아스"

1387b1 또한 같은 분야가 아니어도 어떤 식으로든 열등한 아랫사람이 윗사람에게 싸움을 거는 일에도 사람들은 의분을 느낀다. 예컨대, 음악하는 사람이 정의로운 사람에게 시비 거는 것이 그렇다. 정의는 음악보다 더 우위에 있기 때문이다.

이것으로 우리는 어떤 사람에게, 어떤 일 때문에 의분을 느끼는지가 분명해졌다. 즉, 앞에서 말한 사람과 그런 일, 그리고 그와 비슷한 경우에 우리는 의분을 느낀다.

의분을 느끼기 쉬운 사람은 다음과 같다. 먼저, 가장 좋은 것을 가질 자격이 있고, 실제로 그것을 가진 사람이다. 그들은 자기보다 못한 사람이 같은 것을 누리는 일을 부당하게 생각한다. 다음으로, 훌륭하고 정직한 사람이다. 그들은 제대로 된 판단을 내리고 불의를 미워하기 때문이다. 또한 어떤 것을 몹시 얻고 싶어 하는 사람도 쉽게 의분을 느낀다. 특히 자신이 몹시 얻고 싶은 것을 자격 없는 자들이 이미 차지했다면 더욱 그렇다.

일반적으로 말해, 자기는 뭔가를 가질 자격이 있지만 다른 사람은 아니라고 생각하는 사람은 (그것을 갖춘) 다른 사람에게 의분을 느낀다. 하지만, 자신은 스스로 생각해도 보잘 것 없어서 다른 사람에게 굽실거리면서 그 어떤 야심도 없이 살아가는 사람은 의분을 느끼지 않는다. 그런 자들은 자신에게 어떤 좋은 것을 누릴 자격이 있다고 추호도 생각하지 않기 때문이다.

이것으로 우리가 슬퍼하지 말고 오히려 기뻐해야 하는 누군가의 불운과 불행과 실패가 무엇인지 분명해졌다. 우리가 지금까지 말한 것을 뒤집어 생각해보면, 그 정반대도 분명하다. 따라서 상대방이 어떤 것을 근거로 배심원의 연민을 일으키려 했을 때, 연설가는 그것이 연민의 대상이 될

는 그리스군에서 아킬레우스 다음 가는 영웅이었다. 아이아스는 명예욕과 탐욕에 사로잡혀 있던 다른 영웅들과는 달리 점잖고 인자한 성품을 지닌 자여서, 헥토르는 그를 죽였다가는 제우스의 분노를 살 것을 두려워해 그와의 싸움을 피했다.

수 없고, 도리어 의분의 대상이어야 함을 보여줌으로써 의분을 느낄 수 있는 심리 상태로 배심원을 이끈다면, 그들은 상대방에게 연민을 느끼지 못하게 될 것이다.

제10장
시기

시기는 자신과 대등한 사람이 앞에서 말한 좋은 것을 얻어 잘되는 것을 보고 거기서 어떤 이득을 얻고 싶어서가 아니라 단지 그가 그런 것을 갖고 있다는 이유만으로 괴로움을 느끼는 것이다. 시기에 대한 이러한 정의는 우리가 어떤 사람에게 무슨 일로 어떠한 심리 상태에서 시기하는지를 분명하게 보여준다.

우리는 자신과 대등한 자들이 뭔가를 갖고 있거나 갖고 있다고 생각할 때 시기한다. 여기에서 "대등하다"는 것은 출신이나 나이나 처지나 사회적 지위나 재산이 비슷한 경우를 의미한다. 안 가진 것이 거의 없을 정도로 모든 것을 거의 다 가진 자도 시기한다(크게 성공해서 엄청난 부와 명예를 거머쥔 자들도 시기하는 이유가 여기 있다). 그런 자들은 자기를 제외한 다른 모든 사람이 뭔가를 이루어내거나 얻으면, 원래 자신에게 속한 것을 가져간다고 생각하기 때문이다.

어떤 것, 특히 지혜나 부유함 덕분에 특별한 존경을 받는 자는 시기한다. 야심 있는 사람은 그렇지 않은 사람보다 더 시기심이 많다. 현자가 되고 싶은 자도 시기한다. 그들에게는 지혜에 대한 야심이 있기 때문이다. 일반적으로 명성을 얻으려는 자는 시기한다. 속이 좁은 자도 시기한다. 그들에게는 모든 것이 대단해 보이기 때문이다.

좋은 것이 시기를 불러일으킨다는 것에 관해서는 이미 말했다. 우리
1388a1 에게 명성과 명예를 얻게 해주는 것이어서, 그것을 얻어 자기 것으로 삼고 싶어 하는 일이나 소유물, 또는 성공한 자임을 증명하는 온갖 것은 거의 예외 없이 시기의 대상이다. 특히 사람들이 갖고 싶어 하거나, 가져야 한다고 생각하거나, 그것의 소유 여부에 따라 남들보다 더 우월한 사람이

되거나 더 열등한 사람이 되는 그런 일은 더더욱 시기의 대상이다.

우리가 어떤 사람을 시기하는지도 분명하다. 이것에 대해서는 이미 앞에서 말했다. 우리는 시간과 장소와 나이와 처지에서 자신과 가까운 자를 시기한다. 여기에서 "비슷한 부류끼리는 저절로 시기하는 법을 안다"라는 말이 생겼다.[111]

우리는 자신과 경쟁관계에 있는 자를 시기한다. 사람들이 어떤 자와 경쟁하는지는 앞에서 말했다. 우리는 만 년 전에 존재한 사람이나, 앞으로 있게 될 사람이나, 이미 죽은 사람이나, 헤라클레스의 바위들[112] 근방에서 살아가는 자들과는 경쟁하지 않는다.

또한 우리는 자신이나 남들이 생각하기에 한참 열등한 자들이나 한참 우월한 자들과는 경쟁하지 않고, 장소와 나이와 처지에서 자신과 비슷한 자들과 경쟁한다.

우리는 운동 경기의 라이벌이나 연애의 경쟁자처럼 같은 목적을 가진 자들과 경쟁한다. 즉, 일반적으로 같은 것을 얻으려는 자들과 경쟁하기 때문에, 그런 사람들에 대해서는 특히 더 시기할 수밖에 없다. 여기에서 "도공은 도공을 시기한다"는 말이 생겼다.[113]

또한 우리는 누군가의 소유나 성공이 우리에게는 비난이나 질책으로

---

111 아이스킬로스의 단편 305(나우크 판본)에 나오는 말이다. 아이스킬로스(기원전 525년경-456년)는 고대 그리스의 극작가로 소포클레스, 에우리피데스와 함께 3대 비극작가 중 한 사람이다. 인간의 정의는 신의 정의와 일치함을 주제로 한 작품들을 썼는데, 90여 편의 작품 중에서 지금은 7편이 남았다.

112 "헤라클레스"는 그리스 신화에서 가장 힘 센 영웅이다. "헤라클레스의 바위들"은 지브롤터 해협의 어귀 근방 절벽에 있는 바위들을 지칭한다. 헤라클레스가 12가지 난제를 해결하는 과정에서 아틀라스 산맥을 넘어야 했을 때, 바다를 막고 있는 그 산맥을 넘지 않고 아예 부숴버렸는데, 이때 생겨난 것이 대서양과 지중해와 지브롤터 해협이었다. 그 후에 이 해협 어귀에 있는 바위들에 이런 이름이 생겼다고 한다. 여기에서는 너무 멀리 떨어져 있어 세상이 알지 못하는 사람을 나타내기 위한 비유로 사용되었다.

113 헤시오도스의 『일과 날』 25행에 나오는 말이다. 본서 제2권 제4장 1381b16에도 인용되었다.

돌아올 때 그들을 시기한다(그들은 가까이에 있고, 우리와 대등한 자들이다). 우리가 좋은 것을 얻지 못한 것이 우리 잘못임이 분명해졌기 때문에, 그것이 우리를 괴롭게 하고 시기하게 만든다.

우리는 자기가 가져야 한다고 생각하는 것이나, 자신이 과거에 갖고 있었던 것을 소유했거나 얻은 자들을 시기한다. 노인이 젊은이를 시기하는 이유가 여기 있다. 우리는 자신이 많은 노력으로 얻은 것을 적은 노력으로 얻은 자를 시기한다. 또한 자기가 어렵게 얻었거나 아예 얻을 수 없었던 것을 손쉽게 얻은 자를 시기한다.

이것으로 시기하는 자들이 어떤 사람에 대하여, 무슨 일로, 어떠한 심리 상태에서 기뻐하는지도 분명해졌다. 그들을 괴롭게 하는 것과 반대되는 것이 그들을 기쁘게 할 것이기 때문이다. 따라서 만일 배심원이 시기하는 마음 상태가 되고, 연민이나 혜택을 얻어내려는 자들이 앞에서 말한 그런 자들이라면, 그들은 판결을 내려야 할 배심원에게서 아무 동정을 받지 못할 것이다.

제11장
질투

사람들이 어떠한 심리 상태에서, 어떤 것에 대해, 어떤 사람들에게 질투를 느끼는지는 다음의 정의를 통해 분명히 알 수 있다. 질투는 자신도 얼마든지 가질 수 있는 좋은 것이 자기와 본질적으로 다르지 않은 자들에게 있는 것을 보고서, 그것이 (다른 사람의 것이기 때문이 아니라) 내 것이 아니기 때문에 느끼는 어떤 괴로움이다.

그렇기 때문에 질투는 좋은 사람이 느끼는 좋은 감정이지만, 시기는 나쁜 자들이 느끼는 나쁜 감정이다. 전자는 남을 부러워하게 하여 자기도 그 좋은 것을 얻으려고 분발하게 하지만, 후자는 남을 시기하게 해 좋은 것을 남이 갖지 못하게 하려고 애쓰게 하기 때문이다.

따라서 어떤 좋은 것이 현재는 자기에게 없지만 스스로 그것을 가질 만한 자격이 있다고 생각하는 사람은 그것을 지금 가진 자들을 질투할 수밖에 없다. 하지만 그것은 그가 앞으로 가질 수 있는 것이어야 한다. 소유가 1388b1
불가능해 보이는 것을 가지려는 사람은 아무도 없기 때문이다. 이것이 청년이나 포부가 큰 자들이 남을 많이 부러워하는 이유다.

사람들에게 존경받는 자들, 여러 좋은 것을 가질 자격이 있다고 여겨지는 자도 남들을 많이 질투한다. 그런 좋은 것으로는 부와 많은 친구와 관직 등이 있다. 훌륭한 자들은 좋은 것을 얻어야 한다고 생각하는 까닭에, 그런 좋은 것을 가진 자들을 질투한다. 또한 다른 사람에게 그런 좋은 것을 가질 자격이 있다고 평가받는 자들도 그런 좋은 것을 가진 자를 질투한다.

어떤 사람의 조상이나 친척이나 가족이나 씨족이나 국가가 뭔가로 유명하다면, 그는 그들의 명예에 질투심을 느낀다. 그 명예는 자기에게 주어져야 하고, 자기도 그런 명예를 누릴 자격이 있다고 생각하기 때문이다.

우리가 존경하는 좋은 것도 질투의 대상이기 때문에, 다른 사람을 도와주고 덕과 은혜를 베푸는 것도 그런 것이고(사람들은 은인과 훌륭한 사람을 존경하기 때문에), 예컨대 건강보다는 부와 아름다움처럼 이웃과 함께 나눌 수 있는 좋은 것도 그러하다.

어떤 사람이 질투의 대상인지도 분명하다. 우리는 앞에서 부러움의 대상이라고 말한 것들, 예컨대 용기나 지혜나 관직(관리는 많은 사람에게 좋은 일을 할 수 있기 때문에) 등을 이미 갖고 있는 자들, 장군이나 대중 연설가, 그리고 그럴 능력을 지닌 자들을 질투한다.

사람들은 많은 이들이 닮고 싶어 하는 자들, 지인이나 친구를 많이 둔 자들, 많은 이들이 감탄하는 자들, 그들 자신이 감탄하는 자들을 질투한다. 또한 시인들이나 작가들에게 칭찬과 찬사를 받는 자들도 질투의 대상이다.

사람들은 지금까지 언급된 것과 정반대의 사람들을 멸시한다. 멸시는 질투의 반대이고, 멸시하는 것은 질투하는 것의 반대이기 때문이다. 그래서 다른 사람을 질투하거나 다른 사람이 질투하는 자들은 질투의 대상인 좋은 것과 반대되는 나쁜 것을 가진 자들을 멸시한다. 운이 좋아 좋은 것을 갖게 된 자들을 그들이 멸시하는 이유가 여기 있다. 그런 자들은 우리가 존경할 만한 훌륭한 점들을 지니고 있어서가 아니라 단지 운이 좋아 그 좋은 것을 갖게 되었기 때문이다.

이상으로 우리는 인간의 여러 감정이 어떤 것으로 생겨나고 없어지는지, 그리고 연설가가 사람들을 설득할 때 그런 것을 어떻게 활용할 수 있는지에 관해 살펴보았다.

제12장
청년기

다음으로 우리는 감정과 성품과 나이와 운에 따라 사람들이 어떤 유형의 성격을 지니는지를 살펴보려고 한다.

감정이란 앞에서 이미 살펴본 분노나 욕구 같은 것을 가리키고, 성품이란 미덕과 악덕을 가리키는데, 여기에 대해서도 이미 살펴보았으며, 각각의 감정이나 성품을 지닌 사람이 어떤 것을 선호하고 어떻게 행동하는지도 보았다. 그리고 나이는 청년기와 장년기와 노년기를 가리키고, 운이란 좋은 가문에서 태어난 것, 어쩌다 보니 부와 힘을 갖게 된 것, 아니면 그 반대, 즉 한 마디로 말해서 행운이냐 불운이냐를 가리킨다.

청년의 욕구는 강하고, 어떤 욕구든 채우려고 한다. 육체적인 욕구 중에서는 성적인 욕구가 가장 강한데, 그 욕구는 자제할 힘이 없다. 욕구가 자주 바뀌고 쉽게 싫증내며, 어떤 욕구로 뜨겁게 달아올랐다가도 금방 시들해진다(청년의 의욕은 병자의 갈증과 허기처럼 짧고 강렬하지만 크고 오래가지는 않는다). 또한 격정적이며 화를 잘 내고 분노를 따라 행동하기 쉬우며 격정에 잘 사로잡힌다. 자존심이 강해 무시당하는 것을 참지 못하고, 부당한 대우를 받았다는 생각이 들면 격분한다.

청년은 자존심이 강하지만, 승부욕은 더 강하다. 청춘 속에는 남보다 돋보이려는 욕구가 있는데, 이긴다는 것은 남보다 뛰어남을 보여주기 때문이다. 청년은 돈을 사랑하는 마음보다 자존심과 승부욕이 더 강하다. 그들이 돈을 그렇게 사랑하지 않는 이유는, 피타코스가 암피아라오스와 관련한 경구에서 말했듯이,[114] 돈이 없어 궁핍한 것을 아직 경험해보지 못했

---

114 "피타코스"는 고대 그리스의 군인이자 정치가이며 철학자였다. 그리스의 일곱 현인 중

기 때문이다.

청년은 아직 악을 많이 접하지 못했기 때문에 악의가 아니라 선의를 가지고 행동하고, 아직 많이 속아보지 않았기 때문에 사람들을 잘 믿는다. 또한 그들은 희망으로 넘치고 쾌활하다. 술에 취한 사람들이 술로 인해 뜨겁듯이 그들은 본성적으로 뜨거운데다 아직은 실패를 많이 겪지 않았기 때문이다.

대다수의 청년은 희망을 품고 살아간다. 희망은 미래에 대한 것이고, 추억은 과거에 대한 것인데, 청년에게는 미래는 길고 과거는 짧기 때문이다. 사람이 태어난 첫날에는 추억할 것은 아무것도 없고 모든 게 전부 희망할 것뿐이다.

그리고 방금 말한 그런 이유로, 청년은 쉽게 희망을 품는 속성으로 잘 속아 넘어간다. 또한 더 용감하다. 청년은 격정적이고 희망적인데, 분노하면 두려워하지 않고 어떤 좋은 것을 희망하면 자신감이 생기는 까닭에, 전자에 의해 두려워하지 않고 후자에 의해 자신감을 갖기 때문이다.

청년은 수치심을 느끼기 쉽다. 자신이 교육받은 것을 훌륭한 것으로 곧이곧대로 받아들이지만, 그것과 관련해서 다르게 생각하는 법을 아직 알지 못하기 때문이다. 청년은 삶 속에서 아직 굴욕을 당한 적이 없고, 자기 의지와는 상관없이 무엇인가를 어쩔 수 없이 해야 하는 상황을 겪은 적이 없어서 포부가 크다. 포부가 크다는 것은 자기는 큰일을 할 만한 자격이 있는 사람이라고 생각하는 것인데, 이것은 희망에 차 있는 사람의 특징이기 때문이다.

한 사람으로 기원전 7세기에 레스보스 섬의 미틸레네에서 출생했고, 기원전 589년에는 미틸레네의 참주가 되어 선정을 베풀었다. "암피아라오스"는 그리스 신화에 나오는 아르고스의 전설적인 왕으로 제우스와 아폴론의 수호를 받는 예언자이자 치유자로 유명했다. 테바이 원정의 일곱 용사 중 한 명으로 갔다가 땅 속으로 삼켜져서 신탁을 주는 신적인 존재가 되었다. 그가 주는 오로포스 신탁은 고대 그리스에서 가장 권위 있는 신탁으로 여겨졌다. 여기에 언급된 경구의 내용은 알려져 있지 않다.

청년은 이해득실을 따라 행동하기보다는 훌륭한 일을 행하는 쪽을 더 선호한다. 그들은 계산적으로 살기보다는 자기 성격을 따라 살아가고, 계산적인 삶은 이해득실을 따지는 것으로 연결되며, 미덕을 추구하는 성격은 훌륭한 일을 행하는 것으로 연결되기 때문이다. 청년은 장년이나 노년보다 친구나 동료를 더 좋아한다. 더불어 사는 것을 기뻐하고, 아직은 아무것도 이해득실을 따라 판단하지 않는데, 이것은 친구들과의 관계에서도 마찬가지이기 때문이다.

킬론이 말한 대로,[115] 청년이 저지르는 모든 잘못은 지나치게 과도하고 강렬한 데 있다. 그들은 무엇을 하든지 지나치게 한다. 사랑하는 것도 지나치게 하고, 미워하는 것도 지나치게 하며, 다른 모든 것도 마찬가지다. 또한 청년은 자기가 모든 것을 알고 있다고 생각하고 자신만만하다. 그들이 모든 것을 지나치게 하는 이유이기도 하다.

청년이 다른 사람에게 나쁜 짓을 저지른다면, 그것은 해악을 끼치기 위한 것이 아니라 다른 사람에게 모욕감을 안겨주어 자기가 우월함을 확인하려는 것이다.[116] 청년은 모든 사람이 정직하고 선량하다고 생각하기 때문에 다른 사람에게 연민을 느끼기 쉽다. 그들은 선의를 가지고 자신의 이웃을 판단하는 까닭에 그 이웃이 부당한 일을 겪는 것으로 생각한다. 또한 청년은 웃는 것을 좋아하기 때문에 기지와 재치를 좋아한다. 기지와 재치는 우월감을 세련되게 표출하기 때문이다.

---

115 "킬론"은 스파르테 출신으로 기원전 6세기 초에 활동한 고대 그리스 일곱 현인 중 한 사람이다. 여기에 언급된 그의 금언은 "그 무엇도 지나치지 않게"(μηδέν ἄγαν, '메덴 아간') 라는 말이다.

116 그리스어 원문에서 이 구절은 "그것은 '카쿠르기아'(κακουργία) 때문이 아니라 '휘브리스'(ὕβρις) 때문이다"라고 간단하게 되어 있다. '카쿠르기아'는 "악의를 가지고 상대방에게 해악을 끼치고자 나쁜 짓을 하는 것"을 가리키고, '휘브리스'는 "자신의 힘을 과시하거나 우월감을 느끼고자 오만방자하게 행동하는 것"을 가리킨다.

제13장

노년기

앞에서 우리는 청년의 성격을 살펴보았다. 노인은 인생의 전성기가 지났기 때문에 대체로 청년과 정반대되는 특성을 지닌다.

노인은 오랜 세월을 살면서 속기도 많이 하고 잘못도 많이 저질렀으며 성과가 형편없는 일이 많았기 때문에 모든 일에 자신감이 없고 열정이 부족하다. 노인은 자기 생각이 있기는 하지만 제대로 알지 못하기 때문에, 언제나 긴가민가해서 "아마도"라는 말을 달고 살며, 어떤 것을 말할 때마다 그런 식으로 말하고, 아무것도 확실하게 말하지 않는다.

노인은 악의적으로 생각한다. 그렇게 하는 것은 모든 것을 나쁜 쪽으로 바라보기 때문이다. 오랜 세월 살아오면서 실제로 나쁜 일을 많이 겪었기 때문에 불신하는 것이다.

그렇기 때문에 노인은 사랑할 때든 미워할 때든 강렬하지 않다. 비아스의 조언대로,[117] 그들은 언제라도 미워할 수 있는 것처럼 사랑하고, 언제라도 사랑할 수 있는 것처럼 미워한다.

노인은 이런저런 굴욕을 겪으며 살아왔기 때문에 포부가 별로 없다. 위대하거나 비범한 것을 원하지 않고, 그저 살아가는 데 필요한 것만 원하기 때문이다. 그래서 노인은 돈을 쓰는 데 인색하다. 재물이란 살아가는 데 없어서는 안 되는 것 중 하나인데, 그들은 재물을 얻는 것은 어려워도 잃는 것은 한 순간임을 경험으로 알기 때문이다.

---

117 "비아스"는 기원전 6세기에 이오니아 지방에 있던 그리스 식민도시 프리에네에서 태어난 대중 연설가이자 시인으로 고대 그리스의 일곱 현인 중 한 사람이었다. 한 경계석에는 그의 금언 —"대부분 사람은 악하다"— 이 새겨져 있다.

노인은 겁이 많고, 무슨 일을 하기도 전에 미리부터 겁을 낸다. 노인의 심리 상태는 청년과 정반대이기 때문이다. 청년은 뜨겁지만 노인은 차갑다. 그리고 겁내는 것은 차가움의 일종이기 때문에, 노년은 겁을 낼 준비가 이미 되어 있다. 또한 노인은 삶을 사랑하고, 죽을 날이 가까워오면 더욱더 그렇게 된다. 사람은 자기에게 없는 것을 갖고 싶어 하고, 자기에게 꼭 필요한데 실제로는 없는 것을 가장 갖고 싶어 하기 때문이다.

노인은 지나치다 싶을 정도로 이기적이다. 이것은 노인에게는 큰 포부가 없고 그저 자기 살 궁리에 몰두하기 때문이다. 이렇게 노인은 이기적이어서, 고상한 일을 위해서가 아니라 지나치다 싶을 정도로 이해득실을 따져 자기에게 이득인 것을 추구하며 살아간다. 자기에게 이득이 되는 일은 자기에게만 좋지만, 고상한 일은 모두에게 좋기 때문이다. 또한 노인은 수치심을 느끼지 않고 후안무치하다. 그들은 고상한 일을 하려는 것이 아니라 자신에게 이득이 되는 일을 추구하는 까닭에, 다른 사람이 자신을 어떻게 생각하느냐는 아랑곳하지 않기 때문이다.

노인은 비관적이다. 지금까지 자기에게 일어난 일들이 경험적으로 볼 때 대체로 좋지 않았고 실망스러웠기 때문이기도 하고, 노인이 되어 겁이 많아졌기 때문이기도 하다. 노인은 희망이 아니라 추억으로 살아간다. 노인에게 남은 삶은 짧고 지나간 세월은 긴데, 희망은 미래에 대한 것이고 추억은 과거에 대한 것이기 때문이다. 노인이 되면 말이 많아지는 이유이기도 하다. 그들은 지난 일을 끊임없이 얘기한다. 회상하며 추억하는 것이 즐겁기 때문이다.

노인은 화를 잘 내기는 하지만 강도가 약하고, 욕구를 보더라도 어떤 것은 사라져서 없고, 남아 있어도 약하다. 그래서 그들은 욕구를 따라 행동하기보다는 이해득실을 따라 행동한다. 이 연령대에 속한 사람들이 절제력이 있어 보이는 이유다. 하지만 그들은 욕구에서 놓여나서 이득의 노예가 되었기 때문에 그러하다.

노인은 자기 성격을 따라 살아가지 않고 이해득실을 계산하면서 살아간다. 계산은 이해득실과 연결되고, 성격은 미덕과 연결된다. 노인이 나쁜 짓을 하는 것은 오만방자해서가 아니라 악하기 때문이다.[118]

노인도 다른 사람에게 연민을 느끼기는 하지만, 청년과는 이유가 다르다. 청년은 인류애에서 연민이 나오지만, 노인은 힘이 없기 때문이다. 즉, 노인은 다른 사람이 겪는 모든 일을 자기도 얼마든지 겪을 수 있다고 생각하고, 이것이 다른 사람에 대한 연민을 불러일으킨다. 이런 이유에서 노인은 트집 잡고 불평하기는 쉬워도, 재치 있게 말하거나 농담하는 것을 좋아하지 않는다. 재치 있는 말이나 농담은 트집이나 불평과는 반대이기 때문이다.

지금까지 말한 것이 청년과 노인의 성격이다. 모든 사람은 자신의 성격에 부합하는 연설을 받아들인다. 따라서 자기 연설이 청중에게 그런 연설로 보이게 하려고 이것을 어떻게 활용해야 하는지는 연설가가 어렵지 않게 알 수 있다.

---

118 이 구절에서는 청년을 설명(1398b7-8)할 때와 정반대의 표현들을 사용한다. 즉, 노인이 나쁜 짓을 하는 것은 자신의 우월감을 확인하려는 오만방자함(ὕβρις, '휘브리스') 때문이 아니라 자신의 이득을 위해 악의적으로 남에게 해악을 끼치려는 것(κακουργία, '카쿠르기아') 때문이라고 한다.

제14장
장년기

장년기에 속한 사람은 청년과 노인의 중간에 속한 성격을 지닐 것이 분명하다. 그래서 장년은 지나치거나 과도한 것을 피하고, 두 극단과 적절한 거리를 유지한다.

장년은 과도하게 자신만만해하지도 않고(무모한 것이기 때문에), 지나치게 겁을 먹지도 않는다. 모든 사람을 신뢰하지도 않고, 모든 사람을 불신하지도 않으며, 사실에 입각해 판단한다. 그들은 고상한 일만을 위해 살지도 않고, 오로지 자기 이득만을 위해 살지도 않으며, 이 둘을 적절하게 추구하며 살아간다. 또한 인색하지도 않고 낭비하지도 않으며 적정한 수준을 유지한다. 1390b1

이것은 열정과 욕구에 있어서도 마찬가지여서, 장년은 용기가 있으면서도 절제하고, 절제하면서도 용기가 있다. 반면에 청년과 노인에게는 이 둘이 서로 분리되어 있다. 청년은 용기가 있지만 절제가 없고, 노인은 절제가 있지만 겁이 많다.

전체적으로 말하자면, 장년은 청년과 노인이 각각 지닌 장점을 함께 갖고 있고, 청년과 노인이 지나치게 많이 갖고 있거나 지나치게 적게 가진 것을 적정한 수준에서 알맞게 갖고 있다. 인간의 신체는 30세에서 35세까지가 전성기이고, 인간의 정신은 대략 49세가 전성기이다.

청년기와 노년기와 장년기 그리고 그 각각의 성격에 대해서는 이 정도로 해두자.

제15장
태생

운으로 얻은 좋은 것도 사람의 성격에 영향을 미치기 때문에, 지금부터는 그런 것을 차례로 살펴보기로 하자.

먼저 좋은 가문에서 태어난 사람은 명예욕이 강하다. 사람은 이미 가진 것을 더 많이 축적하려는 욕구가 있는데, 조상들이 쌓은 명예가 좋은 가문을 이루기 때문이다. 그런 자들은 자기 조상과 동급인 사람에 대해서도 멸시하는 태도를 보인다. 동일한 것이라고 해도 최근 것보다는 오래된 것일수록 더 위대하고 더 큰 자부심을 느끼게 하기 때문이다.

사실 좋은 가문이란 인류라는 종의 탁월성을 지닌 가문이라는 뜻이고, 좋은 가문에서 태어난 고귀한 사람이란 바로 그런 탁월성을 그대로 간직했음을 의미한다. 하지만 좋은 가문에서 태어났다는 사람 중에는 대체로 그런 자들이 없고, 그들 대부분은 형편없는 자들이다. 땅에서 자라는 작물처럼 인간 세대에도 결실기라는 것이 있어서, 종종 특정한 씨족이 훌륭한 시절이라고 해도 한동안은 그 씨족에서 뛰어난 사람들이 태어나다가 그 후에는 다시 쇠락해버리고 말기 때문이다.

그 결과 알키비아데스나 디오니시오스 1세 같은 걸출한 인물이 나왔던 가문이 타락해서 정신이상자 자손들을 배출하고,[119] 키몬이나 페리클레스

---

119 "알키비아데스"는 기원전 5세기에 활동한 아테나이의 장군이자 정치가로 펠로폰네소스 전쟁에서 엄청난 활약을 펼쳐 백전백승을 일구어낸 인물이다. 그는 명문가 출신인데다 부유했고 유명한 정치가였던 페리클레스의 조카이자 소크라테스의 애제자였다. "디오니시오스 1세"(기원전 432년경-367년)는 이탈리아 시칠리아 섬에 있던 도시국가 시라쿠사를 지배했던 그리스인 참주로, 시라쿠사를 고대 그리스의 식민 도시 중 가장 강력한 도시로 성장시킨 인물이었다.

나 소크라테스 같은 인물들이 나왔던 탄탄한 가문이 타락해 어리석고 멍청한 자손들을 배출한다.[120]

120 "키몬"(기원전 510-450년)은 고대 그리스 아테나이의 정치가이자 장군으로 아테나이가 해상 강국으로 부상하는 데 중요한 역할을 해서 군대 영웅으로 추앙받았고, 그의 가문은 기원전 5세기에 아테나이에서 최고의 명문가 중 하나로 손꼽혔다. "페리클레스"(기원전 495년경-429년)는 고대 그리스의 아테나이 민주정의 전성기를 이끈 정치가였다. "소크라테스"는 기원전 5세기에 활동한 고대 그리스 최초의 철학자다.

제16장
부

부가 사람의 성격에 어떤 영향을 미치는지는 겉으로 다 드러나기 때문에, 모든 사람이 다 안다. 부의 소유는 어떤 식으로든 사람의 성격에 영향을 미친다.

먼저 부자는 오만방자하다. 그들은 모든 것을 다 가졌다고 생각하고,
그것이 그들 성격에 영향을 미친다. 부는 다른 좋은 것들의 가치를 평가
1391a1 하는 척도로 생각되어, 부를 가진 자는 마치 자기가 그 모든 좋은 것을 다
살 수 있는 것으로 보기 때문이다.

부자는 사치스럽고, 스스로 잘났다고 생각한다. 사치스러운 것은 그것이 생활방식이기도 하고 자신이 잘산다는 사실을 과시하려는 것이기도 하다. 그들이 잘난 체하고 거만한 것은, 사람은 자신이 좋아하고 감탄하는 것을 얻으려고 애쓰며 살아가는 법인데, 자신이 이미 가진 것을 다른 사람도 얻고자 애쓰고 있다고 생각하기 때문이다.

부자가 그런 식으로 생각하는 것도 일리가 있다. 실제로 많은 사람은 부자들이 이미 갖고 있는 것을 갖고 싶어 하기 때문이다. 그래서 부자와 현자를 놓고서 히에론의 아내가 부자가 되는 것과 현자가 되는 것 중에서 어느 쪽이 더 대단한 것이냐고 물었을 때, 시모니데스는 자기는 현자가 부자의 문간에 앉아 시간을 보내는 것을 보았다면서 부자 쪽이 더 대단하다고 대답했다고 한다.[121] 또한 부자는 자신이 다른 사람과 나라를 다스릴

---

121 "히에론"은 기원전 478년에 자신의 형인 겔론(기원전 485-478년)의 뒤를 이어 시칠리아 섬의 도시국가인 시라쿠사의 참주가 된 인물이다. 고대 그리스의 서정시인으로 비가에서 독보적인 경지를 보였던 시모니데스는 자신의 생애 대부분을 여러 왕궁을 다니며 시들을 지어주며 살았는데, 시라쿠사도 방문했고 기원전 467년에 거기에서 죽었다.

자격이 있다고 생각한다. 자신은 통치자가 될 만한 자질을 갖추고 있다고 생각하기 때문이다. 한마디로, 부자의 성격은 돈 많은 바보에게 있는 부에서 나온다고 할 수 있다.

하지만 신흥부자와 대물림한 부자는 성격이 다르다. 즉, 신흥부자는 앞에서 말한 부자의 단점을 한층 더 나쁜 형태로 지닌다. 그들은 부에 대해 교육을 받은 적이 없기 때문이다. 그리고 신흥부자가 저지르는 악행은 악의 때문이 아니라, 한편으로는 오만방자함, 다른 한편으로는 무절제에 따른 것이다. 그래서 그들은 폭행이나 간음을 저지르기 쉽다.

제17장
권력

권력이 성격에 미치는 영향도 대부분 명백한데, 권력의 특성 중에서 어떤 것은 부와 동일하고, 어떤 것은 부보다 더 낫다.

성격에서 권력자는 부자보다 더 명예욕이 강하고 더 용감하다. 자신이 지닌 권력으로 할 수 있는 일을 해내고 싶어 하기 때문이다. 권력자는 더 진지하다. 공적인 일을 담당하고 있어서, 자신의 권력과 연관된 것을 세심하게 살피지 않으면 안 되기 때문이다.

권력자는 오만하다기보다는 위엄이 있다. 그들의 지위가 위엄을 갖추고 절제 있게 행동하게 하기 때문이다. 권력자의 위엄은 부드럽고 우아한 오만이다. 그래서 권력자가 불법을 자행하면 작은 불법이 아니라 큰 불법을 저지른다.

운은 지금까지 내가 말한 방식으로 성격에 다양한 영향을 미친다.[122] 운 중에서 가장 중요하다고 여겨지는 것은 이 세 가지와 관련된 것이기 때문이다. 또한 운은 자식 복과 신체적 장점과 관련해서도 남보다 우위에 서게 해준다.

행운은 사람을 더 오만하게 하고 더 사려심 없게 하지만, 행운에는 한 가지 아주 훌륭한 성격이 따르는데, 그것은 자신이 행운으로 말미암아 얻게 된 것이 신들 덕분이라고 믿고서, 신들을 사랑하며 어떤 상황에서도 신들을 의지하게 된다는 것이다.

이상으로 나이와 운이 성격에 어떤 영향을 미치는지 살펴보았다. 지금까지 우리가 논의했던 사람들과 반대되는 위치에 있는 사람들, 예컨대 가

---

122 이것은 앞에서 출생, 부, 권력이 성격에 어떤 영향을 미치는지를 고찰한 것을 가리킨다.

난한 자와 불운한 자, 권력 없는 자들의 성격은 부자와 운 좋은 자, 권력자들과 정반대로 생각해보면 분명해진다.

제18장

모든 연설에 공통적인 논제들

설득하는 연설은 판단과 결정으로 이끌어야 한다(이미 알고 있거나 결정이 끝난 것에 대해서는 연설이 필요하지 않다). 따라서 설득하는 연설은 이것으로 어떤 사람을 권유하거나 만류하려는 경우에 사용된다. 예컨대 뭔가를 조언하거나 설득하려는 것이 그런 경우다. 이때 상대방은 재판관과 다름없다. 설득 대상인 사람은 어떤 면에서 재판관이기 때문이다.

설득하는 연설은 소송당사자를 변호할 때 사용되고, 마찬가지로 이미 제시된 어떤 견해를 반박할 때도 사용된다. 후자의 경우에도 소송당사자를 변호할 때처럼 반대 의견을 제시하는 데 연설이 필요하기 때문이다.

설득하는 연설은 선전을 위한 연설에서도 사용된다. 연설가는 청중을 재판관으로 생각하고 연설하기 때문이다. 정치적인 대중 집회에서 논란이 되는 문제에 관해 실제로 결정 권한을 지닌 사람만이 재판관이긴 하지만, 그들도 이 문제들이 어떤 식으로 논란이 되는지, 그리고 대중은 무엇을 원하는지를 살펴 결정을 내리기 때문이다.

앞에서 조언을 위한 연설을 다룰 때 국가 형태가 연설의 성격에 어떤 영향을 미치는지를 보았기 때문에, 여기에서는 어떤 것을 통해 어떤 식으로 각각의 성격에 맞는 연설을 할 수 있는지를 살펴보고자 한다.

또한 우리는 연설의 종류에 따라 목적이 각각 다른 것도 살펴보았고, 조언을 위한 연설과 선전을 위한 연설과 법정 변론을 위한 연설에서 설득을 위한 근거를 제시하는 데 사용 가능한 견해와 전제에는 무엇이 있는지도 보았다. 그리고 청중의 성격을 자세히 분석해서, 어떻게 하면 그 성격에 부합하는 연설을 할 수 있는지도 보았다. 따라서 이제 우리에게 남은 것은 모든 종류의 연설에 공통적인 문제를 살펴보는 것이다.

모든 연설가는 연설에서 가능한가 불가능한가의 문제를 다루어야 하고, 때로는 어떤 일이 일어나리라는 것을, 때로는 어떤 일이 이미 일어났음을 증명하려고 애써야 한다. 또한 중요한가 중요하지 않은가도 모든 연설에서 공통적으로 다루어야 한다. 모든 연설가는 조언하는 연설을 하든, 칭송하거나 비난하는 연설을 하든, 법정에서 고발하거나 변호하는 연설을 하든, 어떤 것의 중요성을 축소하거나 확대할 필요가 있기 때문이다.

이런 것을 살핀 후에, 아직도 여전히 논의하지 못하고 남아 있는 것들, 즉 생략삼단논법과 예증에 대해서도 가능한 한 전반적으로 고찰할 것이다.

모든 연설에 공통적인 사항 중에서 어떤 것의 중요성을 확대하는 것은 선전 목적과 가장 밀접하고, 어떤 일이 일어났음을 입증하는 것은 법정 변론 목적의 연설과 가장 밀접하며(법정에서의 판단은 과거에 일어난 일에 대한 것이다), 가능성을 입증하고 어떤 일이 미래에 일어날 것임을 보이는 것은 조언 목적의 연설과 가장 밀접하게 연관된다.

제19장
가능성

먼저 가능한 것과 불가능한 것에 관해 말해보자. 대립되는 것들 중에서 어느 한 쪽이 이미 존재하거나 나중에 존재할 수 있다면, 다른 한 쪽도 존재할 수 있다고 보아야 한다. 예컨대 어떤 사람이 병을 치료받는 것이 가능하다면, 병에 걸리는 것도 가능하다. 대립되는 것들 중에서 어느 한 쪽이 가능하면, 다른 한 쪽도 가능하기 때문이다.

서로 비슷한 것 중에서 어느 하나가 가능하다면, 다른 것도 가능하다. 둘 중에서 더 어려운 쪽이 가능하다면, 더 쉬운 쪽도 가능하다. 어떤 것이 탁월하고 훌륭한 형태로 존재하는 것이 가능하다면, 그것이 평범한 형태로 존재하는 것도 가능하다. 평범한 집보다는 훌륭한 집을 짓기가 더 어렵기 때문이다.

어떤 것의 처음이 존재하다면, 그 끝이 존재하는 것도 가능하다. 불가능한 것이라면, 아예 존재할 수도 없고 존재하게 할 수도 없기 때문이다. 예컨대 사각형의 대각선 길이를 한 변의 길이와 동일하게 그리는 방법은 존재할 수도 없고 존재하게 할 수도 없다.

어떤 것의 끝이 가능하면, 그 처음도 가능하다. 모든 것은 처음에 시작했기에 존재하기 때문이다. 본성이나 기원에서 나중에 오는 것이 존재한다면, 그 이전에 오는 것도 존재가 가능하다. 예컨대 성인 남자가 존재한다면 소년도 존재하고(소년은 성인 남자 이전에 존재하기 때문에), 소년이 존재한다면 성인 남자도 존재한다(소년은 성인 남자의 처음이기 때문에).

인간이 어떤 것에 본성적인 애정과 욕구를 갖고 있다면, 그것이 존재하는 것은 가능하다. 일반적으로 불가능한 것에 애정과 욕구를 지닌 사람은 아무도 없기 때문이다. 학문과 기술의 대상 역시 존재하는 것과 생성되는 것이 가능하다.

우리가 강제나 설득으로 어떤 것의 처음을 생성되게 하는 것이 가능하다면, 그것이 존재하는 것도 가능하다. 우리가 어떤 것보다 더 우월한 힘을 지녔거나 우리가 주관하는 것이거나 아주 친한 관계에 있는 것이 그러하다.

어떤 것의 일부가 가능하면, 그것의 전부도 가능하다. 어떤 것의 전부가 가능하면, 그것의 일부도 대체로 가능하다. 신발의 앞부분과 밑창과 윗덮개를 만들 수 있다면 신발도 만들 수 있고, 신발을 만드는 것이 가능하면 신발의 앞부분과 밑창과 윗덮개를 만들 수도 있기 때문이다.

유(類) 전체를 생성하는 것이 가능하면, 종(種)을 생성하는 것도 가능하고, 종 생성이 가능하다면, 유를 생성하는 것도 가능하다.[123] 예컨대 배를 1392b1
만드는 것이 가능하면 노가 3단으로 된 갤리선[124]을 만드는 것도 가능하고, 그런 갤리선을 만들 수 있다면 배를 만들 수도 있다.

본성적으로 서로 연결되어 있는 것 중에서 어느 한 쪽이 가능하면, 다른 한 쪽도 가능하다. 예컨대 두 배로 늘리는 것이 가능하면 절반으로 줄이는 것도 가능하고, 절반으로 줄이는 것이 가능하면 두 배로 늘리는 것도 가능하다.

기술이나 준비 없이 어떤 것을 만들어낼 수 있다면, 기술과 노력을 투입하면 그것을 더 확실히 만들 수 있다. 그래서 아가톤은 어떤 것은 기술

123 "유"(類)는 더 큰 것으로서 하나 또는 둘 이상의 "종"(種)으로 이루어져 "종"을 포괄하고, "종"은 더 작은 것으로 "유"에 포괄된다. 따라서 "종"을 정의할 때는 어떤 "유"에 속해 있는지를 설명해야 하고, 거기에 그 "유"에 속한 여러 종 사이의 "종차"를 설명하는 말을 추가한다.

124 갤리선은 노를 주로 사용하고 돛을 보조적으로 사용하는 전함으로 고대부터 18세기까지 사용되었다. 노가 3단으로 되어 있는 갤리선은 길이가 35미터가 넘었고, 노젓는 사람이 최소 90명이었으며, 속도와 기동력이 뛰어났다. 그리스와 로마 시대부터 지중해를 중심으로 사용되었다.

로 얻지만, 어떤 것은 필연이나 우연으로 얻어진다고 말했다.[125]

어떤 것이 더 못하고 더 열등하며 더 어리석은 자에게 가능하다면, 그와 반대되는 자에게는 더더욱 가능하다. 이것이 이소크라테스가 말하길, 에우티노스는 남들에게 배워 알 수 있는 것이라면 스스로 얼마든지 알아낼 수 있고, 그렇지 않다면 그것이 도리어 이상한 일이라고 한 이유다.[126] 불가능한 것이 어떤 것인지는 지금까지 말한 것의 반대를 생각해보면 쉽게 드러날 것임은 두말할 필요가 없다.

어떤 것이 과거에 이미 일어난 것인지 아닌지를 알려면 반드시 검토할 일이 있다. 먼저 본성에 비추어 보았을 때 일어날 가능성이 더 적은 어떤 일이 실제로 일어났다면, 일어날 가능성이 더 큰 일은 일어났을 것으로 보아야 한다.

일반적으로 나중에 일어나는 일이 일어났다면, 그보다 먼저 일어나는 일은 일어났다고 본다. 예컨대 누군가가 어떤 것을 망각했다면, 그는 전에 그것을 배운 적이 있다. 누군가에게 어떤 것을 할 만한 능력도 있고 그것을 하려는 의지도 있었다면, 그는 이미 그것을 한 적이 있다. 누구든지 어떤 것을 할 능력이 있고 의지도 있다면 그것을 하는 법이고, 아무것도 그렇게 하는 것을 막지 못하기 때문이다.

또한 누군가에게 뭔가를 하려는 의지가 있고 이를 저지할 외적 장애물이 전혀 없거나, 할 수 있는 능력이 있는데 화가 나 있거나, 할 수 있는 능

---

125 아가톤의 단편 765(나우크 판본)에 나오는 말이다. 아가톤은 기원전 5세기에 활동한 고대 그리스의 비극시인으로 3대 비극시인이었던 아이스킬로스, 소포클레스, 에우리피데스를 계승해서 비극을 획기적으로 개혁한 인물이다. 플라톤의 『향연』은 아가톤이 기원전 416년에 비극 경연 대회에서 우승한 것을 기념하기 위해 자기 집에서 열었던 축하 잔치를 무대로 한다. 그의 작품은 40행 정도의 단편만 현존한다. "기술"은 인위적인 것이고, "필연"과 "우연"은 자연적인 것이다.

126 "이소크라테스"(기원전 436-338년)는 고대 그리스 아테나이의 대중 연설가이자 수사학자였다. 그는 수사학교를 세워 플라톤의 철학적 정치학에 대항하는 수사학적 정치학을 전파했다. "에우티노스"에 대해서는 알려져 있는 것이 없지만, 이소크라테스의 찬사를 들을 정도면 대단히 명석한 인물이었음에 분명하다.

력이 있는데다가 하려는 욕구까지 있다면, 그는 그것을 한 것이다. 일반적으로 사람은 누구든지 할 수 있는 능력이 있기만 하면 그 하려는 것을 하기 때문이다. 평범한 사람은 절제력이 없어서 그렇게 하고, 훌륭한 사람은 훌륭한 일을 하길 원해서 그렇게 한다.

어떤 일이 일어날 예정이었다면, 그것은 일어났다고 보아야 한다. 누군가가 어떤 일을 하려고 했다면 그 일을 했을 가능성이 높기 때문이다. 본성적으로 어떤 것에 선행하거나 원인이 되는 것이 일어났다면, 그것도 일어났다고 본다. 예컨대 천둥이 쳤다면 번개도 친 것이고, 누군가가 뭔가를 시도했다면 그는 그것을 이미 실행했음이 분명하다.

이 모든 사건 중에서 어떤 것은 피할 수 없고, 어떤 것은 통상 일어나는 일이다. 어떤 일이 일어나지 않았음을 입증하려면 어떻게 해야 하는지는 지금까지 말한 것의 정반대를 생각해보면 분명히 드러난다.

미래사의 가능 여부를 입증하는 일도 지금껏 말한 것으로부터 분명해 1393a1
진다. 즉, 누군가가 어떤 것을 하려는 의지가 있고 그것을 할 능력이 있다면, 또는 어떤 것이 누군가의 욕구와 분노와 계산 안에 들어 있다면, 그에게는 그것을 하려는 강한 충동이나 의도가 있기 때문에 미래에 일어날 가능성이 높다. 일반적으로 어떤 것을 하려는 의지가 없을 때보다 의지가 있을 때 발생 가능성은 더 높기 때문이다.

또한 본성적으로 어떤 것에 선행하는 일이 이미 일어났다면, 그것 역시 일어날 가능성이 높다. 예컨대 구름이 하늘을 뒤덮었다면, 비가 올 가능성이 높다. 그리고 어떤 목적 달성을 위한 선행조치가 일어났다면, 그 목적도 이루어질 가능성이 높다. 가령 집을 짓기 위한 기초공사를 실시했다면, 장래에 집이 지어질 가능성이 높다.

어떤 일의 크고 작음, 더 큰 것과 더 작은 것, 일반적으로 큰 것과 작은 것이라는 문제도 앞서 한 말에서 분명하게 드러난다. 조언을 위한 연설과 관련해 좋은 것의 상대적 크기, 그리고 일반적으로 더 큰 것과 더 작은 것에 관해 이미 말했다. 따라서 연설은 각 분야에서 이로움, 고상함, 정의로움 같은 좋은 것을 추구하기 때문에, 모든 연설은 우리가 말한 것에서 어떤 것을 가져와 확대해야 한다. 그런 범위를 벗어나, 또다시 큰 것과 우월한 것에 관해 일반적으로 논의하려면, 그것은 공허한 것이 되고 만다. 현안과 관련해서는 구체적인 것이 일반적인 것보다 더 큰 힘을 발휘하기 때문이다.

따라서 가능한 것과 불가능한 것이라는 문제, 어떤 것이 일어났는지 일어나지 않았는지, 또는 앞으로 일어날 것인지 일어나지 않을 것인지에 관한 문제, 그리고 어떤 것의 크고 작음의 문제는 이 정도로 해두자.

제20장

예증

각 분야의 연설과 관련된 설득 수단에 대해서는 이제 다 살펴보았기 때문에, 이제는 모든 연설에 공통적인 설득 수단을 논하는 일이 남았다. 공통적인 설득 수단에는 두 종류, 즉 예증과 생략삼단논법이 있다. 금언은 생략삼단논법에 일부 속한다. 그러면 먼저 예증에 관해 살펴보자.

예증은 귀납법과 비슷하다. 귀납법이 예증의 근원이기 때문이다. 예증에는 두 종류가 있다. 하나는 전에 있었던 일을 말하는 것이고, 다른 하나는 어떤 일을 스스로 지어내는 것이다. 후자로는 비유와 우화가 있는데, 우화는 아이소포스의 우화나 아프리카 우화 같은 종류를 말한다.[127]

전에 있었던 일을 말한다는 것은 예를 들어 어떤 사람이 이런 식으로 논증하는 것이다. "우리는 페르시아 왕의 침략에 대비해야 하고, 혹시라도 페르시아 왕이 이집트를 정복하려 하면 반드시 저지해야 합니다. 전에 다레이오스가 이집트를 정복하기 전에는 여기로 넘어오지 못했지만 이집트를 정복하고 나서는 여기로 넘어왔고, 크세르크세스도 이집트 정복 전에는 여기를 넘보지 못했지만 이집트를 정복한 다음에는 여기로 넘어왔기 때문입니다. 따라서 지금의 페르시아 왕도 이집트를 정복하게 되면 여기로 넘어올 것이기 때문에, 그것을 허용해서는 안 됩니다."[128]

---

127 "아이소포스"는 기원전 6세기에 활동한 고대 그리스의 우화 작가로 우리가 흔히 "이솝"이라고 부르는 인물이다. 사모스 섬에서 노예로 살다가 그의 재능을 알아본 주인 이드몬에 의해 자유민이 되어 작가로 활동했다. 소크라테스도 그의 작품을 읽었다고 한다.

128 "지금의 페르시아 왕"은 아르탁세르세스 3세(재위 기원전 358-338년)다. "다레이오스"(재위 기원전 521-486년)와 그의 큰 아들 "크세르크세스"(재위 기원전 486-465년)는 페르시아의 왕들이었다. 이 세 왕은 모두 이집트를 정복했다.

비유가 무엇인지는 소크라테스가 한 말들이 잘 보여준다. 예컨대 그는 이렇게 말했다. "관리를 제비뽑기로 선발해선 안 됩니다. 그렇게 하는 것은 경기에 나가 우승할 만한 사람이 아니라 제비뽑기로 출전 선수를 선발하거나 선장을 제비뽑기로 선발하는 것처럼, 어떤 일을 잘 아는 사람이 아니라 제비뽑기에서 당첨된 사람을 선발하는 것이 마땅하다고 말하기 때문입니다."[129]

우화의 사례로는 팔라리스를 소재로 한 스테시코로스의 우화나 대중선동가를 옹호하는 아이소포스의 우화가 있다.[130] 히메라인이 팔라리스를 절대 권력이 부여된 대장군으로 선출하고 그를 지켜줄 호위대를 주려고 했을 때, 스테시코로스는 그들에게 이런저런 많은 것을 얘기한 후에 다음과 같은 우화를 들려주었다.

"어떤 말이 풀밭을 혼자 차지하고 있었습니다. 그때 사슴 한 마리가 와서 풀밭을 엉망진창으로 만들어놓았습니다. 말은 그 사슴에게 복수하고 싶었습니다. 그래서 자기가 사슴에게 복수할 수 있게 도와줄 수 있느냐고 어떤 사람에게 물었습니다. 그 사람은 말이 입에 재갈을 문 상태에서 자기가 창을 들고 말의 등에 타게 해준다면 기꺼이 돕겠다고 대답했습니다. 말은 거기에 동의했지만, 등에 사람을 태운 후에는 사슴에게 복수하는 것은 고사하고 도리어 사람의 노예가 되고 말았습니다."

스테시코로스는 계속 이렇게 말했다. "여러분도 적에게 복수하려고 하다가 이 말과 똑같은 일을 겪지 않게 조심하십시오. 여러분은 팔라리스를 절대 권력이 부여된 대장군으로 선출하면서 이미 재갈을 입에 물었습니

---

129 플라톤의 『국가』 488d-e에 나오는 말이다.

130 "팔라리스"는 기원전 6세기 전반에 이탈리아 시칠리아 섬의 아크라가스를 다스린 아주 잔인한 참주로, 자신의 적들을 청동 황소상 안에 넣어서 산 채로 구워서 죽였다고 한다. "스테시코로스"(기원전 632년경-556년)는 시칠리아 섬에서 활동한 서정시인으로, 그의 작품들은 단편으로 전해진다. "히메라"는 시칠리아 섬에 건설되었던 고대 그리스의 식민 도시였다.

다. 이제 여러분이 그에게 호위대를 주어, 그가 여러분의 등 위에 올라타게 된다면, 여러분은 이내 팔라리스의 노예가 되고 말 것입니다."

아이소포스는 사모스 섬[131]에서 사형을 선고받을 죄를 짓고 재판을 받던 대중선동가를 옹호하려고 변론하면서 이런 우화를 들려주었다.

"여우 한 마리가 강을 건너다가 돌 틈새에 끼었습니다. 틈새에서 빠져나올 수 없었던 여우는 오랜 시간 그렇게 있으면서, 자기 몸에 들러붙은 많은 벼룩 때문에 고초를 당했습니다. 그때 주변을 어슬렁거리다가 그 모습을 본 고슴도치가 여우를 불쌍하게 여겨서 벼룩을 쫓아내주겠다고 했지만, 여우는 거절했습니다. 무슨 이유 때문에 거절하느냐고 묻는 고슴도치에게 여우는 이렇게 대답합니다. '이 벼룩들은 이미 내 피를 많이 빨아먹어서 이제는 조금씩 빨아먹고 있지만, 만일 네가 이 벼룩들을 쫓아버린다면, 피에 굶주린 다른 벼룩들이 몰려와서 남은 피를 다 빨아먹을 것이기 때문이지.'"

아이소포스는 이런 우화를 들려준 후에 계속 말했다. "사모스 사람들이여, 마찬가지로 여러분도 이제는 더 이상 이 사람에게 피해를 볼 일이 없습니다. 이 사람은 이미 부자이기 때문입니다. 하지만 만일 여러분이 이 사람을 죽인다면, 다른 가난한 자들이 와서는, 여러분에게 남아 있는 재산마저도 몽땅 다 털어가 버리고 말 것입니다."

우화는 대중을 상대로 연설할 때 적절하다. 실제로 일어난 유사한 일을 찾아내기는 어렵지만, 우화를 만들어내기는 쉽다는 것이 장점이다. 유사점을 찾아낼 능력만 있다면, 우화는 비유처럼 만들어내기만 하면 되고, 철학을 공부한 사람에게 이는 쉬운 일이다. 우화를 만들어내 설득하는 것이 더 쉽긴 하지만, 조언을 위한 연설에서는 사실을 제시해 설득하는 것이 더 유용하다. 일반적으로 미래에 일어날 일은 과거에 일어난 일들과 유사

---

131 "사모스 섬"은 그리스 동부 에게해에 있는 섬이다. "아이소포스"(이솝)는 사모스 섬에서 노예로 살고 있었다.

하기 때문이다.

증명 수단으로 생략삼단논법을 사용할 수 없다면 예증을 활용해야 한다(예증은 확신을 낳기 때문이다). 그리고 증명 수단으로 생략삼단논법을 사용할 수 있다면 먼저 생략삼단논법을 사용하고, 그런 후에 예증을 마치 증인들의 증언처럼 보완증거로 활용해야 한다. 예증을 먼저 사용하면, 귀납법과 유사해지는데 귀납법은 소수의 경우 외에는 연설에 적합하지 않지만, 생략삼단논법 뒤에 둔 예증은 증언과 같은 역할을 하고, 증언은 언제나 설득력이 있기 때문이다. 예증을 앞에 두면 많은 예증을 제시해야 하지만, 예증을 뒤에 두는 경우에는 하나만으로 충분하다. 적절한 증언은 하나로도 유용하기 때문이다.

이상으로 우리는 예증에는 어떤 종류가 있고, 예증을 언제 어떻게 사용해야 하는지를 살펴보았다.

제21장
금언

금언을 사용한 연설과 관련해서, 어떤 것에 관해 언제 어떤 사람에게 말할 때 금언을 사용해야 하는지는, 금언이 무엇인지를 살펴보면 금방 드러난다.

금언은 선언이다. 하지만 이피크라테스[132]가 어떤 사람이냐 하는 것처럼 개별적인 선언이 아니라, 일반적인 선언이다. 그리고 직선은 곡선의 반대라고 말하는 것처럼 모든 일반적인 것에 관한 선언이 아니라, 인간의 행동 및 인간이 어떤 행동을 위해 선택하거나 피해야 하는 것에 관한 선언이다. 따라서 생략삼단논법은 그런 것에 관한 삼단논법이기 때문에, 금언은 생략삼단논법에서 추론 과정을 제거한 후에 제시된 결론이나 전제라고 할 수 있다.

예컨대, "지각 있는 사람은 자녀를 지나치게 영리하게 가르쳐서는 안 된다"라는 말이 있다. 이것은 금언이다. 여기에 왜 그러한지를 설명하는 어떤 이유를 추가하면, 그 전체는 생략삼단논법이 된다. "그런 자녀는 다른 사람에게 게으르다는 말을 듣는 것은 물론이고, 마을 사람에게 질시와 미움을 받기 때문이다."[133]

또한 "사람은 모든 일에서 행복할 수는 없다"라는 말이나, "자유로운 사람은 없다"라는 말도 금언이다. 하지만 후자에 이런 말을 덧붙이면 생략

---

132 "이피크라테스"(기원전 415년경-353년)는 고대 그리스 아테나이의 명장이다. 미천한 출신이었지만, 경무장보병과 중무장보병만 있던 당시에 그 중간에 해당하는 '펠타스타'라는 보병을 창설하여 스파르테를 여러 번 격파했다.

133 앞의 것은 에우리피데스의 『메데이아』 294-295행에 나오는 말이고, 뒤의 것은 296-297행에 나오는 말이다.

삼단논법이 된다. "사람은 돈의 노예이거나 운의 노예이기 때문이다."[134]

금언이 앞에서 말한 그런 것이라면, 금언의 종류는 네 가지일 수밖에 없다. 금언에는 증명하는 말이 결합될 수도 있고 그렇지 않을 수도 있기 때문이다. 즉, 역설적[135]이거나 논란의 소지가 있는 것에 관한 금언은 추론으로 증명하는 말을 보완할 필요가 있지만, 역설적이지 않은 것에 관한 금언은 그런 말이 필요하지 않다.

후자에 속한 것 중에서 어떤 것은 "사람에게 최고의 복은 건강이다"라는 말처럼 이미 잘 알려져 있어 많은 사람이 그렇게 생각하기 때문에 굳이 증명할 필요가 없는 금언이고, 어떤 것은 "영원히 사랑하지 않는 자는 전혀 사랑하는 것이 아니다"라는 말처럼 사람들이 일단 그런 말을 듣고 나서 조금만 생각해보면 그 말이 옳다는 것을 금방 알게 되는 금언이다.[136]

증명하는 말이 뒤따라 나오는 금언 중에서 어떤 것은 "지각 있는 사람이라면 ……해서는 안 된다"라는 말처럼 생략삼단논법의 일부이고, 어떤 것은 생략삼단논법의 일부가 아니라 생략삼단논법의 성격을 지닌 말이다.[137]

이 둘 중에서 후자가 높은 평가를 받는데, 그런 금언 속에는 그렇게 말한 이유를 설명하는 말이 표현되어 있다. "언젠가는 죽어야 하는 존재이니, 그 마음에 죽지 않는 분노를 품지 말라"는 것이 그런 예다. 여기에서 "그 마음에 죽지 않는 분노를 품지 말라"고 한 것은 금언이지만, 거기에 덧

---

134 첫 번째의 것은 에우리피데스의 『스테네보이아』 단편 661(나우크 판본)에 나오는 말이고, 두 번째의 것은 에우리피데스의 『헤카베』 864행에 나오는 말이며, 세 번째의 것은 865행에 나오는 말이다.

135 "역설적"이란 사람들이 일반적으로 생각해왔던 것과 반대되거나 다른 것을 말한다.

136 전자는 시칠리아 섬 출신의 희극 작가인 에피카르모스의 말이라고도 하고 시모니데스의 단편 146에 나오는 말이라고도 한다. 후자는 에우리피데스의 『트로이 여인들』 1051행에 나오는 말이다.

137 "생략삼단논법의 일부가 아니라 생략삼단논법의 성격을 지닌 말"이란 생략삼단논법의 형식을 갖추고 있지 않아서 생략삼단논법도 아니고, 그 일부도 아니며, 단지 생략삼단논법의 성격을 지닌 말이라는 것이다. 뒤에 예로 든 말은 출처가 알려져 있지 않다.

붙여진 "언젠가는 죽어야 하는 존재이니"라는 말은 그 이유를 설명한 것이다. 또한 "언젠가는 죽어야 하는 존재는 자신을 유한한 존재로 생각해야 하고, 언젠가는 죽어야 할 존재가 무한한 존재인 것처럼 생각해서는 안 된다"[138]라는 금언도 마찬가지다.

지금까지 말한 바로 금언의 종류에는 어떤 것이 있고, 각각을 무엇과 연관지어 사용하는 것이 어울리는지가 분명해졌다. 역설적이거나 논란의 소지가 있는 것을 다룬 금언에는 증명하는 말이 생략되어서는 안 된다. 그런 경우에 증명하는 말을 앞에 두고 금언을 뒤에 두어 결론으로 삼는 방법이 있고("사람은 질시의 대상이 되어서도 안 되고 게을러서도 안 되기 때문에, 아이를 교육시켜서는 안 됩니다"라고 하는 것이 그 예다), 금언을 앞에 두고 증명하는 말을 뒤에 두는 방법이 있다.

역설적이지는 않지만 잘 이해가 되지 않는 금언에 그 이유를 덧붙이려면 간결해야 한다. 그때는 라코니아[139] 방식의 경구도 어울리고 수수께끼도 어울린다. 스테시코로스가 로크리스인에게 "오만해서는 안 된다"고 말한 후에, "그래야만 매미들이 땅에서 우는 일이 없을 것이다"[140]라는 말을 덧붙인 것이 그 예다.

금언은 나이 많은 사람이 자기가 경험한 일을 말할 때 사용해야 어울린다. 나이가 많지도 않은 사람이 경험하지도 않은 일에 금언을 사용해서 말하는 것은 어울리지도 않을 뿐더러, 마치 없던 이야기를 지어서 말하는 것과 같아 어리석고 무식하게 들린다. 특히 시골 사람들이 금언을 지어내

---

138 앞의 각주에서 말한 "에피카르모스"의 작품에 나오는 말로 추정된다.

139 "라코니아"는 그리스 펠레폰네소스 반도 남부에 있는 지방으로, 고대 그리스에는 그 지방에 스파르테라는 도시국가가 있었고, 스파르테는 그 국가의 수도이기도 했다. 스파르테인은 말이 많은 것을 싫어하고 간결한 말을 좋아했다고 한다. 여기에서 영어의 laconic("간결한, 무뚝뚝한")이라는 단어가 나왔다.

140 "로크리스"는 그리스인이 기원전 7세기에 남부 이탈리아에 세운 식민도시였다. "매미들이 땅에서 운다"는 말은, 오만하면 적을 많이 만들어 결국 전쟁으로 국토가 황폐해져 나무가 없어지고, 그렇게 되면 매미들이 땅 위에서 우는 일이 벌어진다는 말이다.

자기를 과시하길 좋아한다는 것이 그 증거다.

보편적이지 않은 것을 보편적인 것처럼 말하는 것은 분노에 찬 항변이나 과장을 할 때 가장 적합한데, 그런 말은 어떤 것을 증명하기 직전이나 직후에 해야 한다. 또한 사람들 입에 자주 오르내리는 너무나 당연시되는 금언도 유용하다면 사용해야 한다. 그런 금언은 너무나 당연시되는 까닭에 모든 사람이 그것을 옳은 것으로 생각하고 동의하기 때문이다.

예컨대, 신들에게 희생제물을 바쳐 전쟁의 승패에 관한 점괘를 아직 얻지 못했을 때 군인들에게 목숨을 바쳐 싸우라고 독려해야 한다면, "최고의 점괘는 조국을 위해 싸우는 것입니다"라고 말할 수 있다. 아군의 수가 열세라면, "전쟁의 신은 공평합니다"라고 할 수 있다. 아무 잘못도 없는 적군의 아이들을 죽여야 한다면, "아버지를 죽이고 그 자녀들을 살려두는 것은 어리석은 짓입니다"라고 할 수 있다.[141]

속담 중에서 어떤 것은 금언이기도 하다. "아티케인 이웃"[142]이라는 속담이 그런 경우다. 또한 어떤 금언이 사람들 사이에서 잘 알려진 명언들("네 자신을 알라"라거나 "무슨 일에서든 지나침이 없어야 한다" 같은 말이다)과 부합하지 않는다고 해도, 연설가의 성격이나 감정을 더 잘 표현할 만하다면 그 금언을 사용해야 한다.

연설가의 감정을 더 잘 표현해주는 사례로는, 어떤 것에 분노해서 이렇게 말하는 식이다. "자기 자신을 알아야 한다는 말은 말짱 거짓말입니다. 만일 제가 자신을 알았더라면, 대장군이 될 생각은 아예 하지 못했을 것

---

141 이 예들에서 첫 번째의 것은 호메로스의 『일리아스』 제12권 243행에 나오는 말이고, 두 번째의 것은 제18권 309행에 나오는 말이며, 세 번째의 것은 본서 제1권 제15장 1367a에도 인용된 말로, 키프로스 출신의 초기 그리스의 시인인 스타시노스가 쓴 『키프리아』에 나오는 말이다.

142 "아티케"는 그리스도 펠로폰네소스 반도의 동남 지방을 가리키는 명칭이고, 그 중심지는 아테나이였다. "아티케인 이웃"은 호전적인 아티케인을 적이 아니라 이웃으로 두고 있어 싸울 필요가 없다는 뜻이다. 투키디데스의 『펠로폰네소스 전쟁사』 제1권 70장에 나오는 말이다.

이기 때문입니다." 그리고 연설가의 성격을 더 잘 표현해주는 사례로는, "누군가의 말과는 달리, 우리는 언제라도 미워할 수 있을 것처럼 사랑해서는 안 되고, 언제라도 사랑할 수 있을 것처럼 미워해야 합니다"[143]라고 말하는 것이다.

둘 중에서 어느 쪽을 선택하라는 말을 하려면 연설가는 그 의도를 밝혀야 하고, 의도를 밝히지 않는다면 어느 한 쪽을 선택한 이유를 제시해야 한다. 이렇게 말하는 것이 그런 예들이다.

"우리는 누군가가 말한 것과는 달리 언제라도 미워할 수 있다는 듯이 사랑해서는 안 되고, 영원히 사랑할 것처럼 사랑해야 합니다. 그렇게 사랑하지 않는 것은 기만적인 사랑이기 때문입니다." 또는, "언제라도 미워할 수 있다는 듯이 사랑하라는 말이 나는 못마땅합니다. 참된 친구라면 영원히 사랑할 것처럼 사랑하는 것이 마땅하기 때문입니다." 또는, "'무슨 일에서든지 지나치지 않아야 한다'라는 말이 나는 못마땅합니다. 악인에 대해서는 지나치게 미워하는 것이 마땅하기 때문입니다."

금언은 연설에 큰 도움을 준다. 그중 한 가지 이유는 청중에게는 속물 1395b1
근성이 있어서, 자신이 어떤 특정한 일을 겪으면서 갖게 된 단편적인 생각을 누군가가 일반화해서 말해주면 좋아하기 때문이다. 지금부터 내가 하는 설명은 방금 이 말이 무슨 의미이고, 우리가 어떤 식으로 적절한 금언을 골라 사용해야 하는지를 보여준다.

이미 말했듯이, 금언은 일반적인 선언이고, 청중은 자신이 어떤 일을 겪으면서 갖게 된 단편적인 생각을 누군가가 일반화해서 말해주면 좋아한다. 예컨대, 나쁜 이웃이나 힘들게 하는 자녀를 둔 사람이 있다고 하자. 누군가가 그 앞에서 "이웃보다 더 골치 아픈 게 없어요"라고 말하거나, "자

143 이것은 고대 그리스 일곱 현인 중 한 사람인 비아스가 "우리는 언제라도 미워할 수 있을 것처럼 사랑해야 하고, 언제라도 사랑할 수 있을 것처럼 미워해야 한다"라고 한 것을 다르게 말한 사례다. 비아스의 이 말은 본서 제2권 제13장 1389b23에 나온다.

식 기르는 것보다 더 쓸데없는 일이 없네요"라고 말한다면, 그 사람은 그런 말을 전적으로 수긍할 것이다. 따라서 연설가는 청중에게 어떤 생각이 있는지를 알아내서, 그 견해를 일반화해서 언급해야 한다. 이것이 금언을 사용했을 때의 이점 중 하나다.

하지만 그보다 더 중요한 또 다른 이점이 있다. 바로 금언 사용은 연설에 특정한 성격을 부여한다는 것이다. 금언을 사용한 연설은 어떤 것을 버리고 어떤 것을 선택했는지가 분명하게 드러나기에 특정 성격을 지닌다. 모든 금언이 그런 결과를 가져오는 이유는 연설가는 금언을 사용함으로써 자신이 무엇을 버리고 무엇을 선택했는지를 일반적인 선언의 형태로 드러내기 때문이다. 그러므로 금언이 훌륭하면, 그 금언을 사용한 연설가도 훌륭해 보인다.

금언이 무엇이고, 금언의 종류에는 어떤 것이 있으며, 금언을 어떻게 사용해야 하고, 금언을 사용하면 어떠한 이점이 있는지에 대해서는 이 정도로 해두자.

제22장

생략삼단논법

이제 생략삼단논법과 관련해서 먼저 어떤 식으로 이를 수행해야 하는지를 일반적으로 살펴보고, 다음으로는 생략삼단논법에서 다루어지는 논제에 대해 살펴보기로 하자. 이 둘은 엄연히 다르기 때문이다.

생략삼단논법이 삼단논법의 일종이라는 것, 즉 어떤 의미에서 생략삼단논법이 삼단논법의 성격을 지니는지, 그리고 생략삼단논법이 변증적 삼단논법과는 어떤 식으로 다른지에 관해서는 앞에서 설명한 바 있다. 즉, 생략삼단논법은 긴 추론 과정을 거치지 않고 모든 것을 다 추론 과정에 포함하지도 않는다는 점에서 변증적 삼단논법과 다르다. 추론 과정이 길어지면 논지가 모호해지고, 명백한 것을 추론 과정에 포함시키면 쓸데없이 장황해지기 때문이다.

이것이 군중 앞에서 말할 때 무식한 사람의 말이 유식한 사람의 말보다 더 설득력 있는 이유이다. 그래서 시인들은 "군중 앞에서는 무식한 자들이 더 말을 잘한다"[144]라고 했다. 유식한 자들은 누구나 다 아는 일반적인 것을 말하는 반면에, 무식한 자들은 자기가 확실히 알고 있는 것과 삶에서 피부에 와닿는 것에서 출발하기 때문이다.

따라서 연설가는 모든 사람이 다 받아들이는 견해가 아니라, 재판관이나 재판관이 인정하는 자가 받아들이는 견해에서 출발해야 한다. 이는 연설가가 제시하는 견해가 그들 전부 또는 대다수에게 받아들여질 만한 것으로 보여야 하기 때문이다. 그리고 그렇게 하려면 반드시 그러한 것만이 아니라 대체로 그러한 것을 전제로 사용해 결론을 도출할 필요가 있다.

---

144 에우리피데스의 『히폴리토스』 989행에 나오는 말이다.

그래서 연설가가 가장 먼저 알아둘 것은 자신이 말하거나 증명해야 할 논제가 정치적인 것이든 다른 종류의 것이든 그 논제와 관련된 사실을 전부 또는 일부라도 미리 파악해두어야 한다는 것이다. 사실에 대한 파악이 전혀 되어 있지 않다면, 결론을 도출해내는 것은 불가능해진다.

예컨대, 아테나이의 병력이 어느 정도인지, 그 병력이 해군이나 보병 중에서 어느 쪽으로 구성되어 있는지, 아니면 해군과 보병 둘 다로 구성되어 있는지, 그 규모는 어느 정도인지, 아테나이의 국세 수입은 얼마나 되는지, 어떤 나라가 아테나이의 우군이거나 적군인지, 아테나이가 지금까지 어떤 전쟁을 어떤 식으로 치렀는지 등등을 연설가가 파악하지 못했다고 하자. 그런 경우에 그 연설가가 아테나이 사람들에게 전쟁을 할 것인지 말 것인지 조언하는 연설을 할 수 있겠는가?

또는, 어떤 연설가가 아테나이 사람이 치른 살라미스 해전이나 마라톤 전투, 그들이 헤라클레스의 자손에게 해준 일들[145]을 모르고 있다고 하자. 그런 경우에 그 연설가가 어떻게 아테나이 사람을 칭송하는 연설을 할 수 있겠는가? 사람들은 모두 실제로 있었거나 있었다고 생각하는 훌륭한 업적들에 입각해서 칭송하기 때문이다.

이것은 비난할 때도 마찬가지다. 즉, 사람들은 사실 관계를 살펴보고, 실제로 비난할 만한 일이 있었거나 그렇다고 생각되는 경우에만 비난한다. 예컨대, 아테나이 사람은 그리스인을 예속시켰고, 자신과 함께 이민족

---

145 "살라미스 해전"은 기원전 480년에 제3차 페르시아 전쟁에서 아테나이를 주축으로 한 그리스 해군이 페르시아 해군을 격파함으로써 파죽지세로 진격해오던 페르시아군을 결정적으로 저지하게 된 유명한 해전이다. "마라톤 전투"는 기원전 490년에 제2차 페르시아 전쟁에서 기발한 전략을 사용해서 페르시아군을 격퇴한 전투였다. 그리스 신화에 의하면, 아테나이 사람들과 그들의 왕이었던 테세우스의 아들 데모폰은 아르고스인과 스파르테인에게 쫓겨 마라톤의 제우스 신전으로 피한 헤라클레스의 아들 힐로스와 그의 자손들을 구해주었다. 헤라클레스는 제우스의 아들로 그리스인을 여러 위험에서 구한 영웅이었다.

과 싸워 큰 공을 세운 아이기나인과 포티다이아인을 예속시켰으며,[146] 그들이 책임져야 하는 그 밖의 다른 잘못도 저질렀다. 또한 이것은 법정 변론에서도 마찬가지여서 고발하거나 변호하려는 연설가는 사실에 입각해서 고발하거나 변호하지 않으면 안 된다.

지금까지 우리가 말한 것은 연설의 대상이 아테나이인이든 스파르테인이든, 사람이든 신이든 아무 차이가 없다. 그 대상이 누구이든, 연설가가 연설을 통해 해야 하는 것은 동일하기 때문이다.

예컨대, 연설가가 조언하거나 칭송 또는 비난하거나, 고발 또는 변호하는 대상이 아킬레우스라고 하자. 그런 경우에 연설가는 아킬레우스에게 실제로 해당하거나 그렇다고 생각되는 사실을 미리 파악해두어야 한다. 그랬을 때만 그 사실들에 입각해, 그가 한 훌륭한 일을 근거로 칭송하거나, 그가 한 부끄러운 일을 근거로 비난하거나, 그가 한 정의로운 일을 근거로 변호하거나, 그가 한 불의한 일을 근거로 고발하거나, 어떤 것이 그들에게 이롭다거나 해롭다고 조언할 수가 있다.

이는 연설에서 다루는 논제가 무엇이든 아무 차이가 없다. 예컨대, 연설가가 정의라는 논제로, 정의가 좋은 것이냐 아니냐를 논증하는 연설을 한다고 하자. 그런 경우에 연설가는 정의 및 좋은 것과 관련한 실제 사실에 입각해서 연설해나가지 않으면 안 된다.

추론 과정이 엄격하든 아니면 좀 느슨하든, 무엇인가를 증명하고자 한
다면, 누구나 다 그렇게 해야 한다는 점은 분명하다. 모든 사실이 아니라, 1396b1
특정한 논제와 관련해서 실제로 존재하는 사실에서 논증을 시작해야 하고, 이것과 다른 방식의 논증으로 연설에서 뭔가를 증명할 수 없다는 것은 명백하기 때문이다.

---

146 "아이기나"는 아테나이에서 27킬로미터 떨어진 사로니코스 만에 있는 섬이고, "포티다이아"는 기원전 600년에 북부 그리스의 칼키디케 반도에 코린토스인이 세운 식민도시였다. 아테나이는 기원전 431년에 아이기나 원주민을 추방하고 거기에 자국민을 이주시켰고, 기원전 430년에는 포티다이아 원주민을 추방하고 거기에 자국민을 이주시켰다.

따라서 『명제론』에서 말한 것처럼,[147] 연설가는 먼저 자기가 다루는 논제와 관련해 사용이 가능한 사실과 아주 중요한 사실을 선별해서 확보해 두어야 한다. 어떤 논제가 즉석에서 제기되었더라도 마찬가지로 그 논제와 관련된 사실을 찾아야 하는데, 일반적인 사실이 아니라 연설과 직접적으로 관련 있는 사실들을 찾아내, 그 논제에 관해 가장 중요하면서도 피부에 와닿는 것을 제시해야 한다. 실제 사실들을 더 많이 확보할수록 증명하는 것이 더 수월해지고, 그 사실들이 좀 더 피부에 와닿을수록 연설은 진부함이 줄어들고 더 특별해지기 때문이다.

내가 여기서 "진부하다"고 한 것은 예컨대 아킬레우스가 사람이지만 반신[148]이고 트로이 전쟁에 참여했다는 사실을 들어 그를 칭송하는 방식을 의미한다. 이런 사실들은 다른 많은 사람에게도 해당하므로, 여기에 근거해서 아킬레우스를 디오데메스보다 더 칭송할 이유는 전혀 없기 때문이다. '특별한' 사실이란 오직 아킬레우스에게만 해당하고 다른 사람에게는 해당하지 않는 사실을 뜻한다. 예컨대 트로이 군대에서 가장 용맹스러운 장군이었던 헥토르를 죽인 것, 인간 무기로는 상처를 입지 않는 존재인 키크노스가 그리스 군대의 상륙을 방해하자 그를 물리친 것,[149] 나이가 어려 맹세를 하지 않아 의무가 없었는데도 자진해서 트로이 원정에 참여한 것 등등이 여기 속한다.[150]

---

147 『명제론』 제1권 14장을 보라.

148 아킬레우스는 바다의 여신 테티스와 프티아의 왕 펠레우스 사이에서 태어났기 때문에 "반신"이다. 그리스 신화에서는 이런 반신적인 존재들을 '영웅'이라고 한다. "디오데메스"는 트로이 전쟁에 참가한 그리스군의 장군 중 한 사람이다.

149 "헥토르"는 트로이군에서 가장 용맹스러운 장군이다. "키크노스"는 콜로나이의 왕으로 바다의 신 포세이돈의 아들이었기 때문에 창과 칼로는 죽일 수 없는 존재였다. 그래서 아킬레우스는 트로이 전쟁에 참전한 그를 칼 손잡이로 가격하고 방패로 밀어붙어 쓰러뜨린 후에 목을 졸라 죽이려고 했고, 이때 포세이돈이 그를 백조로 변신시켰다.

150 트로이 전쟁은 트로이의 왕자 파리스가 스파르테의 왕비 헬레네를 납치한 것이 발단이 되어 일어났다. 그런데 전에 헬레네에게 구혼했던 영웅들은 나중에 헬레네가 위기에 처하면 돕겠다는 맹세를 했기 때문에, 헬레네의 남편 메넬라오스와 그의 형 아가멤논이 전

지금까지 우리는 먼저 생략삼단논법에서 전제로 사용할 명제를 어떻게 선택해야 하는지 살펴보았는데, 이제는 생략삼단논법의 구성 요소를 논하기로 하자. 여기 말한 생략삼단논법의 구성 요소는 명제를 의미한다. 하지만 이것을 말하기 전에 반드시 먼저 말해둘 것을 살펴보자.

생략삼단논법에는 두 종류가 있다. 하나는 어떤 것이 참인지 거짓인지를 증명하는 것이고, 다른 하나는 어떤 것이 참이라거나 거짓이라는 주장을 반박하는 것이다. 이 둘의 차이는 변증학에서 증명과 반박의 차이와 동일하다. 따라서 증명을 위한 생략삼단논법에서는 서로가 동의하는 전제에서 결론을 도출해내지만, 반박을 위한 생략삼단논법에서는 상대방이 동의하지 않는 결론을 도출해낸다.

앞에서 우리는 각각의 연설에 사용하기 유익한 명제와 반드시 필요한 명제가 어떤 것이고, 각각의 경우에 어떤 명제를 선택해야 하는지를 살펴보았다. 우리는 그 명제를 전제로 사용해서 생략삼단논법을 전개했을 때 이로운지 해로운지, 훌륭한지 수치스러운지, 정의로운 것인지 불의한 것인지에 관해 결론을 도출할 수 있게 되었고, 마찬가지로 성격과 감정과 성향에 관한 결론도 도출할 수 있게 되었다. 그런 결론을 도출하는 데 필요한 명제들이 이미 우리에게 갖추어져 있기 때문이다.

하지만 우리는 세 종류의 연설 모두에 공통으로 해당하는 그 밖의 다른 1397a1
명제에 대해서도 살펴볼 것인데, 앞에서 말한 대로 반박을 위한 명제와 증명을 위한 명제, 그리고 겉으로는 생략삼단논법인 것처럼 보이지만 사실은 삼단논법조차 아니어서 실제로는 생략삼단논법이 아닌 명제를 구별해서 공통 명제들에 관해 알아볼 것이다.

또한 이것을 살핀 후에는 반박과 반론 제기에 대해 알아보고, 무엇

쟁을 위해 소집하자 거기에 응할 수밖에 없었다. 하지만 아킬레오스는 그 당시에 어려서 헬레네에게 구혼하지도 않았고, 따라서 그런 맹세도 하지 않아 참전할 의무가 없었지만 자원해서 참전했다.

에 근거해 생략삼단논법을 반박하고 반론을 제기해야 하는지도 논할 것이다.

제23장

증명을 위한 명제들

증명을 위한 명제 중 어떤 것은 대립되는 것에서 얻는다. 원 명제와 대립되는 것에 반대 속성이 있는지를 살펴서, 반대 속성이 없다면 원 명제는 부정되고, 그런 속성이 있다면 원래의 명제는 긍정된다. 예컨대, "절제가 이로운 이유는 방종이 해로운 것이기 때문이다"라고 하는 것이 그러하다.

또한 메세네인의 해방을 기념한 축제에서 "우리가 지금 겪는 불행의 원인이 전쟁이라면, 평화를 통해 그것을 바로잡는 것이 마땅합니다"[151]라고 말한 것도 그런 예다. 또한 "어쩔 수 없이 우리에게 악행을 저지른 자에게 우리가 분노하는 것이 옳지 않다면, 어쩔 수 없이 우리에게 선행을 베푼 자에게 우리가 감사할 의무도 없습니다"[152]라고 하거나, "유한한 인간이기 때문에 다른 사람이 거짓말해도 믿는 경우가 비일비재하다면, 그 정반대, 즉 다른 사람이 참말을 해도 믿지 않는 경우가 많다는 것도 당신은 인정해야 합니다"[153]라고 하는 것도 그런 예다.

증명을 위한 명제 중 어떤 것은 유사한 것에서 얻는다. 원 명제와 유사한 것이 유사 속성을 지니고 있다면 원 명제도 긍정되고, 유사 속성을 지니고 있지 않다면 원 명제도 부정된다. 예를 들어보자. "합법적인 것이라고 해서 언제나 이롭지는 않다. 합법적인 것은 대체로 이롭지만, 합법적으로 사형을 당하는 것은 바람직하게 여겨지지 않기 때문이다."

---

151 "메세네"는 그리스 펠로폰네소스 반도의 남서 지방에 있던 도시국가로 300년 동안 스파르테에 복속되어 있다가 해방되었다. 소피스트 알키다마스는 그 해방을 축하하는 글을 썼다. 이것은 본서 제1권 제13장 1373b18에서도 언급된 바 있다.

152 이 말은 출처를 알 수 없다.

153 에우리피데스의 『티에스테스』 단편 396(나우크 판본)에 나오는 말이다.

증명을 위한 명제 중 어떤 것은 상호 관계에 근거한다. 어떤 사람이 상대방을 정중하고 정당하게 대했다면 후자는 정중하고 정당한 대우를 받았을 것이고, 누군가가 다른 사람에게 정당한 지시를 내렸다면, 후자는 그 지시에 응당 복종해야 한다. 예컨대, 세금 징수원인 디오메돈[154]이 세금 징수권과 관련해서, "파는 것이 당신에게 수치스러운 일이 아니라면, 사는 것도 우리에게는 수치스러운 일이 아닙니다"라고 말한 것이 그렇다.

어떤 사람이 상대방에게 정중하고 정당한 대우를 받았다면, 전자는 정중하고 정당하게 대우한 것이 사실이다. 하지만 이런 추론이 잘못된 것일 수도 있다. 어떤 사람이 상대방에게 정당한 대우를 받았다고 해도, 후자는 전자를 정당하게 대우하지 않았을 수도 있기 때문이다. 따라서 우리는 어떤 사람이 정당한 대우를 받은 것인지, 그리고 어떤 사람이 정당한 대우를 한 것인지를 각각 따로 살핀 후에, 둘 중에서 우리 목적에 맞는 것을 사용해야 한다. 종종 전자와 후자에 대한 대답이 서로 다를 때가 있지만, 그런 경우에도 이렇게 서로 관련된 것을 명제로 사용하는 데는 아무 문제가 없다.

예컨대, 테오데크테스의 글에서 알페시보이아가 "그러니까 사람들이 아무도 당신 어머니를 미워하지 않았다는 것입니까?"라고 물었을 때, 알크마이온은 "우리는 그것을 둘로 구분해서 살펴보아야 합니다"라고 대답했다.[155] 알페시보이아가 그 말이 무슨 의미냐고 묻자, 알크마이온은 "사람들은 내 어머니가 죽는 것은 옳다고 생각했지만, 내가 내 어머니를 죽인 것은 옳지 않다고 생각했습니다"라고 대답했다.

---

154 "디오메돈"에 대해서는 알려져 있는 것이 없다.

155 "테오데크테스"는 기원전 4세기 중반에 활동한 비극시인으로 아리스토텔레스와 함께 공부했다. 여기에 인용된 이야기는 그가 쓴 『알크마이온』에 나오는데 지금은 단편으로만 남아 있다. "알크마이온"은 자기 어머니 에리필레를 죽여서 자기 아버지인 암피아라오스의 원수를 갚은 일로 복수의 여신 에리스에게 쫓기다가 프로피스의 왕 페게우스의 딸 알페시보이아와 결혼한다. 여기에 나오는 것은 두 사람 사이의 대화다.

또한 우리는 데모스테네스에 대한 재판과 니카노르를 죽인 자들에 대한 재판에서도 그런 예를 볼 수 있다.[156] 그 재판에서도 배심원들은 니카노르는 죽어 마땅한 자라고 생각했고, 그래서 그들이 그를 죽인 것도 정당하다고 판결했기 때문이다.

테바이에서 일어난 살인 사건에 대한 재판도 그런 예를 보여준다.[157] 이 재판에서 변호인은 배심원들에게 이 사건에서 살해당한 자가 죽어 마땅한 자였는지 아닌지를 판단해달라고 요청했는데, 이것은 죽어 마땅한 자를 살해하는 것은 불법이 아님을 전제한 것이기 때문이다.

증명을 위한 명제 중에서 어떤 것은 더 큰 것과 더 작은 것이라는 둘 사이의 관계에서 얻는다. 예컨대, "신들도 모든 것을 알지는 못하는데, 하물며 사람이 어떻게 모든 것을 다 알 수 있겠는가"라고 하는 것이 그렇다. 무언가를 지니고 있을 가능성이 더 높은 존재에게 그것이 없다면, 그럴 가능성이 더 낮은 존재에게 그것이 없는 것은 당연하다는 말이다.

가능성이 더 낮은 것에 근거해 가능성이 더 높은 것을 증명하는 일도 여기에 해당한다. 예컨대, "그는 아버지도 때린 자인데, 이웃을 때리지 못하겠습니까?"라고 말하는 것이 그러하다. 아버지를 때리는 것은 가능성이 더 낮은 일이고, 이웃을 때리는 것은 가능성이 더 높은 일이기 때문이다.

또한 어떤 것이 있을 가능성이 더 높은 곳에 그것이 없다면 그것이 있을 가능성이 더 낮은 곳에 없는 것은 당연하다고 할 수도 있고, 반대로 어떤 것이 있을 가능성이 더 낮은 곳에 그것이 있다면 가능성이 더 높은 곳에 그것이 있는 것은 당연하다고 말할 수도 있다. 따라서 우리는 어떤 것이 없음을 논증할 때는 전자를 사용하고, 어떤 것이 있음을 논증하려면

---

156 "테모스테네스"와 "니카노르"에 대해서는 알려져 있는 것이 없다.

157 "테바이"는 그리스 중부 보이오티아 지방에 있던 도시국가다. 펠로폰네소스 전쟁 때는 스파르테 편에 섰고, 페르시아 전쟁 때는 페르시아 편에 섰다. 그리고 헤라클레스가 살았던 곳이기도 하다. 이 재판에 관한 이야기는 크세노폰의 『그리스 역사』 제8권 3장에 나온다.

후자를 사용해야 한다.

증명을 위한 명제 중 어떤 것은 더 큰 것과 더 작은 것의 관계가 아니라, 대등한 관계에서 얻는다. 예컨대, "당신의 아버지가 자녀들을 잃어 동정받을 만하다면, 유명한 아들을 잃은 오이네우스도 동정받을 만하지 않겠습니까?"[158]라고 하거나, "테세우스가 잘못한 것이 아니라면, 알렉산드로스도 잘못한 것이 아닙니다"[159]라고 하거나, "틴다레오스의 아들들이 잘못한 것이 아니라면, 알렉산드로스도 잘못한 것이 아닙니다"[160]라고 하거나, "헥토르가 파트로클로스에게 잘못한 것이 아니라면, 알렉산드로스도 아킬레우스에게 잘못한 것이 아닙니다"[161]라고 말하는 것이 그렇다.

또한 "다른 전문가가 형편없는 자들이 아니라면, 철학자도 형편없는 자들이 아닙니다"라고 말하거나, "장군들이 자주 사형에 처해진다고 해서 형편없는 자들이 아니라고 한다면, 소피스트들도 형편없는 자들이 아닙니다"라고 말하거나, "여러분이 각자의 명예를 소중히 여기는 것이 마땅하다면, 그리스인 전체의 명예를 소중히 여기는 것도 마땅합니다"라고 하는 것도 그렇다.

---

158 안티폰의 『멜레아그로스』 단편 885(나우크 판본)에 나온다. "안티폰"은 기원전 4세기 초에 활동한 고대 그리스 비극시인이다. 칼리돈의 왕 오이네우스의 아들 "멜레아그로스"가 삼촌들과 함께 거대한 괴물 멧돼지를 잡고서도, 그 전리품인 멧돼지 가죽을 자기 연인 아탈란테에게 주자, 외삼촌 "플렉시포스"는 조카의 그런 행동에 배신감을 느끼고 크게 분노한다. 결국 멜레아그로스는 외삼촌 플렉시포스를 죽이고, 그의 어머니의 저주로 죽게 된다.

159 헤라클레스와 어깨를 나란히 하는 아테나이 최고의 영웅이었던 아테나이의 왕 테세우스는 한때 헬레네와 결혼하고 싶어 그녀를 납치한 적이 있었고, 알렉산드로스라 불린 트로이 왕자 파리스도 헬레네를 납치했는데, 이것이 트로이 전쟁의 발단이 되었다.

160 "틴다레오스"의 두 아들 카스토르와 폴리데우케스는 메세네 왕 레우키포스의 두 딸인 포이베와 힐라에이라와 결혼하고 싶어 했지만, 이 두 여자는 이미 틴다레오스의 동생 아파레우스의 두 아들과 약혼한 사이였다. 그래서 그들은 이 두 여자를 납치해서 스파르테로 도망가서 결혼하여 자녀를 낳았다.

161 아킬레우스는 친구 파트로클로스를 죽인 헥토르를 죽여 원수를 갚았고, 알렉산드로스(파리스)는 아킬레우스를 죽여 헥토르의 원수를 갚았다.

증명을 위한 명제 중 어떤 것은 시기를 지적하는 데서 얻는다. 예컨대, 이피크라테스가 하르모디오스에게 이렇게 말한 것이 그렇다. "내가 공을 세우면 나를 기념하는 동상을 세워달라고 요구하자, 여러분은 나의 요구를 받아주었습니다. 그런데 이제 내가 공을 세우고 나서 동상을 세워달라고 했더니, 여러분은 나의 요구를 받아들이지 않는 것입니까? 여러분은 그렇게 하기로 약속했습니다. 내가 이미 공을 세운 지금에 와서 그 약속을 취소하는 것은 옳지 않습니다."[162]

또한 필리포스왕은 자신의 사자를 테바이인에게 보내, 아티카를 치기 위해 그들의 영토를 통과하게 해달라고 요청할 때, 그 사자는 이렇게 말했다. "당신들이 포키스인을 치는 것을 우리 왕께서 돕기 전에 미리 이런 요청을 당신들에게 했더라면, 분명히 이 요청을 받아들였을 것입니다. 그런데 우리 왕께서 당신들을 믿고서 그런 요청을 미리 하지 않았다고 해서, 당신들이 이 요청을 거부하는 것은 이치에 맞지 않는 처사입니다."[163]

증명을 위한 명제 중 어떤 것은 상대방이 자기 입으로 말한 것에서 얻는다. 예컨대, 『테우크로스』[164]에서 사용한 것이 그런 것이고, 방법이 다르긴 하지만 이피크라테스가 아리스토폰에게 말할 때 사용한 것도 그런 것

---

162 "이피크라테스"는 아테나이의 유명한 장군이다. 그는 기원전 390년에 코린토 전쟁에서 레카이온 전투를 이긴 공로로 자신의 동상 건립을 약속받았다. 하지만 기원전 372년에 은퇴할 때까지도 동상이 건립되지 않자 약속을 지켜달라고 요구했고, 그의 정적이었던 하르모디오스가 요구를 거절하자, 그가 한 말이다.

163 마케도니아의 왕 필리포스(기원전 382-336년)는 아테나이의 숙적 테바이인이 그리스 중부의 도시국가였던 포키스를 공격하는 것을 도와주기로 약속하고, 테르모필레를 통해 그리스로 들어가서 포키스인을 대패시켰다. 그 후 기원전 339년에 필리포스는 포키스인과의 전쟁에서 도움을 요청한 그리스의 다른 도시국가들을 돕기 위해 테바이 영토를 통과하려고 했지만, 당시 아티카(아테나이)의 동맹이 되어 있던 테바이는 상황이 바뀌어서 필리포스의 요청을 거부했다.

164 『테우크로스』는 고대 그리스의 3대 비극작가 중 한 사람인 소포클레스의 작품이지만, 지금은 단편으로만 전해진다. "테우크로스"는 그리스 신화에서 살라미스의 왕 텔레몬의 아들로 자신의 이복형제인 아이아스와 함께 트로이 전쟁에 참전한 인물인데, 활을 아주 잘 쏘았고, 트로이 목마에 숨어 적진으로 들어간 40명의 용사 중 한 명이었다.

이다.[165] 즉, 이피크라테스는 아리스토폰에게 "당신이라면 뇌물을 받고 당신이 소속된 함대를 배신하겠습니까?"라고 물었고, "아닙니다"라고 대답한 아리스토폰에게 "아리스토폰, 당신이 자신의 함대를 배신하지 않는데, 나 이피크라테스가 나의 함대를 배신하겠습니까?"라고 반문했다.

하지만 이 경우 상대방이 그런 잘못된 행동을 할 가능성이 더 높다는 것이 분명해야 한다. 그렇지 않은데 이런 명제를 사용하면 비웃음거리가 되고 만다. 예컨대, 어떤 사람이 아리스테이데스[166]를 고발하는 데 이런 명제를 사용했다면, 고발인을 신뢰하지 못하는 결과를 초래한다. 일반적으로 사람들은 고발한 사람이 고발당한 사람보다 더 나은 사람이기를 바라기 때문이다. 따라서 고발당한 사람을 변호하는 경우에는 역으로 고발한 사람이 고발당한 사람보다 더 낫지 않다고 증명할 필요가 있다. 어떤 사람이 자기도 하거나 할 일로 남을 비난하거나, 자기도 하지 않거나 하지 않을 일을 남에게 권하는 것은 일반적으로 이치에 맞지 않기 때문이다.

증명을 위한 명제 중에서 어떤 것은 그 단어에 대한 정의 자체에서 얻는다. 예를 들어보자. 초자연적이라 함은 무엇을 말하는가? 그것은 신이나 신이 한 일이다. 신이 한 일이 있다고 생각하는 사람이라면 신들이 존재한다고 생각할 수밖에 없다.[167]

---

165 "이피크라테스"는 아테나이의 유명한 장군이다. "아리스토폰"은 기원전 4세기에 활동한 아테나이의 정치가로서, 기원전 355년에 제2차 아테나이 동맹에서 탈퇴한 도시국가들에게 아테나이 군대가 패배하자, 그 책임을 물어서 이피크라테스를 비롯한 여러 장군을 고발했다.

166 "아리스테이데스"(기원전 520년경-468년경)는 아테나이의 정치가이자 장군이었다. 마라톤 전투에서 페르시아군을 무찔렀고, 크세르크세스 1세가 침공했을 때는 기원전 479년에 벌어진 플라타이아이 전투에서 아테나이 군대의 총사령관으로 활약했다. 헤로도토스는 『역사』 제8권 79장에서 그를 청렴강직하고 인품이 고결한 인물로 평가했고, 사람들은 그를 '의인'이라는 별칭으로 불렀다.

167 이것은 플라톤의 『소크라테스의 변론』 27b-d에서 소크라테스가 한 논증을 요약한 것이다. 거기에서 신의 존재를 부정한다는 죄목으로 고발당한 소크라테스는, 자기는 '다이몬'(신적인 존재인 정령)에 대해 자주 말했기 때문에, 신의 존재를 부정한 것이 아니라고 말한다.

이피크라테스도 이런 명제를 사용한 논증을 보여준다. "가장 훌륭한 사람이 가장 고상한 사람입니다. 하르모디오스와 아리스토게이톤은 명문가에서 태어나지는 않았지만, 고귀한 일을 함으로써 고귀한 사람이 되었습니다. 따라서 당신이 한 일보다는 내가 한 일이 하르모디오스와 아리스토게이톤이 한 일과 더 비슷하기 때문에, 당신보다는 내가 그들과 더 비슷합니다."[168]

『알렉산드로스』라는 글에도 그런 예가 나온다. "바람둥이가 한 여자의 몸을 즐기는 것으로 만족하지 못한다는 것은 모두가 동의합니다."[169] 소크라테스가 아르켈라오스의 초대를 거절하면서 그 이유를 설명한 말에도 그런 예가 나온다. "모욕을 당했을 때 되갚아주지 못하는 것과 마찬가지로 은혜를 입었을 때 보답하지 못하는 것도 오만불손한 짓입니다."[170] 어떤 것에 관한 정의에서 명제를 가져와, 자기가 증명하려는 결론을 이끌어 낸 예들이다.

증명을 위한 명제 중 어떤 명제는 특정한 단어가 지닌 여러 의미에서 얻는다. 예컨대, 『명제론』에서 "곧다"라는 단어에 관한 설명이 그러하다.[171]

또한 어떤 명제는 구분에서 얻는다. 예컨대, 이렇게 말하는 것이 여기

---

168 "이피크라테스"는 아테나이의 유명한 장군이고, "하르모디오스"와 "아리스토게이톤"은 참주정을 끝내는 데 결정적인 역할을 한 사람들이다. 이 말은 이피크라테스가 자신이 하르모디오스의 자손이라고 주장하는 누군가에게 한 말이다.

169 『알렉산드로스』는 기원전 4세기에 활동한 아테나이의 수사학자 폴리크라테스가 "알렉산드로스"로도 불린 트로이 왕자 파리스에 관해 쓴 글이다. 이 문장은, 파리스는 한 여자로 만족했기 때문에 바람둥이가 아니라고 논증함으로써, 사람들이 파리스를 바람둥이라고 비난한 것을 반박한 말이다.

170 "아르켈라오스"(기원전 413-399년경)는 마케도니아의 왕 아르켈라오스 2세를 가리킨다. 그는 자신의 삼촌과 조카와 이복형제를 죽이고 왕위에 올랐기 때문에, 플라톤은 그를 폭군의 전형으로 제시했다. 아르켈라오스는 그리스의 유명한 시인들과 철학자들을 왕궁으로 초빙하고 후원했다. 여기 초대를 받은 소크라테스는 자기가 아르켈라오스에게 모욕을 당하지도 않았고 은혜를 입지도 않았기 때문에, 그의 요청을 거절한 일은 오만불손한 것이 아니라고 한 것이다.

171 『명제론』 제1권 15장 106a9-17을 보라.

해당한다. "모든 사람은 세 가지 이유에서 범죄를 저지릅니다. 그런데 현재 첫 번째와 두 번째 이유로 범죄를 저질렀다고 보는 것은 불가능합니다. 그리고 고발인조차도 세 번째 이유로 범죄를 저질렀다고는 말하지 않습니다."

증명을 위한 명제 중 어떤 것은 귀납[172]으로 얻는다. 예컨대, 페파레토
1398b1 스[173] 출신 여자의 사례를 들어, 아이들에 관한 것은 언제나 여자들이 가장 잘 안다고 말하는 것이 그렇다. 그런 일은 아테나이에서도 있었다. 대중 연설가 만티아스가 친자 문제로 다투었을 때 그 문제를 해결해준 것은 아이들의 어머니였다.[174] 테바이에서도 이스메니아와 스틸본이 친자 문제로 다투었을 때, 그 아이가 이스메니아의 아들임을 확인해준 것은 그 아이의 어머니인 도도니스였다. 이 때문에 테탈리스코스는 이스메니아의 아들로 인정을 받았다.

귀납을 통해 명제를 도출해낸 예는 테오데크테스[175]가 쓴 『법률』에서도 찾아볼 수 있다. "다른 사람의 말을 제대로 돌보지 않은 자에게는 사람들이 자기 말을 맡기지 않고, 다른 사람의 배를 전복시킨 자에게는 사람들이 자기 배를 맡기지 않으며, 이것은 모든 일에서 마찬가지입니다. 다른 사람의 안전을 제대로 지켜주지 않았던 자에게 우리의 안전을 맡겨서는 안 됩니다."

---

172 "귀납"은 개별적인 사례를 제시함으로써 그러한 사례를 포함하는 일반적인 결론을 이끌어내려는 추론 방법이다.

173 "페파레토스"는 그리스 에게해에 있는 스포라데스 제도에 속한 섬으로 지금의 스코펠로스 섬이다.

174 "만티아스"는 데모스테네스의 『보에오토스를 반박함』에 언급된 아테나이의 대중 연설가로, 자신과 두 명의 정부 사이에서 태어난 세 자녀 만티테우스, 보에오토스, 팜필로스를 그 어머니들의 증언으로 자신의 친자로 받아들여야 했다.

175 "테오데크테스"는 기원전 4세기 중반에 활동한 비극시인으로 아리스토텔레스와 함께 공부하기도 했다. 그가 쓴 『알크마이온』은 본서 제2권 제23장 1397b3에서 언급된다. 여기에 인용된 것은 용병을 고용하는 문제와 관련된 논증으로 보인다.

알키다마스[176]도 모든 사람이 지혜로운 자를 존경한다는 사실을 증명하는 데 귀납으로 얻은 명제들을 사용했다. "파로스인은 아르킬로코스가 그들을 비방했는데도 존경했고, 키오스인은 호메로스가 자기 나라 사람이 아니었는데도 존경했으며, 미틸레네인은 사포가 여자였는데도 존경했습니다.[177] 스파르테인은 킬론이 학식이 부족한 자였는데도 존경하여 원로원 의원으로 삼았으며, 이탈리아의 그리스인은 피타고라스를 존경했고, 람프사코스인은 아낙사고라스가 외국인이었는데도 국장으로 장례를 치렀을 뿐 아니라 지금도 여전히 존경합니다.[178] 아테나이인은 솔론의 법률을 받아들여 번영했고, 스파르테인은 리쿠르고스의 법률을 받아들여 번영했으며, 테바이에서는 지도자가 철학자가 되자마자 나라가 번영하기 시작했습니다."[179]

---

176 "알키다마스"는 기원전 4세기에 활동한 수사학자로 유명한 소피스트 고르기아스의 제자였다. 그가 메세네인의 해방을 축하하며 한 말이 본서 제1권 제13장 1373b18에 인용되어 있다.

177 "파로스"는 그리스 에게해에 있는 섬이다. "아르킬로코스"는 기원전 7세기에 활동한 파로스 섬 출신의 유명한 시인으로 파로스인과 여자와 자기 자신을 혹독하게 비판한 글로 유명했다. "키오스"는 그리스 서부 에게해에 있는 섬이다. "미틸레네"는 그리스 동부 에게해에 있는 레스보스 섬의 한 도시국가였다. "사포"(기원전 612년 출생)는 레스보스 섬 출신의 서정시인이다.

178 "킬론"은 그리스 일곱 현인 중 한 사람으로 스파르테 출신이다. "피타고라스"(기원전 580-500년)는 그리스 사모스 섬 출신의 철학자이자 수학자인데, 나중에 그리스를 떠나 이탈리아로 가서 크로톤 시에서 살았지만, 이탈리아에 살던 그리스인들은 그리스를 버린 그를 여전히 존경했다. "람프사코스"는 소아시아의 헬레스폰토스 연안에 있던 고대 그리스의 식민도시다. "아낙사고라스"(기원전 500년경-428년)는 소아시아 이오니아 지방의 클라조메네 출신의 철학자다.

179 "솔론"(기원전 630년경-560년경)은 아테나이의 정치가이자 시인으로 그리스 일곱 현인 중 한 사람이다. "솔론의 개혁"이라고 지칭되는 여러 법률을 제정하여 시행했다. "리쿠르고스"는 고대 그리스 스파르테의 입법자로 스파르테의 독특한 제도의 토대가 된 법률 대부분을 제정한 사람으로 알려져 있지만 언제 태어나서 죽었는지는 알려지지 않은 전설적인 인물이다. 그가 실재했다면, 기원전 8-7세기에 활동했을 것이다. 여기에 언급된 테바이의 지도자들은 에파메이논다스(기원전 410년경-362년)와 그의 친구인 펠로피다스(기원전 410년경-364년)를 가리키는 것으로 보인다. 그들은 기원전 4세기 중반에 스파르테군을 몰아내고 테바이를 그리스의 여러 도시국가 중에서 강국으로 만들었다.

증명을 위한 명제 중 어떤 것은 현재의 사안과 동일하거나 비슷하거나 반대되는 사안과 관련해 이전에 내려진 판단에서 얻는다. 모든 사람이 언제나 동일하게 내린 판단에서 얻은 명제가 가장 좋다. 하지만 그렇지 않더라도, 적어도 대다수 사람, 또는 지혜로운 자나 훌륭한 사람 전부나 대부분, 또는 재판관, 또는 재판관이 인정하는 자들, 또는 관리들처럼 다른 사람이 판단을 반대하는 것이 불가능한 자들, 또는 신들이나 아버지나 스승처럼 다른 사람이 그들의 판단을 반대하지 않는 것이 미덕인 자들이 내린 이전 판단에서 얻은 명제도 아주 유용하다.

그래서 아우토클레스는 믹시데미데스를 향해 이렇게 말했다. "존귀한 여신들조차도 이 아레스의 언덕에서 재판받는 것을 좋다고 여겼는데, 믹시데미데스가 여기서 재판을 받지 못하겠다는 것이 말이 됩니까?"[180] 또한 사포도 죽음이 나쁜 일임을 증명하고자 이렇게 말했다. "죽음이 나쁜 일이라는 것은 신들이 이미 그렇게 판단한 사안입니다. 만일 죽음이 나쁜 게 아니라면, 신들은 영원히 사는 것이 아니라 죽는 쪽을 선택했을 것이기 때문입니다."

아리스티포스[181]는 플라톤이 너무 현학적인 말을 하고 있다고 생각해서 반박하려 했을 때, "하지만 우리의 친구는 그런 말을 한 적이 없습니다"라고 말함으로써, 소크라테스는 그렇게 말한 적이 없다는 명제를 증거로 제시했다. 또한 헤게시폴리스는 먼저 올림피아에서 신탁을 구한 후에, 델포

---

180 "아우토클레스"는 아테나이의 정치가이자 대중 연설가로 기원전 371년에는 아테나이의 사절로 스파르테로 파견되었고 해군 함대를 지휘하기도 했다. "믹시데미데스"에 관해서는 알려진 것이 없다. "아레스의 언덕" 또는 "아레이오스 파고스"는 고대 그리스 아테나이의 아클로폴리스 서북쪽에 있던 작은 언덕으로 귀족들의 회의 장소였는데, 살인죄를 재판하는 법정 역할도 했다. 복수의 여신들이 이 법정에 고소했다는 내용이 아이스킬로스의 비극 『자비로운 여신들』에 나온다.

181 "아리스티포스"(기원전 435년경-355년경)는 고대 그리스의 철학자로 북아프리카 키레네에서 태어났지만 소크라테스를 숭배하여 아테나이로 건너갔다가 나중에 고향으로 돌아와서 키레네 학파를 창시한 인물이다.

이의 신에게 가서는 아들 신도 아버지 신과 같은 생각이냐고 물었다.[182] 이것은 아들이 아버지의 생각에 반대하는 것은 수치스러운 일이라는 명제를 전제한 것이었다.

이소크라테스는 테세우스가 헬레네를 훌륭한 여자라고 판단한 것으로 보아 헬레네는 훌륭한 여자라고 썼고, 여신들이 알렉산드로스를 재판관으로 택한 것으로 보아 알렉산드로스는 훌륭한 사람이라고 썼으며, 코논이 곤경에 처했을 때 다른 모든 사람은 거들떠보지도 않고 에우아고라스에게 달려간 것으로 보아서 에우아고라스는 훌륭한 사람이라고 썼다.[183]

증명을 위한 명제 중 어떤 것은 주제에서 부분을 따로 취해 얻는다. 『명제론』에서는 이렇게 말한다. "정신은 어떤 종류의 운동인가? 그것은 필히 이런 운동 혹은 저런 운동이어야 하지."[184] 테오데크테스가 쓴 『소크라테스』에도 그런 예가 나온다. "그는 어떤 신전을 모독했는가? 국가가 인정한 신들 중에 그가 공경하지 않은 신들은 무엇인가?"

우리에게 일어나는 일은 좋은 면과 나쁜 면을 동시에 지니는 경우가 대부분이기 때문에, 우리는 어떤 것에서 나오는 결과에서 명제를 이끌어내 권유하거나 만류하고, 고발하거나 변호하며, 칭송하거나 비난해야 한다.

---

182 스파르테의 왕 "헤게시폴리스"가 기원전 387년에 아르고스를 침공하려고 올림피아의 제우스 신전과 델피의 아폴론 신전을 차례로 방문해 이렇게 물었다는 이야기가 크세노폰의 『그리스 역사』 제4권 7.2에 나온다.

183 "이소크라테스"(기원전 436-338년)는 고대 그리스 아테나이의 유명한 대중 연설가다. 아테나이의 왕 "테세우스"는 제우스의 딸이었던 헬레네와 결혼하기 위해 그녀를 납치한 적이 있었다. 헤라와 아테나와 아프로디테는 자신들 중 누가 가장 아름다운지를 판단해 줄 재판관으로 트로이 왕자 알렉산드로스(파리스)를 선택했다. 아테나이의 장군이었던 "코논"(기원전 444년경-392년)은 기원전 405년에 펠로폰네소스 전쟁에서 중요했던 아이고스포타모이 해전에서 패한 후에 키프로스의 왕 "에우아고라스"에게 도피했다. 첫 번째와 두 번째 이야기는 이소크라테스의 『헬레네』 18-22행과 41-48행에 나오고, 세 번째 이야기는 이소크라테스의 『에우아고라스』 51-52행에 나온다.

184 『명제론』 제2권 4장 111b5-11과 제4권 1장 225a20-34에 나오는 말이다. "테오데크테스"는 기원전 4세기 중반에 그리스에서 활동한 비극시인으로 아리스토텔레스와 동문수학 한 인물이다.

예컨대, 교육을 받을 때 남에게 시기를 받는 것은 나쁜 점이지만, 지혜로워지는 것은 좋은 점이다. 따라서 연설가는 "사람은 남의 시기를 받아선 안 되기 때문에 교육을 받지 말아야 합니다"라는 논리를 펴는 것도 가능하고, "사람은 지혜로워야 하기 때문에 교육을 받아야 합니다"라는 논리도 가능하다. 칼리포스[185]의 수사학은 특히 이렇게 얻은 명제를 앞에서 말한 가능한 것과 그 밖의 다른 명제들과 결합한다.

연설가는 어떤 것을 구성하는 두 가지 측면과 관련 결과를 토대로 어떤 것을 권유하거나 만류해야 하는 경우에도 앞에서 말한 방법을 사용할 수 있다. 앞의 사례와 다른 점이 있다면, 앞에서는 어떤 것이 지닌 좋은 점과 나쁜 점을 활용해야 하지만, 권유나 만류를 위해서는 어떤 것을 구성하는 두 가지 측면이 각각 지닌 좋은 점과 나쁜 점을 활용한다는 것이다.

예컨대, 어떤 여사제가 자기 아들에게 대중 연설을 만류하려면 "네가 옳은 말을 하면 사람들이 너를 미워할 것이고, 네가 옳지 않은 말을 한다면 신들이 너를 미워할 것이다"라고 말해야 한다. 반면에, 대중 연설을 권유하려는 경우에는 "네가 옳은 말을 하면 신들이 너를 좋아할 것이고, 네가 옳지 않은 말을 하면 사람들이 너를 좋아할 것이다"라고 말해야 한다. 또한 "소금을 사는 것은 더러운 물을 사는 것이다"라는 속담도 이러한 예에 속한다.

이처럼 어떤 것을 구성하는 두 가지 서로 상반되는 측면이 있고, 각각의 측면에 좋은 점과 나쁜 점이 있을 때, 두 측면이 지닌 좋은 점만을 모아 권유하거나, 두 측면이 지닌 나쁜 점을 모아 만류하는 방법이다.

어떤 명제는 사람들이 공개적으로 칭송하는 것과 은밀하게 칭송하는 것이 같지 않다는 데서 얻는다. 즉, 사람들은 공개적으로는 정의로운 것과 고상한 것을 칭송하지만, 속으로는 자기에게 이로운 것을 더 원한다는 것

185 "칼리포스"는 람프트라이 구역 출신의 아테나이 사람으로 유명한 대중 연설가인 이소크라테스(기원전 436-338년)의 제자였다.

이다. 따라서 연설가는 후자에서 명제를 이끌어내 전제로 삼아 논증해나가야 한다. 이것은 사람들이 일반적으로 생각하는 것과는 다른 명제를 다룰 때 가장 중요하다.

어떤 명제는 동일한 결과를 보여주는 유추[186]에서 얻는다. 예컨대, 이피크라테스[187]는 자기 아들이 키는 크지만 아직 나이는 어린데도 국가가 아들에게 공적인 의무를 다하라고 강요하자, "아직 소년인데 키가 크다고 해서 성인이라고 인정된다면, 성인인데 키가 작은 사람은 소년이라고 해야 할 것입니다"라고 말한 것이 그렇다.

테오데크테스가 자신의 저서 『법률』에서 한 말도 그런 예를 보여준다. "스트라박스나 카리데모스 같이 큰 공을 세운 용병에게 시민권을 부여하고자 한다면, 회복할 수 없는 해악을 끼친 용병은 추방해야 하지 않겠습니까?"[188]

어떤 명제는 결과가 동일하다면 그 원인도 동일하다는 전제에서 얻는다. 예컨대, 크세노파네스[189]가 이렇게 말한 것이 그렇다. "신들은 태어난다고 말하는 자와 신들은 죽는다고 말하는 자는 똑같이 불경죄를 저지르는 것이다. 그들의 결론은 둘 다 신들이 존재하지 않는 때가 있다고 말하기 때문이다."

일반적으로 이런 경우에 원인이 되는 두 가지 대안은 언제나 하나의 동일한 결과를 가져다준다고 여겨진다. "여러분은 이소크라테스를 판단하려는 것이 아니라, 철학을 배우고 공부할 필요가 있는지를 판단하려는 것

---

186 "유추"는 두 개의 사물이 공통으로 어떤 성질을 가진 경우에 어느 한 쪽에 그런 성질이 있음을 보임으로써 다른 쪽도 그런 성질을 갖고 있음을 증명하는 것이다.

187 "이피크라테스"(기원전 415년경-353년)는 고대 그리스 아테나이의 유명한 장군이다.

188 "스트라박스"와 "카리데모스"는 둘 다 용병 지도자들이다. 전자는 데모스테네스의 『렙티네스를 반박함』 84행에서 언급되고, 후자는 『아리스토크라테스를 반박함』 23, 65, 89행에서 언급된다.

189 "크세노파네스"(기원전 570년경-470년)는 소크라테스 이전에 활동한 철학자로 이오니아 지방에 있는 콜로폰 출신이다.

입니다." 또한 "흙과 물을 바치면 속국이 됩니다"라고 말하거나,[190] "공동의 평화에 참여한다면 명령에 복종하게 됩니다"[191]라고 말하는 것도 그렇다. 이런 경우에 연설가는 두 가지 대안 중에서 자신에게 유리한 쪽을 선택해야 한다.

어떤 명제는 사람들이 바라던 어떤 일이 이루어지기 전과 후에 동일한 선택이 아니라 반대되는 선택을 하는 데서 얻는다. 예컨대, 다음과 같은 생략삼단논법이 그렇다. "우리가 고국에서 추방됐을 때는 고국에 돌아오기 위해 싸웠습니다. 그런데 이렇게 고국으로 돌아온 지금에 와서 우리가 싸우지 않으려고 다시 추방을 선택한다는 것이 말이 되겠습니까?" 이전에는 고국으로 돌아오려고 기꺼이 싸우는 쪽을 택했는데, 이제 싸우지 않으려고 고국을 버리는 쪽을 택하는 것은 서로 모순되기 때문이다.

어떤 명제는 어떤 일의 원인이 될 만한 것이 있는데, 그 일이 실제로 일어났을 때, 그것이 그 사건의 원인이라고 주장하는 데서 얻는다. 예컨대, 어떤 사람이 남에게 뭔가를 주었다고 하자. 그때 전자가 후자에게 그것을 준 것은 후자가 그것을 잃었을 때 고통을 느끼게 하려는 목적이었다고 주장하는 것이 그 예다. 그래서 어떤 사람은 이렇게 말했다. "신은 많은 사람에게 큰 행운을 내려준다. 하지만 그것은 선의에서 그러는 것이 아니라, 사람들이 나중에 불운을 겪게 되었을 때 더 큰 괴로움을 느끼게 하려는 것이다."

안티폰의 『멜레아그로스』에도 그런 예가 나온다. "그것은 멧돼지를 죽이려는 것이 아니라, 사람들이 멜레아그로스의 용맹함을 그리스 전역에

---

190 이것은 페르시아 왕이 그리스의 도시국가들에게 항복의 표시로 "흙과 물"을 바치라고 요구한 것을 가리킨다. 이 이야기는 헤로도토스의 『역사』 제5권 18장에 나온다.

191 마케도니아의 왕 필리포스가 기원전 338년에 카이로네아 전투에서 승리한 후에 그리스의 도시국가들에게 자신이 주도하는 "공동의 평화"에 참여하라고 요구한 것을 가리킨다. 기원전 335년에 데모스테네스가 쓴 『알렉산드로스와의 조약에 대해』라는 글에는 "공동의 평화"가 명시적으로 언급된다.

증언하게 하려는 것입니다."[192] 또한 테오데크테스의 『아이아스』에서 "디오메데스가 오디세우스를 선택한 것은 그를 존경해서가 아니라 자기보다 못한 사람을 데려가기 위한 것이었다"라고 말한 것도 그런 예다.[193] 디오메데스가 실제로 그런 이유에서 그렇게 했을 가능성도 있기 때문이다.

어떤 명제는 법정에서 변론하는 자와 조언을 위한 연설을 하는 자에게 공통된 것으로, 사람들을 끄는 것과 피하게 하는 것을 살피고, 그들이 어떤 이유에서 하려 하거나 피하려는지를 고찰함으로써 얻어진다. 그런 유인이 있으면 하고 싶어 하고, 없으면 하려 하지 않을 것이기 때문이다.

예컨대, 어떤 것이 가능하고 쉬우며, 어떤 사람이나 친구들에게 이롭든지 아니면 그의 적에게 해롭다면, 이것이 그러한 유인이다. 또한 잃는 것이 있더라도 얻는 것보다 더 적을 때도 그런 유인이 된다.

따라서 조언하는 연설가는 그런 유인을 제시하며 권유하거나, 그런 유인과 반대되는 것을 제시하며 만류해야 한다. 마찬가지로 법정 변론을 하는 연설가도 그런 것을 제시하며 고발하거나 변호해야 하는데, 이때는 유인과 반대되는 것을 제시하면서 변호하거나, 유인을 제시하면서 고발해야 한다. 팜필로스와 칼리포스[194]의 수사학은 전부 이런 명제들로 채워져 있다.

어떤 명제는 일어났다고 생각되면서도 믿어지지는 않는 것에서 얻는다. 실제로 일어났거나 가능성이 대단히 높지 않은 일이라면, 사람들은 믿을 수 없었을 것이다. 따라서 그런 믿어지지 않는 일이 일어났다고 생각한다는 것을 근거로, 연설가는 그것이 실제로 일어났음을 더 강력하게 주

---

192 안티폰의 『멜레아그로스』 단편 2에 나오는 말이다.

193 "디오메데스"는 호메로스의 『일리아스』에서 트로이 전쟁에 그리스군으로 참전한 영웅이다. 이 부분은 그가 야간에 트로이 진영을 정탐하는 일을 맡았을 때 많은 장군 중에서 오디세우스를 선택해 간 것에 관한 이야기다. 이 이야기는 『일리아스』 제10권 218-254행에 나온다.

194 "팜필로스"와 "칼리포스"는 기원전 5세기에 활동한 대중 연설가들이다. 칼리포스는 본서 제2권 제23장 1399a17에서도 언급된 바 있다.

장할 수 있다. 일반적으로 사람들은 과거에 실제로 일어난 것이나 일어날 수 있다고 믿어지는 것만 실제로 일어난다고 생각하기 때문이다. 그러므로 어떤 것이 일어났다고 믿어지지도 않고 일어날 가능성도 없어 보이는데 그것이 일어났다고 생각한다면, 그것은 실제로 일어난 것이다. 그것이 일어났다고 사람들이 생각하는 것은, 정말 일어날 가능성이 있어서거나 믿어져서가 아니기 때문이다.

예컨대, 피토스 구역 출신의 아테나이 사람 안드로클레스[195]는 법률을 비판하는 연설을 하면서, "법률은 그 법률을 바로잡아줄 법률을 필요로 합니다"라고 말했는데, 청중이 그의 말에 야유를 보내자, 이렇게 말한다. "바닷속에 사는 물고기에게 소금이 필요하다는 말은 사실같지도 않고 믿어지지도 않습니다. 하지만 물고기는 소금이 필요합니다. 마찬가지로, 올리브유를 만들어내는 올리브나무 열매에 올리브유가 필요하다는 것은 믿어지지 않습니다. 하지만 압착한 올리브나무 열매에서 올리브유를 짜내려면 올리브유가 필요합니다."

어떤 명제는 반박하기 위한 것으로 장소나 시간이나 행위나 추론에서 동의할 수 없는 것이 존재할 때 그 모순점을 살펴 얻는다. 그런 명제는 "그는 여러분을 사랑한다고 말하지만, 사실은 30인의 참주들[196]과 공모한 자입니다"라고 말하는 것처럼 오직 상대방에 대한 것일 수도 있고, "그는 내가 소송을 남발하는 사람이라고 말하지만, 내가 다른 소송을 한 번이라도 제기한 적이 있음을 증명하지는 못했습니다"라는 말처럼 오직 자신에 관한 것일 수도 있다. 또한 "그는 다른 사람에게 돈을 빌려준 적도 없었지만,

---

195 "피토스"는 아티카 지방을 구성하던 174구역 중 하나의 명칭이다. "안드로클레스"는 기원전 5세기 후반에 활동한 아테나이의 대중 선동가다. 소크라테스와 친분이 두터웠던 아테나이 명문가 출신으로 아테나이 정치에서 중요한 역할을 했던 알키비아데스를 고발하여 추방하는 데 결정적인 역할을 하기도 했다.

196 "30인의 참주들"은 기원전 404년에 짧은 기간 아테나이를 장악했던 30인으로 이루어진 과두정을 주도했던 사람들을 가리킨다. 플라톤의 『소크라테스의 변론』은 소크라테스가 이 기간에 자기가 겪은 일을 법정에서 진술하는 내용을 배경으로 한다.

나는 여러분 중 많은 사람의 보석금을 대신 내주고 그들이 풀려날 수 있게 해주었습니다"라고 말하는 것처럼 우리와 상대방 둘 모두에 대한 것일 수도 있다.

어떤 명제는 어떤 사람이나 일이 남에게 비방받고 있거나 좋지 않은 것으로 생각될 때 그렇게 혹평받는 이유를 제시하는 데서 얻는다. 사람이든 일이든 그런 평가를 받는 데는 그만한 이유가 있다. 예컨대, 어떤 여자가 자기 아들과 포옹했다가 젊은 남자와 바람이 난 것으로 오해받았지만, 그 이유를 설명하고 나서는 그런 비방이 사라진 것이 그렇다. 또한 테오데크테스의 『아이아스』에서 오디세우스가 아이아스에게 자기가 그보다 더 용감한데도 사람들이 그렇게 생각하지 않는 이유를 설명한 것도 그런 예에 속한다.

어떤 명제는 원인에서 얻는다. 즉, 원인이 존재함을 보여줌으로써 결과도 존재함을 증명하고, 원인이 존재하지 않는다는 것을 보여줌으로써 결과도 존재하지 않음을 증명하는 것이다. 원인이 존재하면 결과가 존재하고, 원인이 없다면 그 무엇도 존재할 수 없기 때문이다.

예컨대, 트라시불로스가 아크로폴리스의 석비에 레오다마스의 이름이 새겨져 있었지만, 30인 참주의 과두정 시기에 지워졌다고 고발하자,[197] 레오다마스가 자신을 변호하려고 이렇게 말한 것이 그렇다. "그것은 있을 수 없는 일입니다. 만일 민주정에 대한 나의 증오가 석비에 새겨져 있었다면, 30인 참주들은 나를 더욱 신임했어야 하는데, 실제로는 그렇지 않았기 때문입니다."

---

197 "트라시불로스"는 민주정을 주도한 인물로 30인 참주정을 반대하는 세력을 이끈 아테나이의 정치가이자 군사 지도자였다. 그는 기원전 404년에 30인 참주들의 군대를 무찌르고 민주정을 회복시켰다. 기원전 411년에는 400인 과두정에 대항하여 민주정 지지자들을 이끌기도 했다. "레오다마스"는 기원전 4세기에 활동한 아르카르나이 출신의 정치가이자 대중 연설가다. 아크로폴리스의 석비에는 민주정을 반대한 자들의 이름이 새겨져 있었다.

어떤 명제는 우리가 어떤 음모를 꾸미고 있거나 어떤 일을 행하고 있거나 행했다고 해서 고발된 경우, 만일 우리가 실제로 그렇게 하려고 했다면 상대방이 고발한 것보다 더 잘해낼 다른 방법이 있음을 보여주는 데
1400b1 서 얻는다. 어떤 일을 하려고 할 때 더 나은 방법이 있음을 뻔히 알면서도 일부러 더 서툰 방법을 택할 사람은 없다는 점에서, 상대방이 고발한 것보다 더 나은 방법이 존재한다면 우리가 그런 일을 행하지 않았다는 것이 분명해지기 때문이다.

하지만 이런 식의 논증은 종종 참이 아닌 것으로 드러난다. 어떤 일을 하는 데 더 나은 방법이 있다는 사실을, 그 일을 하기 전이나 하는 중에는 잘 몰랐다가 일을 다 끝낸 후에야 비로소 알게 되는 경우가 자주 있기 때문이다.

어떤 명제는 이미 행한 것과 이제 행하려는 것을 동시에 고찰하는 데서 얻는다. 예컨대, 엘레아인이 레우코테아에게 희생 제사를 드리고 애곡해야 하느냐고 묻자, 크세노파네스가 그들이 그녀를 여신으로 인정한다면 애곡해서는 안 되고, 그녀를 사람이라고 생각한다면 희생 제사를 지내서는 안 된다고 조언한 것이 그런 예다.[198]

어떤 명제는 과거에 저지른 잘못을 근거로 고발하거나 변호하는 데서 얻는다. 예컨대, 카르키노스의 『메데이아』에 그런 예가 나온다. 거기에서 사람들은 메데이아가 자기 자녀들을 죽였다고 고발하면서, 어쨌든 자녀들의 모습이 지금 보이지 않음을 그 근거로 들었다(이것은 메데이아가 자녀들을 멀리 보내는 잘못을 저질렀기 때문이었다). 반면에, 메데이아는 자기는

---

198 엘레아는 이탈리아 남부 티레니아해 연안에 있던 그리스의 식민도시다. 엘레아 학파의 창시자들인 파르메니데스와 제논으로 유명하다. "레우코테아"는 이노의 별칭이다. 이노는 테바이의 건설자 카드모스 왕의 딸로 오르코메노스의 왕 아타마스의 두 번째 아내가 된다. 전처의 자식들을 죽이려다가 남편의 미움을 사 쫓겨나서 결국 절벽에서 떨어지지만 죽지 않고 바다의 여신이 된다. 이 일로 하얀 물보라의 여신이 된 이노는 "하얀 여신"이라는 뜻의 "레우코테아"라는 별명을 얻는다. "크세노파네스"(기원전 570년경-470년)는 소크라테스 이전에 활동하였고, 이오니아 지방에 있는 콜로폰 출신의 철학자다.

자녀들을 죽일 이유가 없고, 자기가 누군가를 죽일 것이었다면 도리어 남편인 이아손을 죽였을 것이라고 변호한다. 그런데 실제로는 자기가 이아손을 죽이지 않았기 때문에, 자녀들을 죽인 죄를 범했다고 하는 것은 말도 되지 않는다고 주장했다. 이전의 테오도로스의 수사학 전체는 이런 종류의 명제를 사용한 생략삼단논법으로 이루어져 있다.[199]

어떤 명제는 이름이나 명칭에서 얻는다. 예컨대, 소포클레스가 "당신은 이름처럼 정말 무쇠 같은 사람입니다"라고 말한 것이 그런 예다.[200]

이런 종류의 명제들은 사람이 신들을 찬양하는 말을 할 때도 자주 사용된다. 예컨대, 코논은 트라시불로스를 "대담한 책사"라고 불렀다.[201] 헤로디코스는 트라시마코스를 "당신은 싸움에서 언제나 용감무쌍하십니다"라고 찬양했고, 폴로스에 대해서는 "당신은 언제나 망아지입니다"라고 말했으며,[202] 입법자 드라콘에 대해서는 "그의 법률은 가혹해서 사람의 법률이 아니라 용의 법률이다"라고 말했다.[203]

---

199 "카르키노스"는 기원전 4세기에 활동한 비극시인이었다. 160편에 달하는 희곡을 썼다고 한다. "메데이아"가 자신을 배신한 남편 "이아손"에게 복수하려고 자녀들을 죽인다는 이야기는 에우리피데스의 『메데이아』에 나온다. 하지만 카르키노스의 『메데이아』에서는 메데이아가 자녀들을 죽이지 않았다고 설정한 것으로 보인다. "테오도로스"는 기원전 5세기 말과 4세기 초에 걸쳐 활동한 비잔티온 출신의 대중 연설가이자 수사학자였다.

200 소포클레스의 『티로』 단편 597(나우크 판본)에 나오는 말이다. 티로의 잔인한 계모인 시데로를 가리킨다(그리스어로 '시데로스'는 "무쇠"라는 뜻이다). 계모의 학대를 받던 티로는 바다의 신 포세이돈의 유혹을 받고 두 아들을 낳지만 내다버리고, 자신의 삼촌과 결혼해서 아이손을 낳는다. 아이손은 메데이아의 남편 이아손의 아버지다.

201 "코논"(기원전 444년경-392년)은 고대 그리스 아테나이의 장군으로 기원전 405년에 펠로폰네소스 전쟁에서 중요했던 아이고스포타모이 해전에서 패한 후에 키프로스의 왕 에우아고라스에게로 도피한다. "트라시불로스"는 아테나이 민주정의 지도자로 30인 참주정을 무너뜨리는 데 결정적인 역할을 한 인물이다.

202 "헤로디코스"는 고대 그리스에서 활동했던 의사로 체육 활동을 치료법으로 사용한 최초의 인물이다. 본서 제1권 제5장 1361b5에 언급된 바 있다. "트라시마코스"(기원전 400년경-430년)는 소아시아의 칼케돈 출신의 소피스트이자 수사학자다. "폴로스"는 아크라가스 출신의 수사학자로 고르기아스의 제자였다. 전자는 플라톤의 『국가』 제1권에 나오고, 후자는 플라톤이 쓴 『고르기아스』의 중심 인물이다.

203 "드라콘"은 기원전 621년에 아테나이에서 가혹하기로 악명 높은 법률들을 제정한 인물

에우리피데스의 글에서 헤카베는 아프로디테에 관해 "이 여신의 이름이 어리석음을 뜻하는 말로 되어 있는 건 지극히 옳습니다"라고 말했고,[204] 카이레몬은 펜테우스에 대해 "그의 이름은 장차 그에게 닥칠 재앙을 미리 보여주는 것이다"라고 말했다.[205]

반박을 위한 생략삼단논법이 증명을 위한 생략삼단논법보다 더 인기가 있다. 반박을 위한 생략삼단논법은 서로 상반된 두 명제를 한 자리에 나란히 배치해서 결론을 이끌어내는 까닭에, 청중은 두 명제 사이에 어떤 차이가 있고 어떤 것이 맞고 틀리는지를 좀 더 분명하게 알 수 있기 때문이다.

하지만 반박을 위한 것이든 증명을 위한 것이든 모든 논증 가운데 청중에게 박수갈채를 가장 많이 받는 것은 연설가가 논증을 시작해서 결론을 말하기 전에 청중이 그 결론을 미리 예상해볼 수 있는 논증이거나(청중은 결론을 미리 예상하는 데서 즐거움을 얻는다), 연설가의 논증이 끝났을 때 그 즉시 결론을 알 수 있는 논증이다.

이다. 영어의 draconian("법이 엄하고 가혹한")은 그에게서 유래했다. 그는 거의 모든 범죄에 사형을 내리게 했다. 그 법률들은 기원전 6세기 전반에 솔론(기원전 630년경-530년경)의 개혁과 입법에 따라 대부분 폐지되었다.

204 에우리피데스의 『트로이 여인들』 990행에 나오는 말이다. "헤카베"는 트로이 왕 프리아모스의 왕비이자 헥토르와 파리스의 어머니다. 그녀는 파리스가 헬레네를 납치해서 트로이를 파멸로 몰고 간 것은 성애의 여신 아프로디테의 술책이라고 생각해서 이렇게 말한다. 그리스어로 "어리석음"은 '라프로시네'여서 "아프로디테"라는 이름과 비슷한 것에 착안한 추론이다.

205 "카이레몬"은 기원전 4세기에 활동한 비극시인이다. 테바이 왕 "펜테우스"는 테바이 여인 사이에서 확산되던 디오니소스 숭배를 막으려다 디오니소스 밀교 의식을 행하던 여인들에 의해 갈기갈기 찢겨 죽고 마는데, 가장 먼저 그의 사지를 찢고 머리를 몸에서 뜯어낸 사람은 바로 그의 어머니 아가우에였다. 그리스어로 '펜토스'는 사랑하는 사람의 죽음으로 인한 비탄을 뜻한다.

제24장

유사 생략삼단논법의 명제들

삼단논법에도 진정한 삼단논법이 있고, 삼단논법처럼 보이지만 사실은 아닌 것이 있듯이, 생략삼단논법에도 진정한 생략삼단논법이 있고, 생략삼단논법처럼 보이지만 사실은 아닌 것이 있다. 생략삼단논법도 삼단논법의 일종이기 때문이다.

유사 생략삼단논법에 속한 명제 중 어떤 것은 어법에서 얻는다. 그런 것 중 하나는 변증학에서 추론 과정을 거치지 않았는데도 마치 추론 과정을 거쳐서 얻은 결론인 것처럼 "그러므로 이러저러하지 않다"거나 "그러므로 필연적으로 이러저러할 수밖에 없다"라는 말로 끝냄으로써 삼단논법으로 보이게 하려는 것과 마찬가지로, 생략삼단논법에서도 어떤 것을 압축해서 간결하게 말하거나 서로 대조시켜 말함으로써 생략삼단논법처럼 보이게 한다. 이런 어법은 생략삼단논법의 고유 영역이다. 이와 같은 혼동은 어법의 형태가 유사하기 때문에 일어난다.

삼단논법을 이용한 추론을 하는 듯한 어법을 사용하려면 삼단논법에 속한 명제를 많이 동원하는 것이 유리하다. "그는 어떤 이를 구했고, 여러 사람을 도왔으며, 그리스인을 해방시켰습니다."[206] 이 문장 속에 나오는 각각의 명제는 이미 다른 명제에 따라 증명되긴 했지만, 연설가는 이렇게 이미 증명된 여러 명제를 한데 모아놓음으로써, 마치 이 명제로부터 자기가 또 다른 결론을 도출해낸 것처럼 보이게 한다.

어법에서 얻어지는 유사 생략삼단논법의 명제 중 또 하나는 동음이의어를 이용한 것이다. 예컨대, 종교적 제의 중에서 사람들이 가장 경외하

---

206 이소크라테스의 『에우아고라스』 65-69행에 나오는 말이다.

는 제의의 명칭 속에 쥐(μῦσ)의 이름이 들어 있음을 근거로, 쥐를 고귀한 존재라고 말하는 것이 그렇다. 사람들은 모든 제의 중에서 밀교를 최고로 여겨 가장 경외했기 때문이다.[207]

하늘에 개의 이름으로 불리는 별이 있다거나,[208] 핀다로스가 판 신에 대하여 "오, 올림포스의 신들이 '저 위대한 여신의 온갖 다양한 모습을 한 개'라고 부르는 축복받은 자여"라고 말했다고 해서, 개를 찬양하는 것도 그런 예다.[209]

어떤 사람이 개가 아니라는 것[210]은 대단히 불명예스러운 일이기 때문에 개는 존귀한 동물이라고 말하거나, 오직 헤르메스만이 "모두의 헤르메스"라 불리기 때문에 신들 가운데서 가장 사교적인 신이라고 말하는 것도 그런 예다.[211]

또한 훌륭한 사람은 돈이 아니라 존경받을 만한 사람이라고 하는데, '존경받을 만하다'에는 '말할 가치가 있다'는 의미도 있으므로 말이 가장

---

207 "밀교"를 뜻하는 그리스어는 '뮈스테리아'(μυστήρια)인데, 거기에는 "쥐"를 뜻하는 '뮈스'(μῦσ)가 포함되어 있다. 하지만 실제로 '뮈'는 쥐를 가리키는 '뮈스'에서 온 것이 아니라 눈을 감는 것을 의미하는 '뮈오'(μύω)에서 왔다.

208 이 별은 큰개자리에 속한 별 중에서 가장 밝은 천랑성(the Dog Star) 또는 시리우스라 불리는 별이다.

209 핀다로스의 단편 96에 나오는 말이다. "핀다로스"(기원전 522-443년경)는 보이오티아 출신의 고대 그리스 서정시인이다. "판"은 그리스 신화에서 목축의 신이고, "저 위대한 여신"은 소아시아 프리기아 지방의 지모신인 키벨레를 가리킨다. 이것은 양들을 비롯해 "판" 신이 보호하는 가축들이 대지 위에서 다양한 모습으로 활동하는 것을 빗대어, 올림포스의 신들이 "판"을 대지의 여신인 "키벨레" 위에서 뛰노는 다양한 모습의 개로 비유한 것으로 보인다.

210 여기에서 "개"는 견유학파의 철학자를 가리킨다.

211 "헤르메스"는 제우스의 전령이다. 그래서 사람들은 길을 가다가 값나가는 것을 주우면 헤르메스가 자기에게 준 선물이라고 생각해 '헤르마이온'이라고 했고, '헤르마이온'은 동행하는 사람들이 함께 나눠 가져야 했다. 여기에서 모든 사람이 함께 나눠 갖는다는 의미에서 "모두의(κοινός, '코이노스') 헤르메스"라는 말이 나왔다. 그리스어로 "사교적인"은 '코이노니코스'(κοινωνικός)이다.

탁월하다는 주장도 그런 예다.[212]

어떤 유사 명제는 서로 분리해 별도로 적용되는 것을 합쳐놓았을 때도 적용되는 것처럼 말하거나, 합쳐진 데 적용되는 것을 분리되어도 적용되는 듯 말한다. 이것은 어떤 것이 서로 분리되어 있거나 합쳐져 있을 때는 그 결과가 동일하지 않는데도 동일해 보이는 점을 이용한다. 따라서 연설가는 이 둘 중에서 자신에게 더 유리한 쪽을 택해 사용해야 한다.

예컨대, 에우티데모스는 이렇게 말했다. "나는 페이라이에우스가 있는 것도 알고, 삼단으로 젓는 노를 장착한 배가 있다는 것도 안다. 그러므로 나는 페이라이에우스에 삼단으로 젓는 노가 장착된 배가 존재한다는 것을 안다."[213]

단어와 글자는 동일한 것이기 때문에 글자를 아는 사람은 단어도 안다고 말하는 것도 그런 예다. 어떤 것 두 개가 나쁜데 그중 한 개는 좋다는 것은 이치에 맞지 않으니, 2인분이 몸에 좋지 않으면 1인분도 몸에 좋다고 해서는 안 된다고 하는 것도 그런 예다. 이런 식으로 논증하면 반박을 위한 명제가 되지만, 다음과 같이 논증하면 증명을 위한 명제가 된다. "나쁜 것 두 개 모인다고 해서 좋은 것 하나가 되지는 않는다." 하지만 이 명제 전체는 참이 아니라 거짓이다. 트라시볼로스가 한 이런저런 일들을 한데 모아 열거하고는 30인 참주정을 무너뜨린 것은 트라시볼로스였다고 폴리크라테스가 말한 것도 그런 예다.[214]

---

212 그리스어에서 '로고스'(λόγος)는 "말"을 뜻하기도 하고 "존경"을 뜻하기도 한다.

213 "에우티데모스"는 기원전 3세기에 활동했던 꽤 유명한 소피스트로, 플라톤이 쓴 『에우티데모스』의 주인공이다. 이 책은 소크라테스와 여러 청년이 소피스트인 에우티데모스와 디오니소도로스 형제를 방문해서 대화하는 내용으로 되어 있다. 거기에서는 두 형제의 오만과 궤변을 소크라테스의 완벽한 논리 및 정중함과 대비시켜 보여준다. "페이라이에우스"는 아테나이의 외항이다.

214 "트라시볼로스"는 아테나이 민주정의 지도자로 30인 참주정을 무너뜨리는 데 결정적인 역할을 한 인물이다. "폴리크라테스"(기원전 440년경-370년)는 고대 그리스 아테나이에서 활동한 수사학자이자 대중 연설가다. 소크라테스가 사형을 당한 후에 『소크라테스의 고발』이라는 글을 써서 물의를 일으킨 것으로도 유명하다.

테오데크테스의 『오레스테스』에서 서로 별개인 명제들, 즉 "남편을 죽인 아내를 죽이는 일은 정당하다"라는 명제와 "아들이 아버지의 원수를
1401b1 갚는 것은 정당하다"라는 명제를 한데 결합해서, 오레스테스가 자기 어머니를 살해한 것을 정당화한 것도 그런 예다.[215] 하지만 참된 명제로 여겨지는 이 두 명제를 합쳐 제시한다고 해서, 오레스테스의 행위를 정당화할 수는 없다. 남편을 죽인 아내는 누구에게 죽어야 하는지를 말해주는 명제를 생략했기 때문에, 이 추론은 거짓이 되었다고 말할 수 있다.

어떤 유사 명제는 과장으로 입증하거나 반박한다. 누가 어떤 일을 했는지 안 했는지를 입증할 수 없을 때 과장법이 사용된다. 고발당한 사람이 과장법을 사용하면 자기가 그 일을 하지 않은 것처럼 보이게 할 수 있고, 고발한 사람이 과장법을 사용하면 고발당한 사람이 그 일을 한 것처럼 보이게 할 수 있다. 하지만 이것은 논리적인 추론이 아니다. 이 경우에는 어떤 것도 증명되지 않았는데, 청중이 속아 넘어가서 고발당한 자가 그 일을 했다거나 하지 않았다고 생각하기 때문이다.

어떤 유사 명제는 단편적인 예를 사용한다. 이것도 생략삼단논법이 아니다. 예컨대, "동성애를 한 하르모디오스와 아리스토게이톤이 참주 히파르코스를 무너뜨렸기 때문에, 동성애자들은 국가에 도움이 된다"라고 말하거나, "디오니시오스는 악인이기 때문에 도둑이다"라고 말하는 것이 그렇다.[216] 이것은 논리적인 추론이 아니다. 모든 도둑은 악인이지만, 모든

215 "오레스테스"는 아가멤논과 클리타임네스트의 아들로 그리스 신화에 나오는 미케네, 아르고스, 스파르테의 왕이다. 미케네의 왕 아가멤논은 그리스군의 총사령관으로 트로이 전쟁에서 이기고 10년 만에 귀향하지만, 왕비인 클리타임네스트는 아가멤논이 트로이 원정을 떠날 때 맏딸 이피게네이아를 아르테미스 여신에게 제물로 바친 것을 복수하려고 그녀의 정부 아이기스토스와 짜고 그를 살해한다. 나중에 오레스테스는 자신의 어머니 클리타임네스트라와 그녀의 정부 아이기스토스를 죽여 아버지의 원수를 갚는다.

216 "하르모디오스"와 "아리스토게이톤"은 기원전 514년에 그들을 괴롭힌 아테나이의 참주 히피아스와 그의 동생 "히파르코스"를 죽이려고 했고, 히파르코스만 그들의 손에 죽는다. 그리고 4년 후에 히피아스가 아테나이 사람들에게 축출되어 참주정은 막을 내린다. "디오니시오스"는 시라쿠사의 참주였던 디오니시오스 1세(기원전 432년경-367년) 또는

악인이 도둑인 것은 아니기 때문이다.

어떤 유사 명제는 우연히 일어난 일을 마치 보편적인 진리인 것처럼 말한다. 예컨대, 폴리크라테스가 적군의 활시위를 쥐 떼가 갉아먹은 것이 자국에 도움이 되었다는 이유로 쥐들을 찬양한 것이나,[217] 아킬레우스가 테네도스에서 저녁 식사에 초대받지 못해 그리스인에게 분노한 사건을 언급하면서 저녁 식사에 초대받는 것은 대단히 영광스러운 일이라고 말하는 것이 그렇다.[218] 하지만 후자에서 아킬레우스가 분노한 것은 아가멤논이 그를 무시했기 때문이고, 그곳에서 저녁 식사에 초대받지 못한 것은 우연히 일어난 일에 불과했다.

어떤 유사 명제는 부수적인 정황에서 이끌어낸 것이다. 예컨대, 『알렉산드로스』에서 파리스가 속세를 떠나 이데산에서 홀로 살아왔음을 근거로 파리스를 고결한 인물이라고 말한 것이 그렇다.[219] 그런 삶은 고결하기 때문에, 파리스는 고결한 인물이라는 것이다. 또한 밤에 잘 차려입고 돌아다니는 것은 바람둥이밖에 없다는 이유를 들어, 그렇게 하고 다니는 남자를 바람둥이라고 말하는 것도 그런 예다.

거지는 신전에서 노래하고 춤추고, 추방당한 자는 자기가 살고 싶은 곳에서 살 수 있는데, 사람이 자기 하고 싶은 대로 사는 게 행복한 삶이라고

디오니시오스 2세(재위 기원전 367-356, 347-344년)를 가리킨다.

217 "폴리크라테스"는 기원전 4세기에 활동한 소피스트이자 수사학자다. 쥐들이 이집트를 침공한 앗시리아군의 활시위와 방패 손잡이를 갉아먹어서 이집트인을 도왔다는 이야기가 헤로도토스의 『역사』 제2권 141장에 나온다.

218 소포클레스의 사티로스 극 단편 161에 나오는 말이다. "테네도스"는 트로이 앞바다에 있는 섬이다.

219 『알렉산드로스』는 "폴리크라테스"의 작품이다. "파리스" 또는 "알렉산드로스"는 트로이 왕 프리아모스의 왕자다. 그의 어머니인 헤카베는 뱃속의 태아가 장차 트로이를 파멸로 이끌리라는 꿈을 꾸고 그런 취지의 예언자의 말을 듣고는, 태어난 파리스를 이데(Ide)산에 내다버린다. 그 후로 목자들이 그를 구해 길러서, 훗날에 가족과 다시 상봉한다. 하지만 파리스가 스파르테 왕비인 헬레네를 납치한 것이 발단이 되어 실제로 트로이는 멸망한다.

생각하므로, 그런 식으로 살 수 있는 거지와 추방당한 자들이 행복한 자라고 말하는 것도 그런 예다. 하지만 관건은 그들이 어떤 상황에서 그런 특권을 누리는가이다. 따라서 이것은 생략에 의해 거짓 추론이 되어 버린 경우이다.

어떤 유사 명제는 원인이 아닌 것을 마치 원인처럼 말한다. 저것이 이것과 동시에, 또는 직후에 일어났다고 해서, 저것이 이것 때문에 일어났다고 말하는 것이 그렇다. 이런 식으로 말하는 사람 중에는 특히 정치인이 많다. 예컨대, 데마데스는 데모스테네스의 정책이 시행된 직후에 전쟁이 일어났다는 이유로 그의 정책이 모든 국가적인 재앙의 원인이라고 주장한 것이 이런 경우다.[220]

어떤 유사 명제는 '언제'와 '어떻게'를 생략한다. 예컨대, 헬레네는 아버지에게 자기 남편을 스스로 선택해도 좋다는 허락을 받았기 때문에, 파리스가 헬레네를 데려간 것은 정당했다고 하는 논리가 그러하다. 하지만 그런 자유는 언제나 유효한 것이 아니었고, 오직 첫 번째 선택에만 유효했다. 아버지의 권위는 그 이상을 넘어설 수 없었기 때문이다. 또한 자유민을 때리는 것은 불법적인 폭행이라고 말하는 것도 그런 예다. 하지만 사실은 언제나 그런 것이 아니고, 누군가가 먼저 부당하게 자유민을 때릴 때만 해당된다.

궤변처럼 절대적인 것과 절대적이지 않고 단지 특수한 것을 혼동할 때는 사이비 추론이 생긴다. 예컨대, 변증학에서 존재하지 않는 것은 존재하지 않는 것으로 존재하기 때문에 존재한다고 말하거나, 알려져 있지 않은 것은 알려져 있지 않은 것으로 알려져 있기 때문에 알려져 있는 것이라고

---

220 "데마데스"(기원전 380년경-319년)는 아테나이의 정치가이자 탁월한 대중 연설가로 마케도니아의 필리포스왕과의 화친을 주장하여 실제로 기원전 338년에 평화조약을 맺는 데 주도적인 역할을 했다. "데모스테네스"(기원전 384-322년)는 아테나이의 뛰어난 대중 연설가로 반마케도니아파의 선봉에 서서 필리포스왕의 야심을 비판한 인물이었다. 61편의 작품 중에서 정치 연설인 『필리포스 탄핵』 제1, 2, 3부가 특히 유명하다.

하는 논리가 그러하다.

따라서 수사학에서도 절대적으로 가능한 것과 절대적으로는 가능하지 않고 오직 특수한 경우에만 가능한 것을 혼동할 때 사이비 생략삼단논법이 생긴다.

예컨대, 아가톤이 "일어날 가능성이 거의 없는 일이 사람들에게 자주 일어나기 때문에, 우리는 일어날 가능성이 거의 없는 것을 일어날 가능성이 많은 것이라고 할 수 있다"[221]고 한 것이 그렇다. 즉, 일어날 가능성이 거의 없는 것이라고 해도 실제로는 일어나기 때문에, 일어날 가능성이 거의 없는 것은 일어날 가능성이 많다고 할 수 있다. 따라서 일어날 가능성이 거의 없는 것은 일어날 가능성이 많은 것이다.

하지만 여기서 일어날 가능성이 많다고 한 것은 절대적인 관점에서 말한 것이 아니다. 그러므로 궤변에서 "어떠한 관계에서"와 "어떠한 측면에서"와 "어떠한 지점에서"를 언급하지 않음으로써 거짓 추론이 되는 것처럼, 이 경우에서도 특수한 경우에 "일어날 가능성이 많다"는 것을 마치 절대적인 관점에서도 "일어날 가능성이 많은" 것처럼 말함으로써 사이비 생략삼단논법이 된 것이다.

코락스[222]의 수사학은 이런 명제들로 구성되어 있다. 예를 들어보면, 그는 이런 논리를 편다. 고발당한 자가 고발된 범죄를 저질렀을 가능성이 희박하다면, 예컨대 어떤 약골이 폭행죄로 재판에 넘겨졌다면 그가 그런 일을 저질렀을 가능성이 낮다며 변론할 수 있다. 반대로, 고발당한 자가 그 범죄를 저질렀을 가능성이 높다면, 예컨대 어떤 강골이 재판에 넘겨졌

---

221 아가톤의 단편 75에 나오는 말이다. "아가톤"은 기원전 5세기에 활동한 고대 그리스의 비극시인으로 3대 비극시인이었던 아이스킬로스, 소포클레스, 에우리피데스를 계승해 획기적으로 비극을 개혁한 인물이다. 플라톤의 『향연』은 아가톤이 기원전 416년에 비극 경연 대회에서 우승한 것을 기념하고자 자기 집에서 열었던 축하 잔치를 무대로 한다.

222 "코락스"는 기원전 5세기에 시라쿠사의 참주 트라시불로스가 축출되고 민주정이 세워진 후에 시칠리아에서 살았다고 한다. 고대 그리스 수사학의 토대를 놓은 인물로 평가된다. 그는 대중 연설이 아니라 특히 법정 변론에서의 방법론을 발전시켰다.

다면, 사람들이 그가 그런 죄를 저질렀을 거로 생각할 것이기에 그가 범죄를 저질렀을 가능성은 희박하다고 변론한다. 그리고 이런 논리는 다른 모든 범죄에도 그대로 사용할 수 있다. 사람은 범죄를 저지를 가능성이 희박하거나 많거나 둘 중 하나일 수밖에 없기 때문이다.

하지만 앞에서 그가 전자에서 말한 "가능성이 희박하다"는 것과 후자에서 말한 "가능성이 희박하다"는 것은 서로 동일한 의미가 아니다. 전자는 절대적인 관점에서 말했지만, 후자는 그가 언급한 특정 상황에서만 그렇다고 주장한 것이기 때문이다. 별 근거 없는 말에 마치 충분한 근거가 있는 것처럼 보이게 만드는 말일 뿐이다.

따라서 사람들이 프로타고라스[223]의 행태를 보고 분노한 것은 당연했다. 그의 행태는 거짓된 것이었고, 참된 것처럼 보였지만 참된 것이 아니었으며, 수사학과 궤변에서만 존재했고 다른 기술에서는 있을 수 없는 것이었기 때문이다.

---

223 "프로타고라스"(기원전 490년경-415년)는 고대 그리스의 대표적인 소피스트다. 그는 "인간은 만물의 척도이다"라고 말함으로써 상대주의적인 진리론을 주장했다. 그의 궤변들이 논리적 오류로 가득함을 보여주는 일화로 유명하다.

제25장
반박

지금까지 진정한 생략삼단논법과 사이비 생략삼단논법을 살펴보았다. 이제는 이를 어떤 식으로 반박해야 하는지를 논하기로 하자. 반박법에는 정반대 추론 제시와 반론 제기가 있다.[224]

정반대 추론 제시는 상대방이 사용한 명제에서도 가능하다. 추론에서 사용하는 명제는 사람들의 일상 의견인데, 그 생각들은 서로 상반되는 경우가 많기 때문이다.

반론을 제기하는 방식으로는 『명제론』에서 이미 말했듯이 네 가지가 있다.[225] 즉, 상대방의 추론에서 이끌어낸 반론이 있고, 상대방의 추론과 유사한 것에서 이끌어낸 반론이 있으며, 상대방의 추론과 반대되는 것에서 이끌어낸 반론이 있고, 이미 결정된 것들로부터 가져온 반론이 있다.

여기서 상대방의 추론에서 이끌어낸 반론은 이런 것이다. 예컨대, 연애는 고귀하다는 추론을 상대방이 했다고 하자. 그런 경우에 반론은 두 가지로 가능하다. 하나는 "모든 결핍은 나쁘다"[226]라고 일반적으로 말하는 것이고, 다른 하나는 만일 나쁜 연애가 없다면 "카우노스의 연애"[227]라는

---

224 "정반대 추론 제시"는 상대방과 반대되는 독자적인 추론을 제시해 상대방의 추론을 반박하는 것이고, "반론 제기"는 상대방이 도출한 결과와 반대되는 증거 또는 명제를 제시함으로써 그 결론을 반박하는 것이다.

225 『명제론』 제8권 10장 161a1-15를 보라. 거기에서는 네 가지로 구분하고 있지만, 내용은 여기와 다르다. 여기와 비슷한 구분은 『분석론 전서』 제2권 26장 69b38-70a1에 나온다.

226 그리스어에서 "연애"를 뜻하는 '에로스'(ἔρως)는 어떤 결핍을 전제하고 그 결핍을 충족하려는 열망 또는 욕구로 정의된다. 따라서 "모든 결핍은 나쁘다"라는 명제를 제시함으로써 상대방이 도출한 "연애는 고귀하다"는 명제를 반박할 수 있다.

227 "카우노스의 연애"는 금지된 사랑을 의미한다. "카우노스"는 그리스 신화에 나오는 카우노스 왕국의 왕이다. 쌍둥이 누이인 비블리스가 사랑을 고백하자 소아시아 이오니아 지

말이 생기지 않았을 것이라고 구체적인 사례를 들어 말하는 것이다.

상대방의 추론과 반대되는 것에서 이끌어낸 반론이란, 예컨대 자기 친구에게 다 잘하는 사람은 훌륭한 사람이라고 상대방이 추론했다고 할 때, "악인 중에도 자기 친구에게 잘하는 사람이 있다"라고 하는 것이다.

상대방의 추론과 유사한 것에서 이끌어낸 반론이란, 예컨대 증오를 품고 살아가는 사람은 모두 학대받은 경험이 있는 사람이라는 추론을 상대방이 한다면, "학대받은 경험이 없는 사람이라고 해서 모두가 다 사랑하는 마음을 품고 살아가지는 않는다"라고 하는 것이다.

이미 결정된 것에 따라 반론을 제기하려면, 그것은 전에 유명인들이 결정해놓은 것이어야 한다. 예컨대, 누군가가 술 취한 사람은 의식 없는 상태에서 아무것도 모른 채 잘못을 저지르기 때문에 처벌을 관대하게 하는 것이 마땅하다는 추론을 했다고 하자. 그런 경우에 반론은 "그렇다면 당신은 술에 취해 저지른 범죄를 더 엄하게 처벌하는 법률을 제정한 피타코스[228]는 칭송할 만한 인물이 아니라고 생각하는 것이 분명하군요"라는 식으로 말할 수 있다.

생략삼단논법은 네 가지에 따라 전개되고, 이 네 가지는 개연성, 사례, 증거, 증표[229]이다. '개연성'은 참이거나 참이라고 생각되는 것을 근거로 결론을 끌어내는 것이고, '사례'는 하나 또는 다수의 유사한 것에서 귀납법을 사용해 보편적인 명제를 제시한 후에 거기서 다시 개별적인 것을 연역해내는 것이다. '증거'는 필연적이어서 언제나 참인 것에 근거해 결론을

방의 카리아로 가서 카우노스 왕국을 세운다. 비블리스는 이루지 못한 사랑에 절망하여 한없이 눈물을 흘리다가 죽어서 샘이 된다. 이것은 오비디우스의 『변신 이야기』 제9권 454-665에 나온다.

228 "피타코스"(기원전 650-570년)는 고대 그리스 일곱 현인 중 한 사람으로 군인이자 철학자였다. 기원전 7세기경에 레스보스 섬의 미틸레네에서 출생해서, 기원전 589년에 시민들의 추대로 집정관이 되어 10년 동안 다스리면서 훌륭한 치적들을 남겼다.

229 "증표" 중에서 필연적으로 참인 것을 "증거"라고 하고, 그렇지 않은 것은 "증표"라고 한다는 점에서, 증거와 증표는 다르다.

이끌어내는 것이고, '증표'는 보편적으로나 개별적으로 참이거나 거짓인 것[230]에 근거해서 결론을 이끌어내는 것이다.

개연성이 있다는 말은 언제나 참이라는 뜻이 아니라 많은 경우 참이라는 것이다. 따라서 개연성에 따른 생략삼단논법은 언제나 반론을 통해 반박될 수 있다. 그러한 반박은 참인 것처럼 보이지만, 실제로는 언제나 참이지만은 않다. 반박하는 자는 상대방의 추론에 개연성 없음이 아니라 필연적이지 않음을 보여주려 하기 때문이다. 따라서 반론을 통해 반박하는 유사 추론은 고발할 때가 아니라 변호할 때 사용하는 것이 더 유리하다.

상대방은 개연성에 따라 증명해 나가면서 고발하는데, 그때 우리가 상대방의 추론에 개연성이 없다고 반박하는 것과 필연성이 없다고 반박하는 것은 서로 다르다.[231] 게다가 개연성에 따른 추론은 언제나 반론 제기가 가능하다. 만일 반론이 가능하지 않다면, 그 추론은 개연성이 아니라 필연성에 따른 것일 수밖에 없기 때문이다.

우리가 고발한 자의 추론에 필연성이 없다는 반론을 제기하면서 반박하면, 재판관은 고발한 자의 추론에 개연성이 없다고 생각하거나, 이 문제는 자기가 판단할 문제가 아니라고 생각한다. 하지만 재판관의 그러한 생각은 앞에서 이미 말한 대로 우리의 거짓 추론에 속은 것이다. 재판관은 오직 필연성에 의거할 뿐만 아니라 개연성에 의거해서도 판단해야 하고, 재판관이 자기가 아는 한도 내에서 최선을 다해 판결하겠다고 선서하는 것은 바로 그런 의미이기 때문이다.

---

230 "보편적으로나 개별적으로 참이거나 거짓인 것"은 보편적으로는 참이지만 개별적으로는 거짓일 수 있는 것, 또는 개별적으로는 참이지만 보편적으로는 거짓일 수 있는 것을 가리킨다.

231 상대방의 추론에 "개연성이 없다"고 반박하려면 우리는 정반대의 추론을 전개해서 상대방의 추론 전체를 뒤집어야 하는 반면에, 상대방의 추론에 "필연성이 없다"고 반박하려면 상대방의 추론과 부합하지 않는 증거를 하나만 제시해도 되고, 그런 증거 제시는 언제나 가능하기 때문이다. "개연성이 없다"는 반박은 상대방의 추론이 거짓임을 증명하는 것이지만, "필연성이 없다"는 반박은 상대방의 추론이 거짓임을 증명하는 것은 아니다.

따라서 상대방의 추론에 필연성이 없다고 반박하는 것만으로는 충분하지 않고, 그 추론에 개연성이 없다는 것도 반박해야 한다. 그렇게 하려면 반론에는 상대방의 추론보다 더 큰 개연성이 있어야 하는데, 어떤 것이 더 자주 일어났거나 더 사실임을 보여줄 때, 그 반론은 더 개연성을 지니고, 이 둘 다를 갖추었을 때 가장 강력한 반론이 된다. 어떤 것이 여러 경우에서 사실이고 그것이 자주 일어난다면, 그것은 더 큰 개연성을 지니기 때문이다.

증표와 증표에 의거한 생략삼단논법은 본서의 첫 부분에서 이미 말했듯이[232] 비록 참이라고 해도 반박될 수 있다. 『분석론』에서 분명히 보았듯이, 증표에 따라 뭔가를 증명하는 것은 불가능하기 때문이다.[233]

사례에 따른 생략삼단논법도 개연성에 따른 생략삼단논법과 마찬가지로 반박될 수 있다. 상대방의 추론이 더 많거나, 또는 더 자주 참이라고 해도, 그 추론에 부합하지 않는 사례 하나만 제시해도, 그 추론은 필연성 없는 것으로 반박되기 때문이다. 그리고 사례에 따른 상대방의 추론이 대부분 참이고 대체로 참이라고 해도, 연설가는 현재 사안은 이런저런 점에서 그런 사례와 동일하지 않고 다르다는 반론을 펴며 다투어야 한다.

증거와 증거에 따른 생략삼단논법은, 『분석론』에서 이미 분명하게 살폈듯이[234] 증거로 어떤 것을 증명할 수 있기 때문에, 그런 식의 논리로는 반박되지 않는다. 따라서 연설가는 그러한 추론이 현재 사안에 적용되지 않는다는 것을 증명하는 방법밖에 없다. 하지만 상대방의 그런 추론이 참이라는 것이 분명하고, 증거가 확실하며, 그 추론이 현재 사안에 적용되는 것도 분명하다면 반박은 불가능하다. 그런 추론은 모든 점에서 명백한 증명이 되기 때문이다.

---

232 제1권 제2장 1357b13-14를 보라.

233 『분석론 전서』 제2권 27장을 보라.

234 『분석론 전서』 제2권 27장을 보라.

제26장
확대와 축소

확대와 축소는 생략삼단논법의 구성 요소가 아니다. 나는 구성 요소와 명제를 같은 의미로 사용하는데, 많은 생략삼단논법의 구성 요소가 명제이기 때문이다. 좋고 나쁨과 바름과 불의와 같은 것을 보여주는 생략삼단논법이 있는 것처럼, 확대와 축소는 어느 것이 크고 작음을 보여주는 생략삼단논법일 뿐이다.[235]

이 모든 추론에서 삼단논법이나 생략삼단논법의 명제가 사용된다. 따라서 확대나 축소와 관련된 생략삼단논법에서 사용되는 것 중에서 어느 하나라도 생략삼단논법의 명제가 아닌 경우, 그것은 실제로는 확대나 축소가 아니다.

반박을 위한 생략삼단논법과 증명을 위한 생략삼단논법은 종류가 다른 게 아니다. 반박은 반대 추론을 제시하거나 반론을 제기함으로써 상대방의 추론과 반대되는 것을 증명하기 때문이다. 예컨대, 상대방이 어떤 일이 일어났음을 증명하면 우리는 그 일이 일어나지 않았음을 증명하고, 상대방이 어떤 일이 일어나지 않았다고 증명하면 우리는 그 일이 일어났다고 증명하는 식이다. 따라서 이 둘은 서로 다를 수 없다. 둘 다 명제를 사용한 생략삼단논법을 전개해 어떤 것이 참이라거나 참이 아님을 증명하기 때문이다. 반면에, 반론은 생략삼단논법이 아니라 『명제론』에서 살펴보았듯이[236] 어떤 반론이나 반증을 들어, 상대방의 추론이 잘못되었거나

235 "확대"나 "축소"는 생략삼단논법에서 그 구성 요소인 명제의 역할을 하는 것이 아니라, 생략삼단논법의 일종이라는 의미다.

236 『명제론』 제8권 10장을 보라.

거짓된 명제를 전제로 하고 있음을 보여주는 일이다.

연설과 관련해서는 세 가지를 다루는데, 지금까지 우리는 예증과 금언과 생략삼단논법에 관해 살펴보았고, 사람들의 견해와 관련해서 어디에서 명제를 얻고 어떻게 반박해야 하는지에 관해서도 전체적으로 보았다. 이제는 문체와 배열을 살펴보는 일만 남았다.

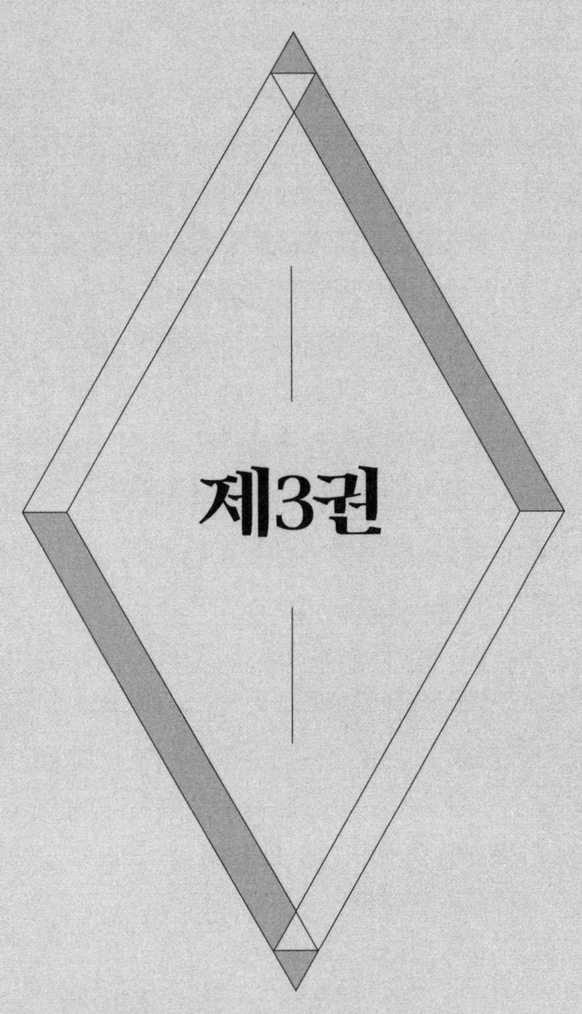

제3권

제1장

문체에 관한 서론적인 개관

연설과 관련해서 우리가 살펴보아야 할 것은 세 가지다. 첫 번째는 설득에 필요한 요소를 어떤 것에서 가져오느냐 하는 것이고, 두 번째는 문체에 관한 것이며, 세 번째는 연설을 구성하는 여러 부분을 어떻게 배열하느냐 하는 것이다.

설득에 필요한 요소와 관련해서 그런 것을 어디에서 얻을 수 있는지, 설득에 필요한 요소 세 가지는 무엇인지, 그리고 왜 세 가지뿐인지는 앞에서 살펴보았다. 우리가 누군가를 설득할 수 있는 것은 재판관의 생각에 어떤 식으로든 영향을 미치거나, 말하는 사람이 어떤 성격을 지닌 사람이라고 생각하게 만들거나, 증명하는 것뿐이기 때문이다. 또한 생략삼단논법과 거기 사용할 명제들, 즉 생략삼단논법의 특수 명제와 일반 명제를 어디에서 얻어야 하는지도 앞서 살펴보았다.

이번에는 문체에 관해 다룰 것이다. 연설가는 무엇을 말해야 하는지 아는 것으로는 충분하지 않고, 그것을 어떤 식으로 말해야 하는지도 알아야 하는데, 이는 청중이 연설을 어떻게 받아들이느냐를 결정하는 데 큰 역할을 하기 때문이다. 물론 연설의 본질에 비추어보면 어떤 것을 설득력 있게 만드는 것이 무엇인가를 가장 먼저 살펴야 한다. 그런 후에 그것을 어떤 문체[237]로 표현해낼지를 두 번째로 살펴야 하고, 세 번째로는 연설에서 아주 큰 효과를 발휘하지만 아직까지 아무도 다루지 않은 부분, 즉 전달[238]

---

237 "문체"로 번역한 그리스어 '렉시스'(λέξις)는 "문체, 어법, 화법" 등과 같은 표현 방식을 가리킨다.

238 "전달"로 번역한 그리스어 '휘포크리시스'(ὑπόκρισις)는 일차적으로는 연극에서 배우가 연기하는 것을 가리킨다. 그리고 대중 연설에서는 연설가가 자기 연설을 어떤 식으로 연

과 관련된 문제를 살펴보아야 한다.

사실 전달의 문제는 비극 및 서사시 낭독과 관련해 최근에 대두되었다. 처음에는 시인들이 자기가 쓴 비극을 직접 공연했기 때문이었다. 따라서 이 문제는 수사학에 관한 것이기도 하고 시학과 관련 있기도 하다. 특히 테오스의 글라우콘[239]을 비롯해서 여러 시인이 이 문제를 다루어 왔다.

전달은 각각의 감정을 나타내기 위해 목소리를 어떤 식으로 사용해야 하는지(즉, 언제 목소리를 크게 하고, 언제 작게 하며, 언제 보통으로 해야 하는지), 그리고 어조를 어떤 식으로 사용할지(즉, 언제 어조를 날카롭게 하고, 언제 묵직하게 하며, 언제 보통으로 해야 하는지), 각각의 내용에 대해 어떤 운율을 사용해야 할지에 관한 것이다. 전달과 관련해 살필 것은 목소리 크기와 어조와 운율, 이 세 가지이다.

실제로 각종 경연대회에서 상을 휩쓰는 사람들은 대체로 이런 전달에 능숙한 자들이다. 그리고 오늘날 연극계에서 연기자가 극작가보다 더 큰 영향력을 지니게 되었듯, 정치인의 경연장에서도 시민들이 악해져서 동일한 상황이 벌어지고 있다. 실정이 이러한데도, 이런 문제와 관련해 쓴 수사학 글들은 아직도 나오지 않고 있고, 문체에 관한 언급도 최근에야 등장하기 시작했다. 따라서 이 문제에 관해서는 상황이 여전히 열악하다고 보는 것이 옳다.

수사학에 속한 모든 것은 사람의 생각과 관련되어 있다. 우리가 문체와 전달이라는 문제를 주목해야 하는 것은 그것이 옳기 때문이 아니라 그렇게 하지 않을 수 없기 때문이다. 물론 옳고 그름을 따진다면, 연설을 통해 청중을 괴롭게 하거나 즐겁게 하기 위해 어떠한 문체로 어떻게 전달해야 하는지도 연구하지 말아야 한다. 증명 외에 다른 것은 모두 주변적인 것

출해 전달하느냐를 가리킨다.

239 "테오스"는 에게해 연안에 있는 소아시아 이오니아 지방의 한 도시다. "글라우콘"은 플라톤의 『이론』 530d에 언급된 음유시인을 가리키는 것으로 보인다.

인 까닭에, 오직 사실만으로 청중을 설득하는 것이 옳기 때문이다. 하지만 이미 말했듯이 현실적으로는 청중이 악해졌기 때문에 문체와 전달이라는 문제는 청중을 설득하는 데 큰 영향을 미친다.

사실 모든 교육에서도 어떤 식으로 설명하고 제시하느냐에 따라 결과에 차이가 나기 때문에, 문체에 관한 문제를 아예 무시할 수는 없다. 하지만 그런 문제는 교육 내용에 관한 것이 아니라, 그 내용을 어떻게 전달하느냐의 문제이기 때문에, 청중에게 미치는 영향은 그리 크지 않다. 이것이 아무도 기하학을 그런 식으로 가르치지 않는 이유이다.

연설에 도입된 이런 문체와 전달은 연극에서 연기하는 것과 동일한 효과를 가져다준다. 하지만 지금까지는 몇몇 저술가가 단편적으로 언급한 것이 전부다. 트라시마코스가 자신의 저서 『연민론』에서 이 문제를 조금 언급한 것이 그 예다.[240] 또한 연기하는 것은 타고나는 것이어서 배운다고 되는 게 아니지만 , 문체는 얼마든지 배울 수 있다. 문체가 훌륭한 연설가도 전달에 능숙한 연설가와 마찬가지로 경연대회에서 상을 타는 이유가 여기 있다. 글로 쓰인 연설에서는 거기에 담긴 사상보다는 문체가 훌륭할 때 더 큰 힘을 발휘하기 때문이다.

따라서 문체와 전달에 시인들이 가장 먼저 관심을 보이기 시작했음은 당연한 일이다. 말은 모방이고, 인간에게는 목소리가 있으며, 목소리는 우리가 지닌 모든 기관 중 모방에 가장 탁월하기 때문이다. 이렇게 해서 낭독술이나 연기술을 비롯해 말과 관련된 여러 기술이 생겼다.

시인들은 별 내용도 없는 공허한 말을 하는데도 문체로 상당한 명성을 얻기도 한다. 그 결과 고르기아스[241] 같은 인물에 의해 '시적 산문체'가 처

---

240 "트라시마코스"(기원전 400년경-430년)는 소아시아 칼케돈 출신의 소피스트이자 수사학자다. 플라톤은 자신의 책 『파이드로스』에서 "가난과 노년이 가져다주는 재난을 들려주어 사람의 심금을 울리는 기술"에서 "저 강력한 칼케돈 사람(즉, 트라시마코스)"을 따라갈 자는 아무도 없다고 말한다(267c7-9).

241 "고르기아스"(기원전 483년경-376년)는 프로타고라스와 함께 고대 그리스의 대표적인

음 등장했고, 오늘날에도 여전히 잘 모르는 대부분 사람은 시적 산문체를 사용할 때 가장 훌륭한 연설이 가능하다고 생각한다. 하지만 이것은 사실이 아니다. 연설에서 사용해야 하는 문체와 시에서 사용해야 하는 문체는 서로 다르다.

오늘날 벌어지는 일이 그것을 분명하게 보여준다. 지금은 비극시인조차도 시적 산문체를 사용하지 않기 때문이다. 이전에 활동했던 초기 시인들은 일상 대화에서는 생소했던 4보격 운율로 된 문체를 사용해서 글을 썼다. 하지만 지금 시인들은 그런 4보격 운율로 된 시적 산문체를 버리고, 모든 연설에 가장 적합한 단장격 운율로 된 문체를 사용하고, 심지어 6보격 운율을 사용하던 시인조차도 자신의 문체를 버리고 단장격 운율로 된 문체를 채택하고 있다.[242]

그러므로 연설가가 시인을 모방해서 이제는 시인조차 더 이상 사용하지 않는 문체를 사용한다는 것은 참 어처구니없는 일이다. 여기에서 문체와 관련된 모든 것을 다 다룰 필요는 없고, 오직 연설과 관련해서 알아야 할 것만을 다루면 된다. 문체와 관련해서 그 밖의 다른 것은 『시학』에서 이미 다루었다.[243]

소피스트로 인정받는 인물이다. 시칠리아 섬의 레온티노이 출신으로, 플라톤은 『고르기아스』라는 대화편을 써서 소피스트를 비판했다. 그는 말의 힘, 인간 사고의 상대성과 불완전성을 강조했다.

242 "보격(補格)"이라는 말에서 '보'는 문장에서 장음과 단음으로 이루어진 하나의 단위를 뜻한다. 영어에서는 "강세 있는 것"(강)과 "강세 없는 것"(약)을 중심으로 '보'를 나누지만, 고대 그리스어와 라틴어에서는 "길게 발음되는 음"(장음)과 "짧게 발음되는 음"(단음)을 중심으로 보를 나눈다. 장음과 단음이 어떤 식으로 구성되어 있느냐에 따라 보의 종류가 달라진다. 따라서 "4보격"은 네 개의 보로 한 행이 이루어진 것을 가리킨다. "단장격"은 단음 뒤에 장음이 나오는 보격을 가리킨다. "6보격"은 그리스 최고의 서사시인인 호메로스의 『일리아스』, 『오디세이아』, 로마 최고의 서사시인인 베르길리우스가 쓴 『아이네이스』 등과 같은 고전 그리스와 라틴의 서사시에서 사용된 표준 보격이다.

243 『시학』 20-22장을 보라.

제2장
명료성

문체와 관련해서 그 밖의 다른 것은 이미 살펴본 것으로 하고, 문체의 미 1404b1
덕은 명료성에 있음을 분명히 하자. 연설은 어떤 것을 분명하게 드러내보이는 것인데, 명료하지 않다면 그런 기능을 제대로 할 수 없기 때문이다. 또한 문체는 저속하지도 않고 지나치게 고상하지도 않게끔 적절해야 한다. 가령 시어는 저속하지는 않지만 연설에는 적절하지 않다.

평범한 사람들이 자주 사용하는 단어나 표현을 사용했을 때 문체는 명료해지고, 『시학』에서 언급한 단어는 저속함을 피하게 해준다.[244] 일상적인 단어를 전혀 새로운 것으로 바꾸면 문체가 더 고상해지기 때문이다.

사람들이 외국인을 만날 때와 자국민을 만날 때 느낌이 다르듯이, 이것은 문체에서도 마찬가지다. 그러므로 연설가는 자기 말이 이색적[245]으로 들리게 해야 한다. 사람들은 자기에게 없거나 멀리 있는 것에 감탄하고, 그런 감탄은 즐거움을 가져오기 때문이다.

운문에서 다루는 내용과 인물은 대체로 일상적인 것과는 거리가 있기 때문에 그런 방식은 운문에 적절하고 효과를 낸다. 반면 산문에서는 이것이 그다지 적절하지 않다. 산문에서 다루는 내용이나 인물은 대체로 평범하고 일상적이기 때문이다. 심지어 운문이라 해도, 노예나 나이 어린 사람이 고상한 말을 사용하거나, 하찮은 것을 얘기할 때 고상한 말을 사용하는 것은 적절하지 않다. 운문에서도 내용이나 인물에 맞춰 단어와 표현의

---

244 『시학』 21-22장을 보라.

245 "이색적"으로 번역한 그리스어 '크세노스'(ξένος)는 "낯선 것, 손님, 외국인"을 의미한다. 따라서 이것은 일상에서 평소 잘 접하지 못했던 새롭고 낯선 것을 가리킨다.

수위를 높이거나 낮추었을 때만 적절성을 얻는다.

따라서 연설가는 고상한 말을 적절히 사용하면서도 청중이 알아차리지 못하게 해서, 연설가가 인위적이거나 부자연스럽지 않고 자연스럽게 말하고 있다고 생각하게 해야 한다. 자연스러운 것은 설득력이 있고, 부자연스러운 것은 설득력이 없는데, 청중은 연설가가 어떻게든 술수를 써서 물 섞인 술을 자기에게 주려 한다고 생각하면서 잔뜩 의구심을 품은 채로 연설을 듣기 때문이다. 예컨대, 테오도로스[246]가 여타 연기자와 다른 것은 그의 목소리가 연기하는 인물의 목소리처럼 들리는 반면, 다른 연기자의 목소리는 그들이 연기하는 인물의 목소리처럼 들리지 않는다는 데 있었다. 연설가가 이런 기법을 사용하면서도 자연스럽게 보이게 하려면, 일상적으로 사용되는 말이나 표현을 가져와야 한다. 에우리피데스[247]가 그렇게 했고, 그는 그런 방법을 처음으로 보여준 인물이었다.

말을 구성하는 것은 단어들과 표현들이다. 『시학』에서 이미 살펴보았듯이,[248] 단어에는 여러 종류가 있다. 그중에서 이색적인 것과 이중적인 의미를 지닌 것 그리고 인위적으로 만들어낸 것은 아주 가끔씩만 사용해야 한다. 어느 대목에서 그것을 사용할지는 나중에 말할 것이고, 그 이유는 이미 말했다. 적절성에서 너무 벗어나 있기 때문이다.

연설 문체로는 일상에서 사용되는 친숙한 단어와 은유만이 유용하다. 평소에 말할 때 모두가 오직 이런 종류만 사용하는 것이 그 증거다. 사람들은 누구나 일상에서 쓰는 친숙한 단어와 은유를 사용해 대화하기 때문

---

246 "테오도로스"는 기원전 4세기에 고대 그리스 아테나이에서 활동했던 유명한 비극 배우다. 아리스토텔레스는 『시학』에서 "연극에서 청중은 가장 먼저 들은 목소리에 익숙해지기 때문에 그는 다른 배우가 자기보다 먼저 무대에 등장하는 것을 용납하지 않았다"(제7권 17장 1336b29-31)라고 썼다.

247 "에우리피데스"(기원전 484년경-406년경)는 고대 그리스의 3대 비극 작가 중 한 사람으로 19편의 작품이 전해진다. 아테나이 출신으로 반어법이 포함된 합리적인 해석과 새로운 극적 수법으로 그리스 비극에 큰 변화를 가져온 인물이다.

248 『시학』 21장 1457b1-3을 보라.

이다. 따라서 연설을 잘하려면 이색적인 단어나 표현을 사용하면서도, 청중이 그것을 알아차리지 못하고 자연스럽게 받아들이게 하고, 그 의미 또한 명료해야 한다. 훌륭한 수사학적 연설이란 이런 것을 말한다.

반면에, 소피스트들에게는 동음이의어가 유용하다. 그들은 그런 단어를 사용함으로써 청중에게 해악을 끼칠 수 있기 때문이다. 시인들에게는 동의어가 유용하다. 여기서 내가 말하는 일상적이면서 동의어인 단어는 예컨대 "가다"와 "걷다" 같은 것이다. 이 두 단어는 일상적이면서도 의미가 서로 동일하기 때문이다.

이런 단어에는 각각 뭔가가 있고, 은유에는 여러 종류가 있다는 것, 그리고 은유는 시에서나 산문에서 지대한 영향을 미친다는 것은 앞에서 말했듯 『시학』에서 이미 다루었다.[249] 그러나 산문에서는 은유를 활용하는 데 더 힘을 쏟아야 한다. 문체로 도움을 받을 만한 수단들이 시와는 달리 산문에서는 별로 없기 때문이다. 게다가 은유는 문체에 명료함과 즐거움과 색다름을 탁월하게 부여하고, 다른 수단을 통해서는 이런 효과를 얻을 수 없다.

하지만 수식어와 은유는 적절해야 한다. 즉, 대상과 어울려야 한다. 그렇지 않으면 어울리지 않는 것이 함께 놓여 부적절함이 더 뚜렷하게 보인다. 예컨대, 우리는 청년에게 어울리는 붉은 색 외투가 노인에게도 어울릴지 숙고해야 마땅하다. 동일한 옷이 청년과 노인에게 둘 다 어울리지는 않기 때문이다. 마찬가지로, 연설가가 어떤 것을 추켜세우고 싶다면 그와 관련된 말 중에서 가장 좋은 것을 가져와 은유로 사용해야 하고, 반면에 깎아내리고 싶다면 그것과 관련된 말 중에서 가장 좋지 않은 것을 가져와 은유로 사용해야 한다.

상반된 의미가 같은 종류로 사용되는 예를 들어보자. 누군가가 뭔가를 구할 때 '빈다'고도 하고 '구걸한다'고 하기도 한다. 이피크라테스가 칼리

---

249 『시학』 21-22장을 보라.

아스는 키벨레 여신의 탁발 사제일 뿐이고 횃불을 드는 자는 아니라고 말하자, 칼리아스가 이피크라테스는 이 밀교에 입교한 사람이 아니라고 하면서, 그가 입교했다면 자기를 탁발 사제가 아니라 횃불을 드는 자라고 불렀으리라 말한 것도 그런 예다.[250] 이런 말이 오고갈 수 있었던 것은 "탁발 사제"와 "횃불을 드는 자"는 둘 다 이 여신과 관련된 사람을 지칭하는 단어였으나, 후자는 명예스러운 칭호였던 반면에 전자는 그렇지 못한 칭호였기 때문이었다.

어떤 사람은 배우들을 "디오니소스에게 알랑거리는 자들"[251]이라고 부르지만, 배우들은 자기 자신을 "예술가들"이라고 부른다. 이러한 표현은 둘 다 은유이지만, 전자는 폄하하는 데 사용되고 후자는 높이는 데 사용된다. 또한 오늘날 강도나 해적은 자신을 "징발관"이라고 부른다. 그런 이유로 사람들은 범죄한 것을 실수했다고 하기도 하고, 실수한 것을 범죄했다고 말하기도 하며, 도둑에 대해 물건을 집어가거나 징발해간 자라고 부르기도 한다.

에우리피데스의 『텔레포스』에서 "그는 노를 지배해서 미시아에 상륙했다"[252]고 말한 것도 그런 예다. 하지만 "지배해서"라는 은유는 거기서 묘사

---

250 "이피크라테스"(기원전 418년경-353년경)는 고대 그리스 아테나이의 유명한 장군이다. "칼리아스"는 그리스에서 최고 갑부 중 한 사람으로 소피스트들의 후원자였다. 플라톤의 『프로타고라스』와 크세노폰의 『향연』은 그의 집을 무대로 전개된다. 그의 가문은 대대로 엘레우시스 밀교에서 "횃불을 드는 자", 즉 아테나이에서 엘레우시스에 이르는 행렬을 인도하는 자의 역할을 맡았다. 엘레우시스는 아테나이의 주요 구역 중 하나로 아테나이 제의의 중심지였다. 그 제의 중 몇몇은 입교자만이 아는 밀교들이어서, '엘레우시스 밀교들'이라 불렸다. "키벨레 여신"은 소아시아 프리지아에서 숭배되던 지모신이었고, "탁발 사제"는 그 여신을 위해 구걸하러 다니는 사제로 주로 여자들이 맡은 천한 역할이었다.

251 "디오니소스"는 그리스 신화에서 제우스의 아들로 포도와 포도주와 다산의 신일 뿐만 아니라 기쁨과 광란과 황홀경의 신이기도 하다. 배우들은 디오니소스 신에게 바쳐진 자로 여겨졌다.

252 에우리피데스의 『텔레포스』 단편 705(나우크 판본)에 나오는 말이다. 여기에서 "그"는 "텔레포스"를 가리킨다. "텔레포스"는 헤라클레스의 아들로 나중에 미시아의 왕이 된다. 미시아는 소아시아 북서쪽 아나톨리아에 속한 지방이다. 그는 미시아에 상륙한 그리스

하는 것과 비교해 너무 거창한 것이어서 부자연스러움이 그대로 드러나기 때문에 적절하지 않다.

은유로 사용된 단어의 발음이 그 은유가 가리키는 대상과 어울리지 않는 때도 은유를 잘못 사용한 예다. 예컨대, 청동 세공사 디오니시오스가 자신이 지은 비가에서 시를 "칼리오페의 비명소리"[253]라고 부른 것이 그렇다. 비명소리는 시와 마찬가지로 소리를 나타내는 것이어서 은유로 사용될 수도 있지만, 그 발음이 귀에 거슬려서 사람 귀에 거슬리지 않는 시에 대한 은유로는 어울리지 않기 때문이다.

특정 명칭이 없는 것을 은유로 표현하려면 그와 같은 부류에 속한 것에서 사람들이 잘 아는 것으로 은유를 가져와야 한다. 그렇게 할 때 그 즉시 둘 사이의 유사성이 분명하게 드러나기 때문이다.

1405b1 예컨대, "나는 어떤 사람이 불을 사용해서 청동을 다른 사람의 몸에 접착하는 것을 보았다"는 유명한 수수께끼가 그렇다. 이것은 열을 이용해서 부항단지를 사람의 몸에 붙이는 행위를 묘사한 것인데, 이 행위를 칭하는 말은 따로 없다. 그래서 이 수수께끼를 만든 사람은 부항단지를 사람의 몸에 붙이는 행위를 그와 가장 유사한 행위인 "접착하다"라는 은유를 사용한 것이다. 좋은 수수께끼는 대체로 좋은 은유가 될 수 있다. 은유는 수수께끼의 일종이어서, 좋은 수수께끼를 은유로 사용하면 좋은 은유가 되기 때문이다.

군을 물리치지만, 아킬레우스의 창에 부상당한다. 그 부상을 치료하기 위해 신탁을 따라 아킬레우스를 찾아가 상처를 치료받은 후에는 그리스군을 트로이로 이끌어준다. 여기에서 에우리피데스는 텔레포스가 미시아로 가는 모습을 묘사하면서, 그가 장차 미시아의 왕이 될 것을 암시하고자 "노를 지배해서"라는 표현을 사용한다.

253 "디오니시오스"는 기원전 5세기 초에 아테나이에서 활동한 시인이자 수사학자로 아테나이에 처음으로 청동 화폐를 도입했다고 해서 "청동 세공사"라는 별명으로 불렸다. "칼리오페"는 그리스 신화에서 예술을 관장하는 아홉 명의 무사 여신 중 한 명으로 "아름다운 목소리를 지닌 여자"라는 뜻이다. 그녀는 무사 여신들 중 우두머리였고, 서사시를 관장했으며, 노래와 시의 명인인 오르페우스를 낳았다.

은유는 아름다운 것에서 가져와야 한다. 리킴니오스[254]가 말한 대로, 어떤 단어의 아름다움은 발음이나 의미에 있고, 이것은 추함도 마찬가지다. 우리는 여기에서 이와 관련한 하나의 궤변을 살피고자 한다. 즉, 브리손에 따르면, 동일한 의미를 표현한다면 어떤 단어를 사용해 말하더라도 그것은 수치스럽거나 상스러운 것이 전혀 아니라고 말한다.

하지만 그것은 거짓이다. 어떤 것을 청중 앞에 제시할 때 사용 가능한 여러 단어 중에서도 더 적절하고 더 사실에 가까우며 더 타당한 단어가 있기 때문이다. 게다가 동일한 단어라도 상황이나 맥락이 달라지면 그 의미도 달라진다. 따라서 우리는 어떤 것을 가리키는 여러 단어가 있더라도, 그중에 더 아름답거나 더 추한 단어가 있음을 인정해야 한다. 두 단어가 모두 아름답거나 추하다고 해도 아름다움이나 추함에 있어 서로 간에 정도의 차이는 존재하기 때문이다.

따라서 은유는 발음상으로나 의미상으로나 시각적으로, 그 밖의 다른 감각과 관련해서 아름다운 단어와 표현을 사용해야 한다. 예컨대, "자줏빛 손가락을 지닌 새벽"보다는 "장밋빛 손가락을 지닌 새벽"[255]이라고 하는 것이 더 나은 은유이고, "붉은 손가락을 지닌 새벽"은 최악의 은유이다.

동일한 것을 가리키는 수식어 중에도 좋은 쪽을 부각하는 것이 있는가 하면 나쁜 쪽을 부각하는 것도 있다. 예컨대, 오레스테스[256]의 행위를 묘사할 때 "어머니를 살해한 자"라고 말하면 나쁜 쪽을 부각하는 것이고, "아버

---

254 "리킴니오스"는 기원전 5세기에 활동한 수사학자로 에게해 서부에 있는 그리스의 식민지였던 키오스 섬 출신이고, 플라톤의 『파이드로스』에 등장하는 "폴로스"의 스승이다. "브리손"은 기원전 5세기에 활동한 수학자이자 소피스트로 소아시아 비티니아 연안에 있는 헤라클레이아 출신이다.

255 이것은 호메로스의 서사시에서 자주 발견되는 표현이다.

256 "오레스테스"는 트로이 전쟁의 그리스군 총사령관 아가멤논과 클리타임네스트라의 아들이다. 클리타임네스트라와 그의 정부 아이기스토스가 아버지 아가멤논을 죽이자, 오레스테스는 그 두 사람을 죽여 복수한다. 그래서 그는 아버지의 복수를 한 자이면서도 자기 어머니를 죽인 자가 되었다.

지를 죽인 자를 복수한 자"라고 좋은 쪽을 부각한 것이다.

시모니데스는 노새 경주대회에서 우승한 사람이 푼돈을 주며 우승을 축하하는 시를 써달라고 부탁했을 때 영광의 절반이 노새에게 돌아가는 그런 시를 쓰는 것은 자기 품위를 해치는 일이라고 하며 거절했다. 하지만 또 다른 사람이 거금을 주며 그런 시를 써줄 것을 부탁하자, 시모니데스는 노새는 당나귀의 딸이기도 하다는 사실은 쏙 빼놓고, "장하다, 너희 폭풍의 발을 가진 암말의 딸들이여"[257]라고 써주었다.

지소사[258]의 사용도 그런 효과를 가져온다. 지소사는 나쁜 것이든 좋은 것이든 그 정도를 약하게 하고 순화하는 역할을 하기 때문이다. 예컨대, 아리스토파네스[259]는 『바빌로니아인들』에서 "금" 대신에 "금쪼가리"라는 말을, "옷" 대신에 "옷쪼가리"라는 말을, "조소" 대신에 "조소 나부랭이"라는 말을, "병" 대신에 "병 나부랭이"라는 말을 사용한다. 하지만 은유이든 수식어구이든 지소사든 그런 것을 사용할 때는 언제나 신중하고 수위를 잘 조절해야 한다.

---

257 시모니데스의 단편 515(캠벨 판본)에 나오는 말이다. 노새는 당나귀와 암말의 교배로 태어난 잡종이다. "시모니데스"(기원전 556년경-468년경)는 고대 그리스 아테나이의 서정 시인으로 페르시아 전쟁에서 죽은 병사들을 위한 묘비명으로 유명하고, 아주 다양한 시들을 썼다.

258 지소사는 원래의 뜻보다 더 작은 것이나 친근함을 나타내기 위해 덧붙이는 접사를 말한다. 예컨대, "강아지"(개의 아기)나 "송아지"(소의 아기)에서 "-아지"(아기, 새끼)가 지소사이다.

259 "아리스토파네스"(기원전 446년경-386년경)는 고대 그리스의 최고의 희극 작가로 44편의 희극을 지었고 11편이 남아 있다. 감미로운 서정과 천재적인 패러디로 가득한 그의 작품은 새로운 철학과 교육, 소피스트, 전쟁, 대중 선동가를 비난하고 풍자한다.

제3장

무미건조함

문체가 무미건조해지는 이유는 네 가지다. 첫 번째는 합성어를 사용하기 때문이다. 예컨대, 리코프론[260]이 "높은 봉우리들이 솟아 있는 대지의 많은 얼굴을 지닌 하늘"이라거나 "통로가 좁은 해안"이라고 한 것, 고르기아스가 시인들을 "힘 있는 자들에게 빌붙어서 아부하여 위증하면서 맹세를 지키는 사람을 해쳐서 빌어먹고 사는 시인들"이라고 명명한 것이 그렇다.
1406a1 또한 알키다마스가 "분노로 가득한 혼과 화염처럼 이글거리는 눈"이라고 했거나, "그는 그들의 열정이 목적 달성을 가져다줄 거고, 그의 설득력 있는 말이 목적 달성을 가져올 거로 생각했다"거나, "푸른 빛깔 해수면"이라고 말한 것도 그렇다. 이 모두는 합성되었으므로 시적인 표현으로 여겨지지만, 이것이 문체를 무미건조하게 하는 원인이 된다.

두 번째는 이색적인 단어를 사용하기 때문이다. 예컨대, 리코프론이 크세르크세스를 "괴물 인간"이라고 부르고 스키론을 "인간 파괴자"라고 부른 것,[261] 알키다마스가 "시라는 장난감"이라거나 "자연의 오만방자함"이라거나 "아무것도 섞이지 않은 순수한 분노의 마음으로 날을 세운 채로"라

---

260 "리코프론"은 소피스트이자 고르기아스의 추종자였던 것으로 보이고, "고르기아스"(기원전 483년경-376년)는 시칠리아 섬 출신의 유명한 소피스트이다. "알키다마스"는 기원전 4세기에 활동한 수사학자였다.

261 "크세르크세스"(재위 기원전 486-465년)는 다리우스왕의 장남이자 페르시아의 왕으로 그리스를 침공한 인물이다. "스키론"은 그리스 신화에 나오는 악당으로, 메가라 근처의 길목에서 지나가는 사람을 붙잡아 자기 발을 씻게 하고, 발을 씻으려고 몸을 구푸리면 발로 차서 절벽 아래로 떨어뜨려 죽였다. 시니스는 그리스 신화에서 지나가는 사람들을 구부린 두 개의 소나무 가지에 묶은 후에 다시 펴지게 해서 찢어죽인 악당이다. 이 두 악당은 아테나이의 유명한 왕 테세우스에게 죽임을 당한다. 그리스어에서 '시니스'(σίνις)는 "파괴하는"이라는 뜻을 지닌 단어다.

고 말한 것이 그렇다.

세 번째는 길거나 상황에 맞지 않거나 진부한 수식어를 사용하기 때문이다. 예컨대, “흰 젖”이라는 수식어는 시에서는 적절하지만, 산문에서는 별로 적절하지 않다. 그런 수식어를 자주 사용한다면, 그 글이 산문이 아니라 시임을 분명하게 드러낸다. 물론 산문에서 그런 수식어를 사용한다고 틀린 건 아니다. 그런 수식어는 문체를 이색적으로 만들어, 그 글을 평범함에서 벗어나게 하기 때문이다. 하지만 수위를 적절하게 조절해서 적정 수준을 유지할 필요가 있다. 적정 수준 유지에 실패하면, 그런 수식어를 처음부터 아예 사용하지 않은 것보다 더 큰 해악을 초래한다. 그런 수식어를 아예 사용하지 않았더라면 문체를 더 좋게 만들지 못하는 정도에서 그쳤을 것을, 그런 수식어를 사용하면서 적정 수준을 유지하지 못했다면 문체를 보통 수준보다 더 나쁘게 만드는 결과를 초래하기 때문이다.

이것이 알키다마스의 문체가 무미건조해 보이는 원인이다. 그는 수식어를 양념이 아니라 주식으로 사용하기 때문에 수식어가 지나치게 자주 등장하고 길며 두드러져 튄다. 예컨대, 그는 그냥 “땀”이 아니라 “진하게 배어나오는 땀”이라고 말하고, “이스트모스 제전”[262]이 아니라 “전국적인 집회인 이스트모스 제전”이라고 말하며, “법률”이 아니라 “나라의 왕인 법률”이라고 말하고, “달려서”가 아니라 “마음이 시키는 대로 전속력으로 달려서”라고 말하며, “무사 여신의 학교”가 아니라 “자연으로부터 받은 무사 여신의 학교”라고 말하고, “혼의 찌푸림인 염려”라고 말한다.

또한 그는 자기가 사람들로부터 그저 “찬사”를 받는 것이 아니라, “모든 사람의 찬사”를 받고 있고, “청중에게 즐거움을 나눠주는 자”라고 말하며, “나뭇가지들”이 아니라 “숲의 나뭇가지들”로 가렸다고 말하고, “몸”이 아니

262 “이스트모스 제전”은 바다의 신 포세이돈을 기리는 제전으로 코린토스 지협(‘이스트모스’)에서 2년에 한 번씩 열렸다. 그리스의 모든 도시국가가 참여한 가운데 각종 경기가 진행되었다.

라 "부끄러운 몸"을 가렸다고 말하며, "자기 혼의 욕망은 반(反) 모방적이다"라고 말하고(이것은 합성어이자 수식어이기 때문에 시가 된다), 마찬가지로 "사악함의 도를 지나친 과도함"이라고 말한다.

시적인 단어나 표현을 이렇게 부적절하게 사용한다면 글이 우스꽝스럽고 무미건조해지며, 장황해지고 말이 많아져 명료성을 잃고 모호해진다. 청중이 이미 알고 있는 것에 이런저런 말을 계속 덧붙이면, 그런 말에 가려 명료성도 사라져버리기 때문이다.

사람들은 뭔가를 부를 명칭이 따로 없거나 "소일거리"처럼 새로운 단어를 만들어내는 게 오히려 쉬울 때 합성어를 사용한다. 하지만 산문에서 합성어를 많이 사용하면, 언제나 시처럼 되어 버린다. 합성어를 많이 사용하는 문체는 허풍이 심한 디티람보스[263]를 쓰는 시인에게 유용하고, 이색적인 단어나 표현은 장엄하고 자기주장이 강한 서사시를 쓰는 시인에게 유용하며, 은유는 단장격 운율을 지닌 시를 쓰는 시인에게 가장 유용한 이유가 여기 있다(앞서 말했듯, 그래서 오늘날 단장격 운율이 많이 사용된다).

문체를 무미건조하게 만드는 네 번째 원인은 은유와 관련된 것이다. 부적절한 은유가 있기 때문이다. 어떤 은유는 우스꽝스럽고(그래서 희극시인도 은유를 사용한다), 어떤 은유는 지나치게 장엄하고 비극적이며, 어떤 은유는 특정한 대상과는 거리가 먼 것에서 가져왔기 때문에 명료하지 못하고 모호하다.

예컨대, 고르기아스가 "그 일은 창백하고 핏기가 없습니다"라고 한 것이나, "당신은 치욕의 씨를 뿌리고 재난을 수확했습니다"라고 한 것이 그렇다. 이런 말은 지나치게 시적이다. 알키다마스가 철학을 "법률을 훼방하는 방해물"이라고 한 것이나, 『오디세이아』[264]를 "인간 삶의 아름다운 거

---

263 "디티람보스"는 고대 그리스에서 포도주의 신 디오니소스를 찬양하는 내용의 합창으로 주로 신화를 이야기 형식의 노래로 만들어 부른다. 떠들썩하고 요란한 것이 특징이다. 디티람보스는 디오니소스 신의 별명이기도 하다.

264 "오디세이아"는 고대 그리스의 시인 호메로스가 쓴 대서사시이다. "오디세우스의 노래"

울"이라고 한 것이나, "그는 시에 그런 장난감을 전혀 제공하지 않는다"라고 한 것도 그렇다. 이런 은유들은 모두 앞에서 말한 이유 때문에 설득력이 없다.

고르기아스는 자기 위를 날아가다가 배설물을 떨어뜨린 제비를 향해 "필로멜라여, 부끄러운 줄 알아야지"[265]라고 은유를 사용해 말했는데, 그가 비극에서 이렇게 말했더라면, 아주 훌륭한 은유가 되었을 것이다. 이 일은 제비에게는 부끄러운 일이 아니지만, 소녀가 그렇게 했다면 부끄러웠을 것이 분명한 까닭에, 현재의 그녀가 아니라 과거의 그녀를 나무란 것은 적절했다.

라는 뜻으로 트로이 전쟁에서 그리스군이 트로이를 이긴 후에 오디세우스가 귀향하는 10년 동안 겪는 모험을 다루었다. "오디세우스"는 이타카의 왕으로 트로이 전쟁에 참전하여 그리스군 최고의 지략가로 이름을 날린 인물이다.

265 "필로멜라"는 그리스 신화에 나오는 아테나이의 전설적인 왕 판디온의 딸로 언니 프로크네의 남편인 트라케의 왕 테레우스에게 겁탈당하고 혀를 잘린다. 언니와 함께 테레우스의 아들을 죽여 복수하지만, 이것을 안 테레우스에게 쫓겨 죽을 위기에 처하자 제우스는 그녀를 제비로 변신시킨다.

제4장
직유

직유도 일종의 은유이고, 둘 사이에는 별 차이가 없다. 시인이 "아킬레우스가 사자처럼 덮쳤다"라고 말하면 직유가 되고, "사자가 덮쳤다"고 말하면 은유가 되기 때문이다. 여기에서 시인이 아킬레우스에 대해 사자라는 은유를 사용한 것은 둘 다 용맹해서다. 직유도 산문에서 유용하기는 하지만, 시적인 문체에 속하기 때문에 가끔씩만 사용해야 한다. 직유는 대상을 묘사하는 방식이 은유와는 조금 다르지만 어쨌든 은유이기 때문에 은유를 사용할 때와 동일한 방식으로 사용해야 한다.

직유의 예로는 이런 것이 있다. 안드로티온은 이드리에우스를 "목줄에서 막 풀려난 개" 같다고 말했다.[266] 개가 막 자유를 얻으면 덤벼들어 물듯이 감옥에서 풀려난 이드리에우스도 위험인물이었기 때문이었다. 또한 테오다마스는 비유를 사용해서, 아르키다마스를 "기하학을 할 줄 모르는 에우크세노스"라고 불렀다.[267] 그러한 유비에 의하면, 에우크세노스는 "기하학을 할 줄 아는 아르키다마스"가 될 것이다.

플라톤은 『국가』에서 "죽은 자들의 쓸 만한 것을 벗기는 자들은, 날아오는 돌멩이는 물면서도 정작 그 돌을 던진 자들은 그냥 두는 개들과 같다"고 말했고, "대중은 힘은 세지만 귀가 먹어서 잘 듣지 못하는 선장과 같

---

266 "안드로티온"(기원전 410년경-340년)은 고대 그리스 아테나이의 정치가로 대중 연설가이자 수사학자였던 이소크라테스에게서 배웠다. 그는 서부 아나톨리아에 있는 카리아의 왕 마우솔로스에게 사신으로 간 적이 있다. "이드리에우스"는 마우솔로스의 동생이자 그 뒤를 이어 왕이 된 자이기 때문에, 여기서 "감옥에서 풀려났다"는 것은 이드리에우스가 그를 통제했던 마우솔로스에게서 벗어나 왕이 되어 독자적으로 행동하게 된 것을 가리키는 것으로 보인다.

267 "테오다마스"와 "아르키다마스"와 "에우크세노스"에 대해서는 알려져 있는 것이 없다.

다"고도 했으며, "시인의 시구는, 한창때여서 아름다워 보이지만 진정으로 아름답지는 않은 청년과 같다"라고 말했다. 진정한 아름다움을 지니지 않은 청년은 한창때가 지나면 아름다움을 잃는 것과 마찬가지로, 시구도 운 1407a1
율이 제거되면 아름다움을 잃기 때문이다.

페리클레스는 "사모스인은 빵 조각을 받아먹으면서도 계속 울어대는 어린아이와 같고, 보이오티아인은 참나무와 같다"고 말했다. 이것은 참나무들이 서로 부딪쳐 쓰러지는 것처럼 보이오티아인도 자기들끼리 서로 싸우다가 쓰러져갔기 때문이었다.[268]

데모스테네스는 대중을 배 멀미를 하는 사람에 비유했고,[269] 데모크라테스는 대중 연설가를 아이가 먹을 젖을 자기가 빼앗아 먹고는 아이에게는 자신의 침을 발라주는 보모에 비유했으며,[270] 안티스테네스는 뼈만 앙상하게 남은 케피소도토스를 자신을 태워 남에게 기쁨을 주는 향에 비유했다.[271]

---

268 "페리클레스"(기원전 495년경-429년)는 고대 그리스 아테나이의 민주정을 이끈 유명한 정치인이었다. "사모스"는 그리스 동부 에게해에 있는 섬으로 기원전 440년에 아테나이인이 정복한 곳이다. 여기에서 "빵 조각"은 아테나이인이 그곳에 있던 과두정을 폐하고 민주정을 세운 것이었다. "보이오티아"는 중부 그리스에 있는 지방이다. "참나무들이 서로 부딪쳐서 쓰러진다"는 것은 보이오티아의 내전과 관련된 것으로 폭풍이 불어서 참나무들이 서로 부딪쳐 결국에는 쓰러지는 것을 가리키는 비유이거나, 참나무는 단단해서 쟁기나 도끼 같은 도구를 만드는 데 사용되었는데 참나무로 만든 도끼에 의해 참나무들이 쓰러진다는 뜻이다.

269 "데모스테네스"(기원전 384-322년)는 아테나이의 뛰어난 대중 연설가로 반마케도니아파의 선봉에 서서 필리포스왕의 야심을 비판한 인물이었다. 이 비유는 대중이 어떤 정책에 찬성표를 던져 그 정책이 시행되면, 대중은 자신이 선택한 정책으로 멀미하며 고통을 받는다는 뜻으로 들린다.

270 "데모크라테스"는 기원전 4세기에 활동한 아테나이의 정치가다. 이것은 민주정을 지지하는 정치가들에 대한 기존의 비유를 뒤집어 표현하면서 위선과 착복을 일삼는 자들이라고 공격한 것이다.

271 "안티스테네스"(기원전 445년경-365년경)는 처음에는 고르기아스 문하에서 수사학을 배웠지만, 나중에는 소크라테스의 애제자가 되었고, 소크라테스의 가르침 중에서 윤리적인 측면을 발전시켜 미덕에 부합하는 금욕적인 삶을 주창했다. 후세의 저술가들은 그를 견유학파의 창시자로 여겼다. "케피소도토스"에 대해서는 알려진 것이 없지만, "뼈만

이 모든 것은 직유로도 사용할 수 있고 은유로도 사용할 수 있기 때문에, 은유로 사용해서 괜찮은 것은 직유로 사용해도 훌륭하고, 직유로 사용해서 훌륭한 것은 은유로 사용해도 괜찮을 것이 분명하다. 직유는 설명 없는 은유이기 때문이다. 하지만 유비에 의한 은유는 언제나 상호적인 것이어서 은유에 사용된 서로 유사한 두 대상 중 어느 것에도 적용될 수 있어야 한다. 예컨대, "잔은 디오니소스의 방패다"라는 은유가 적절하려면, "디오니소스의 방패는 아레스의 잔이다"라는 은유도 적절해야 한다.[272]

앙상하게 남은"이라는 수식어가 붙은 것으로 보아 안티스테네스의 제자로 견유학파의 철학을 따른 인물로 보인다.

272 "유비"는 서로 다른 사물 사이에 존재하는 유사성 또는 동일성을 뜻한다. 그래서 '상호적'이다. "디오니소스"는 포도주의 신이다. 여기에 언급된 '잔'은 술을 마실 때나 제사 드릴 때 술을 따라 붓는 데 사용된 크고 넙적한 잔으로, 그 모습이 '방패'와 같았다. "아레스"는 그리스 신화에서 전쟁의 신이다.

제5장

정확성

이렇게 말이란 앞에서 언급한 여러 가지로 이루어진다. 하지만 문체의 기본은 그리스어답게 말하는 것이고, 이것은 다섯 가지에 달려 있다.

첫 번째는 접속사와 관련된 것이다. 접속사는 어떤 것의 앞이나 뒤에 자연스럽게 와야 한다. 또한 앞에 특정한 접속사가 나왔을 때는 그것과 대응하는 접속사가 반드시 뒤에 나와야 할 때도 있다. 예컨대, '멘'("한편")이나 '에고 멘'("한편 나는")이 앞에 나왔을 때는 '데'("반면에")나 '호 데'("반면에 그는")가 반드시 뒤에 나와야 한다.[273]

또한 서로 상응하는 후속 접속사는 앞에 나온 접속사가 청중의 기억에서 사라지기 전에 나와야 하기 때문에, 첫 번째 접속사와 너무 멀리 떨어져 있어서는 안 된다. 그리고 후속 접속사가 나오기 전에 또 다른 접속사를 사용한 구절을 그 앞에 두어도 안 된다. 그렇게 해도 괜찮아 보이는 때는 거의 없다.

예컨대, "한편 나는('에고 멘'), 그가 내게 말했기 때문에('에페이')[클레온이 와서 간곡하게 부탁했기 때문에] 그들을 데리고 출발했다"라고 말하는 것이 그렇다. 이 문장을 보면 앞에 나온 접속사('멘')와 상응하는 후속 접속사('데')가 나오기 전에 중간에 다른 접속사가 이끄는 절이 나온다. 서로 상응하는 두 접속사 사이에 나오는 그 밖의 다른 접속사들은 문체의 명료성을 해치고 문체를 모호하게 한다. 이렇게 그리스어답게 말하기 위한 첫 번째 방법은 접속사를 적절하게 잘 사용하는 것이다.

---

273 그리스어에서 '멘'(μὲν)과 '데'(δέ)는 상응접속사이기 때문에, '멘'이 나온 후에는 '데'가 반드시 나와야 한다는 뜻이다.

두 번째는 포괄적이고 두루뭉술한 단어가 아니라 특정한 상황에 꼭 들어맞는 정확한 단어를 사용하는 것이다.

세 번째는 애매모호한 표현을 사용하지 않는 것이다. 실제로는 말할 것이 없는데도 마치 자기가 아주 중요한 말을 하는 것처럼 보이고 싶을 때 사람들은 일부러 그런 애매모호한 표현을 사용하기 때문에, 그렇게 할 의도가 있지 않다면 애매모호한 표현 사용을 피해야 한다.

그렇게 애매모호하게 말하려면 산문이 아니라 시의 형식을 사용하는 것이 보통인데, 엠페도클레스[274]가 그 좋은 예다. 그는 무슨 의미인지 제대로 드러나지 않는 애매모호한 말들을 많이 늘어놓고, 청중은 마치 신탁을 듣는 많은 사람처럼 그런 애매모호한 말들을 들으면서 고개를 끄덕이며 그 말에 동의를 표시한다. "크로이소스가 할리스강을 건너 대제국을 멸망시킬 것이다"[275]라는 말이 그런 예다.

1407b1 어떤 일을 구체적으로 말하기보다는 개략적으로 두루뭉술하게 말하면 틀릴 가능성이 더 적기 때문에, 예언자들은 늘 이런 식으로 말한다. 홀짝놀이에서 구체적인 개수를 말하기보다는 홀수인지 짝수인지를 말할 때 맞을 가능성이 더 높은 것처럼 말이다. 마찬가지로, 예언자들도 "언제 일어난다"라고 구체적으로 말하기보다는 "장차 일어난다"라고 말해야 틀릴 가능성이 더 적기 때문에 그렇게 말한다. 그런 식으로 말하면 의미가 비슷비슷해지기 때문에, 의도적으로 그렇게 말할 생각이 아니라면 이런 표

---

274 "엠페도클레스"(기원전 493-433년)는 시칠리아 섬 아크라가스 출신으로 고대 그리스의 철학자, 정치가, 시인이다. 그는 소크라테스 이전에 활동한 대표적인 고대 그리스 철학자 중 한 사람이었고, 만물은 4원소의 사랑과 다툼으로 생겼다고 한 말이 유명했다.

275 헤로도토스의 『역사』 제1권 53, 91장에 나오는 말이다. "크로이소스"(기원전 595-547년경)는 소아시아 서부에 있던 리디아의 왕으로 엄청난 부를 지닌 인물로 유명하다. "할리스강"은 흑해 남쪽으로 흘러드는 강으로 현재의 터키에서 가장 큰 강이다. 그는 이 신탁을 듣고 자기가 페르시아 제국을 멸망시킬 줄 알고 전쟁을 일으켰다가, 기원전 549년에 페르시아 왕 키로스에게 패했다. 이 일로 그의 왕국은 멸망하고, 그는 떠돌이 신세가 되고 만다.

현은 피하는 것이 옳다.

네 번째는 프로타고라스처럼 단어의 문법적인 성을 남성과 여성과 중성으로 구별해서 정확하게 지키는 것이다. "그녀가 와서 대화하다가 갔다"고 말하는 것이 그런 예다.[276]

다섯 번째는 복수와 쌍수와 단수를 정확히 구별해 말하는 것이다. "그들이 와서 나를 때렸다"[277]고 말하는 것이 그런 예다.

일반적으로 글로 쓰인 것은 읽기도 쉽고 말하기도 쉬워야 한다. 이것은 동일한 것이기 때문이다. 여러 접속사를 사용해 많은 문장이 결합되어 나오거나, 헤라클레이토스[278]의 글처럼 어디에서 끊어 읽어야 할지를 알기 쉽지 않은 글은 이것이 어렵다.

헤라클레이토스의 글을 끊어 읽기가 어려운 이유는 어떤 단어가 앞에 나오는 단어에 걸리는지, 아니면 뒤에 나오는 단어에 걸리는지가 분명하지 않기 때문이다. 예컨대, 그의 저서 첫머리에는 "원인은 언제나 존재하지만 사람들은 알지 못한다"라는 문장이 나온다. 하지만 이 문장의 문제는 "언제나"가 "존재한다"에 걸리는지, 아니면 "알지 못한다"에 걸리는지가 불분명해서, 이 문장은 "원인은 존재하지만, 사람들은 언제나 알지 못한다"로 이해할 수도 있다는 것이다.

어법과 관련한 또 하나의 문제는 두 단어에 함께 걸리는 구문에서 두 단어에 함께 사용할 수 있는 단어를 사용하지 않는 것이다. 예컨대, "보다"

---

276 "프로타고라스"(기원전 485년경-414년경)는 고대 그리스의 소피스트이다. 최초의 소피스트라 불리는 인물로 "인간은 만물의 척도다"라는 말로 진리의 주관성과 상대성을 설파했다. 여기서는 "와서"와 "대화하다가"를 둘 다 여성분사형으로 표현해 문법적인 성을 일치시켰다.

277 여기에서 "와서"는 분사 복수형이고, "때렸다"는 정동사 복수형이어서, 이 동사들의 문법적인 성이 "그들"과 일치한다.

278 "헤라클레이토스"(기원전 540년경-480년경)는 소크라테스 이전에 활동한 고대 그리스의 유명한 철학자 중 한 사람이다. 소아시아 이오니아 지방에 세워진 그리스 식민도시 에페소 출신이다. 만물의 근원은 불이라고 한 말로 유명하다.

는 소리와 색깔 둘 모두에 사용할 수 있는 단어가 아니지만, "인지하다"는 둘 모두에 사용할 수 있는 단어다.

연설가가 말하고 싶은 핵심을 담은 문장을 먼저 말하지 않고, 다른 내용을 중간에 많이 말한 후에 핵심 문장을 말하는 경우에도 명료성이 방해를 받아 모호해진다. 예컨대, "나는 그와 대화한 후에 헤어지려고 했고, 그 후에 이런저런 것을 했다"라고 말하지 않고, "나는 그와 대화한 후에 이런저런 것을 했는데, 그래서 헤어지려고 했다"고 말하는 것이 그렇다.

제6장
풍성함

문체를 풍성하게 해주는 것으로는 다음과 같은 것이 있다. 그중 하나는 어떤 것을 가리키는 간단한 명칭을 사용하지 않고 그 대신 그것을 풀어 설명하는 것이다. 예컨대, "원"이라고 하지 않고, "평면상에서 중심에 이르는 거리가 동일한 모든 점들로 이루어진 곡선"이라고 하는 것이 그렇다. 반대로 간결하게 표현하려면, 풀어 설명하는 것이 아니라 간단한 명칭을 사용해야 한다. 마찬가지로, 어떤 것을 추하거나 욕된 것으로 표현할 때는 풀어 설명하기와 간단한 명칭 사용하기 중에서 그것을 추하거나 욕되게 표현하는 데 더 적합한 것을 활용해야 한다.

또 다른 한 가지는 은유와 수식어를 사용하는 것이다. 하지만 시적인 문체가 되지 않도록 조심해야 한다. 시인들처럼 단수형을 사용할 곳에 복수형을 사용하는 것도 한 방법이다. 시인들은 아카이아에 항구가 하나밖에 없는데도,[279] "아카이아의 항구들로"라고 말한다. 또한 "이것은 여러 겹으로 된 서판입니다"[280]라고 말하기도 한다.

단어들을 하나의 관사를 사용해 결합하지 않고, 단어마다 관사를 붙이는 방법도 있다. "이 우리의 이 여자의"라고 하는 것이 그런 예다. 하지만 간결하게 표현하려면, 그 반대로 "이 우리의 여자의"라고 말해야 한다.[281]

---

279 "아카이아"는 그리스 서부이자 펠로폰네소스 반도 북부에 있는 해안 지방으로, 호메로스의 서사시에서는 그리스인 전체를 "아카이아인"으로 지칭했다.

280 에우리피데스의 『타우리케의 이피게네이아』 727행에 나오는 말이다.

281 "이 우리의 이 여자의"는 그리스어로 '테스 귀나이코스 테스 헤메테라스'(τῆς γυναικὸς τῆς ἡμετέρας)이고, "이 우리의 여자의"는 '테스 헤메테라스 귀나이코스'(τῆς ἡμετέρας γυναικός)이다. 여기에서 관사는 '테스'(τῆς)인데, 그리스어에서는 형용사가 명사를 수식하는 경우에 형용사와 명사 각각에 관사를 붙이는 일이 흔하다.

또한 접속사를 사용해 말하는 것도 한 방법이다. 하지만 간결하게 말하려면 접속사를 생략하면서도 문장들 사이의 연결 관계가 드러나도록 해야
1408a1 한다. 예컨대, "나는 갔고, 그리고 대화했다"고 말하거나, "나는 가서 대화했다"라고 말해야 한다.[282]

안티마코스가 사용한 기법도 유용한데, 뭔가에 관해 말할 때 그것이 갖지 않은 특징을 사용하는 것이다. 그는 테우메소스에 대해 말할 때 이 기법을 사용해서, "거기에는 바람 부는 작은 언덕이 있다"[283]라고 표현했다. 이 기법으로 문체를 풍성하게 하는 방법은 무한히 많다.

이렇게 어떤 것이 가지지 않은 것을 사용해 그것을 묘사하는 기법은 좋든 나쁘든 모든 경우에 다 사용할 수 있고, 어떤 경우든 유용하다. 그래서 시인들도 "현이 없는 곡조"라든가 "리라 없는 곡조"라는 표현을 만들어 사용했는데, 이런 표현은 어떤 것에 없는 속성을 가져다가 그것을 묘사한 것이다. 이런 기법은 유비에 의거한 은유에서 사용하면 좋은데, 나팔소리를 "리라 없는 곡조"라고 하는 것이 그런 예다.

---

282 "나는 갔고, 그리고 대화했다"는 그리스어로 '포레우테이스 카이 디아레크테이스'(πορευθεὶς καὶ διαλεχθείς)이고, "나는 가서 대화했다"는 '포레우테이스 디아레크테이스'(πορευθεὶς διελέχθην)로 접속사 "그리고"(καὶ, '카이')가 생략되어 있다. 전자는 둘 다 분사형이고, 후자에서 "가서"는 분사형, "대화했다"는 정동사형이다.

283 안티마코스의 『테바이 이야기』에 나오는 말이다. "안티마코스"는 기원전 5세기에 활동한 소아시아 콜로폰 출신 시인이다. "테우메소스"는 고대 보이오티아 지방의 테바이 평야에 있던 낮은 바위산의 이름이자 그 위에 세워진 작은 성읍의 이름이다.

제7장
적절성

적절한 문체는 감정과 성격을 충실하게 표현하면서도 다루는 소재와 잘 어우러진다. 문체가 소재와 잘 어울리게 하려면, 비중 있게 다룰 중요한 것을 건성으로 다뤄서도 안 되고, 일상의 가볍고 소소한 것을 장엄하게 다뤄서도 안 되며, 평범한 단어를 거창한 수식어로 장식해서도 안 된다. 그렇지 않으면, 클레오폰이 자신의 글에서 사용했던 "무화과나무 마님" 같은 우스꽝스러운 표현이 나타날 것이다.[284]

감정을 충실하게 표현하는 문체가 되게 하려면, 오만방자한 일에 대해 말할 때는 분노한 사람의 문체를 사용하고, 불경스럽고 치욕적인 일에 대해 말할 때는 분개하여 그런 일은 입에 올리기조차 싫어하는 사람의 문체를 사용하며, 칭송할 만한 일에 대해서는 탄복하는 사람의 문체를, 연민을 자아내는 일에 대해서는 측은히 여기는 사람의 문체를 사용하는 등 각각의 소재에 따라 거기에 부합하는 감정을 표현하는 문체를 사용해야 한다.

적절한 문체는 연설가가 말하는 내용을 설득력 있다고 믿게 한다. 그런 문체는 마치 연설가가 진실을 얘기하는 듯이 착각하도록 만들기 때문이다. 즉, 청중은 그런 문체가 만들어내는 감정에 동화되어, 연설가가 말하는 것이 사실이 아니더라도 그 말을 사실로 받아들이기 때문이다. 이렇게 연설가가 하는 말이 전혀 사실이 아니라고 해도, 거기에 감정을 실어 말을 하면, 청중은 언제나 연설가가 하는 말에 공감한다. 이런 이유로 많은

---

284 "클레오폰"은 기원전 4세기에 활동한 아테나이의 비극시인이다. 아리스토텔레스는 『시학』에서 그는 평범한 인물이고 문체도 저급하다고 평가했다(2장 1448a12, 22장 1458a20). "무화과나무" 열매를 가리키는 '쉬콘'(σῦκον)은 여자나 남자의 성기를 가리키는 속어였다.

연설가는 어떻게든 야단법석을 떨어서 청중을 압도하려고 한다.

연설가가 이렇게 문체에 어떤 감정적 특징을 부여해서 자기가 하는 말이 사실임을 청중이 믿게 할 수 있듯이, 문체에 어떤 성격적 특징을 부여해도 그런 효과를 거둘 수 있다. 각각의 부류와 성향에 맞는 문체가 있기 때문이다.

여기에서 '부류'는 아동, 성인, 노인 같은 연령대, 여자, 남자, 스파르테인, 테살리아인 같은 국적을 가리킨다. 그리고 '성향'이란 한 사람의 성격을 결정하는 습성을 가리킨다. 모든 사람이 동일한 습성으로 그 삶이 형성되어 같은 성향을 띠는 게 아니라, 각 사람은 특정 습성에 따라 특정 성향이 형성되기 때문이다. 따라서 연설가는 각각의 부류와 성향에 맞는 단어를 사용함으로써 성격을 만들어낼 수 있다. 예컨대 농부와 지식인은 같은 것을 말하지도 않고 같은 방식으로 말하지도 않을 것이다.

청중은 연설문 작가들이 시도 때도 없이 사용하는 상투적인 표현들, 즉 "~를 모르는 사람이 누가 있겠습니까?"라든가 "~는 모두가 다 알고 있습니다" 같은 표현으로도 어느 정도 영향을 받는다. 연설가가 그런 표현을 사용하면, 모든 사람이 다 아는데 자기만 몰랐다는 게 들통 나서 창피 당하지나 않을까 우려해서 그 말에 얼른 기꺼이 동의하기 때문이다.

1408b1 이 모든 수사학적 기법은 적절하게 사용할 수도 있고 그렇지 못할 수도 있다. 따라서 부적절하거나 과도한 사용을 방지할 필요가 있는데, 일반적으로 사용되는 방법은 연설가가 직접 철저하게 미리 점검하는 것이다. 연설가 스스로 말하는 것을 분명히 알고 있다고 청중이 느낄 때 그들은 이를 사실로 받아들이기 때문이다.

자신이 사용하는 수사학적 기교들을 청중이 눈치 채지 못하게 하려면 연설가는 모든 수단을 동시에 동원해서 기교를 표현해선 안 된다. 예컨대 연설가가 사용하는 단어나 표현이 엄숙하다면, 그 목소리와 표정도 동시에 엄숙해서는 안 된다는 것이다. 만일 동원된 수단이 모두 다 엄숙하면, 청중은 그것이 인위적인 기교임을 분명하게 알아차리기 때문이다.

반면에, 그런 기교를 표현하는 데 오직 한 가지 수단만을 사용하고 다른 수단을 동원하지 않는다면, 청중은 연설가가 기교를 사용하고 있음을 눈치 채지 못하면서도 그 효과는 똑같이 나타난다. 예컨대, 다정다감한 내용을 엄숙한 어조로 말하거나 엄숙한 내용을 다정다감한 어조로 말한다면, 거기에서 설득력이 생겨난다.

합성어와 많은 수식어, 이색적인 단어들은 감정을 실어 말하는 연설가들에게 가장 잘 어울린다. 연설가가 분노에 사로잡혀서 어떤 악을 "하늘만큼 높은 악"이라거나 "거대한 악"이라고 말한다면, 청중은 그런 말을 용납할 수 있기 때문이다.

또한 연설가가 이미 청중을 완전히 장악하고서, 자신이 칭송하든 비판하든 분노하든 친근함을 보이든 거기에 호응하게 만들어 놓은 상태에서 그런 단어들을 사용했을 때도, 청중은 그런 말을 용납할 수 있다. 예컨대, 이소크라테스가 『제전 연설』의 마지막 부분에서 "명성과 기억"이라고 말한 것이나 "그들이 감내했다는 점에서"라고 말한 것이 그렇다.[285]

연설가들은 영감에 사로잡혀 감정이 고조되어 있을 때 그런 단어들을 사용하고, 청중은 그 동일한 감정에 동화되어 그런 말들을 받아들인다. 그런 단어가 시에도 어울리는 이유가 여기 있다. 시란 영감으로 가득 찬 것이기 때문이다. 그래서 이런 단어들은 그런 경우에 사용하거나 반어법적으로 사용해야 한다. 후자의 예는 고르기아스에서도 볼 수 있고, 『파이드로스』[286]에서도 볼 수 있다.

---

285 "이소크라테스"(기원전 436-338년)는 고대 그리스의 대중 연설가이자 수사학자이며, 아테나이에 수사학 학교를 세운 사람이다. 첫 번째의 것은 『제전 연설』 186행에 나오는 말이다. 이것은 페르시아에 맞서 싸우는 아테나이와 스파르테의 전쟁에 동참하는 사람들은 "명성과 기억"이라는 영광을 얻게 된다는 의미다. 두 번째 것은 96행에 나오는 말이다. 이것은 기원전 480년에 아테나이인이 자신의 도시를 페르시아인에게 넘겨주고 그 도시가 황폐화되는 것을 지켜보며 감내해야만 했던 것을 가리킨다.

286 『파이드로스』는 플라톤의 대화편 중 하나다. 거기에는 소크라테스가 그런 단어들을 반어법적으로 사용하는 예가 자주 나온다. 예컨대, 234d와 241e를 보라.

제8장
운율

연설의 문체는 보격에 지배되어서는 안 되지만, 운율이 전혀 없어서도 안 된다. 전자는 인위적으로 조작되었다고 생각되어 설득력이 없어지면서 반복되는 일정한 보격에 매몰되어 내용에 집중할 수 없게 만들기 때문이다. 예컨대, 관리들이 아이들에게 "저 해방 노예는 자기 후견인으로 누구를 선택했을까요?"라고 물으면, 아이들이 이구동성으로 "클레온이오"라고 대답할 것을 예견하는 경우가 그렇다.[287]

반면에, 운율이 없는 문체는 어떤 구분 없이 계속 이어진다. 하지만 말이나 글에는 구분이 있어야 한다. 구분되지 않은 것은 즐거움을 주지도 못하고 무슨 말인지 이해하기도 쉽지 않기 때문이다. 그러나 보격이 그 역할을 맡아선 안 된다.

모든 것은 수로 한정되는데, 연설의 문체 또한 수에 의해 구분되고 이렇게 문체에 적용된 수를 운율이라고 한다. 물론 보격도 운율의 일종이지만, 연설에서는 보격이 아닌 운율을 사용해야 한다. 그렇게 하면 시가 되기 때문이다. 연설에서 정확한 운율이 사용되면 보격이 되기 때문에 일정 정도의 운율만 사용해야 한다.

운율 중에서 영웅시의 운율[288]은 장엄하기는 하지만 일상적인 대화체로

---

287 "클레온"(기원전 422년에 죽음)은 고대 그리스 아테나이의 장군이자 정치가였다. 그는 귀족이었지만, 아테나이 정치에서 최초로 상인계층을 대변했다. 역사가 투키디데스와 희극 작가 아리스토파네스는 그를 후안무치하고 도발적인 대중 선동가로 묘사했다. "해방 노예"는 완전한 자유민과는 달리 법정에 독자적으로 소송을 제기할 수 없었고, 반드시 자유민을 후견인으로 세워야만 그렇게 할 수 있었다. "클레온"은 해방 노예를 위해 그런 후견인 역할을 도맡아 했던 것으로 보인다.

288 "영웅시의 운율"은 '장단단'이라는 보가 6번 반복되는 6보격으로 서사시 표준 운율이다.

는 어울리지 않고, 단장격 운율은 많은 사람이 일상적인 대화에서 사용하는 운율이다. 그래서 사람들은 말할 때 모든 운율 중에서 단장격 운율을 가장 많이 사용한다. 하지만 연설에서는 장엄한 문체를 사용해서 청중의 감정을 고양할 필요도 있다. 장단격은 경쾌하게 춤추는 듯한 운율이다. 이것은 4보격이 잘 보여준다. 4보격은 경쾌한 발놀림을 보여주는 운율이기 때문이다.[289]

마지막으로 남은 것은 "파이안"이라 불리는 운율이다. 이 운율은 트라시마코스를 필두로 연설가들이 사용하기 시작했지만, 이 운율의 성격이 무엇인지는 아무도 몰랐다. 파이안은 앞에서 언급한 두 종류의 운율과 유사한 성격을 지닌 세 번째 종류의 운율이다. 다른 운율은 1:1이나 2:1인 반면에, 파이안의 운율은 1.5:1이어서 그 중간에 해당하기 때문이다.[290] 이것이 파이안이라는 운율의 성격이다.

따라서 다른 운율은 앞에서 말한 이유 때문에, 그리고 그런 운율에는 보격이 존재하기 때문에 사용하지 말아야 하고, 오직 파이안만 사용해야 한다. 앞에서 말한 여러 운율 중 오직 파이안에만 보격이 없어서, 운율 사용을 청중이 알아차리지 못하게 하기 쉽기 때문이다.

오늘날에는 문장의 처음과 끝에 같은 종류의 파이안을 사용하지만, 처음과 끝에는 서로 다른 파이안을 사용해야 한다. 서로 반대되는 두 종류의 파이안이 있는데, 그중 하나가 문장 처음에 사용하기 적합하고, 실제로도 그렇게 사용되기 때문이다. 그런 종류의 파이안은 한 개의 장음절로 시작해 세 개의 단음절로 끝난다. 예컨대, "델로스에서 출생하신 분이시

---

289 "장단격"은 '장단'의 운율이다. "4보격"은 한 행에서 '장단'으로 이루어진 보가 네 번 반복되는 운율이다.

290 "트라시마코스"(기원전 459년경-400년경)는 고대 그리스 아테나이에서 활동한 소피스트로 플라톤의 『국가』에 등장한다. 장음 하나의 길이는 단음 두 개에 해당한다. "파이안"의 운율은 "장단단단" 또는 "단단단장"(1.5:1)이다. 반면, 앞에서 영웅시의 운율은 "장단단"(1:1)이고, 4보격의 운율은 "장단"(2:1)이다.

여, 리키아에서 태어나신 분이시여"[291]라고 말하거나, "금발의 명사수이신 제우스의 아들이시여"[292]라고 말하는 것이 그러하다.

반면에, 또 다른 종류의 파이안은 반대로 세 개의 단음절로 시작해서 한 개의 장음절로 끝난다. 예컨대, "밤은 대지와 강물 다음에 바다를 감추었다"[293]라고 말하는 것이 그러하다. 문장 끝에 사용해야 하는 파이안은 바로 이런 종류다. 단음절은 완료되지 않은 느낌을 주는 까닭에, 문장을 단음절로 끝내버리면, 청중은 뭔가 중간에 갑자기 끝나버린 느낌을 받는다. 따라서 문장은 장음절로 끝나야 하고, 문장이 끝났음을 보여주는 것은 필사자나 마침표가 아니라 운율이어야 한다.

이상으로 우리는 문체에는 적절한 운율이 있어야 한다는 것, 그리고 어떤 운율을 어떤 식으로 사용해야 적절한 운율이 될 수 있는지에 대해 살펴보았다.

---

291 그리스 에게해에 있는 섬인 "델로스"와 소아시아에 있는 "리키아"는 둘 다 제우스의 아들 아폴론 신의 탄생지로 거론되는 곳이다. 이 행을 그리스어로 표현하면 '달로게네스 | 에이테 뤼키안'이고, 장단음으로 표시하면 "장단단단 | 장단단단"이 된다.

292 이 시행은 아폴론에 대해 읊은 것이다. 그리스어로 표현하면, '크뤼세오코마 | 헤카테 파이 디오스'이고, 장단음으로 표시하면 "장단단단 | 장단단단"이 된다.

293 시모니데스의 단편 26b에 나오는 말이다. 이 시행을 그리스어로 표현하면 '메타 데 간 | 휘다타 토 | 케아논 에 | 파니세 뉙스'이고, 장단음으로 표시하면 "단단단장 | 단단단장 | 단단단장 | 단단단장"이 된다.

제9장

간결하게 완결된 문장

연설문의 문체는 디티람보스[294]의 서막처럼 서로 느슨하게 결합되어 계속 이어지거나, 옛 시인들의 대구처럼 간결하게 완결되거나 둘 중의 하나일 수밖에 없다.

"느슨하게 계속 이어지는" 전자의 문체는 옛 문체다. 예컨대 "이것은 투리오이의 헤로도토스 탐구의 결과물이다"[295]라고 말하는 것이 그렇다. 과거에는 모든 사람이 이런 문체를 사용했지만, 오늘날에는 별로 없다.

여기서 느슨하게 계속 이어지는 문체는 화자가 말하려는 내용이 다 끝날 때까지는 확정된 것이 없는 그런 문체를 가리킨다. 모든 청중은 연설을 들으면서 확정된 것을 찾는데, 그런 문체에는 확정된 것이 전혀 없어서 청중에게 불쾌감을 준다. 결승점에 가까이 온 달리기 선수들은 기진맥진해서 숨을 가쁘게 몰아쉬긴 하지만, 결승점이 눈앞에 보이면 그대로 주저앉지는 않기 때문이다. 이런 것이 느슨하게 계속 이어지는 문체다.

반면에, "간결하게 완결된"[296] 문체는 간단하고 간결하게 끝나는 문장들로 이루어진 문체다. 여기에서 간단하고 간결하게 끝나는 문장이란 전체가 한꺼번에 눈에 들어올 정도로 길지 않은데다가 그 자체에 처음과 끝이

---

294 "디티람보스"는 고대 그리스에서 포도주의 신 디오니소스를 찬양하는 합창으로 주로 신화를 이야기 형식으로 부른다.

295 헤로도토스의 『역사』 제1권 1장 첫 부분에 나오는 말이다. "투리오이"는 남부 이탈리아의 그리스 식민도시로 헤로도토스가 아테나이를 떠나 옮겨간 곳이다. 현존하는 판본에는 "할리카르나소스"로 되어 있다. "할리카르나소스"는 소아시아의 남서안 카리아에 있던 그리스의 식민도시로 헤로도토스의 고향이다.

296 "간결하게 완결된"으로 번역한 '페리오도스'(περιόδος)는 "정해져 있는 곳을 한 바퀴 빙 도는 것"을 가리킨다. 즉, 한 문장이 완결되어 있고 한눈에 파악할 수 있다는 뜻이다.

있어서 완결된 문장을 의미한다.

1409b1 이런 문체는 청중에게 즐거움을 주고 배우기도 쉽다. 그 이유는 확정된 것이 없는 문체와는 정반대로, 간결한 문장이 끝날 때마다 청중은 무엇이 확정되었는지 느끼고 언제나 거기에서 뭔가를 얻었다고 생각하기 때문이다. 어떤 것이 확정되지 않고 계속 이어지고 그 결말을 예견할 수도 없다면 사람들은 불쾌해한다.

이런 문체가 배우기 쉬운 이유는 기억하기 쉽기 때문이다. 간결하게 완결된 문체는 몇 개의 단어로 간단하게 되어 있고, 사람들이 쉽게 기억할 수 있다. 우리가 산문보다 운문을 더 잘 기억하는 이유이기도 하다. 운문은 사람들이 헤아릴 수 있도록 적은 수의 단어로 되어 있기 때문이다.

간결하게 완결된 문장은 내용적으로도 완결되어야 하고, 다음과 같은 소포클레스의 단장격 시행들처럼 중간에 단절이 있어서는 안 된다. "이것은 칼리돈의 땅이다 / 펠로폰네소스의 영토의……"[297] 이렇게 시행을 나누어버리면, 청중은 칼리돈이 펠로폰네소스 반도에 있다고 오해할 수도 있다.

간결하게 완결된 문장은 두 절로 이루어져 있거나 간단하게 되어 있다. 두 절로 이루어져 있더라도 완결되어 있고 잘 구분되어 있어, 두 부분으로 끊어 전달하는 것이 아니라 전체를 단숨에 쉽게 전달할 수 있다. 다른 하나의 절은 간결하게 완결된 문장의 또 다른 부분일 뿐이기 때문이다. "간단하게 되어 있다"는 것은 한 개의 절로 이루어진 것을 말한다.

간결하게 완결된 문장 전체 또는 거기에 속한 절은 너무 짧아도 안 되고 너무 길어도 안 된다. 너무 짧으면 청중은 비틀거리기 쉽다. 청중은 문

---

297 "소포클레스"(기원전 496-406년)는 고대 그리스의 3대 비극시인 중 한 사람이다. 이 시행은 에우리피데스의 『멜레아그로스』 단편 515에 나온다. 아리스토텔레스는 소포클레스의 시행으로 착각한 것으로 보인다. 여기에서 "이것은 칼리돈의 땅이다"까지가 한 행이고, "펠로폰네소스의 영토의……"는 다음 행이다. 칼리돈은 소아시아 아나톨리아 지방의 도시로 펠로폰네소스 반도에 있지 않다.

장의 길이가 어느 정도일지 미리 계산해 앞으로 달려 나가는데, 연설가가 중간에 너무 짧게 말을 끊으면, 급히 정지하면서 비틀거릴 수밖에 없기 때문이다. 반대로, 너무 길면 청중은 축 처지는 느낌을 받는다. 너무 긴 절이나 문장은 궤도를 따라 도는 다른 경주자와 달리 궤도를 벗어나 외곽으로 빙 도느라 한참 뒤쳐진 경주자처럼 보이기 때문이다.

또한 간결하게 압축된 문장이 너무 길어지면 그 자체로 하나의 연설이나 디티람보스의 서곡처럼 된다. 그런 경우에 키오스의 데모크리토스가, 멜라니피데스는 디티람보스 본론은 쓰지도 않고 오직 서곡만 쓰고 만다고 조롱했던 일이 벌어진다. "남을 해치는 사람은 자신을 해치는 법이다. 긴 서곡은 그런 서곡을 지은 사람을 해친다."[298]

이것은 너무나 긴 절을 사용하는 연설가에게 해당하는 말이다. 하지만 절들이 너무 짧아도 간결하게 완결된 문장이 되지 못하므로, 청중은 혼란스러워하며 갈팡질팡한다.

두 개의 절로 완결되는 문장에서 두 절은 서로 보완적이거나 대립적이다. 보완적인 문장의 예를 보자면, "나는 국가적인 제전과 체육대회를 창설한 분들에 대해 자주 감탄해 왔습니다"[299]라고 말하는 것이다.

대립적인 문장에서는 각각의 절에서 서로 대립되는 것이 나란히 놓여 있거나, 동일한 단어가 서로 대립되는 것과 연결되어 있다. 예를 들어보자. "그들은 그대로 남아 있던 사람들과 그들을 따라 나섰던 사람들 모두 1410a1 에게 이익을 안겨주었습니다. 후자에게는 고향에 있을 때보다 더 많은 땅을 얻게 해주었고, 전자에게는 고향에 충분한 땅을 남겨주었기 때문입니

298 "키오스의 데모크리토스"는 기원전 5세기에 활동한 음악가이고, "멜라니피데스"는 기원전 5세기에 활동한 디티람보스 시인으로 멜로스 섬 출신이다. 헤시오도스의 『일과 날』 265행에 나오는 "해로운 조언은 그런 조언을 한 사람에게 가장 해로운 법이다"라는 말을 희화화한 것이다.

299 이 문장은 이소크라테스의 『제전 연설』의 첫 부분에 나오고, 이후의 인용문들은 차례로 35, 41, 48, 72, 89, 105, 149, 181, 186에 나온다.

다." 이 문장에서는 "남아 있던"과 "따라 나섰던", 그리고 "충분한"과 "더 많은"이 서로 대립된다. "그래서 돈을 벌고 싶어 하는 사람과 돈을 쓰고 싶어 하는 사람에게"라고 말하는 경우에는, "쓰다"와 "벌다"가 서로 대립된다.

다음 예들에서도 마찬가지다. "이런 경우에는 똑똑한 사람이 실패를 맛보고 미련한 사람이 승승장구하는 일이 허다합니다", "그들은 자신의 용맹한 활약에 대해 상을 받은 지 얼마 되지 않아 바다를 제패했습니다", "헬레스폰토스 해협을 다리로 연결하고 아토스산을 뚫어 뱃길을 만들어 육지를 관통하여 항해하고 바다를 관통하여 행군하려고…"[300] "그들은 태어날 때부터 시민이었지만 법률에 따라 시민권을 박탈당했습니다", "그들 중에서 어떤 이들은 비참하게 죽었고, 어떤 이들은 욕되게 살아 남았습니다", "그는 사적으로는 이민족 백성을 노예로 부렸고, 공적으로는 동맹국의 많은 백성이 노예가 되는 것을 방관했습니다", "살아서는 누리고 죽어서는 물려주려고." 또한 어떤 사람이 법정에서 페이톨라오스와 리코프론을 고발하면서,[301] "이 사람들은 집에 있을 때는 여러분을 팔았고, 이제 여러분 가운데 와서는 여러분을 샀습니다"라고 말한 것도 그런 예다.

앞에서 말했듯이, 이 모든 문장에서 두 절은 서로 대립적이다. 그리고 이런 형태의 문체는 청중에게 즐거움을 준다. 한편으로는 서로 반대되는 것을 대립시켜 놓아 이해하기 쉬울 뿐만 아니라, 그것을 나란히 붙여 놓아서 한층 더 이해하기 쉽기 때문이고, 다른 한편으로는 반박을 위한 삼단논법은 서로 대립되는 것을 나란히 놓고, 거기에서 결론을 이끌어내는 까닭에, 이런 문체는 삼단논법과 유사하기 때문이다. 이런 것을 대조법이

---

300 페르시아 왕 크세르크세스(재위 기원전 486-465년)는 기원전 480년에 대군을 이끌고 그리스 침공을 시작하면서, 에게해와 마르마라해를 잇는 헬레스폰토스 해협에 배들을 연결하여 다리를 놓아 건넜고, 그리스 북부 테살로니키의 동남쪽 에게해에 있는 아토스산을 중심으로 한 반도를 우회하지 않으려고 운하를 만들었다.

301 "페이톨라오스"는 자신의 형제 "리코프론"과 함께 테살리아에 있던 페라이의 참주이자 자신들의 매형인 알렉산드로스를 죽이고 참주가 되지만, 기원전 353년경에 마케도니아의 필리포스왕에게 패배한 후에 용병대장이 되었다.

라고 한다.

한 문장에서 두 절의 길이가 동일한 것은 '파리소시스'라고 하고, 각각의 절에 속한 어떤 단어의 마지막 음절이 서로 동일한 것은 '파로모이오시스'(유운법)라고 한다.[302] 후자는 각 절의 첫 부분이나 끝 부분에서 그래야 하는데, 첫 부분에서는 언제나 단어에서 서로 동일해야 하고, 끝 부분에서는 마지막 음절이나 어떤 단어의 격 또는 어미가 서로 동일하거나 동일한 단어가 각 절에서 사용되어야 한다.

첫 부분에서 유운법이 사용된 예는 다음과 같다. "그는 밭을 받았는데, 그 사람에게서 밭을 (받았습니다)",[303] "그들은 선물도 받았고, 말로 설득도 되었습니다."[304] 끝 부분에서 유운법이 사용된 예는 다음과 같다. "당신은 그가 아이를 낳은 것이 아니라 아이가 되어버렸다고 생각했을 것입니다",[305] "염려는 너무나 많고, 희망은 너무나 적습니다."[306]

"그는 동전 한 푼의 가치도 없는 자인데, 그의 동상을 세울 가치가 있다니요?"[307]라고 말하는 것은 어떤 단어의 격이나 어미가 동일한 예다. "당신

302 '파리소시스'(παρίσωσις)는 "서로 동일하게 한 것"을 뜻하고, '파로모이오시스'(παρομοίωσις)는 "서로 비슷하게 한 것"을 의미한다.

303 아리스토파네스의 단편 649(코크 판본)에 나온다. "그는 밭을 받았는데, 그 사람에게서 밭을 (받았습니다)"는 그리스어로 '아르곤 가르 엘라벤 | 아르곤 파르 아우투'다. '아르곤'(밭)이라는 단어가 전반절과 후반절에서 동일하게 사용된다.

304 호메로스의 『일리아스』 제9권 526행에 나온다. "그들은 선물도 받았고, 말로 설득도 되었습니다"는 그리스어로 '도레토이 트 에펠론토 | 파라르레토이 트 에페엣신'이다. 전반절과 후반절에서 '-레토이'가 동일하게 사용된다.

305 "당신은 그가 아이를 낳은 것이 아니라 아이가 되어버렸다고 생각했을 것입니다"는 그리스어로 '오에테스 안 아우톤 우 파이디온 테토케나이 | 알 아우톤 파이디온 게고네나이'이다. 전반절과 후반절에서 '-에나이'가 동일하게 사용된다.

306 "염려는 너무나 많고, 희망은 너무나 적습니다"는 그리스어로 '엔 플레이스타이스 데 프론티시 | 카이 엔 엘라키스타이스 엘피신'이다. 전반절과 후반절에서 모두 '-이시'가 동일하게 사용된다.

307 "그는 동전 한 푼의 가치도 없는 자인데, 그의 동상을 세울 가치가 있다니요?"는 그리스어로 '악시오스 데 스타테나이 칼쿠스 | 우크 악시오스 온 칼쿠'이다. 전반절과 후반절에서 '악시오스'("가치가 있다")가 동일하게 사용된다.

은 그가 살아 있을 때는 그에 대해 나쁘게 말하더니 이제는 나쁘게 쓰고 있습니다"[308]라고 말하는 것은 동일한 단어를 사용하는 예다. "당신이 게으른 사람을 보았더라면, 어떤 끔찍한 일을 겪었겠는가?"[309]라고 말하는 것은 마지막 음절이 동일한 예다.

1410b1 한 문장에서 이 모든 기법을 동시에 사용하는 것도 가능하다. 즉, 하나의 간결하게 완결된 문장에 대조법과 '파리소시스'와 '호모이오텔레우톤'(각운법)[310]이 동시에 나올 수도 있다. 간결하게 완결된 문장과 관련된 원리들은 『테오데크테이아』[311]에 거의 망라되어 있다. 또한 사이비 대조법도 있는데, 예컨대 에피카르모스가 "어떤 때 나는 그들의 집에 있었고, 어떤 때 나는 그들과 함께 있었습니다"[312]라고 말한 것이 그렇다.

---

308 "당신은 그가 살아 있을 때는 그에 대해 나쁘게 말하더니 이제는 나쁘게 쓰고 있습니다"는 그리스어로 '쉬 드 아우톤 카이 존타 엘레게스 카코스 | 카이 눈 그라페이스 카코스'이다. 전반절과 후반절에서 '카코스'("나쁘게")가 동일하게 사용된다.

309 "당신이 게으른 사람을 보았더라면, 어떤 끔찍한 일을 겪었겠는가?"는 그리스어로 '티 안 에파테스 데이논 | 에이 안드르 에이데스 아르곤'이다. '-에스'와 '-온'이 전반절과 후반절에서 동일하게 사용된다.

310 "호모이오텔레우톤"(ὁμοιοτέλευτον)은 "끝이 같다"는 의미다. 각운법은 압운법 중의 하나로 끝부분을 같게 하는 것이고, 두운법은 앞부분을 같게 하는 것이다.

311 아리스토텔레스가 테오데크테스에게 헌정한 책으로 보이지만, 현존하지 않는다. 테오데크테스는 기원전 4세기 말에 활동한 비극시인으로 아리스토텔레스와는 동문수학한 인물이었다.

312 "에피카르모스"는 기원전 5세기 초에 활동한 시칠리아 섬 출신의 희극 작가다.

제10장
세련미와 은유

이제는 어떻게 하면 세련되고 호평받는 연설을 할 수 있는지를 살펴보자. 그런 연설을 하려면 재능을 천부적으로 타고 나거나 부단히 훈련해야 한다. 우리가 이렇게 수사학에 관해 체계적으로 고찰하는 이유도 어떻게 하면 그렇게 할 수 있는지를 보여주려는 것이다.

이제 세련되고 호평받는 연설이 어떤 것인지를 차근차근 살펴보겠다. 우리가 출발점으로 삼을 것은 이것이다. 낱말은 무엇인가를 나타내는 표시들이기 때문에 우리에게 무엇인가를 배우게 하는 이런 단어는 큰 즐거움을 준다. 무엇인가를 쉽게 배운다는 것은 모든 사람에게 본성적으로 즐거움이 되기 때문이다. 하지만 이색적인 단어는 우리가 알기 어렵고, 일상적인 단어는 이미 알고 있어서 큰 효과를 낼 수 없다.

그런 즐거움을 가장 많이 선사하는 것은 은유다. 예컨대, 시인이 노년을 가리켜서 "그루터기"[313]라고 말할 때, 그 말은 전성기가 지나 시들어가는 나무와 사람 사이의 공통점을 제시함으로써 우리에게 배움과 지식을 제공한다.

시인들이 사용하는 직유도 동일한 효과를 발휘한다. 직유도 잘만 사용하면 세련되어 보인다. 앞에서 말했듯이, 직유는 단어 하나를 덧붙인다는 점에서만 은유와 다르다.[314] 직유가 즐거움이 덜한 이유는 한편으로 은유보다 더 길기 때문이고, "이것은 무엇이다"라고 말하지 않는 까닭에 청중은 스스로 생각해서 둘 사이의 공통점을 찾아내려 하지 않기 때문이다.

---

313 호메로스의 『오디세이아』 제14권 213행에 나오는 말이다.

314 은유에 "~처럼"이나 "~같다" 등과 같은 단어 하나만 붙이면 직유가 된다.

마찬가지로, 우리에게 무엇인가를 빨리 배우게 하는 문체와 생략삼단논법은 세련된 것일 수밖에 없다. 따라서 진부한 생략삼단논법은 호평을 얻지 못한다. 진부하다는 것은 누구나 뻔히 아는 것이어서, 거기에는 배울 것이 아무것도 없기 때문이다. 또한 무슨 의미인지를 알 수 없는 생략삼단논법도 호평을 얻을 수 없다. 반면에, 이전에 알던 것이 아닌데도 듣자마자 금방 알 수 있거나 잠시 생각해보면 알 수 있는 생략삼단논법은 호평을 얻는다. 후자에 속한 것에는 배울 게 있지만, 전자에 속한 것에는 어디에나 배울 게 없기 때문이다.

이렇게 연설의 지적인 내용과 관련해서는 배울 것이 있는 생략삼단논법이 호평을 얻는다면, 문체와 형식에서는 대조법 사용이 호평을 얻고, 단어에서는 은유 사용이 호평을 얻는다. 전자의 예는 다음과 같다. "그들은 나머지 모두에게 미치는 평화가 자신의 이익과도 관련된 전쟁이라고 판단하며…."[315] 그리고 후자와 관련해서는 생소한 은유나 진부한 은유를 사용해서는 안 된다. 생소한 은유는 알기 어렵고, 진부한 은유는 배울 것이 없기 때문이다.

또한 어떤 것이 마치 우리 눈앞에서 펼쳐지는 것처럼 보이게 하는 문체도 호평을 얻는다. 어떤 것에 대해 말할 때는 나중에 일어나게 될 일로 묘사하는 것이 아니라, 지금 눈앞에서 일어나는 일로 묘사하는 것이 좋기 때문이다. 따라서 우리는 은유와 대조법과 생생함을 목표로 삼아야 한다.

1411a1 은유에는 네 종류가 있는데, 그중에서 유비에 따른 은유가 가장 좋은 평가를 얻는다. 그런 예들을 들어보자. 페리클레스는 청년들이 전쟁터에서 죽어 이 나라에서 사라져버린 것은 누군가가 한 해의 "봄"을 가져가버린 것과 같다고 말했다.[316] 렙티네스는 스파르테인과 관련해서 자기는 그

315 이소크라테스의 『필리포스』 73에 나오는 말이다.

316 "페리클레스"(기원전 495년경-429년)는 영향력 있는 탁월한 정치가이자 대중 연설가이며 장군으로, 아테나이의 황금기, 즉 펠로폰네소스 전쟁과 페르시아 전쟁 사이의 기간에 아테나이의 민주정을 완성한 인물이다.

리스가 "한 쪽 눈"을 잃는 것을 보고만 있지는 않겠다고 말했다.[317]

케피소도토스는 카레스가 올린토스 전쟁에 참여하고 나서 서둘러 감사를 받으려는 것에 격분해서, 그가 "백성의 목을 틀어쥐고 숨도 못 쉬게 한 상태로" 감사를 받으려 한다고 말했다.[318] 또한 전에 아테나이인에게 각자의 양식을 준비해서 전쟁을 위해 에우보이아로 갈 것을 촉구할 때 케피소도토스는 "밀티아데스가 내린 포고령을 각자의 양식으로 삼아" 출전하라고 말했다.[319]

이피크라테스는 아테나이인이 에피다우로스를 비롯한 해안 도시들과 평화조약을 맺은 것에 분개해서, 그들이 "전쟁의 종자돈"을 내던져버렸다고 말했다.[320] 페이톨라오스는 파랄로스호를 "민중의 지팡이"라고 불렀고,

---

317 "렙티네스"는 고대 그리스 아테나이의 대중 연설가다. 그는 아테나이인과 아테나이에 거류하는 모든 외국인이 국가 제전을 위한 세금을 내게 하는 법안을 제안한 것으로 유명하다. 거기에 반대해 고대 그리스 아테나이의 유명한 정치가이자 대중 연설가인 데모스테네스(기원전 384-322년)는 유명한 『렙티네스를 반박함』이라는 글을 썼다. 여기에 언급된 것은 기원전 371년에 스파르테가 테바이와의 전쟁에서 패한 후에 아테나이에 도움을 요청했을 때 데모스테네스의 정적 렙티네스가 한 말이다. 아테나이와 스파르테는 그리스를 대표하는 두 강국이었다.

318 "케피소도토스"는 기원전 4세기에 활동한 아테나이의 장군이자 대중 연설가다. "카레스"(기원전 400년경-325년경)는 아테나이의 유명한 장군으로, 기원전 349년에 올린토스 전쟁에서 그리스 북동부 칼키디키 지방에 있던 도시인 올린토스를 도와 마케도니아의 필리포스왕을 저지하기 위해 아테나이가 파병한 용병대를 지휘했다. 아테나이는 추첨으로 뽑은 10명의 감사관과 10명의 보좌관을 두고, 관리들이 퇴임하거나 장군들이 전쟁을 수행한 후에는 직무 수행과 관련해 공금 횡령이나 뇌물 수수 또는 직무와 관련한 범죄를 저질렀는지를 감사했다.

319 "에우보이아"는 그리스 에게해에 있는 두 번째로 큰 섬이다. 이때 아테나이는 테바이의 공격에서 이 섬을 지켜내려고 군대를 파견했다. 아테나이의 장군 "밀티아데스"(기원전 550년경-489년)는 마라톤 전투에서 페르시아군을 대패시킨 것으로 유명하다. 기원전 490년에 페르시아군이 마라톤에 상륙하자, 그는 식량도 준비하지 말고 즉시 출병하라는 포고령을 내렸다.

320 "이피크라테스"(기원전 415년경-353년)는 아테나이의 유명한 장군이다. "에피다우로스"는 펠로폰네소스 반도 아르골리스 지방의 연안에 있는 도시다. 여기에 언급된 전쟁은 스파르테와의 전쟁을 가리킨다. 그가 이렇게 말한 것은 에피다우로스가 아테나이와 평화조약을 맺기 전에는 스파르테의 동맹국이었고 해군력이 약해서, 아테나이는 이 도시국

세스토스를 "페이라이에우스의 식량창고"라고 불렀다.[321]

페리클레스는 "페이라이에우스의 눈엣가시"인 아이기나를 멸망시킬 것을 아테나이인에게 촉구했다.[322] 모이로클레스는 명망 높은 한 사람을 거론하면서, 그 사람은 33퍼센트가 악하지만, 자기는 10퍼센트만 악하기 때문에, 자기가 그보다 더 악한 것은 결코 아니라고 말했다.[323]

아낙산드리데스는 딸들이 결혼을 미루어 늦어지자 단장격 시구를 지었다. "내 딸들은 결혼의 지불기한을 넘겨버리고 말았습니다."[324] 폴리에우크토스는 스페우시포스라는 중풍병자에 대해 "운명의 여신이 질병의 형틀에 묶어놓았는데도 그는 조용히 있지를 못했다"라고 말했다.[325] 케피소도토스는 삼단의 노가 장착된 배를 "형형색색으로 꾸며진 맷돌들"[326]이

가를 쉽게 약탈해서 전비를 마련할 수 있었기 때문이었다.

321 "페이톨라오스"는 자신의 형제 리코프론과 함께 테살리아에 있던 페라이의 참주이자 자신들의 매형인 알렉산드로스를 죽이고 참주가 되지만, 기원전 353년경에 마케도니아의 필리포스왕에게 패한 후에 용병대장이 된 인물인 것으로 보인다. "파랄로스"라는 이름의 배는 고대 아테나이의 전쟁 영웅인 파랄로스가 최초로 만든 3단으로 된 노가 있는 갤리선으로, 거대하면서도 빨라서 전함과 상선으로 모두 사용되었다. 여기에서는 아테나이의 외항 "페이라이에우스"에 정박되어 있던 아테나이의 관용선을 가리킨다. "세스토스"는 헬레스폰토스 해협에 있는 도시로, 아테나이에 주식인 옥수수를 공급하는 곳이었다.

322 "아이기나"는 에게해에서 아티카 반도와 아르골리스 반도 사이의 사로니카 만에 있는 섬나라였다. 사로니카 만에는 아이기나 섬 외에도 살라미스 섬, 포로스 섬 등이 있고, 아테나이의 외항인 "페이라이에우스"는 이 만의 북동쪽 끝에 있다.

323 "모이로클레스"는 데모스테네스(기원전 384-322년)와 동시대 인물로 아테나이에서 활동한 살라미스 출신의 대중 연설가다. 한 희극에서 그는 뇌물을 받은 것으로 묘사된다.

324 아낙산드리데스의 단편 68(코크 판본)에 나오는 말이다. "아낙산드리데스"는 기원전 4세기에 아테나이에서 활동한 중기 희극시인이다. 65편의 희극을 썼고, 경연대회에서 10번이나 우승했다. 여기서는 "지불기한을 넘기다"라는 은유가 사용되었다.

325 "폴리에우크토스"는 데모스테네스와 동시대에 활동한 아테나이 스페토스 구역 출신의 대중 연설가다. 여기 언급된 "형틀"은 한 구멍에는 머리를, 다른 네 구멍에는 팔과 다리를 집어넣어서 꼼짝할 수 없게 만든 것이었다. 스페우시포스는 중풍병자여서 몸을 움직일 수 없었는데도 끊임없이 혀를 놀려 말이 많은 것을 묘사한 것인데, "형틀"이라는 은유가 사용되었다.

326 "케피소도토스"는 기원전 4세기에 활동한 아테나이의 장군이자 대중 연설가다. 3단으로 된 노를 장착해서 100여 명이 넘는 사람들이 노를 저어 빠르고 강력하게 기동할 수 있었

라고 불렀고, 견유학파의 한 철학자는 선술집을 "아티카의 공동급식소"라고 불렀다.[327]

아이시온은 아테나이인이 자기 나라를 시칠리아에 "쏟아부었다"고 말했다.[328] 이것은 우리 눈앞에서 펼쳐지는 것 같은 느낌을 주는 은유이다. 또한 그가 "그리스가 비명을 지를 때까지"라고 말한 것도 우리의 눈앞에서 펼쳐지는 것 같은 느낌을 주는 은유다. 케피소도토스는 아테나이인에게 군중집회에 "우르르 몰려다니지" 않도록 주의하라고 자주 촉구했고, 이소크라테스도 군중집회나 축제에 "우르르 몰려다니는"[329] 자들을 문제 삼는 말을 했다.

다음과 같은 조사에서도 그런 예를 볼 수 있다. "살라미스에서 전사한 분들의 무덤 앞에 그리스가 머리카락을 잘라 바치는 것은 당연합니다. 거기에는 그들의 용기와 그리스의 자유가 나란히 묻혀 있기 때문입니다."[330] "그들의 용기가 여기 묻혀 있기 때문에, 그리스가 눈물을 흘리는 것이 마땅하다"라고 했어도, 우리 눈앞에서 펼쳐지는 듯한 생생한 은유가 되었을 것이다. "그들의 용기"와 "그리스의 자유"를 나란히 언급함으로써, 그런 효

던 삼단노선의 모습은 "형형색색으로 꾸며진"으로 표현되었고, "맷돌들"이라는 말은 적군을 사정없이 갈아버리는 모습을 표현한 비유다.

327 디오게네스(기원전 400년경-323년)는 고대 그리스 견유학파의 대표적인 철학자다. 시노페에서 태어나 아테나이로 와서 견유학파의 창시자인 안티스테네스(기원전 445년경-365년경)의 제자가 되었다. "아티카"는 아테나이를 가리킨다. 스파르테의 공동급식소는 조용한 반면, 아테나이의 공동급식소는 시끄럽다는 것에 대한 은유다.

328 "아이시온"은 데모스테네스와 동문수학한 아테나이의 대중 연설가다. 기원전 415-413년에 아테나이는 군대를 총동원해서 시칠리아를 침공했는데, 파병한 군대의 규모가 엄청나서 아테나이에는 한 명의 군인도 남아 있지 않은 것처럼 된 일을 "쏟아부었다"라는 은유로 표현했다.

329 이소크라테스의 『필리포스』 12행에 나오는 말이다.

330 고대 그리스의 유명한 대중 연설가인 리시아스(기원전 445년경-380년경)의 조사에 나오는 말이다. 원문에서 이 부분은 펠로폰네소스 전쟁(기원전 431-404년) 중에 기원전 405년에 벌어진 아이고스포타미 해전에서 아테나이가 스파르테에게 대패했을 때 전사한 군인들을 기리는 애도문이다. 그리스에서 "머리카락을 잘라 바치는 것"은 경의를 표하는 행동이었다.

1411b1 과는 극대화된다.

이피크라테스는 "내가 하는 말의 길은 카레스가 한 일의 한가운데를 관통하고 있습니다"라고 말했다.[331] 이것은 유비에 의한 은유이고, "한가운데를 관통한다"는 표현은 우리 눈앞에서 그 사건이 펼쳐지는 것 같은 느낌을 받게 한다. "어떤 위험에서 벗어나려고 또 다른 위험을 불러들인다"라는 것도 우리 눈앞에서 펼쳐지는 듯한 느낌을 받게 하는 은유다.

리콜레온은 카브리아스를 변호하면서, "저 동상이 무릎 꿇고 탄원하는데도 그들은 전혀 부끄러움을 느끼지 않았습니다"라고 말했다.[332] 이것은 언제나 적용되는 은유가 아니라, 당시 그 상황에서 자기 눈앞에 펼쳐져 보여주듯 느끼게 하는 생생한 은유다. 여기서 카브리아스가 위험에 처했을 때 국가를 위해 그가 세운 공로를 상기시키는 기념물인 이 동상은 마치 "무생물이 생물이 된 것처럼" 그를 위해 탄원하는 것으로 묘사된다.

"온갖 수많은 생각 끝에 내놓은 것이 고작 이런 작은 생각이라니"라고 말한 것도 그런 예다.[333] 이 말 속에서는 "수많은 생각"과 "작은 생각"이 대립되는 것으로 나오기 때문이다. "신은 인간의 정신 안에 지성이라는 등불을 켜서 걸어두었다"라고 말한 것도 그런 예다. 지성과 등불은 둘 다 무엇인가를 밝혀주기 때문이다.

"우리는 전쟁을 끝내는 것이 아니라 연기하는 것이다"[334]라고 말한 것도 그런 예다. 휴전은 전쟁을 연기하기 때문이다. 또한 다음과 같은 말도

---

331 "이피크라테스"(기원전 418년경-353년경)와 "카레스"(기원전 400년경-325년경)는 아테나이의 유명한 장군들이다. 이피크라테스는 자신이 하는 일련의 말을 하나로 이어진 "길"에 비유한다.

332 "리콜레온"에 대해서는 알려진 것이 없다. 하지만 그가 한 이 말에서 추측해보았을 때 "카브리아스"가 재판을 받던 기원전 366년에 그는 대중 연설가로 활동하고 있었음을 알 수 있다. "카브리아스"(기원전 420년경-356년경)는 아테나이의 장군으로, 기원전 378년에 스파르테군을 상대로 승리한 공로로 동상이 세워졌다. 방패를 들고 무릎을 꿇고 창을 앞쪽으로 겨눈 자세는 그의 군인들이 전쟁터에서 취한 자세였다.

333 이소크라테스의 『제전 연설』 151에 나오는 말이다.

334 이소크라테스의 『제전 연설』 172에 나오는 말이다.

그런 예다. "평화조약은 전쟁터에 세워진 것보다 훨씬 더 훌륭한 승전기념비다. 둘은 모두 승리를 기념하긴 하지만, 승전기념비는 하나의 작은 승리를 기념하는 반면에, 평화조약은 전쟁 전체의 승리를 기념하기 때문이다."[335] "국가에 대한 국민의 비판은 국민이 국가를 감사한 후에 내린 벌금형이다"라고 말한 것도 그런 예다. 감사를 통과하지 못했을 때 내는 벌금은 일종의 법적인 처벌이기 때문이다.

---

335 이소크라테스의 『제전 연설』 180에 나오는 말이다.

제11장

생생함

앞에서 우리는 유비에 따른 은유와 눈앞에서 펼쳐지는 듯 느껴지는 표현을 사용하면 세련된 연설이 되는 것을 보았기 때문에, 이제 여기서는 눈앞에서 펼쳐지는 듯 느껴지는 것은 무엇을 의미하고, 어떻게 해야 그렇게 되는지를 살펴볼 필요가 있다.

내가 방금 말한 "눈앞에서 펼쳐지는 듯한 것"은 어떤 것의 생생함이 표현되었을 때 생긴다. 예컨대, "훌륭한 사람은 정사각형이다"[336]라고 말하는 것은 은유이다. 둘 다 완전하기 때문이다. 하지만 이 은유는 생생함을 표현해내지는 못한다.

하지만 "활짝 꽃 피운 자신의 전성기를 맞이해서"[337]라고 하거나, "신에게 제물로 드려질 멍에를 매지 않은 짐승처럼"[338]이라고 한 것은 생생한 표현들이다. "그러자 그리스인들은 쏜살같은 발로 모여들었다"[339]라고 말한 것도 그런 예다. 여기에서 "쏜살같은"이라는 표현은 어떤 것이 우리 눈앞에서 아주 빠르게 전개되는 듯한 느낌을 줌으로써 생생함을 잘 표현한 은유이기 때문이다.

호메로스는 은유를 자주 사용해서 마치 무생물이 생물이 되어 살아 움직이는 듯 표현했다. 그의 이런 표현이 호평을 얻은 것은 무엇이든 우리

---

336 시모니데스의 단편 5에 나오는 말이다.

337 이소크라테스의 『필리포스』 10행에 나오는 말이다.

338 이소크라테스의 『필리포스』 127행에 나오는 말이다. 신에게 제물로 드려지게 될 짐승은 멍에를 매게 하지 않고, 신전 경내에서 자유롭게 뛰놀게 했다. 이소크라테스는 그리스인이 일치단결해서 페르시아군에 대항하도록 하려고, 페르시아 왕 필리포스가 그리스 전역을 자신의 구역인 것처럼 제멋대로 뛰노는 짐승에 비유했다.

339 에우리피데스의 『아울리스의 이피게네이아』 80행에 나오는 말이다.

눈앞에서 실제로 생생하게 벌어지는 듯 보여주었기 때문이다. 다음과 같
은 예들이다. “그 무자비한 바윗덩어리는 다시 들판으로 굴러내렸다”, “화
살이 날아갔다”, “화살이 맹렬한 분노를 품은 채로 그들을 향해 날아갔다”, 1412a1
“창들이 살을 물리도록 먹으려는 맹렬한 욕망을 품고서 땅에 꽂혔다”, “창
끝이 맹렬한 기세로 달려가 그의 가슴을 꿰뚫었다.”[340]

이 표현들이 생생해 보이는 것은 무생물인 사물들이 마치 생명을 지니고 살아 움직이는 듯이 묘사되었기 때문이다. “무자비하다”거나 “맹렬한 기세로 달려가다” 같은 표현은 생생하게 살아 움직이는 모습을 묘사한다. 호메로스는 유비에 따른 은유를 사용해서 무생물에 그런 생생함을 부여한다. 예컨대, 시시포스와 바윗덩어리, 무자비한 대우를 받는 자와 무자비하게 행하는 자 사이에는 유비 관계가 존재한다.[341]

호메로스는 직유에서도 마찬가지로 무생물에 생명을 부여해 살아 움직이게 함으로써 호평을 받았다. 예컨대, 그는 “(바다 물결이) 활처럼 구부러져서 닭의 볏처럼 하얀 포말들을 일으키며, 어떤 것은 앞쪽에서, 어떤 것은 뒤쪽에서 솟아오른다”[342]라고 썼다. 그는 모든 것을 살아 움직이게 만드는데, 생생함은 곧 그 움직임을 뜻한다.

앞서 말했듯, 은유는 서로 연관이 있으면서도 뻔하지는 않은 것에서 가져와야 한다. 이것은 철학에서 서로 별 상관없어 보이는 것들 속에 유사성을 찾아내는 일과 같다. 그래서 아르키타스는 중재인과 신전의 제단은

---

340 이 인용문들은 차례대로 호메로스의 『오디세이아』 제11권 598행, 『일리아스』 제13권 587행, 『일리아스』 제4권 126행, 『일리아스』 제11권 574행, 『일리아스』 제15권 542행에 나온다.

341 “시시포스”는 그리스 신화에 나오는 코린토스의 창설자이자 왕으로서 교활하고 사악한 지혜가 많기로 악명이 높았다. 죽은 후에도 저승의 신 하데스를 속인 죄로 무거운 바윗덩어리를 산 정상으로 굴려서 올렸다가 다시 밑으로 떨어지면 또다시 굴려서 올리는 일을 영원히 반복하는 형벌에 처해졌다.

342 호메로스의 『일리아스』 제13권 799행에 나오는 말이다.

같다고 말했다.[343] 둘 다 범죄를 저지른 자들이 피하는 곳이기 때문이다. 어떤 사람이 배의 닻과 냄비를 거는 갈고리는 같다고 한 것도 그런 예다. 전자는 아래에 있고 후자는 위에 있다는 것만 차이 날 뿐, 둘의 역할은 같기 때문이다. 국가들은 서로 많이 다르지만, 국가라는 체계와 국가 권력이라는 존재가 같다는 의미에서 국가들은 같다고 하는 것도 그런 예다.[344]

어떤 말이나 연설을 세련되게 만드는 것은 대체로 은유와 거기 포함된 속임수들이다. 자기 생각과 반대되는 사실을 알게 되면 청중은 "그 말이 맞아, 내 생각이 틀렸어"라고 맞장구를 치면서, 새로운 것을 배웠다는 분명한 인식을 갖기 때문이다.

금언이 세련되게 느껴지는 이유는 금언의 진정한 의미가 표면상으로 말하는 것에 있지 않기 때문이다. 예컨대, "매미들이 스스로 땅에서 울 것입니다"[345]라는 스테시코로스의 금언이 그러하다. 동일한 이유에서 훌륭한 수수께끼들도 즐거움을 준다. 거기에는 배울 것이 있고 은유가 있기 때문이다.

테오도로스[346]가 말한 "참신함"도 같은 효과를 낸다. 참신함은 어떤 말이 역설적이어서 우리가 전부터 생각해왔던 것과 부합하지 않을 때 생긴다. 예컨대, 청중의 웃음을 유도하려고 약간씩 말을 비트는 것이 그렇다. 그런 효과는 글자 하나를 바꾸어 만든 익살로도 나타나는데, 그렇게 속임수를 사용하기 때문이다. 또한 그런 효과는 운문에서도 생긴다. 운문에서는 청중이 예상한 말이 나오지 않기 때문이다. 예컨대, "그는 걸었다, 동상

343 "아르키타스"(기원전 428-347년)는 남부 이탈리아의 타라스 출신으로 피타고라스 학파에 속한 수학자이자 철학자다. 시칠리아 섬의 시라쿠사 참주 디오니시오스 2세에게서 플라톤을 구하려고 배를 보낸 인물이기도 하다. "중재인"은 범죄를 저지른 사람이 피해자와 합의하여 법정 소송까지 가지 않도록 중재하는 역할을 한 사람을 말한다.

344 이소크라테스의 『필리포스』 40행에 나오는 말이다.

345 "스테시코로스"(기원전 632년경-556년)는 시칠리아 섬에서 활동한 서정시인이다.

346 "테오도로스"는 기원전 5세기 말에 활동한 고대 그리스 아테나이의 소피스트이자 대중 연설가다.

에 걸린 발로"라는 시행이 그렇다. 여기에서 청중은 "신발을 신은 발로"라는 말을 예상했을 것이다. 하지만 이렇게 역설을 통해 새로움을 만들어내는 말들은 청중이 듣자마자 금방 알아들을 수 있어야 한다.

글자를 바꾸어 만들어낸 익살에서 화자가 의도한 것은 표면적인 말에 있지 않고 그 말 속에 내포된 원래 의도를 지닌 말에 있다. 예컨대, 테오도로스가 키타라 연주자인 니콘에게 "당신은 괴롭게 될 것입니다"라고 말한 것이 그렇다. 그의 원래 의도는 "당신은 트라케인입니까?"라고 묻는 것이었지만, 글자를 바꾸어 다르게 말한 것이었다.[347]

그러므로 익살은 그 내막을 아는 사람들에게만 즐거움을 준다. 청중 가 1412b1
운데 니콘이 트라케인임을 모르는 사람은 이런 익살을 세련된 것으로 생각할 수 없기 때문이다. "당신은 그를 죽이려고 합니다"[348]라고 말하는 것도 그렇다.

하지만 이런 유형의 익살은 그 내용이 적절해야 한다. 예컨대, 아테나이인에 대하여 "해양의 지배는 재난의 시작이 아니었다"는 문장은 세련된 말이다.[349] 아테나이인은 해양에서 많은 혜택을 입었기 때문이다. 마찬가지로, 이소크라테스가 "해양의 지배가 국가적인 재난의 시작이었다"[350]라고 한 것도 세련된 말이다. 이 두 말은 아무도 예상하지 못한 것을 말하지만, 청중은 그것이 사실임을 알기 때문이다. 여기에서 "시작은 시작이다"라고 해석하는 것에는 아무런 의미도 없다. 이소크라테스는 나중에 나오

---

347 "당신은 트라케인입니까?"는 그리스어로 '트락스 에이 쉬'(Θρᾷξ εἶ σύ)이고, "당신은 괴롭게 될 것입니다"는 '트락세이 세'(θράξει σε)이다. 즉, '트락스 에이'를 붙여서 '트락세이'라고 말하면 "괴롭게 되다"라는 동사의 미래형인 "괴롭게 될 것이다"라는 뜻이 된다.

348 "당신은 그를 죽이려고 합니다"는 '불레이 아우톤 페르사이'(βούλει αὐτὸν πέρσαι)이고, 여기에서 '페르사이'(πέρσαι)는 "죽이다"의 단순과거 부정사인데, '페르사이'는 "페르시아인이 되게 하다"를 의미할 수도 있다. 따라서 "당신은 그를 페르시아인으로 만들려 합니다"가 이 말의 원래 의도가 된다.

349 "해양의 지배"와 "재난의 시작"에서 "지배"와 "시작"은 둘 다 '아르케'(ἀρχή)이다. 이것은 '아르케'가 이 두 가지 의미를 다 포함한 것을 이용한 익살이다.

350 이소크라테스의 『필리포스』 61행, 『제전 연설』 119행, 『평화론』 101행에 나오는 말이다.

는 이 단어를 앞에 나온 것과는 다른 의미로 사용하고 있다. 즉, 나중에 나온 이 단어는 앞에 나온 내용을 부정하는 것이 아니라 다른 의미로 사용되고 있다.

이 모든 사례에서 동의이의어나 다의어를 활용하든 은유를 활용하든, 그 내용이 적절할 때만 효과를 거둔다. 예컨대, "아나스케토스는 참을 수 없다"는 문장은 동음이의어를 활용한 익살이지만,[351] 아나스케토스라는 사람이 역겹고 불쾌한 사람인 경우에만 적절한 익살이 된다.

"당신은 필요 이상으로 낯설어 해서는 안 된다"라고 한 것도 그렇다. 이 말은 "외국인이라고 해서 언제까지나 외국인처럼 굴어서는 안 된다"는 의미로도 해석될 수 있다. 여기에서도 단어 하나가 서로 다른 의미로 사용되고 있기 때문이다.[352]

아낙산드리데스의 저 유명한 말도 마찬가지이다. "죽어 마땅한 일을 하지 않고 죽는 것은 훌륭한 일이다."[353] 이 말은 "죽어 마땅함이 없이 죽는 것은 훌륭한 일이다" 혹은 "죽어 마땅한 일을 하지 않고 죽는 것은 훌륭한 일이다"라는 의미도 되지만, "죽지 않아도 될 일에 죽는 것은 훌륭한 일이다"라는 의미도 되기 때문이다.

지금까지 살펴본 사례는 문체의 종류에서 모두 동일하다. 하지만 더 간결하고 대비가 더 뚜렷할수록, 그 문체는 더 호평을 받는다. 대비가 뚜렷할수록 더 잘 배우고, 간결할수록 더 신속하게 배우기 때문이다.

또한 어떤 말이 사실에는 부합하는데 진부하게 되지 않으려면 언제나 특정인을 대상으로 하거나 그 내용이 옳아야 한다. 하지만 사실에 부합하

---

351 "아나스케토스는 참을 수 없다"는 그리스어로 '아나스케토스 우크 아나스케토스'(Ἀνάσχετος οὐκ ἀνασχετός)이고, '아나스케토스'는 "참을 수 있는"을 뜻하는 형용사다.

352 여기에서 사용된 '크세토스'라는 단어에는 "낯설어 하다"와 "외국인"이라는 다의적인 의미가 있다. 따라서 "당신은 필요 이상으로 낯설어 할 필요가 없다"는 말은 "당신은 필요 이상으로 계속 외국인으로 있어서는 안 된다"는 의미로도 해석될 수 있다.

353 아낙산드리데스의 단편 64(코크 판본)에 나오는 말이다.

다는 것과 진부하지 않다는 두 가지는 늘 동시에 충족하기가 쉽지 않다. 예컨대, "사람은 죄를 짓지 않고 살다가 죽어야 한다"는 말도 사실이기는 하지만 세련되지는 않고, "훌륭한 여자는 훌륭한 남자와 결혼해야 한다"는 말도 옳은 말이긴 하지만 세련되지는 않다. 하지만 사실에 부합하면서도 진부하지 않은 말이라면, 세련되게 들릴 것이다. "죽어 마땅한 일을 하지 않고 죽는 것은 좋은 일이다."

어떤 말 속에 이런 특징이 많이 들어 있을 때, 즉 제대로 된 은유가 사용되는데다가, 대조법과 '파리소시스'가 사용되고 있고, 생생함을 갖추었을 때, 그런 말이 더 세련된 말임은 두말할 필요가 없다.

앞에서 말했듯, 직유도 어떤 점에서는 은유이기 때문에 제대로 사용한다면 청중에게 호평을 받을 수 있다. 직유도 유비에 따른 은유처럼 두 대상 사이의 관계에서 가져오기 때문이다. 예컨대, "방패는 아레스의 술잔이다"라고 하거나 "활은 현 없는 포르밍크스다"라고 말하는 것은 은유다.[354] 하지만 이 은유들은 간단하게 표현하기가 쉽지 않다. 여기에서 "방패는 술잔이다"라고 말하거나 "활은 포르밍크스다"라고 말할 때만 간단한 은유가 되기 때문이다.

반면에 간단한 직유도 존재한다. 예컨대, "피리 연주자는 원숭이와 같다"[355]고 하거나, "근시안은 꺼져가는 등불과 같다"고 하는 것이 그렇다(근시안인 사람은 빛을 보려고, 꺼져가는 등불은 빛을 내려고 안간힘을 쓰기 때문에).

훌륭한 직유는 은유를 포함한 직유다. 예컨대, "방패는 아레스의 술잔과 같다"라고 하거나, "폐허는 집의 넝마와 같다"고 말하는 것이 그런 직

354 "아레스"는 전쟁의 신이고, "포르밍크스"는 고대 그리스에서 가장 오래된 악기 중 하나로 리라와 키타라 중간쯤 되는 현악기다. 메소포타미아에서 유래한 것으로 보이는 이 악기는 호메로스 시대에는 흔히 사용되었지만, 역사 시대에는 7현 악기인 키타라로 대체되었다.

355 "피리 연주자"가 피리를 불 때 취하는 자세가 "원숭이"를 닮았기 때문이다.

유들이다. 또한 트라시마코스는, 니케라토스가 시가 경연대회에서 프라티스에게 패한 후에 머리를 풀어헤치고 몸을 씻지도 않은 채 살아가는 것을 보고서, "니케라토스는 프라티스에게 물린 필록테테스와 같다"고 말한 것도 그런 직유에 속한다.[356]

이런 직유는 시인들에게 아주 중요했다. 이런 직유를 잘 사용하면 사람들에게 호평을 얻는 반면에, 잘못 사용하면 야유를 들어야 했기 때문이다. 은유를 포함한 직유를 잘 사용한 예로는 "그의 다리는 셀러리처럼 휘어 있다"[357]고 하거나, "필람몬처럼 가죽으로 된 샌드백과 맞붙어 싸우고 있다"[358]고 말하는 것이다. 이 모든 것은 직유이고, 앞에서 여러 차례 말했듯이 직유는 일종의 은유다.

속담도 두 대상 사이의 관계를 이용한 은유에 속한다. 예컨대, 어떤 사람이 자신에게 이득이 되리라고 생각해서 어떤 것을 끌어들였다가 나중에 손해만 보았다면, 사람들은 "카르파토스 사람의 산토끼처럼 됐다"[359]고

---

356 "트라시마코스"는 소피스트로 소크라테스와 동시대의 인물이다. "니케라토스"는 아테나이의 한 장군의 아들로 플라톤의 『국가』에 등장하지만 말은 하지 않는다. "프라티스"는 음유시인이다. "필록테테스"는 테살리에 있는 멜리보이아의 왕 포이아스의 아들로 명궁으로 유명했는데, 트로이 전쟁에 참전하러 가다가 도중에 들른 테네도스 섬에서 뱀에 물려 심한 악취를 풍기고 통증이 너무 심하여 끊임없이 비명을 질러댔다. 그의 악취와 소음을 견디지 못한 그리스군이 필록테테스를 인근의 렘노스 섬에 버려두었다. 그를 소재로 한 네 편의 연극이 쓰였는데, 지금 남은 것은 소포클레스의 『트로이의 필록테테스』뿐이다.

357 "셀러리"는 미나리과에 속하는 채소다. 그 모양이 여성의 성기와 비슷하게 생겨서, 그리스 희극에서 여성의 성기를 가리키는 속어로 사용되었다. 여기에서 "셀러리처럼"이라는 표현은 그의 다리가 휘어져 있음을 나타내는 직유임과 동시에, 남자인데도 여성의 성기도 함께 지니고 있다는 은유이기도 하다.

358 "필람몬"은 아테나이의 유명한 운동선수로 올림피아 경기의 우승자였다. "가죽으로 된 샌드백"은 남성의 고환을 가리키는 속어로 사용되기도 했다. 따라서 이 시는 "필람몬처럼"이라는 직유와 "가죽으로 된 샌드백과 맞붙어 싸우고 있다"는 은유를 함께 사용하는데, 그 의미는 열심히 자위를 하고 있다는 것이다.

359 "카르파토스"는 로도스와 크레테 사이에 있는 섬이다. 주민들은 자신에게 이득이 될 것으로 생각해 섬에 산토끼를 들였지만, 그 수가 감당할 수 없을 정도로 불어나 나중에는 도리어 골칫거리가 되고 말았다.

말할 것이다. 이 두 사람이 겪은 일이 비슷하기 때문이다.

이상으로 우리는 어떤 말이 세련되게 하는 것이고, 그 이유는 무엇인지에 대해 전반적으로 살펴보았다. 여기에 한 가지 더 덧붙이자면, 과장법도 잘 사용하기만 하면 은유가 된다는 것이다. 예컨대, 어떤 사람이 누군가의 눈두덩이가 보랏빛으로 된 것에 대해, "당신이 그를 본다면 오디를 잔뜩 담은 바구니라고 생각했을 것입니다"[360]라고 말하는 것이 그렇다. 여기서 보랏빛이 된 눈덩이를 "오디"라고 한 것은 은유이지만, "바구니"라고 한 것은 과장법이다.

"~와 같다"라고 말하는 것도 문체만 다른 과장법이다. 따라서 "필람몬처럼 가죽으로 된 샌드백과 맞붙어 싸우고 있다"고 했다면 "당신이 그를 보았다면 가죽으로 된 샌드백과 맞붙어 싸우는 필람몬이라고 생각했을 것이다"라고 한 셈이다. 또한 "그의 다리는 셀러리처럼 휘어 있다"고 하는 것은 "당신이 그의 다리를 보았더라면 아주 많이 휘어져 있어서 다리가 아니라 셀러리라고 생각했을 것이다"라고 말하는 것이다.

과장법은 격정을 드러내기 때문에 청년에게 어울린다. 사람들이 분노했을 때 과장법을 많이 사용하는 이유가 여기 있다. "그가 내게 모래나 먼지만큼 많은 선물을 주더라도"라고 말하거나, "그녀가 아름다움으로는 황금의 아프로디테와 경쟁하고, 솜씨로는 아테나 여신과 경쟁하더라도, 나는 아트레우스의 아들 아가멤논의 딸과 혼인하지 않을 것입니다"라고 말한 것이 그런 예다. 그래서 나이가 많은 사람이 과장법을 사용하는 것은 적절하지 않다. 아티케의 대중 연설가들이 과장법을 가장 많이 사용한다.[361]

---

360 "오디"는 뽕나무 열매이고, 처음에는 녹색이지만 익으면 짙은 보라색이 된다.

361 첫 번째는 호메로스의 『일리아스』 제9권 385행에, 두 번째는 389-390행에 나오는 말이다. 그리스 신화에서 "아프로디테"는 미의 여신이고, "아테나"는 지혜, 기술, 직물, 요리, 도기 등을 관장하는 여신이다. "아티케"는 그리스의 펠로폰네소스 반도에서 에게해와 접한 지방으로 그 중심지는 아테나이다.

제12장

연설의 종류에 따라 어울리는 문체

우리가 잊지 말아야 할 것은 연설의 용도에 따라 어울리는 문체는 서로 다르다는 것이다. 문서용 문체와 논쟁용 문체가 다르고, 대중 연설의 문체와 법정 변론의 문체도 다르다. 연설가는 문서용 문체와 논쟁용 문체를 둘 다 알아야 한다. 논쟁용 문체를 알아야만 그리스어를 제대로 말하는 법을 알고, 문서용 문체를 알아야만 다른 사람에게 무엇을 전달하고 싶을 때 제대로 해낼 수 있기 때문이다. 어떻게 글을 써야 하는지를 알지 못한다면, 자신의 의도와는 달리 어쩔 수 없이 침묵할 수밖에 없다.

문서용 문체에서는 정확성이 가장 중요하고, 논쟁용 문체에서는 전달이 잘 되는 것이 가장 중요하다. 전달에는 두 종류가 있는데, 하나는 성격을 전달하는 것이고, 다른 하나는 감정을 전달하는 것이다. 그래서 연기자들은 이 두 가지를 잘 전달할 수 있는 희곡을 찾고, 극작가는 그런 연기자를 찾는다.

하지만 공연을 염두에 두지 않고 오직 읽히기 위해 쓰인 희곡도 있다. 예컨대, 전문적인 연설문 작가들만큼이나 정확한 문체를 구사하는 카이레몬의 희곡들, 또는 디티람보스를 쓰는 작가들 중에서는 리킴니오스의 희곡들이 그런 것이다.[362]

상대적이긴 하지만, 오직 읽힐 목적으로 쓰인 연설문으로 대중 집회에서 연설을 하면 궁색하게 들린다. 반면에, 대중 연설가들이 한 연설은 들을 때는 좋지만 글로 옮겨 써서 읽어보면 거칠고 미숙해 보이는데, 그 이

---

362 "카이레몬"은 기원전 4세기 중반에 활동한 고대 그리스의 비극시인이다. "리킴니오스"는 기원전 4세기에 활동한 키오스 출신으로 고대 그리스의 디티람보스 시인이다.

유는 대중 집회에서 전달하는 데 적합하도록 특화되어 있기 때문이다. 논쟁용 문체로 쓰인 연설문이 대중 집회에서 사용되지 않으면 제구실을 못하고 단순 무식해 보이는 이유가 여기 있다.

한 가지 예를 들어보면, 접속사 생략과 빈번한 동어 반복은 문서용 문체로는 부적절한 것으로 평가받기에 배제해야 옳지만, 논쟁용 문체에서는 그렇지 않기 때문에 대중 연설가들이 자주 사용한다. 전달에는 그런 기법들이 적합하기 때문이다. 하지만 동일한 것을 또다시 말하려면 표현을 바꾸어야 한다. 그렇게 하는 것이 전달에 도움이 된다.

예컨대, "이 사람이 여러분의 것을 훔친 자이고, 이 사람이 여러분을 속인 자이며, 이 사람이 결국에는 여러분을 배신하려고 한 자입니다"라고 말한 것이나, 배우 필레몬이 아낙산드리데스의 『노망』에서 "라다만티스와 팔라메데스"에 관해 말할 때 다양한 표현을 사용한 것이나, 『경건한 자들』의 서막에서 "나는"을 반복 사용한 것이 그렇다.[363] 만일 대중 집회에서 사용하지 않고 이런 것을 글로 읽는다면, "통나무를 메고 가는 사람"[364]처럼 단조롭고 지루한 글이 되고 만다. 이것은 접속사 생략에도 그대로 적용된다. "나는 갔습니다, 나는 만났습니다, 나는 애원했습니다." 이것은 마치 한 문장처럼 동일한 정서와 동일한 어조로 읽어서는 안 되고, 반드시 연기를 통해 전달해야 하는 문장이다. 또한 접속사 생략은 여러 가지를 동시에 말하는 것처럼 보이게 한다. 접속사를 사용하면 여러 가지를 하나로 만들 수 있듯, 역으로 접속사를 생략하면 하나를 여러 가지로 만들 수 있음은

---

363 "아낙산드리데스"는 기원전 4세기에 아테나이에서 활동한 중기 희극시인이다. "라다만티스"는 크레테의 지혜로운 왕이자 입법자로 나중에 저승에 가서 심판관들 중 한 사람이 된다. "팔라메데스"는 아가멤논의 사주로 오디세우스를 속여 트로이 전쟁에 참전하게 했고, 이 일에 대한 보복으로 오디세우스는 트로이 전쟁 중에 그를 모함하여 반역죄로 그리스군의 돌에 맞아 죽게 한다.

364 "통나무를 메고 가는 사람"은 흔히 뻣뻣하고 서투른 연설가를 지칭하는 어구였지만, 여기서는, 반복적인 글은 통나무를 메고 단조롭게 걷는 사람처럼 지루하다는 뜻인 듯하다.

분명하다. 그래서 확대[365]가 이루어진다.

1414a1 예컨대, 누군가가 "나는 갔습니다, 나는 대화했습니다, 나는 간청했습니다, 그는 나의 모든 말을 무시해 버렸습니다"라고 말했다면, 그는 온갖 것을 다 했지만, 상대방이 모든 것을 깡그리 무시해버렸다는 인상을 주게 되어, 이 말은 확대의 효과를 얻는다.

호메로스도 그런 효과를 바라고서 이렇게 말했다. "시메 출신의 니레우스, 아글라이아의 아들 니레우스, 최고의 미남인 니레우스."[366] 어떤 사람에 대해 할 말이 많다면, 당연히 자주 언급할 것이다. 따라서 어떤 이름이 자주 거론된다면, 청중은 연설가가 그 사람에 대해 할 얘기가 많아서 그렇다고 여긴다. 하지만 호메로스는 니레우스를 오직 이 대목에서만 언급했고, 다른 곳에서는 언급하지 않았음에도, 접속사를 생략한 문체를 사용한 것과 사람들의 잘못된 추론으로 니레우스는 후대에 사람들의 기억 속에 중요한 인물로 각인되었다.

대중 집회에서 조언을 위한 연설의 문체는 개략적으로 그린 소묘와 같다. 청중이 많을수록, 연설가는 더 폭넓게 바라보아야 하기 때문이다. 따라서 조언을 위한 연설이나 소묘에서처럼 정확성은 불필요할 뿐만 아니라 도리어 더 나쁜 결과를 만들어낸다.

법정 변론의 문체에서는 정확성이 더 많이 요구되고, 재판관이 한 명이라면 더욱 그러하다. 거기에서는 수사학적인 기법을 사용할 기회가 거의 주어지지 않는다. 해당 사건과 관련해서 무엇이 중요하고 무엇이 중요하지 않은지가 한눈에 파악되는 까닭에, 다툼의 여지가 거의 없고 판결은

---

365 "확대"와 "축소"는 수사학에서 자신이 강조하려는 것을 더 크고 중요하게 보이게 하거나 더 작고 중요하지 않은 것으로 만드는 것이다. 여기서는 접속사를 생략하는 경우에 하나를 여러 가지로 만들어서 더 많고 중요한 것처럼 보이게 할 수 있다는 것이다.

366 호메로스의 『일리아스』 제2권 671-673행에 나오는 말이다. "니레우스"는 트로이 전쟁에 참전한 시메 섬의 왕이다. 그는 아글라이아 왕의 아들로 뛰어난 미모로 유명해서 그리스군 진영에서 아킬레우스 다음으로 잘 생긴 미남으로 묘사된다. "시메"는 로도스 섬 인근의 작은 섬이다.

분명하기 때문이다.

이것이 대중 연설가가 모든 종류의 연설에서 똑같이 좋은 평가를 받지 못하는 이유다. 전달이 가장 중요한 곳에서 정확성은 가장 덜 중요하고 목소리가 좋은 것이 가장 중요한데 목소리가 큰 것이 특히 중요하다. 낭독을 위한 연설의 문체는 글로 쓰기에 가장 적합한 문체다. 이 연설의 용도 자체가 낭독을 위한 것이다. 그다음으로 글로 쓰기에 적합한 문체는 법정 변론을 위한 연설이다.

청중에게 즐거움을 주는 문체, 장중한 문체 등등으로 문체를 좀 더 세분하는 것은 쓸데없는 수고일 뿐이다. 문체가 절도 있고 관용 있거나 도덕적인 덕목을 지닌 것으로는 부족해서, 그 이상의 특질을 지녀야 하는 이유는 없기 때문이다. 어떤 것이 훌륭한 문체인가에 대한 우리의 정의가 옳다면, 앞에서 말한 특질을 지닌 문체는 청중에게 즐거움을 선사할 것이 분명하다. 문체가 명료해야 하고, 저속하지 않고 적절해야 하는 것이 청중에게 즐거움을 주려는 게 아니라면 도대체 어떤 이유로 그래야 하겠는가?

문체는 장황해도 명료하지 못하고, 지나치게 간결해도 명료하지 못하다. 따라서 그 중간이 적절할 것임은 두말할 필요가 없다. 또한 훌륭한 문체와 관련해서 우리가 앞에서 언급한 것들, 즉 일상적인 것과 이색적인 것이 적절하게 혼합된 문체, 운율이 있는 문체, 적절하게 설득력을 갖춘 문체도 청중에게 즐거움을 선사한다.

이것으로 우리는 문체와 관련해서 모든 종류의 연설에 공통되는 것과 각각의 연설에 특유한 것에 관해 살펴보았다. 이제 우리에게는 "배열"[367]에 대해 살펴보는 것이 남았다.

---

367 아리스토텔레스는 앞의 제3권 제1장에서 우리가 살펴보아야 할 것 중에서 이제 남은 것은 문체(λέξις, '렉시스')와 배열(τάξις, '탁시스')뿐이라고 했는데, 문체에 대한 설명은 여기서 끝나서, 다음 장부터는 배열에 관한 설명이 시작된다.

제13장

논제와 증명

연설은 두 부분으로 되어 있다. 어떤 논제를 제시하고 그것이 옳음을 설득해야 하기 때문이다. 따라서 논제만 제시하고 설득하지 않는다거나, 논제를 먼저 제시하지 않고 설득만 하는 것은 불가능하다. 논제를 제시하는 사람은 무엇인가를 설득하려는 것이고, 어떤 논제를 제시하는 사람은 설득하기 위해 그렇게 하기 때문이다. 따라서 연설의 두 부분 중 하나는 논제를 제시하고, 다른 하나에서는 설득한다.[368] 이것은 우리가 문제와 답을 구별하는 것과 같다.

하지만 오늘날의 구분 방식은 불합리하다. 진술은 오직 법정 변론을 위한 연설에서만 사용되고, 선전을 위한 연설과 조언을 위한 연설에서는 진술이나 상대방에 대한 반론이 있을 수 없으며, 증명을 위한 연설에서는 맺음말이 있을 수 없기 때문이다. 조언을 위한 연설에서 도입부와 쟁점 비교와 요약은 반론이 있는 경우에만 사용된다.

또한 고발과 변호도 자주 사용되기는 하지만, 조언을 위한 연설에서는 사용되지 않는다. 맺음말도 모든 법정 변론 연설에서 사용되는 것은 아니다. 예컨대, 변론이 짧거나 변론 내용을 잘 기억할 수 있다면 사용되지 않는다. 맺음말은 연설에서 길게 말해온 것을 짧게 요약해서 제시하기 때문이다.

따라서 연설의 필수적인 구성 부분은 논제 제시와 설득이다. 이 둘은

---

368 여기에서 "논제 제시"로 번역한 '프로테시스'(πρόθεσις)는 "청중 앞에 두는 것"을 뜻하는 단어로, 연설가가 청중 앞에 내어놓는 자신의 어떤 주장을 가리킨다. "설득"으로 번역한 '피스티스'(πίστις)는 연설가가 청중을 설득해서 믿게 하는 것을 의미한다. 수사학의 "논제 제시"와 "설득"은 변증학에서는 "명제"(πρότασις, '프로타시스')와 "증명"이 될 것이다.

연설이 성립하는 데 필요한 고유 부분이고, 그 밖의 다른 부분까지 최대한 모두 포함한다 해도 연설은 도입부와 논제 제시와 설득, 맺음말로 구성된다. 상대방에 대한 반론은 설득의 일부이고, 쟁점 비교도 설득을 확대한 것으로 설득의 일부지만(쟁점 비교는 곧 설득을 위한 것이기에), 도입부와 맺음말은 설득의 일부가 아니라 연설에서 다룬(다룰) 것을 상기하게 하기 때문이다.

만일 우리가 연설의 구성 부분을 구분함에 있어 테오도로스[369]와 그를 따르는 무리의 제안을 받아들인다면, 그들이 말하는 진술을 본 진술과 예비 진술로 세분하고, 반론을 본 반론과 보충 반론으로 세분할 것이다. 하지만 종류가 다른 것에 대해서만 별개의 명칭을 부여해야 마땅하다. 그런 경우가 아닌데도 별개의 명칭을 부여한다면, 공허하고 쓸데없는 명칭이 되고 말 것이다. 예컨대, 리킴니오스가 자신의 『수사학』에서 만들어 사용한 "본론"과 "여담"과 "가지들"이라는 명칭이 그런 경우다.

369 "테오도로스"는 기원전 5세기 말에 활동한 그리스 소피스트이자 대중 연설가다. "리킴니오스"는 기원전 4세기에 고대 그리스 아테나이에서 활동한 키오스 출신의 디티람보스 시인이다.

제14장
도입부

도입부는 연설의 시작이고, 시에서 프롤로그와 피리 연주에서 전주곡에 해당한다. 이 모든 것은 시작으로서, 앞으로 나올 것에 길을 준비하는 역할을 한다.

실제로 전주곡은 선전을 위한 연설의 도입부와 비슷하다. 피리 연주자들이 자신 있는 짧은 곡조를 연주해서 곡의 으뜸음과 음조를 설정한 후, 그 전주곡을 본격적인 곡조로 연결하는 것과 마찬가지로, 선전을 위한 연설에서도 동일한 방법을 사용하기 때문이다. 즉, 실제로 선전을 위한 연설을 하는 모든 연설가는 도입부에서 먼저 자기가 말하려는 것을 단도직입적으로 말해 특정 기조를 설정한 후, 그 도입부를 본론에서 본격적으로 발전시켜 나간다.

이소크라테스가 쓴 『헬레네』의 도입부가 그런 예다.[370] 도입부에서 그는 다른 사람이 헬레네와 관련해 제시한 온갖 논증이 실제로는 헬레네와 아무 상관도 없는 것임을 밝혀, 헬레네를 찬양하는 본론으로 넘어가기 위한 길을 준비한다. 또한 도입부에서 주제에서 다소 벗어난 것을 말한다고 해도, 연설 전체가 단조롭게 되는 것을 막아준다는 점에서 긍정적인 역할을 한다.

선전을 위한 연설의 도입부에는 칭송이나 비난이 사용된다. 예컨대, 고르기아스는 『올림피아 경기 연설』 도입부에서 "오, 그리스 사람이여, 당신

---

370 "이소크라테스"(기원전 436-338년)는 고대 그리스의 수사학자로 10인의 아티케 대중연설가 중 한 사람이었다. "헬레네"는 그리스 신화에 등장하는 가장 아름다운 여인으로서 스파르테 왕 메넬라오스의 왕비였다. 트로이 왕자 파리스가 헬레네를 납치한 것이 트로이 전쟁의 발단이 된다.

들은 많은 사람에게 칭송을 받을 자격이 있습니다"라고 말함으로써, 그리스인 전체가 참여하는 대회를 만든 것을 칭송했다. 또한 이소크라테스는 도입부에서 신체적인 탁월함에는 상을 주어 기리면서도, 탁월한 지혜를 지닌 사람에게는 아무 상도 주지 않는다고 비난했다.[371]

선전을 위한 연설의 도입부에는 조언이 사용될 수도 있다. 예컨대, "우리는 훌륭한 사람들을 존경하는 것이 마땅하고, 이것이 내가 아리스테이데스를 칭송하는 이유입니다"라고 말하거나, "우리는 프리아모스의 아들 알렉산드로스처럼, 명성이 자자하지도 않고 드러나지 않지만 사악하지 않은 사람들을 존경해야 합니다"라고 하는 것이 그렇다.[372] 이런 것은 조언하는 말들이다.

또한 선전을 위한 연설의 도입부에는 법정 변론의 도입부가 사용되기도 한다. 즉, 연설의 내용이 사람들이 생각했던 것과는 완전히 달라 역설적이거나 난해하거나 진부한 것이어서 양해를 구할 필요가 있어 청중을 향해 호소하는 말로 시작하는 것이 그렇다. 예컨대, 코이릴로스는 자신의 글을 "모든 것이 이미 다 세세히 고찰되고 난 지금…"[373]이라는 말로 시작한다.

이렇게 선전을 위한 연설의 도입부에서는 칭송이나 비난, 권유나 만류, 청중을 향한 호소가 사용되고, 도입부 내용은 연설 주제와 상관없는 것일 수도 있고 직접 관련된 것일 수도 있다. 법정 변론의 도입부는 연극 서막

---

371 이소크라테스의 『제전 연설』 1-2행에 나오는 말이다.

372 "아리스테이데스"(기원전 520년경-468년경)는 고대 그리스 아테나이의 정치가로 "의인 아리스테이데스"로 불릴 정도로 아주 훌륭한 인물이었다. "프리아모스"는 트로이의 왕이고, "알렉산드로스"는 헬레네를 납치한 트로이 왕자 파리스의 다른 이름이다. 그는 여신들이 자기들 중에서 누가 가장 아름다운지를 판결하는 재판관으로 선택됐고, 이것은 그가 훌륭한 사람이라는 증거로 사용되었다.

373 "코이릴로스"는 기원전 5세기 말에 활동한 사모스 섬 출신의 서사시인으로 페르시아 전쟁을 다룬 『페르시카』로 유명하다. 그가 도입부에서 이렇게 말한 것은 페르시아 전쟁에 대해서는 이미 많은 사람이 여러 번 다른 식으로 썼기 때문에 또다시 그 주제로 쓰는 것을 양해해달라는 의미이다.

이나 서사시 도입부와 같은 역할을 한다. 반면에, 선전을 위한 연설의 도입부는 디티람보스 연극 도입부와 같은 역할을 하는데, 예컨대 "당신과 당신의 선물들과 당신의 전리품 때문에"라고 말한 것이 이를 보여준다.

연극 서막과 서사시 도입부에는 앞으로 본격적으로 전개될 이야기가 어떤 것인지를 맛보기로 미리 보여준다. 이것은 청중이 앞으로 전개될 이야기를 알지 못해 긴장하는 일이 없도록 하는 것이다. 어떤 이야기가 전개될지를 모르면 청중은 갈피를 잡지 못하고 혼란스러워하지만, 일단 실마리가 주어지고, 그것을 잡고 있기만 하면 앞으로 전개될 이야기를 따라갈 수 있기 때문이다.

이것이 다음과 같은 도입부가 등장한 이유다. "여신이여, 분노를 노래하십시오", "무사 여신이여, 그 사람에 관한 이야기를 내게 들려주십시오", "또 다른 이야기, 곧 어떻게 큰 전쟁이 아시아 땅에서 유럽으로 왔는지를 내게 들려주십시오."[374] 비극 작가들도 에우리피데스처럼 글의 첫 부분에서, 또는 소포클레스처럼 서막 어딘가에서 희곡 전체의 주제를 밝힌다. "내 아버지는 폴리보스였다"[375]고 말한 것이 그런 예다. 이것은 희극에서도 마찬가지다.

따라서 도입부의 본질적이고 고유한 역할은 연설의 목적을 보여주는 것이다. 그러므로 연설의 주제가 뻔하거나 사소하다면 도입부를 사용해서는 안 된다. 또한 연설가는 청중과 관련된 이런저런 장애물을 제거하려는 목적으로 도입부를 사용하기도 한다. 그런 장애물은 연설가나 청중이나 주제나 상대방과 관련되어 있다.

---

374 이 인용문들은 차례로 호메로스의 『일리아스』 제1권 1행, 『오디세이아』 제1권 1행, 코이릴로스의 『페르시카』 단편 1a(킨켈 판본)에 나오는 말이다.

375 소포클레스의 『오이디푸스 왕』 774행에 나오는 말이다. 이 행은 희곡 전체의 서막은 아니지만 오이디푸스에 관한 이야기의 서막이다. "소포클레스"(기원전 496-406년)는 고대 그리스 3대 비극시인 중 한 사람이고, "에우리피데스"(기원전 484년경-406년경)도 고대 그리스 3대 비극시인 중 한 사람이다. 그리스 신화에서 "폴리보스"는 오이디푸스를 양자로 삼은 코린토스의 왕이다.

연설가 자신이나 상대방에 관한 내용을 다루는 도입부는 비방이나 중상모략을 없애거나 부추기려는 것이다. 하지만 각각의 목적에는 서로 다른 방법을 써야 한다. 비방이나 중상모략을 없애려면 도입부에서, 그것을 부추기려면 글 마지막의 맺음말에서 다뤄야 하기 때문이다. 이유는 분명하다. 변호하는 자가 자신에 대해 말하고 변호하려면 처음부터 장애물 제거가 필수이기 때문에 자신에 대한 비방이나 중상모략을 먼저 없애야 하는 반면에, 고발하는 자는 청중이 더 잘 기억할 수 있게끔 상대방에 대한 비방이나 중상모략을 맺음말에서 다루어야 하기 때문이다.

청중에게 호소하는 이유는 호감이나 분노를 이끌어내거나, 때로는 집중하게 하고, 때로는 산만하게 하려는 것이다. 집중하는 것이 연설가에게 언제나 이득인 것은 아니다. 따라서 많은 연설가는 청중을 웃기려고 한다. 연설가가 도입부에서 하는 모든 일은 청중이 집중하게 해서 자기가 전하는 것을 잘 받아들이게 하는 데 있다. 연설가가 좋은 인상을 남기려는 이유도 거기 있다. 청중은 그런 사람의 말에 더 집중하기 때문이다. 1415b1

청중은 중요한 일이나 자기와 관련 있는 것, 놀랄 만한 것, 즐거운 일에 집중한다. 따라서 연설가는 자기가 바로 그런 말을 하려 한다는 인상을 주어야 한다. 반면에, 연설가가 청중의 관심을 분산하길 원한다면, 자기가 하려는 말이 중요하지도 않고 그들과 관련도 없으며 듣기에 괴로운 내용이라는 인상을 주어야 한다.

하지만 이런 것은 모두 연설에서 주변적인 것으로, 본론보다는 주변적인 것에 더 귀를 기울이는 저급한 청중의 관심을 끌려는 것임을 간과해서는 안 된다. 청중이 그런 부류가 아니라면, 주제를 간단하게 요약해서 본론 앞에 붙여놓기만 하면 되고, 도입부에서 그 이상을 할 필요는 없다.

또한 청중을 집중시키려면, 연설의 모든 부분에서 청중의 주의를 환기할 필요가 있다. 청중은 도입부에서 가장 집중하고, 다른 부분에서는 대부분 주의가 산만해지기 때문이다. 그러므로 모든 청중이 가장 집중해서 경청하는 도입부에서 그들의 주의를 환기하라는 권유는 어떤 의미에서는 불합리하다.

따라서 연설가는 필요할 때마다 이런 말을 해야 한다. "지금부터 내가 하는 말에 집중해주십시오. 이 말은 나보다도 여러분을 위한 것이기 때문입니다", "지금부터 나는 여러분이 한 번도 들어보지 못한 끔찍하고 놀라운 이야기를 들려드리려고 합니다." 프로디코스[376]가 말했듯이, 이것은 청중이 졸고 있을 때 그들 앞에 50드라크메 동전을 던져주는 것과 같다. 하지만 청중이 집중하고 있다면, 연설가는 청중의 주의를 환기할 필요가 없다.

모든 연설가는 비방이나 중상모략을 없애거나 부추기고자 도입부를 활용한다. 예컨대, "왕이시여, 저는 정말 이런 말씀을 드리고 싶지 않습니다"라고 하거나, "그렇게 말씀하시는 이유가 무엇입니까?"라고 말하는 것이 그렇다.[377]

또한 연설가는 자기가 말하려는 것이 나쁜 일이거나 나쁜 일로 생각될 만한 때도 도입부를 충분히 활용하려고 한다. 주제를 곧바로 말하는 것보다는 주제 외에 다른 것을 길게 다루면서 시간을 끄는 것이 그들에게는 더 낫기 때문이다. 주인이 노예들에게 어떤 것에 대해 물으면, 본론은 말하지 않고 도입부를 장황하게 늘어놓는 이유가 여기 있다.

청중에게 호감이나 그 밖의 다른 것을 이끌어내려면 어떻게 해야 하는지는 앞에서 이미 언급했다. "내가 파이아케스인에게 가서 호의와 연민을 얻게 해주십시오"[378]라는 말이 이것을 잘 보여준다. 연설가는 청중에게 호

---

376 "프로디코스"(기원전 465년경-395년경)는 고대 그리스 아테나이에서 활동한 케오스 출신의 소피스트로 1세대 소피스트 중 한 명이다. 케오스의 사신으로 아테나이에 왔다가 대중 연설가와 수사학 교사로 유명해졌다. 플라톤은 다른 소피스트들과는 달리 그를 정중하게 대했고, 플라톤의 대화편에는 그를 소크라테스의 친구로 묘사한다. 당시에 1드라크메는 일용노동자의 하루 품삯이었다.

377 첫 번째의 것은 소포클레스의 『안티고네』 223행에 나오고, 두 번째의 것은 에우리피데스의 『타우리케의 이피게네이아』 1162행에 나온다.

378 호메로스의 『오디세이아』 제6권 327행에 나오는 말이다. "파이아케스"는 이오니아 제도

의와 연민이라는 두 가지 감정을 이끌어내는 것을 목표로 삼아야 한다.

선전을 위한 연설에서는 연설가의 칭송 속에 청중이나 그 가족, 청중이 한 일이 포함되어 있다고 느끼게 해야 한다. 소크라테스는 자신의 죽음을 앞두고서, 아테나인 앞에서 아테나이인을 칭송하는 것은 어렵지 않지만, 스파르테인 앞에서 아테나이인을 칭송하는 것은 어려운 일이라고 말했는데,[379] 그 말은 사실이다.

조언을 위한 연설에서는 법정 변론의 도입부를 가져와 자신의 도입부로 사용해도 되지만, 연설의 성격상 도입부를 사용하는 경우는 드문 편이다. 연설의 주제를 청중이 이미 잘 알고 있어서, 도입부에서 다룰 필요가 전혀 없기 때문이다. 하지만 연설가 자신이나 반대자 때문에, 또는 연설가가 원하는 정도보다 청중이 해당 주제를 중시하거나 경시한다면 도입부가 필요하다. 그런 때는 도입부를 활용해서, 비방이나 중상모략을 없애거나 만들어내고 연설 주제의 중요성을 강화하거나 약화해야 한다.

도입부는 지금까지 말한 그런 목적을 위해 필요하고, 굳이 목적이 없더라도 장식용으로 필요할 수 있다. 도입부 없는 연설은 청중에게 즉흥적이
라는 느낌을 줄 수 있기 때문이다. 고르기아스가 엘리스인[380]을 칭송하는 1416a1
글이 그런 예다. 그 글은 어떤 도입부도 없이 곧바로 "엘리스여, 축복받은 도시여"라는 말로 시작된다.

에서 두 번째로 큰 그리스의 섬으로 현재의 케르키라 섬이다. 호메로스의 『오디세이아』에 처음으로 언급되는 이 섬은 오디세우스의 10년 귀향길에서 마지막 기착지였다. 오디세우스는 "파이아케스인"의 도움으로 무사히 귀향한다.

379 플라톤의 『메넥세노스』 235d에 나오는 말이다.

380 "엘리스"는 그리스 남부 펠로폰네소스 반도의 북서쪽에 있던 고대 그리스의 도시국가다.

제15장

편견

비방에 대처하는 한 가지 방법은 당신에 관한 적대적인 편견을 풀어주는 것이다. 사람들이 그런 편견을 입 밖으로 내든 내지 않든 아무 차이가 없기 때문에, 이 방법은 어느 경우에든 일반적으로 적용된다.

비방에 대처하는 또 하나의 방법은 논란이 되는 쟁점에 정면 대응해서 그런 일이 없었다거나, 그 일을 하긴 했지만 남들에게 또는 상대방에게 해를 끼친 것은 아니라거나, 상대방이 주장하는 정도로 해를 끼친 것은 아니라거나, 그 일은 불법이 아니라거나 불법이라도 해도 큰 불법은 아니라거나, 그 일은 수치스러운 일이나 큰일은 아니라고 반박하는 것이다.

이렇게 하는 이유는 이런 쟁점을 둘러싸고 논쟁이 생기기 때문이다. 그래서 이피크라테스는 나우시크라테스에게 그가 말한 것을 자신이 했고, 그에게 피해를 끼쳤음은 인정하면서도, 그것이 불법임은 인정하지 않았다.[381]

또한 자기가 한 일이 불법임을 인정했다면, 자기 행위가 남에게 피해를 끼치긴 했지만 고귀한 일이었다거나, 남에게 고통을 주긴 했지만 이로운 일이었다는 식의 주장을 함으로써 자기 잘못을 상쇄해야 한다.

비방에 대처하는 또 하나의 방법은 자기 잘못이 실수나 불운, 어쩔 수 없는 사정 때문에 저질러졌다고 주장하는 것이다. 예컨대, 소포클레스[382]

---

381 "이피크라테스"(기원전 418년경-353년경)는 고대 그리스 아테나이의 유명한 장군이다. "나우시크라테스"는 고대 그리스의 유명한 수사학자이자 대중 연설가였으며 아테나이에 수사학 학교를 세워 제자들을 양성했던 이소크라테스(기원전 436-338년)의 제자다.

382 "소포클레스"(기원전 496-406년)는 고대 그리스의 3대 비극시인 중 한 사람이다. 123편의 작품을 썼고, 비극 경연대회에서 18회나 우승했다. 대표작으로는 『아이아스』, 『안티고

는 고발인의 주장과는 달리 자기는 연로하게 보이려는 게 아니라 어쩔 수 없이 몸을 떠는 것이라고 항변하고서, 자기가 80살이 된 것은 자기 의지 때문이 아니라고 말한 것이 그렇다.

또한 자신의 의도나 동기를 거론함으로써 자기 잘못을 상쇄할 수 있다. 즉, 자기는 의도적으로 피해를 주려 한 것이 아니었는데 어쩌다 보니 그렇게 되었다거나, 자기는 고발인이 말한 일을 하지 않았고 그 피해는 우연히 발생했다고 주장하는 것이다. 예컨대, "내가 의도적으로 그 일을 해서 피해를 주었다면 당신이 나를 미워하는 것이 마땅하겠지만, 실제로는 그런 것이 아니었습니다"라고 말하는 것이다.

비방에 대처하는 다른 방법은 고발인이나 가까운 사람이 지금이나 과거에 비슷한 비방에 휘말린 적이 있거나, 비슷한 비방을 받을 만한 일을 하고 다녔지만 그런 짓을 저지르지 않았음이 밝혀졌다면, 그런 사례를 제시하는 것이다. 예컨대, "옷을 잘 입고 다닌다고 다 제비족이라면, 누구누구도 틀림없겠군"이라고 말하는 것이다.

또 하나의 방법은 어떤 사람이 고발인이나 다른 사람에게 비슷한 죄목으로 고발당하거나 의심을 받았지만, 나중에 결백하다는 것이 밝혀졌다면 그 사례를 제시하는 것이다. 또 다른 방법은 고발인을 맞고발하는 것이다. 고발인 자체가 신뢰할 만한 사람이 아닌데, 그런 말을 믿는 게 불합리하기 때문이다.

비방에 대처하는 또 하나의 방법은 기존 판결을 제시하는 것이다. 예컨대, 에우리피데스가 휘기아이논을 상대로 보상 소송을 제기했다.[383] 그러

네』 등이 있다.

383 "에우리피데스"(기원전 484년경-406년경)는 고대 그리스의 3대 비극시인 중 한 사람이다. 휘기아이논에 대해서는 알려진 것이 없다. 고대 아테나이에서 부유한 사람들은 연극의 합창대를 꾸릴 때나 해운의 삼단노선에 장착할 장비를 마련할 때, 국가에서 축전 행사를 할 때 비용을 낼 의무가 있었는데, 이것은 "공적 봉사"('레이투르기아', λειτουργία)라고 했다. 이때 공적 봉사 명령을 받은 사람은 자기보다 더 부유한 사람이 그 봉사 의무를 이행하도록 소송을 제기할 수 있었는데, 여기에 언급된 "보상 소송"은 그런 소송을 말한

자 휘기아이논은 에우리피데스가 "내 혀는 맹세했을지라도, 내 마음은 맹세하지 않았소"라는 시구를 써서 대중에게 거짓 맹세를 조장했다고 주장하면서 그를 불경죄로 고발했다.[384] 이때 에우리피데스는 디오니소스 축제에서 이미 검증된 것을 휘기아이논이 법정으로 가져와 다투겠다는 것은 잘못이라고 반박하고, 자신은 축제에서 그 시구에 대해 이미 해명했고, 그런데도 휘기아이논이 그 축제에서 다시 자기를 고발한다면, 자기는 얼마든지 또다시 해명하겠다고 말했다.

비방에 대처하는 또 다른 방법은 비방 자체를 고발하는 것이다. 즉, 거짓 비방은 사실을 호도하여 신뢰하지 못하게 해 잘못된 판결이 나오게 하기 때문에 그 폐해가 심각함을 강조한다.

비방과 관련해서 고발인이나 변호인 모두에게 공통적인 방법은 정황증거를 제시하는 것이다. 예컨대, 『테우크로스』에서 오디세우스는 테우크로스의 어머니인 헤시오네가 프리아모스의 여동생이기 때문에, 테우크로스는 프리아모스의 친척이라고 말했다. 그러자 테우크로스는 자기 아버지 텔라몬은 프리아모스의 적이었다고 항변하면서, 자기는 그리스군이 트로이로 보낸 첩보원을 폭로하지 않았다고 주장했다.[385]

또 하나의 방법은 고발인과 관련해 별로 중요하지 않은 것을 장황하게

다. 즉, 전자는 후자에게 그 공적 봉사를 자기 대신 이행하라고 청구할 수도 있었고, 자기가 낸 비용을 청구할 수도 있었는데, 여기에서 "보상 소송"은 후자를 가리킨다.

384 에우리피데스의 『히폴리토스』 612행에 나오는 말이다. 휘기아이논은 이 말을 인용해서 에우리피데스는 사람들에게 거짓 맹세를 하라고 부추김으로써 불경죄를 저지른 인물인데 그의 말을 어떻게 믿겠느냐고 고발한다. 맹세는 신들에게 하는 것이었기 때문에, 위증죄가 아니라 불경죄로 다스려졌다. 이런 주장에 대해 에우리피데스는 『히폴리토스』는 기원전 428년에 술의 신 디오니소스 극장에서 열린 비극 경연대회에서 이미 우승한 작품이기 때문에 이미 검증을 마친 것이라고 반박한다.

385 『테우크로스』는 소포클레스의 작품이다. 주인공 "테우크로스"는 오디세우스와 마찬가지로 트로이 전쟁 중에 그리스군이 트로이 진영을 염탐하기 위해 트로이 목마에 숨겨서 보낸 40인의 첩보원 중 한 사람이었는데, 오디세우스는 그가 적과 내통했다고 고발했다. 테우크로스의 어머니 "헤시오네"는 트로이 왕 프리아모스의 누이였지만, 아버지인 "텔라몬"은 트로이 전쟁 전에 트로이 왕 라오메돈을 죽였다.

칭찬하고 나서 중요한 것 하나를 짤막하게 비난하거나, 고발인의 좋은 점을 많이 말하고 나서 사건과 관련해서 한 가지 나쁜 점을 비난하는 것이다. 이것은 가장 교묘하면서도 가장 불의한 방법이다. 고발인의 좋은 점을 나쁜 점과 뒤섞어서 좋은 점을 이용하여 고발인에게 타격을 주려 하기 때문이다.

사람이 같은 일을 했더라도 그 동기는 여럿이기 때문에, 동일한 일이라고 해도 고발에 사용될 수도 있고 변호에 사용될 수도 있다. 즉, 고발인은 그 동기 중 더 나쁜 쪽을 선택해서 같은 일을 더 나쁜 쪽으로 해석해 고발하지만, 변호인은 그 동기 중 더 좋은 쪽을 선택해서 같은 일을 더 좋은 쪽으로 해석해 변호한다. 디오메데스가 오디세우스를 자신과 함께 갈 사람으로 선택한 일을 예로 들어보자.[386] 이 경우에 디오메데스가 오디세우스를 가장 훌륭한 인물로 생각해서 그를 선택했다고 주장할 수도 있고, 디오메데스는 오디세우스가 자기보다 못한 사람이어서 자신의 경쟁 상대가 될 수 없는 유일한 인물이라고 생각해서 그를 선택한 것이라고 주장할 수도 있다.

---

386 "디오메데스"는 트로이 전쟁에서 아테나 여신의 도움으로 혁혁한 공을 세운 장군이다.

제16장

설명

비방에 대해서는 이 정도로 살펴보고, 이제 설명에 대해 보기로 하자. 선전을 위한 연설에서 설명은 체계적이지 않고 단편적으로 이루어진다. 연설의 토대를 이루는 특정 인물의 행적은 연설 전체에 걸쳐 산발적으로 언급된다.[387]

연설은 기술적이지 않은 부분과 기술적인 부분이 결합되어 이루어진다. 전자는 행적 자체를 가리킨다. 행적은 연설가가 만들어내는 것이 아니기 때문에, 연설가의 기술에 좌우되지 않는다. 후자는 그 행적이 사실임을 청중이 믿게 하거나, 어떤 성격 또는 의미를 지니는지를 드러내거나, 얼마나 중요한지를 보여주거나, 혹은 이 세 가지 모두를 하는 것인데 이것은 연설가의 기술에 속한 부분이다.

연설가는 자기가 칭송하거나 비난하려는 사람의 모든 행적을 체계적으로 설명해서는 안 된다. 그런 식으로 모든 행적을 한꺼번에 체계적으로 다 보여주면서 무엇인가를 증명하려고 하면, 청중이 그것을 기억하기 어렵기 때문이다. 따라서 여기서는 그 행적 중에서 무엇을 보여주면서 그에게 용기 있음을 증명하거나, 저기서는 다른 것을 보여주면서 그의 지혜와 정의로움을 증명해야 한다. 이렇게 행적 중에 일정 부분을 제시하면서 증명하는 방법은 비교적 간단하지만, 모든 행적을 한꺼번에 제시해서 뭔가

387 "설명"으로 번역한 '디에게시스'(διήγησις)는 어떤 것을 자세하게 설명하는 것을 의미한다. 법정 변론에서는 "진술"이라고 한다. 선전을 위한 연설은 특정 인물의 행적을 찬양하거나 비난하는 연설이므로, 그 인물의 행적을 여러 번에 나누어 언급할 때 그 행적에 대한 설명도 함께 이루어진다. 따라서 설명도 체계적인 것이 아니라 그때그때 업적을 언급할 때마다 단편적으로 이루어질 수밖에 없다.

를 증명하는 일은 간단하지 않고 복잡하다.

널리 알려진 일은 단지 상기시켜 주기만 하면 된다. 대다수 사람에게는 그런 일은 전혀 설명할 필요가 없다. 예컨대, 아킬레우스를 칭송하려면, 그의 행적은 모든 사람이 다 알고 있기 때문에 그냥 활용하기만 하면 된다. 반면에, 크리티아스[388]를 칭송하려면 그의 행적을 설명해야 한다. 오늘날 많은 사람이 그의 행적을 모르기 때문이다.[389]

오늘날 수사학자들은 신속하게 설명을 끝내야 한다고 말하지만, 그런 말은 터무니없다. 제빵사가 어떤 사람에게 "빵 반죽을 되게 할까요, 묽게 할까요?"라고 물었더니, 그 사람이 제빵사에게 "어떻게 하든 제대로 하면 되지 않겠습니까?"라고 대답했다고 한다. 그 말은 이 경우에도 그대로 적용된다.

도입부가 장황해서는 안 되고 증명도 장황해서는 안 되는 것과 마찬가지로, 설명도 장황해서는 안 된다. 여기서 "제대로 한다"는 것은 신속함이나 간결함에 있지 않고 적절함에 있다. 따라서 고발인의 설명에서 적절함이란 어떤 일의 진상을 분명하게 드러나게 하거나, 사람들에게 그 일이 실제로 일어났고 피해나 범죄가 존재하며 연설가가 원하는 만큼 중요한 일임을 믿게 할 정도로 설명하는 것이다. 반면에, 변호하는 경우에는 그 반대로 설명해야 한다.

아울러 자신의 미덕에 속한 모든 것(예컨대, "나는 그 사람에게 항상 바르게 살고 자녀들을 버리지 말라고 충고했습니다")이나 상대방의 악덕에 속한 모든 것(예컨대, 헤로도토스가 고국을 버리고 도망친 이집트인들이 왕에게 대답했다고 한 말처럼, "그 사람은 자기가 어디에 있든 자기는 거기에서 다른 자녀를

388 "아킬레우스"는 바다의 여신 테티스와 프티아의 왕 펠레우스의 아들로 트로이 전쟁을 승리로 이끈 그리스의 가장 위대한 영웅이다. "크리티아스"는 플라톤의 어머니의 조카이자 솔론의 먼 친척으로 30인 참주 중 한 사람이었다.

389 이 대목에서 본문의 일부가 없어진 것으로 보인다.

갖게 되리라고 내게 대답했습니다"[390]라고 말하는 것), 그리고 재판관이 좋아할 만한 모든 것을 설명해야 한다.

변호는 고발할 때보다 설명이 더 짧아야 한다. 변호인은 그런 일은 없었다거나, 그런 일이 일어났어도 피해나 범죄는 없었다거나, 있더라도 그 피해나 범죄는 중대하지 않다고 반박하면 된다. 예컨대 그런 일이 일어나긴 했지만 범죄는 아니었음을 증명하는 데 도움이 되지 않는다면 시간을 허비할 이유가 없다.

또한 과거 일이라고 해도 지금 얘기하면 사람들의 연민이나 분노를 불러일으킬 수 있는 것도 말해야 한다. 오디세우스는 자신이 겪은 이야기를 알키노오스에게는 장황하게 들려주지만 페넬로페에게는 60행으로 압축해서 들려주고,[391] 파일로스가 트로이 전쟁에 대한 일련의 이야기와 『오이네우스』 서막을 압축한 것이 그 좋은 예다.[392]

설명으로는 성격을 표현해야 한다. 그런데 그런 설명을 하려면 어떤 것이 성격을 만들어내는지를 먼저 알아야 한다. 그중 하나는 어떤 선택을 하는지를 분명히 보여주는 것이다. 성격은 선택으로 결정되고, 선택은 목적으로 결정되기 때문이다. 수학 논증에 그 어떤 성격도 없는 이유가 여기 있다. 여기에는 동기나 의도라는 것이 없어서 선택도 존재하지 않기

---

390 헤로도토스의 『역사』 제2권 30장에 나오는 말이다. 24만 명의 이집트 군인들이 반란을 일으켜 에티오피아인과 합류했다. 이집트 왕 프사메티코스가 가족 신들과 아내들과 자녀들을 버려서는 안 된다고 그들을 회유하자, 그중 한 군인이 자신의 성기를 가리키면서 "내게는 이것이 있으니, 어디서든 아내들과 자녀들을 갖게 될 것입니다"라고 말했다.

391 "알키노오스"는 스케리아 섬에 사는 파이아케스인의 왕이다. 이 섬은 오디세우스가 트로이를 떠나 귀향길에 오른 후 10년간의 모험에서 마지막 기착지였다. 거기에서 오디세우스는 자신이 그동안 겪은 일을 알키노오스에게 자세하게 들려주는데, 이 이야기는 호메로스의 『오디세이아』 제9-12권에 나온다. 후대에 "알키노오스 이야기"는 장황한 이야기를 가리키는 속담이 되었다. 오디세우스가 귀향해서 아내 "페넬로페"에게 들려준 압축된 이야기는 『오디세이아』 제23권 264-284, 310-343행에 나온다. 정확히는 60행이 아니라 55행이다.

392 "파일로스"에 대해서는 알려진 것이 없다. 『오이네우스』는 고대 그리스 3대 비극시인 중 한 사람인 에우리피데스의 작품이지만, 지금은 단편으로만 남아 있다.

때문이다. 반면에 소크라테스가 했던 말 속에는 선택이 존재하기 때문에 성격도 존재한다.

성격을 드러내는 다른 요소로는 각각의 성격에 따르는 특성이 있다. 예컨대, 어떤 사람이 말을 하면서 걸어갔다고 하자. 이것은 그의 성격이 오만방자하고 거칠며 상스러움을 드러낸다.

또한 오늘날 연설가들처럼 계산된 사고를 따라 말해서는 안 되고, 자신의 선택에 따라 말하는 것처럼 믿게 해야 한다. 예컨대, "나는 이것을 원했고, 그래서 이것을 선택했습니다. 이 선택이 내게 아무 이익도 가져다주지 않는다고 해도, 이것이 저것보다 더 훌륭한 일이기 때문입니다." 이 말은 저것은 현명한 사람들이 선택하는 것이고, 이것은 훌륭한 사람들이 선택하는 것임을 보여준다. 현명한 사람은 이득이 되는 것을 선택하고, 훌륭한 사람은 미덕을 선택하기 때문이다.

우리가 그런 의도로 훌륭한 쪽을 선택했음을 청중이 믿으려 하지 않는다면 그렇게 선택한 이유를 덧붙여야 한다. 소포클레스가 『안티고네』에서 보여준 것이 그 좋은 예다. 거기에서 안티고네는 남편이나 자녀들보다 자기 오빠가 더 걱정이라고 말하면서, 남편이나 자녀들은 죽더라도 또다시 얻을 수 있지만, "내 어머니와 아버지가 저승에 계셔서, 오빠는 다시 얻을 수 없기 때문입니다"[393]라는 말을 덧붙인다.

그 이유를 제시할 수 없더라도, 이것이 믿을 수 없는 말임을 우리도 알고 있다고 밝히고, 그럼에도 우리가 천성적으로 그런 사람이라고 보여주어야 한다. 자기에게 이득이 되지도 않는 일을 할 사람이 있음을 아무도 믿지 않을 것이기 때문이다.

감정을 자극하는 말도 설명에 포함해야 한다. 자신이나 상대방과 관련된 어떤 특징을 말할 때 사람들이 어떤 감정 반응을 보일 것인지를 미리

---

393 『안티고네』 911-912행에 나오는 말이다. "소포클레스"는 고대 그리스의 3대 비극시인 중 한 사람이고, 『안티고네』는 그의 대표작 중 하나다.

예상하고, 그런 특징을 진술해야 한다. 예컨대, "그는 나를 노려보며 떠나
1417b1 갔습니다"라고 하거나, 아이스키네스[394]가 크라틸로스에 대해 "그는 씩씩거리며 두 주먹을 휘둘러댔다"라고 말한 것이 그런 것이다.

이런 것은 설득력이 있다. 청중은 자신이 아는 것을 징표로 삼아 자신이 모르는 것을 알게 되기 때문이다. 이런 예들은 호메로스의 글에 많이 나온다. "그녀가 그렇게 말하자, 노파는 자신의 두 손으로 얼굴을 감싸고서…."[395] 여기서는 두 손으로 눈을 가리는 것이 울기 시작했음을 보여주는 징표가 된다.

우리는 청중에게 자신과 상대방이 어떤 성격을 지녔는지를 곧바로 알게 해, 청중이 우리와 상대방을 그런 사람이라는 전제 아래서 보게 해야 한다. 하지만 청중이 눈치 채지 못하도록 은밀하게 해야 한다. 우리가 아무리 은밀하게 하더라도, 청중이 우리와 상대방의 성격을 금방 알아본다는 것은 소식을 전하러 온 전령을 생각해보면 쉽게 알 수 있다. 전령이 무슨 소식을 전할지를 알기 전이라도, 우리는 그의 거동을 보고 어떤 내용일지를 대충 짐작할 수 있기 때문이다. 설명은 연설하는 도처에서 행해야 하지만, 도입부에서 해서는 안 될 때가 종종 있다.

조언을 위한 연설에서는 별로 설명이 사용되지 않는다. 장래 일에 관해서는 설명할 것이 없기 때문이다. 설령 연설에서 설명이 사용되더라도, 연설가가 미래 일을 권유하든 만류하든, 청중에게 미래 일에 관해 더 나은 판단을 할 수 있도록 과거 일을 상기시키며 비판하거나 칭찬하는 것일 수밖에 없다. 하지만 그것은 조언을 위한 연설의 본래 기능은 아니다.

---

394 "아이스키네스"는 기원전 4세기에 아테나이에서 법정 변론을 가르치고 그런 연설문을 쓴 사람이다. 그는 소크라테스의 열렬한 추종자로 소크라테스의 임종을 지킨 인물이기도 하다. 소크라테스의 대화록을 쓰기도 했지만, 지금은 단편으로 남아 있다. "크라틸로스"에 대해서는 알려진 것이 거의 없지만, 플라톤은 『크라틸로스』라는 글을 썼다. 플라톤은 소크라테스가 죽은 후에 크라틸로스를 알게 된 것으로 보인다.

395 호메로스의 『오디세이아』 제19권 361행에 나오는 말이다.

청중이 설명을 믿지 못하겠다는 반응을 보인다면 연설가는 즉시 그 근거를 제시하겠다고 약속하면서 동시에 실제로 청중이 원하는 것을 충족시켜야 한다. 예컨대, 카르키노스의 『오이디푸스』에서 이오카스테는 자기 아들을 찾는 사람들이 질문할 때마다 그런 약속을 하고,[396] 그것은 소포클레스의 『안티고네』에서 하이몬도 마찬가지다.[397]

---

396 "카르키노스"는 기원전 4세기에 아테나이에서 활동한 비극시인으로 160편의 희곡을 썼다고 한다. "이오카스테"는 오이디푸스의 어머니이다. 그녀는 자기 태중에 있는 아이가 나중에 아버지를 죽이고 어머니와 살을 섞을 것이라는 신탁을 받고, 태어난 아들을 산속에 버린다. 하지만 이 신탁은 나중에 그대로 실현되어서, 오이디푸스는 아버지를 죽이고 어머니인 이오카스테와 결혼해 2남 2녀를 낳는다.

397 "안티고네"는 테바이 왕 오이디푸스와 이오카스테 사이에서 태어난 딸이다. 그녀의 두 오빠가 전쟁에서 죽자 섭정왕이었던 크레온이 그중 한 오빠의 시신을 매장하는 것을 금지했음에도, 그녀는 그 오빠의 시신을 묻어주었다는 이유로 사형을 당한다. 여기에서 "하이몬"은 부왕 크레온에게 왜 자기가 부왕에게 안티고네를 사형시킨 이유를 물어야 했는지를 설명하면서, 다른 사람이 거기에 대해 말이 많아 해명이 되어야 하기 때문이라고 그 이유를 말한다. 이 대목은 『안티고네』 683-723행에 나온다.

제17장
증명과 반박

증거는 어떤 것을 증명할 수 있어야 한다.[398] 다툼은 네 가지 쟁점과 관련되는데, 증거는 바로 그 쟁점을 증명해야 한다. 예컨대, 어떤 일이 일어났느냐가 쟁점이라면, 당사자는 재판에서 그 쟁점을 증명하기 위해 주력해야 한다. 그 일이 일어나긴 했지만 피해가 발생했는지가 쟁점이라면, 또는 그 일이 일어났고 피해도 발생했지만 그 피해가 상대방의 주장처럼 중대하지 않다거나 정당한 행위였음이 쟁점이라면, 이것을 증명해야 한다.

하지만 어떤 일이 일어났느냐와 관련된 쟁점에서는 당사자 중 어느 한쪽이 잘못으로 결정됨을 명심해야 한다. 정당한 행위였는지와 관련해서는 "몰랐다"는 것이 이유가 될 수 있지만, 어떤 일이 일어났느냐와 관련된 쟁점에서는 "몰랐다"는 것이 무죄의 근거가 될 수 없다. 따라서 당사자는 바로 이 부분을 증명하는 데 주력해야 한다.

선전을 위한 연설에서 어떤 행위가 훌륭하고 유익함을 설득하는 데 주로 사용하는 것은 확대[399]이다. 사실을 제시할 때만 청중은 믿기 때문이다.

---

398 여기에서 "증거"로 번역한 '피스티스'(πίστις)는 청중에게 확신과 믿음을 주는 것을 가리킨다. 앞에서 "증거"는 어떤 사실이나 진실을 필연적으로 드러내는 증표라고 정의한 바 있지만, 그때 "증거"로 번역된 단어는 '테크메리아'(τεκμήρια)이다. 변증학은 절대적인 참과 거짓을 다루는 반면에, 수사학은 개연적인 참과 거짓을 다루기 때문에, 변증학에서는 특정 문제를 절대적으로 결정하는 '테크메리아'를 사용하지만, 수사학에서는 개연성을 드러낸다는 의미에서 '피스티스'라고 말한다. 따라서 이 장에서 번역자는 '피스티스'를 번역할 다른 역어가 마땅하지 않아 "증거"로 번역하고 있음을 유의해야 한다. 이것은 "증명하다"에 대해서도 마찬가지다. 변증학과는 달리 수사학에서 '증명하는' 일은 개연성을 증명하는 것일 뿐이고, 절대적인 참이나 거짓을 증명하는 것은 아니다.

399 "확대"는 이미 밝혀진 어떤 것의 중요성을 더 확대해 부각하고 강조하는 것을 의미한다. 그 반대인 "축소"는 어떤 것의 중요성을 더 축소해서 별 것 아닌 것으로 만드는 일이다.

오직 청중이 그 사실을 믿으려고 하지 않거나, 그것이 연설가가 칭송하려는 사람이 아닌 다른 사람의 공적이라는 반론이 제기되는 경우에만, 연설가는 아주 드물게 증명을 사용한다. 반면, 조언을 위한 연설에서는 어떤 것이 사실이 아니라거나, 그것이 사실이라고 해도 상대방 주장처럼 그렇게 정의롭거나 이롭거나 중요하지 않다고 다툴 수 있다.

연설가는 쟁점 아닌 것과 관련해서도 상대방이 거짓 주장을 하지는 않는지 예의주시해야 한다. 쟁점이 아닌 것과 관련해서 상대방이 거짓 주장을 한다면, 그것은 핵심 사항과 관련해서도 거짓을 말하고 있음을 보여주는 증거[400]가 될 수 있다.

예증은 조언을 위한 연설에 더 적합하고, 생략삼단논법은 법정 변론에 더 적합하다. 조언을 위한 연설은 장래 일을 다루는 까닭에, 과거에 일어난 일에서 사례를 가져와 설득할 수밖에 없다. 반면에, 법정 변론은 어떤 사실이 존재하느냐 존재하지 않느냐를 다투는데, 과거에 어떤 일이 발생했는지를 다툴 때는 필연성이 있어야 하는 까닭에, 거기에서는 증명과 필연성이 중시되기 때문이다.

여러 생략삼단논법을 줄줄이 붙여 사용해서는 안 되고, 중간중간에 다른 내용이 오게 하여 간격을 두고 사용해야 한다. 그렇게 하지 않으면 서로를 크게 다치게 할 수 있다. 또한 한 연설에서 사용하는 횟수에도 제한을 두어야 한다. 이것이 호메로스가 "이보시오, 당신은 지혜로운 사람처럼 해야 할 말만 했소"[401]라고 말한 이유다. 즉, 지혜로운 사람은 말을 잘 하는 사람이 아니라 해야 할 말만 하는 사람이라는 것이다.

모든 것을 생략삼단논법으로 증명하려 해서는 안 된다. 만약 그렇게 한

"선전을 위한 연설"은 특정 인물을 칭송하는 것이 그 목적이기 때문에, 그 사람의 행적이나 업적을 집중 부각시켜서 확대해야 함이 당연하다.

400 여기에서 "증거"로 번역한 것은 '피스티스'가 아니라, 앞에서 말한 대로 절대적으로 확실한 증거를 의미하는 '테크메리아'이다.

401 호메로스의 『오디세이아』 제4권 204행에 나오는 말이다.

다면, 사람들이 이미 알고 있는 것이 훨씬 더 설득력 있는데도, 그런 것을 전제로 설득력 떨어지는 결론을 내는 저 일부 철학자들처럼 어리석은 짓을 하게 될 것이다.

청중에게서 어떤 감정을 이끌어내려면 생략삼단논법을 사용해서는 안 된다. 그런 의도로 생략삼단논법을 사용한다면, 감정과 생략삼단논법이 상충해서 서로를 밀어내거나 약화시킴으로써, 감정이 제거되거나 생략삼단논법이 쓸데없게 되기 때문이다.

어떤 말로 성격을 표현하려 할 때도 생략삼단논법을 동시에 사용해서는 안 된다. 증명으로는 성격이나 의도를 표현할 수 없기 때문이다. 그런 때는 설명을 하든 증명을 하든 금언을 사용해야 한다. 금언은 성격을 표현하기 때문이다. 예컨대, "아무도 믿어서는 안 된다는 것을 알면서도, 그것을 주었습니다"라고 말하는 경우다. 또한 청중의 감정에 호소하려고 이렇게 말하는 것도 좋은 예다. "내가 피해를 입었지만 후회는 없습니다. 그에게는 이득이 돌아갔고 내게는 정의가 돌아왔으니까요."

당연한 말이긴 하지만, 조언을 위한 연설은 법정 변론보다 더 어렵다. 전자는 장래 일을 다루는 반면에, 후자는 과거 일을 다루기 때문이다. 크레테의 에피메니데스의 말마따나,[402] 과거에 일어난 일은 점쟁이들도 다 안다. 에피메니데스는 장래 일이 아니라, 과거에 일어났지만 사람들이 알지 못하는 일을 예언한 인물이었다. 게다가 법정 변론에서는 법률이 전제로 주어져 있다. 그리고 전제가 이미 주어져 있으면, 그 전제를 출발점으로 삼아 증명하는 것은 쉽다.

또한 조언을 위한 연설에서는 연설가가 본론에서 벗어나 상대방이나 자기 자신에 대해 말하거나 청중에게서 어떤 감정을 이끌어내는 말을 할

---

402 "에피메니데스"는 기원전 7세기 말에 활동한 크레테의 예언가였다. 크레테의 한 동굴에서 57년 동안 잠들어 있다가 깨어나 보니 예언의 능력이 주어져 있었다고 한다. 플루타르코스는 그가 제사와 장례를 개혁함으로써 솔론의 개혁에 큰 도움을 주었다고 말한다.

기회가 별로 주어지지 않기 때문에, 아예 작정하고 청중의 주의를 다른 곳으로 돌려놓으려는 것이 아니라면, 그럴 기회가 거의 없다. 따라서 마땅히 할 말이 없거나 무슨 말을 해야 할지 몰라 당황스럽다면, 아테나이의 연설가들, 특히 이소크라테스가 사용하는 방법을 사용해야 한다. 그는 조언을 위한 연설을 하는 도중에 느닷없이 누군가를 고발하는 말을 하기 때문이다. 예컨대, 제전과 관련한 연설에서 그는 스파르테인을 고발하고, 동맹과 관련한 연설에서는 카레스를 고발한다.[403]

선전을 위한 연설에서는 칭송할 만한 일화를 사용해서 연설을 다채롭게 만들어야 한다. 예컨대, 이소크라테스는 언제나 그런 일화를 자신의 연설에 끌어들인다. 또한 고르기아스[404]가 자기에게서 할 말이 떨어지는 때는 없다고 말한 것도 그런 의미다. 그는 아킬레우스에 관해 말할 때는 펠레우스를 칭송하고 그런 후에 아이아코스를 칭송하며 그 뒤에는 제우스를 칭송하고, 용기에 관해 말할 때는 용기가 어떤 일을 해낼 수 있는지와 용기의 특징을 보여주는 일화를 열거한다.

뭔가를 증명하는 연설은 성격을 드러내는 동시에 증명하는 것이 되어야 하고, 생략삼단논법을 사용할 필요가 없는 연설은 성격을 드러내는 것이어야 한다. 훌륭한 사람이 연설하는 경우에는 정확하고 치밀한 논증보다는 자신이 훌륭하고 괜찮은 사람임을 보여주는 것이 더 적절하다.

반박을 위한 생략삼단논법이 증명을 위한 생략삼단논법보다 더 좋은 평가를 얻는다. 서로 반대되는 것을 나란히 배치했을 때 상반성이 더 분명하게 드러나므로, 반박을 위한 논증에서는 그 결론이 더 분명해지기 때

---

403 "이소크라테스"(기원전 436-338년)는 고대 그리스 아테나이에서 활동한 유명한 수사학자이자 대중 연설가다. "카레스"는 기원전 4세기에 활동한 아테나이의 장군으로 여러 해 아테나이 군대의 핵심 지휘관이었다. 첫 번째의 것은 그의 『제전 연설』 110-114행에 나오고, 두 번째의 것은 그의 『평화론』 27행에 나온다.

404 "고르기아스"(기원전 483년경-376년)는 고대 그리스 아테나이에서 활동한 대표적인 소피스트다. "펠레우스"는 아킬레우스의 아버지이고, "아이아코스"는 펠레우스의 아버지이며, 제우스는 "아이아코스"의 아버지이다.

문이다.

상대방에 대한 반박이라고 해서 다른 종류의 증명 방식인 것은 아니다. 하지만 상대방이 제시한 증거 중에서 어떤 것은 반론을 통해 반박할 수 있고, 어떤 것은 논증으로 반박할 수 있다.[405]

조언을 위한 연설이든 법정 변론이든 먼저 발언하는 연설가는 자신이 준비한 증거를 제시하고 난 후에 상대방이 제시할 것으로 예상되는 증거를 내놓고 반박하거나, 논증을 통해 반박해야 한다. 하지만 상대방이 제시할 증거가 많다고 예상한다면, 칼리스트라토스가 메세네인 민회에서 그랬듯이,[406] 상대방이 제시할 것으로 예상되는 증거를 먼저 다룬 후에 자신이 준비한 증거를 제시해야 한다.

반면에, 나중에 발언하는 연설가는 먼저 반론과 논증으로 상대방이 제시한 증거들을 반박하고 난 후에 자신이 준비한 증거를 제시해야 한다. 특히 상대방의 연설이 좋은 반응을 얻었다면 더욱 그렇다. 어떤 사람에 대해 이미 나쁜 편견이 생겼을 때 우리는 그를 받아들이려고 하지 않는데, 이것은 연설에서도 마찬가지여서, 청중은 먼저 발언한 연설가의 연설이 좋았다고 여기면 그다음 연설을 받아들이려고 하지 않기 때문이다.

따라서 나중에 발언하는 연설가는 청중의 마음속에 이제부터 자기가 하게 될 연설이 들어갈 공간을 만들어야 하고, 그렇게 하려면 먼저 발언한 연설가가 청중의 마음속에 새겨 넣은 것을 분쇄해야 한다. 그러므로 상대방이 제시한 증거와 논증 전체, 그중에서 가장 중요한 것이나 가장 좋은 평가를 얻은 것, 쉽게 반박할 수 있는 것과 맞붙어 싸워 분쇄한 후에

---

405 여기에 언급된 "증거"는 '피스티스', 즉 개연적으로만 참이거나 거짓인 것이기 때문에 반박이 가능하다. 반박은 그 개연성에 해당하지 않는 반증을 제시하는 "반론"을 통해서 반박할 수도 있고, 독자적인 "논증"을 통해 반대되는 결론을 이끌어냄으로써 반박할 수도 있다.

406 "칼리스트라토스"는 기원전 4세기에 활동한 아테나이의 대중 연설가이자 장군이다. "메세네"는 펠로폰네소스 반도 서남부에 있는 지방이다. 이것은 기원전 362년에 메세네에 특사로 파견되어 민회 앞에서 행한 연설을 가리키는 것으로 보인다.

자신이 준비한 증거를 제시해야 한다. 이것이 헤카베가 "먼저 나는 헤라 여신이 ……라고 생각하지 않기 때문에, 여신들 편에 서서 함께 싸우고자 합니다"[407]라고 말함으로써, 상대방과 관련해서 쉽게 반박할 수 있는 것을 먼저 물고 늘어진 이유다. 증거에 관해서는 이 정도로 해두자.

성격과 관련해서는 자신에 관한 것을 스스로 말하면 시기를 불러일으키거나 장황해지거나 앞뒤가 맞지 않을 수 있고, 다른 사람에 관한 것을 말하면 무례하거나 상스럽고 천박하다는 인상을 줄 수 있기 때문에 이소크라테스가 『필리포스』와 『보상』에서 그랬듯이,[408] 제3자의 입을 빌려 말해야 한다.

아르킬로코스도 비난할 때 그런 방법을 사용한다. 즉, 그는 한 단장격 시구에서 아버지의 입을 빌려 딸에 대해 "세상에 맹세로 불가능하다고 단언할 만한 것은 아무것도 없다"[409]라고 말한다. 또한 한 단장격 시의 첫머리에서는 목수 카론의 입을 빌려 "귀게스의 재산은 내 관심사가 아닙니다"라고 말한다.[410] 소포클레스의 『안티고네』에서도 하이몬은 마치 다

---

407 에우리피데스의 『트로이 여인들』 969, 971행에 나오는 말이다. "헤카베"는 트로이 전쟁에 나선 트로이의 왕 프리아모스의 왕비다. 이것은 헬레네가 남편이자 스파르테의 왕인 멜라네오스 앞에서 구구절절이 변명을 늘어놓자, 헤카베는 그녀의 말을 반박하면서 멜라네오스에게 그녀를 죽이라고 조언하는 장면이다.

408 이소크라테스의 『필리포스』 4-7행과 『보상』 132-139, 141-149에 나온다.

409 아르킬로코스의 단편 74에 나오는 말이다. "아르킬로코스"(기원전 680년경-645년경)는 고대 그리스 아테나이에서 활동한 파로스 섬 출신의 서정시인이다. 아르킬로코스는 네오불레와 약혼했는데, 그녀의 아버지 리캄베스가 그 약혼을 깨자 부녀를 비난했고, 그의 비난은 이 부녀를 자살로 몰고갔다고 한다. 아르킬로코스는 자신의 시에서 리캄베스의 입을 빌려 아버지가 반대한다고 해서 네오불레가 자신과 결혼하지 못할 이유는 없다고 자신의 속내를 말한 것으로 해석된다.

410 "카론"에 대해서는 알려져 있는 것이 없다. "귀게스"(기원전 680년경-645년)는 리디아의 왕이다. 아르킬로코스가 쓴 시에 의하면, "귀게스"는 리디아 왕 칸다울레스의 호위대장이었다. 그런데 칸다울레스는 자신의 왕비가 세상에서 가장 아름답다고 생각해서, 귀게스에게 왕비의 벗은 몸을 보여주었다. 이 일로 분노한 왕비는 귀게스를 시켜 왕을 살해하게 했고, 귀게스는 리디아의 왕이 된다. 그 과정에서 귀게스는 엄청난 양의 황금을 뇌물로 주고, 자신이 왕이 될 것이라는 신탁을 산다.

른 사람의 말인 것처럼 위장해서 자기 아버지 앞에서 안티고네를 옹호한다.[411]

어떤 때는 생략삼단논법을 금언으로 바꾸어 표현해야 한다. 예컨대, 생략삼단논법을 사용하여 "현명한 사람은 잘나가는 때에 화해한다. 그것이 가장 큰 이득이기 때문이다"라고 표현한다면, 이를 금언으로 바꾸면 다음과 같다. "우리가 화해하면서 가장 큰 이득을 볼 수 있으려면, 잘나갈 때 그렇게 해야 한다."

411 "안티고네"는 테바이 왕 오이디푸스와 이오카스테 사이에서 태어난 딸인데, 섭정왕이었던 크레온이 전쟁에서 죽은 자신의 오빠의 시신을 매장하는 것을 금지했는데도 그 오빠의 시신을 묻어주었다는 이유로 사형을 당한다. 여기에서 "하이몬"은 다른 사람이 거기에 대해 말이 많아 해명이 되어야 하기 때문이라고 이유를 대면서, 부왕인 크레온 앞에서 안티고네를 옹호하는 발언을 한다. 이 대목은 『안티고네』 683-723행에 나온다.

제18장

질문

질문[412]을 사용하기 가장 좋은 때는 상대방이 한 어떤 말에 한 가지 질문만 더하면 그 말의 허구성이 그대로 드러나는 때다.

예컨대, 페리클레스가 람폰에게 구원의 여신[413]을 숭배하는 밀교의 입교 의식에 관해 물은 것이 그렇다. 그 질문에 입교하지 않은 사람은 그 의식에 관해 들을 수 없다고 람폰이 대답했다. 그러자 페리클레스는 그에게 그 의식을 아느냐고 물었다. 람폰이 안다고 대답하자, 페리클레스는 "당신은 입교하지 않은 사람인데 어떻게 그것을 알 수 있었습니까?"라고 질문했다.

두 번째로 좋은 때는 상대방의 두 전제 중 하나가 분명히 참일 때, 그에게 어떤 질문을 던지면 나머지 하나도 참이라고 인정할 수밖에 없는 때다. 예컨대, 멜레토스가 소크라테스는 정령에 관해 얘기한 적은 있지만, 신들의 존재를 믿는다고 말한 적은 없었다고 고발하자, 소크라테스가 그에게 정령들은 신들의 소생이나 신적인 존재가 아니냐고 질문한 것이 그렇다. 멜레토스가 "그렇다"고 대답하자, 소크라테스는 "신들의 소생이 존

---

412 "질문"으로 번역한 그리스어 '에로테시스'(ἐρώτησις)는 "질문하거나 심문하는 것"을 가리킨다. 아테나이 법정에서는 재판 과정에서 사건을 심리할 때 질문할 수 있는 기회를 고발인이나 피고발인 양쪽에 주었다. 이것은 주로 법정 변론에서 일어나기 때문에, "심문"이라고 번역할 수도 있지만, 앞에서도 '디에게시스'를 법정 용어로 많이 사용되는 "진술"이 아니라 "설명"으로 번역한 것처럼, 여기에서도 법정 용어인 "심문"이 아니라 "질문"으로 옮겼다.

413 "페리클레스"(기원전 495년경-429년)는 고대 그리스 아테나이 민주정의 전성기를 이끈 위대한 정치가다. "람폰"은 아리스토파네스의 『새들』 521행과 플루타르코스의 『페리클레스』 제6권에 언급된 예언자다. "구원의 여신"은 곡물과 수확과 다산의 여신 데메테르를 가리킨다.

재한다고 믿으면서도 신들은 존재하지 않는다고 생각하는 사람이 과연 있겠습니까?"라고 반박했다.[414]

세 번째는 상대방이 앞에서 한 말이나 사실과 모순되는 말을 했는데 질문으로 그것을 보여줄 수 있을 때다.

네 번째는 우리가 질문을 던지면 상대방은 똑 부러진 대답을 내놓을 수 없어 이럴 수도 있고 저럴 수도 있다는 대답밖에 할 수 없을 때다. 그런 경우 상대방은 "그렇기도 하고 그렇지 않기도 합니다"라거나, "어떤 것은 그러하고 어떤 것은 그렇지 않습니다"라거나, "어떤 점에서는 그러하고 어떤 점에서는 그렇지 않습니다"라고 답할 것이고, 청중은 상대방이 할 말이 없어 횡설수설한다고 생각하고 야유를 보낼 것이기 때문이다.

이 외에는 질문을 시도해서는 안 된다. 우리가 어떤 질문을 던졌는데, 상대방이 명쾌하게 답하면, 그 순간 청중은 우리가 졌다고 생각하기 때문이다. 청중에게는 우리가 던지는 많은 질문을 받아줄 여력이 없다. 생략삼단논법을 전개할 때도 될 수 있으면 짧게 해야 하는 이유가 여기 있다.

상대방의 질문에 대답할 때는, 모호한 질문이라면 그것이 어떤 의미인지를 명확히 한 후에 대답해야 하고, 그런 과정을 생략한 채 답해서는 안 된다. 우리를 자기모순에 빠지게 하려는 질문에는 답하는 과정에서 모순에 빠질 가능성을 제거해야 하고, 안전하지 않은 상태에서 상대방이 다음 질문을 하거나 결론을 이끌어내도록 두어서는 안 된다. 우리가 자기모순에 빠질 가능성이 여전히 있으면, 상대방이 그것을 이용해 어떤 논리를 펴게 될지 예견하기 어렵기 때문이다. 우리는 『명제론』에서 이 문제를 설명하고 그 해결책도 확실하게 제시한 바 있다.[415]

상대방의 질문에 대한 대답으로 우리 결론을 삼으려면 대답과 함께 그

---

414 플라톤의 『소크라테스의 변명』 17c에 나오는 말이다. "멜레토스"는 신들의 존재를 믿지 않는다는 죄목으로 소크라테스를 고발한 인물 중 한 사람이다.

415 『명제론』 제8권을 보라.

이유도 제시해야 한다. 예컨대, 페이산드로스가 소포클레스에게 물으면서 그도 10인 위원회의 다른 위원과 마찬가지로 400인 위원회를 설치하는 데 동의했느냐고 물은 것이 그런 경우다.[416] 소포클레스가 그렇다고 하자, 페이산드로스는 "뭐라구요, 당신은 그것이 나쁜 짓이라고 생각하지 않았다는 것입니까?"라고 말했고, 소포클레스는 자기도 그렇게 생각했다고 답했다. 페이산드로스가 또다시 "그렇다면 당신은 나쁜 짓인 것을 알면서도 그렇게 했다는 것입니까?"라고 질문하자, 소포클레스는 "그렇습니다, 더 좋은 대안이 없었기 때문입니다"라고 했다.

자신이 국정감독관[417]으로 있을 때 했던 일에 대해 심문을 받던 한 스파르테인은 다른 국정감독관이 사형에 처해진 것이 옳은 일이었다고 생각했는지 질문을 받자, 그렇다고 대답했다. 심문관이 "당신도 그들과 똑같이 그 법안들을 통과시키지 않았습니까?"라고 추궁하자, 그렇다고 대답했다. 심문관은 다시 "그렇다면 당신도 사형에 처해져야 하지 않겠습니까?"라고 질문했다. 그러자 그는 "그렇지 않습니다. 그들은 뇌물을 받고 그런 짓을 저질렀지만, 나는 스스로 옳다고 판단해서 그렇게 했기 때문입니다"라고 대답했다.

따라서 진실이 확실하게 우리 쪽에 유리한 경우가 아니라면, 결론을 제 1419b1
시한 다음에 질문을 해서도 안 되고, 질문의 형태로 결론을 제시해서도 안 된다.

농담과 관련해서는, 농담은 논쟁에서 어느 정도 유용하다고 생각하며,

---

416 "페이산드로스"에 관해서는 알려진 것이 없다. "소포클레스"는 고대 그리스 3대 비극시인 중 한 사람으로, 아테나이가 시칠리아 원정에서 참패한 후에 기원전 413년에 설치해서 국정을 주도하게 한 기구인 "10인 위원회"의 한 사람으로 임명되었다. "400인 위원회"는 기원전 411년에 아테나이 민주정을 대체한 과두정 체제를 말한다.

417 "국정감독관"으로 번역된 '에포르'(ἔφορ)는 고대 그리스 스파르테의 민회에서 매년 선출된 5명의 관리를 말하는데, 스파르테를 다스리는 두 명의 왕과 권력을 공유했고 재선은 금지되었다. 그들의 권한은 막강해서 플라톤은 스파르테를 다스리는 실질적인 통치자는 국정감독관이라는 독재자들이고, 두 왕은 그저 장군 정도에 불과하다고 할 정도였다.

고르기아스가 상대방의 진지한 말은 농담으로 무너뜨려야 하고 상대방의 농담은 진지한 말로 무너뜨려야 한다고 말한 것도 옳다.[418] 이것이 우리가 『시학』에서 농담의 종류를 살펴본 이유다.[419]

농담 중에는 자유민에게 어울리는 것도 있고 그렇지 않은 것도 있다. 따라서 각자에게 어울리는 것을 선택해서 사용해야 한다. 자유민에게는 익살보다는 반어법이 더 어울린다. 반어법으로 사람들의 웃음을 자아내는 것은 자신을 위한 것인 반면에, 익살을 부리는 것은 다른 사람을 위한 것이기 때문이다.

---

418 "고르기아스"는 기원전 5세기 말에서 4세기 초까지 고대 그리스 아테나이에서 활동한 대표적인 소피스트다.

419 이 내용은 현존하는 『시학』에 없기 때문에, 아마도 지금은 전해지지 않는 제2권에 나오는 것으로 보인다.

제19장

맺음말

맺음말은 네 가지 요소로 이루어진다. 청중이 우리에 대해 좋은 감정을 갖게 하고 상대방에게는 좋지 않은 감정을 갖게 하는 것, 우리에게 유리한 것을 확대시키고 불리한 것은 축소시키는 것, 청중의 감정을 우리가 의도한 상태로 만드는 것, 앞에서 우리가 말한 것을 환기시키는 것.

첫 번째로 언급한 것이 맺음말의 구성 요소가 되어야 하는 이유는 우리가 참되고 상대방이 거짓됨을 증명했다면, 그런 후에는 우리를 칭송하고 상대방을 비난하는 것으로 마무리해야 자연스럽기 때문이다. 우리는 자신이 훌륭한 사람이고 상대방은 나쁘다는 것을 현재 청중의 관점에서 제시하거나 절대적인 관점에서 제시하거나 둘 중 하나를 목표로 삼아야 한다. 어떻게 해야 그렇게 할 수 있는지, 즉 어떤 내용의 명제를 제시해야 청중에게 어떤 사람을 훌륭한 혹은 나쁜 사람으로 생각하게 할 수 있는지에 대해서는 앞에서 이미 살펴본 바 있다.

두 번째로 언급한 것이 맺음말의 구성 요소가 되어야 하는 이유는 뭔가를 증명한 후에는 그것을 확대하거나 축소하는 것이 자연스럽기 때문이다. 사람의 몸이 성장하려면 먼저 그 몸이 있어야 하듯이, 어떤 사실이 얼마나 중요한지, 중요하지 않은지를 말하기 전에 그 사실이 확정되어 있어야 한다. 어떤 것을 확대하거나 축소하는 데 어떤 명제를 사용해야 하는지에 관해서는 앞에서 이미 살펴본 바 있다.

어떤 것이 사실이고, 각각의 사실이 어느 정도 중요한지 분명하게 밝혀진 후에는, 우리가 의도한 특정한 감정으로 청중을 이끌어야 한다. 즉 연민, 의분, 분노, 증오, 시기, 부러워함, 불화[420]가 그런 것이다. 그런 감정을 이끌어내려면 어떤 명제를 사용해야 하는지에 대해서는 앞에서 이미 살펴보았다.

이제 맺음말에서 마지막으로 할 일은 앞에서 한 말을 환기하는 것이다. 어떤 사람은 우리가 말할 것을 도입부에서 요약 제시한 후에도 자주 반복해야 한다고 말하지만, 그것은 옳지 않다. 앞에서 말한 것을 맺음말에서 요약 환기하는 것이 적절하다. 즉, 도입부에서는 쟁점을 밝혀 청중에게 자신이 판단해야 할 것이 무엇인지를 분명히 알게 하고, 맺음말에서는 그 쟁점과 관련해 어떤 것이 증명되었는지를 요약 제시해야 한다.

가장 먼저 할 것은 약속한 것을 그대로 행했음을 보여주는 일이다. 따라서 우리가 무엇을 말했고 왜 그렇게 말했는지 보여주어야 한다. 이를 위해 상대방이 한 말과 우리가 한 말을 서로 비교 제시해야 한다.

여기서 첫 번째 방법은 동일한 것에 관해 우리와 상대방이 한 말을 나란히 대비해 보여주는 것이다. 예컨대, "이에 대해 상대방은 이렇게 말했고, 나는 저렇게 말했는데, 내가 저렇게 말한 것은 이런 이유 때문이었습니다"라고 하는 것이다. 두 번째는 반어법을 사용하는 것이다. 예컨대, "상대방은 이것이라고 말했고, 나는 저것이라고 말했는데, 만일 상대방이 이것이 아니라 저것이라고 했다면, 과연 그는 어떻게 했겠습니까?"라고 하는 것이 그렇다. 세 번째는 질문을 사용하는 것이다. 예컨대, "내가 무엇을 증명하지 않았습니까?"라고 말하거나, "상대방이 무엇을 증명했습니까?"라고 하는 것이 그런 경우다.

따라서 우리는 자신이 말한 것과 상대방이 말한 것을 서로 대비하는 방식으로 요약할 수도 있고, 우리가 말한 것을 먼저 요약해 제시하고 나서,

---

420 "불화"로 번역한 '에리스'(ἔρις)는 어떤 것에 이의를 제기하고 다투며 시시비비를 따지고 논쟁하는 것을 말한다. 이것은 앞에서 감정들을 다룰 때 언급되지 않은 것이다. 따라서 앞에서 다룬 "비방"(διαβολή, '디아볼레')과 동일한 의미로 해석해야 할 것으로 보인다.

필요한 경우 상대방이 말한 것을 요약하여 제시하는 순차 방식을 사용할 수도 있다.

연설을 마무리할 때는 접속사가 생략된 문체를 사용하는 것이 적절하다. 그렇게 해야만 연설을 계속하는 게 아니라 맺음말로 마무리하는 중임을 청중도 알게 된다. 예컨대, "나는 말했습니다. 여러분은 들었습니다. 이제 여러분은 모든 것을 알았습니다. 여러분이 판단하십시오."[421]라고 말하는 것이 그렇다.

---

421 리시아스, 『에라토스테네스 탄핵 연설』의 끝부분에 나오는 말과 비슷하다. "여러분은 들으셨습니다. 여러분은 보셨습니다. 여러분은 겪었습니다. 여러분은 사실을 알고 있습니다. 여러분이 판단하십시오." 아테나이는 펠로폰네소스 전쟁(기원전 431-404년)에서 패한 후에 "30인 참주"를 선출해서 과두정 체제를 구성했는데, "에라토스테네스"는 그중 한 명이었다. 그러나 참주들의 폭정을 견디지 못한 아테나이인들은 기원전 403년에 과두정을 해체했다.

해제

박문재

I. 서론

1. 들어가는 말

'수사학'(修辭學)에 대한 정의를 사전에서 찾아보면 "사상이나 감정 따위를 효과적이고 미적으로 표현할 수 있도록 문장과 언어의 사용법을 연구하는 학문"이라고 되어 있고, '수사'(修辭)는 "말이나 문장을 꾸며서 좀 더 묘하고 아름답게 하는 일 또는 기술"이라고 정의한다. 실제로 '수사학'을 우리가 하는 말을 좀 더 멋있게 표현하는 법을 연구하는 학문 분과 정도로 생각하는 것이 보통 사람들의 통념이다.

하지만 아리스토텔레스는 수사학을 "설득의 기술"이라고 정의했다. 따라서 지금 살펴보려는 이 책은 우리에겐 수사학이 아니라 (우리의 현재 관념으로는) 웅변술 또는 변론술이라는 개념이 더 어울릴 것으로 보이고, 사전적 의미의 수사학은 그러한 웅변술이나 변론술의 한 부분으로 보는 것이 맞을 것 같다. 이렇게 수사학을 "설득의 기술"이라는 관점에서 본다면, 그 설득의 원리와 방법을 연구하는 학문이 필요함을 느낀다.

2. 수사학의 배경

아리스토텔레스(기원전 384-322년)가 수사학을 주제로 책을 쓴 배경은 무엇이었을까? 세 가지 요인에 주목해야 한다. 첫 번째는 고대 그리스의 도시국가에서 대중 연설의 역할이고, 두 번째는 기원전 5세기와 4세기에 걸쳐 발달한 소피스트들의 수사학이며, 세 번째는 수사학과 정치학에 대한 플라톤(기원전 429년경-347년)의 철학이다.

(1) 도시국가와 대중 연설

고대 그리스의 고전 시대(기원전 480년경-323년)에 도시국가(그리스어로 '폴리스')는 그리스 전역에서 국가적, 사회적, 시민적인 면에서 중요한 체제였다. 도시국가는 대체로 성채와 수호신과 관련하여 조상 대대로 내려온 제의를 중심으로 해서 도시와 그 주변의 농촌 지역으로 이루어진 독자적이고 자율적인 시민 공동체를 형성했다.

각각의 도시국가는 자기 공동체의 정치, 사법, 종교 체제를 독자적으로 규율했고, 한 도시국가의 모든 시민은 공통의 역사, 조상 대대로 내려온 공통의 종교, 공동체의 운영에 필요한 모든 것에 대한 공동 참여를 통해 결속되어 있었다. 아리스토텔레스가 활동한 고전 시대 말기에는 그리스 전역에 수백 개에서 거의 천 개에 이르는 도시국가가 존재했다. 한 도시국가의 성인 남자 인구는 적게는 수백 명에서 평균 1만 명 정도였고, 가장 큰 도시국가였던 아테나이(아테네)의 인구도 3만 명 정도에 불과했다.

따라서 직접민주주의가 가능했고, 도시국가의 크고 작은 일은 시민 전체가 참여하는 민회, 대표자들이 참여하는 의회와 위원회들, 시민들이 배심원으로 참여하는 법정에서 논쟁과 토론과 변론을 거쳐 다수결 원칙에 따라 이루어졌다. 예컨대, 법정의 배심원의 수는 수백 명에서 때로는 천 명 이상인 경우도 있었고, 그들의 평결에 따라 유무죄가 결정되었다. 하지만 아무리 중대하고 어려운 사건이라도 결정은 하루에 결정이 이루어져야 했기 때문에 대중 집회에서 발언하거나 법정에서 변론할 수 있는 시간은 제한되어 있었다. 플라톤의 『소크라테스의 변명』을 보면, 이런 상황이 아주 생생하게 묘사되어 있다.

(2) 소피스트들이 발전시킨 수사학과 대중 연설

기원전 5세기와 4세기에 그리스 아테나이에서 활발하게 활동했던 소피스트들은 각 분야에서 대대로 전해져온 기존 관습을 거부하고 실천적이고 실용적인 지혜를 토대로 새로운 전문기술(학문이라고 하기에는 좀 부족하다)을 발전시킨 지식인 집단이었다. 그들 중 대부분은 아테나이 출신이 아니었지만, 당시 아테나이는 부국이고 강대국인데다가 민주정치가 꽃을 피우던 시기여서 정치와 대중 연설에 관심이 있는 많은 지식인을 자석처럼 끌어들였다.

고르기아스, 프로타고라스, 트라시마코스는 기원전 5세기의 대표적인 소피스트들이었다. 그들은 모두 대중 연설의 기술을 발전시켰다. 그런 시도들은 누구나 대중 연설을 습득해서 사용 가능한 하나의 독자적인 기술이자 학문 분과로 발전시킨 것이었기 때문에 수사학의 시작이라고 할 수도 있다. 그들은 대체로 윤리적이며 종교적인 전통 신념을 거부하고 상대적 가치관과 무신론을 지지했고, 이렇듯 자기 이익의 제한 없이 극대화를 추구하는 이기주의적인 윤리를 인간의 도덕 행동에서 자연스럽고 적절한 표준으로 여겼다. 소피스트를 신들의 존재를 믿지 않는 자들로 여겨 대중이 지탄한 이유이기도 했다. 하지만 소피스트들의 그러한 가치관과 윤리관으로 수사학은 도덕이나 종교의 속박에서 벗어나 독자적인 원리를 추구하는 과학적인 기술로 발전해나갈 수 있었다.

(3) 플라톤과 아리스토텔레스의 수사학과 정치학

플라톤은 정치를 비롯한 인간의 모든 행위를 고찰하는 데에는 윤리적 고려가 반드시 포함되어야 한다고 주장했다. 그래서 그는 윤리가 배제된 소피스트들의 수사학을 대중의 약점과 어리석음을 악용하고 기만해서 연설가의 관점을 받아들이게 만드는 사기극이라고 평가했다. 그런데도 정치인이 되려고 하는 자들 사이에서는 소피스트 수사학이 인기를 끌었고, 대중 선동가는 판을 쳤다. 실제로 플라톤은 직접민주주의는 참주정과 마찬가지로 아주 위험한 정치 형태라고 보았고, 지혜로운 자가 국가를 다스리는 '철인국가'를 주창하기도 했다. 따라서 그가 추구한 수사학도 지혜로운 철학자가 대중을 가장 이롭게 하는 것이 무엇인지를 알게 하고 이끌어주는 데 필요한 지혜를 제시하기 위한 것이었다. 하지만 그런 수사학은 철학적 권위를 전제한 것이어서, 그런 전제가 주어지지 않은 대중적인 논쟁이나 변론에서는 무용지물이었다.

소피스트들의 수사학을 비판한 것은 아리스토텔레스도 마찬가지였다. 하지만 이유는 플라톤이 제기한 것과 좀 달랐다. 그는 소피스트들이 청중을 설득하는 데 가장 효과적이고 중요한 것, 즉 사실 증명을 소홀히 하고, 오로지 청중이나 배심원의 감정만을 부추겨서 자신에게 유리한 쪽으로 이끌어가려고 한다는 점에서 잘못이라고 비판했다. 그리고 플라톤과는 달리 철인국가를 옹호하지 않았고, 기존의 민주정치를 토대로 올바른 설득의 기술인 수사학을 통해 정치를 더 나은 방향으로 이끌어나가는 길을 추구한 점이 달랐다.

3. 변증학과 수사학

아리스토텔레스는 『수사학』의 첫 문장에서 "수사학과 변증학은 짝을 이룬다"고 말한다. 이 둘은 다른 기술이나 학문과는 달리 특정한 소재를 다루는 것이 아니라, 모든 기술이나 학문에 공통적인 것을 다루기 때문이다. 변증학은 기존에 참이라는 것이 밝혀진 명제를 전제로 사용해 어떤 결론을 이끌어내 누구라도 그 결론이 참이라는 것을 받아들이게 하는 기술이다. 이렇게 변증학에서는 필연성을 다룬다. 변증학에서 이끌어낸 결론은 필연적으로 참이기 때문이다.

반면에 수사학은 이럴 수도 있고 저럴 수도 있는 것을 논제로 삼아 개연성을 다룬다. 아리스토텔레스의 설명에 의하면, 수사학이 다루는 논제는 어떤 것이 이로우냐 해로우냐 하는 것, 어떤 것이 정의냐 불의냐 하는 것, 어떤 사람이나 행위가 훌륭하냐 추하냐 하는 것이다. 이것은 그 논제가 이롭거나 정의롭거나 훌륭할 수도 있고, 해롭거나 불의하거나 추할 수도 있음을 전제한다. 만일 누가 보아도 어느 한 쪽이 분명하게 옳다면 수사학이 들어설 여지가 없다. 그래서 아리스토텔레스는 절대적으로 확실한 증거가 있는 문제에서는 연설가가 할 일이 없다고 말한다.

이렇게 변증학은 절대적인 참과 거짓을 다루는 반면, 수사학은 개연적인 참과 거짓을 다룬다는 사실은 대단히 중요하다. 사실 소피스트 수사학과 아리스토텔레스 수사학의 결정적인 차이는 전자는 어떤 수를 써서라도 청중이 자기주장을 받아들이게 하기 위해 주로 감정에 호소하는 반면, 후자는 개연성을 증명하는 것이야말로 설득의 중심이라고 본 것이다. 하지만 수사학에서의 증명은 변증학에서의 증명과 그 성격이 다르다. 그렇기 때문에 수사학은 변증학에서는 사용할 수 없는 것들, 즉 개연성을 증명하는 데 동원할 수 있는 모든 것을 사용한다. 그래서 수사학에서는 역사적인 사례, 금언, 기존 판례, 다수 또는 지혜로운 자들이 인정하는 견해와 증표도 결론 도출을 위한 전제로 사용된다.

또한 변증학의 임무는 오직 귀납법과 연역법을 사용한 논증만을 사용해 어떤 것이 참이거나 거짓이라는 결론을 도출해내는 것인 반면, 수사학의 임무는 청중이나 재판관을 '설득'하는 데 있다. 따라서 변증학에서는 전혀 사용하지 않는 연설가의 성격과 청중의 감정, 연설의 문체나 전달법이 수사학에서는 중요한 설득 요소가 된다. 소피스트들은 이런 설득 요소가 청중을 설득하는 데 개연성 증명보다 더 큰 효과가 있다고 보고 거기에 집중했고, 아리스토텔레스는 바로 그 점을 비판하며 개연성 증명이 설득에서 무엇보다도 중요하다고 주장했다.

이렇게 수사학의 임무는 변증학과는 다르기 때문에, 증명과 관련하여 용어 사용도 변증학과 다를 수밖에 없다. 그래서 변증학에서 귀납법이라 불리는 것은 수사학에서는 여러 사례를 들어 개연성을 밝히는 '예증'이 되고, 삼단논법은 '생략삼단논법'이, 변증학에서는 절대적으로 참인 증거가 수사학에서는 개연성을 지닌 '설득력 있는 요소'(그리스어로 '피스티스')가 된다. 또한 변증학에서 증명이 "어떤 사실이나 판단을 담은 명제가 참인지 아닌지를 증거를 들어 밝히는 것"이라면, 수사학의 증명은 엄밀하게 말해 참인지 아닌지를 밝히는 것이 아니라 단지 개연성을 밝히는 것이기 때문에 증명이라고 할 수 없다. 그리고 변증학에서 쓰는 '명제'가 "그 내용이 참인지 거짓인지를 명확하게 판별할 수 있는 문장"이라고 한다면, 수사학에서 어떤 개연성 있는 결론을 도출해내고자 사용되는 전제들은 엄밀한 의미에서는 명제라고 할 수 없다. 하지만 그런 미묘하게 다른 수사학적인 용어들은 아리스토텔레스조차 표현하기 어려워하기 때문에 본서에서는 편의상 변증학에서 통용되는 용어들을 많이 사용하고 있다. 하지만 그런 경우에도 언제나 이러한 차이점은 알고 있어야 한다.

II. 아리스토텔레스의 생애와 저작

1. 아리스토텔레스의 생애

"최고의 목적"이라는 뜻의 이름을 지닌 아리스토텔레스는 기원전 384년에 북부 그리스 칼키디키에 있는 '스타게이로스'라는 작은 성읍의 부유한 가문에서 태어났다. 그의 아버지 니코마코스는 마케돈의 왕 아민타스의 주치의였다고 하는데, 아리스토텔레스가 어릴 때에 죽었다. 그의 어머니는 파이스티스였다. 아리스토텔레스는 17살이 되었을 때, 부모가 모두 죽은 뒤 그의 후견인이 된 프록세노스에 의해 아테나이에 있는 플라톤의 아카데메이아로 보내졌고, 거기에서 20년간 머물렀다.

기원전 347년에 플라톤이 죽자, 아리스토텔레스는 아카데메이아를 플라톤의 조카인 스페우시포스에게 맡기고, 철학의 후원자였던 소아시아 아소스의 왕 헤르메이아스에게 갔다. 거기서 그는 헤르메이아스의 조카인 피티아스와 결혼해 피티아스라는 이름의 딸 하나를 두었다. 기원전 345년에 헤르메이아스가 페르시아인들에게 살해되자, 그는 레스보스 섬의 미틸레네로 갔고, 거기에서 자신의 수제자이자 가장 가까운 동료가 된 테오프라스토스를 만났다. 기원전 342년에는 마케도니아의 왕 필리포스 2세의 초청으로 나중에 알렉산드로스 대왕이 된 왕의 13살짜리 아들의 가정교사가 되었다.

기원전 335년에 그는 다시 아테나이로 돌아와서, 자신의 독자적인 교육기관인 리케이온을 세웠다. 부인 피티아스가 죽자, 그는 동향 사람이자 노예였던 헤르필리스와 동거해 아들을 낳았고, 아버지의 이름인 '니코마코스'를 그 아들에게 붙여주었다. 『니코마코스 윤리학』은 아마도 그 아들의 이름을 따라 붙여진 것이거나 아들이 필사한 것으로 보인다. 그가 쓴 책들과 글들 다수는 이 기간에 쓰인 것으로 여겨진다.

기원전 323년에 알렉산드로스 대왕이 죽자, 아테나이에서는 반마케도니아 정서가 강해지고 그는 불경죄로 고발된다. 그렇게 해서 아리스토텔레스는 어머니 가문의 영지가 있던 에우보이아의 칼키스로 떠났고, 거기에서 열두 달 후인 기원전 322년에 62세의 나이로 죽었다.

2. 아리스토텔레스의 저작과 사상

아리스토텔레스가 지은 책들을 모두 합하면 영어로 번역했을 때를 기준으로 거의 2,500쪽에 달하지만, 그중 대부분은 출판용이 아니고, 어떤 것은 불완전한 강의 노트나 메모들이어서 난해하기로 악명이 높다. 그의 지성의 폭과 깊이는 상상을 초월할 정도였다. 그가 다룬 분야들은 논리학, 형이상학, 인식론, 심리학, 윤리학, 정치학, 수사학, 미학, 동물학, 식물학, 자연학, 철학사, 정치사 등으로 아주 폭이 넓었다. 단테가 그를 "지식이 있는 자들의 스승"이라고 말한 것은 결코 과장이 아니었다.

(1) 논리학

논리학 분야에서 그가 쓴 『분석론 전서』는 형식 논리학과 관련한 가장 오래된 연구라는 평을 듣는다. 아리스토텔레스는 논리학이라는 말보다 '분석론' 또는 '변증학'이라는 표현을 사용했다. 그의 논리학은 19세기에 수학적 논리학이 등장할 때까지 서양 논리학의 지배적인 형태였다. 그래서 칸트는 『순수이성비판』에서 논리학은 아리스토텔레스에서 완성되었다고까지 말했다. 논리학과 관련해 그가 쓴 6권의 저서들, 즉 『범주론』, 『해석론』, 『분석론 전서』, 『분석론 후서』, 『명제론』, 『소피스트 반박』은 고대로부터 모든 학문의 '도구'라는 의미에서 그리스어로 '오르가논'으로 지칭되어 왔다.

각각을 보면, 『범주론』은 명제의 구성 요소인 단어들에 관한 것이고, 『해석론』은 명제와 명제 사이의 기본적인 관계를 다룬 것이다. 『분석론』에서는 삼단논법을 다루고, 『명제론』과 『소피스트 반박』에서는 변증학을 다룬다. 앞의 네 권은 논리 언어의 문법과 정확한 추론 법칙을 다루고 있다는 점에서 논리학의 핵심 저작이라고 할 수 있다. 『수사학』은 여기에 포함되지 않지만, 『명제론』과 밀접한 관련이 있어서, 본서에는 『명제론』이 많이 언급된다.

(2) 인식론과 형이상학

아리스토텔레스의 철학은 플라톤과 마찬가지로 '보편'을 추구하지만, 플라톤은 '보편'이 독자적으로 존재한다고 본 반면에, 그는 '특수' 안에 '보편'이 있다고 보았다. 따라서 플라톤의 인식론은 보편인 '이데아들'에 대한 지식에서 시작해서 그 이데아들의 모방인 '특수들'에 대한 지식으로 나아가는 연역법을 사용하지만, 아리스토텔레스의 인식론은 '이데아들'(또는, 형상들)이 '질료' 속에 체화되어 있다고 보았기 때문에 연역법과 아울러 귀납법도 사용한다. 그는 『형이상학』에서 실체와 본질이라는 개념을 검토한 후에, 실체는 질료와 형상의 결합이라고 결론을 내린다. 또한 현실

태와 잠재태, 보편과 특수라는 개념들도 검토한다.

(3) 윤리학과 정치학

아리스토텔레스는 윤리학과 관련해서 여러 편의 글을 썼는데, 그중에서 가장 유명한 것은 『니코마코스 윤리학』이다. 그는 미덕이 특정한 사물의 고유한 기능과 관련되어 있다고 말한다. 예컨대, 눈은 제대로 잘 볼 수 있을 때만 선한 눈이다. 눈의 고유한 기능은 보는 것이기 때문이다. 마찬가지로, 그는 인간에게도 고유한 기능이 있다고 보았는데, 그것은 이성('로고스')에 따른 정신('프쉬케')의 활동이었다. 그는 정신의 이성적인 활동이야말로 인간의 모든 의도적인 행위의 목적인 '행복'(에우다이모니아)을 이룬다고 가르쳤다.

아리스토텔레스 윤리학이 개인을 다룬 것이라면, 그의 『정치학』은 국가를 다룬다. 그는 국가를 자연적인 공동체로 보았다. 따라서 개인은 국가의 일부이기 때문에, 국가는 가족이나 개인보다 더 우선하고 더 중요한 존재였다. 여기에서 "인간은 본성적으로 정치적 동물이다"라는 그의 유명한 말이 나왔다.

그는 국가를 기계적인 존재가 아니라 유기체적인 존재로 보았고, 국가의 목적은 시민들로 하여금 선한 삶을 살고 훌륭한 일을 할 수 있게 해주는 것으로 보았다. 이러한 국가 이해는 개개인이 폭력적인 죽음에 대한 공포로 인해 자연 상태를 포기하고 사회계약을 통해 국가를 형성했다고 본 근대의 사회계약 이론과는 본질적으로 달랐다.

(4) 수사학과 시학

정의를 현실세계에서 실현하고자 했던 아리스토텔레스 사상의 관점에서 보자면 수사학은 그 정점에 있는 저술이라고 할 수도 있었다. 왜냐하면 수사학은 그가 제시한 윤리학과 정치학을, 그가 제시한 변증학을 기반으로 대중 연설과 법정에서 현실 정치로 구현해내는 기술이었기 때문이다.

그래서 당시 소피스트들은 정의와 윤리를 다 배제한 채로 오직 사람들의 감정을 움직여 자기 목적을 달성하려고 한 반면에, 그는 변증학적 기초 위에서 어떤 것이 국가에 이롭고 정의로우며 훌륭한 것인지를 개연적으로 증명해내는 수사학이야말로 설득하는 기술로서 가장 좋은 수단이 된다고 생각했다.

이것을 위해 『수사학』에서는 연설가가 청중을 설득하는 데 세 가지 기본적인 설득 수단을 사용할 수 있다고 말한다. '에토스'(청중과 연설가의 성격), '파토스'(청중의 감정), '로고스'(논리적 추론). 그리스어에서 '에토스'는 '관습, 습관'을 의미하는 용어로서, 여기에서는 청중이나 연설가가 지닌 어떤 성향이나 정서 같은 것이다(영어에서 적절한 단어는 character이고, 여기에서도 '성격'으로 번역했다). '파토스'는 '감정'을 가리키고, '로고스'는 '논증'을 의미한다.

또한 그는 수사학이 사용되는 연설을 세 종류로 구분한다. 선전을 위한 연설(찬양이나 비난을 목적으로 하는 행사 연설), 법정 변론(유죄냐 무죄냐를 다투는 법정 연설), 조언을 위한 연설(국가 정책과 관련된 문제를 결정하기 위해 청중에게 호소하는 정책 연설). 그리고 수사학에서 어떤 것의 개연성을 증명하는 데 사용할 수 있는 것은 생략삼단논법과 예증이라고 말한다. 자세한 것은 아래에 나오는 『수사학』에 관한 보다 상세한 설명을 참조하라.

아리스토텔레스는 『시학』에서 서사시, 비극, 희극, 디티람보스 시, 그림, 조각, 음악, 춤은 모두 근본적으로 '모방'(미메시스)의 행위들이라고 말한다. 그는 '모방'이 동물과 인간을 구별해주는 인류의 자연적인 본능이며, 모든 예술가는 "자연의 본을 따른다"고 주장한다. 그의 『시학』은 원래 두 권으로 되어 있었는데, 한 권은 희극에 대한 것이었고, 다른 한 권은 비극에 대한 것이었다고 한다. 현재는 비극에 관한 것만 남아 있다.

그는 수수께끼, 민담, 속담, 금언, 우화에 관심이 많아서, 그런 것들을 체계적으로 수집해서 연구했고, 아이소포스의 우화도 그중 하나였다.

III. 『수사학』

1. 『수사학』의 개요

『수사학』은 세 권으로 구성되어 있다. 제1권에는 전체적으로 개관하는 내용이 나온 후에, 연설가가 사용해야 할 세 가지 설득 수단이자 수사학에서 다루어야 할 내용 중에서 논리적 추론에 해당하는 '로고스'와 관련해서 그 토대로 사용되는 전제들을 집중 설명한다. 제2권은 '에토스'와 '파토스'를 설명하는 내용이고, 제3권은 연설가가 신경 써야 할 추가 문제, 즉 문체와 배열(또는 구성) 그리고 전달의 문제를 다룬다.

(1) 제1권

제1장부터 제3장까지는 지금까지 소피스트들이 수사학에 관해 쓴 글을 비판하면서, 그들의 수사학은 청중의 감정을 자극하는 '파토스'의 측면을 지나치게 강조하고, 논리적으로 설득하는 '로고스'의 측면을 거의 무시했다는 점에서 진정한 수사학이라 할 수 없다고 말한다. 그런 후에 그는 수사학을 변증학과 비교 설명하면서, 수사학에서도 사실의 개연성을 증명하여 설득하는 '로고스'의 측면이 대단히 중요하다는 것을 역설하고, 수사학에서 생략삼단논법(변증학의 삼단논법을 간결하게 한 것)과 예증(변증학의 귀납법)을 중시해야 한다고 말한다. 이후의 설명은 수사학에서 논증을 위한 토대로 아주 중요한 전제들을 어디에서 가져와야 하는지를 집중적으로 다룬다.

제4장부터 8장까지는 연설의 종류를 "조언을 위한 연설", "법정 변론을 위한 연설", "선전을 위한 연설", 이렇게 세 가지로 구분하고, 먼저 조언을 위한 연설의 주제인 국가 재정, 전쟁과 평화, 국가 방위, 수출입, 입법과 관련해서 연설가가 자신이 전제로 사용해야 할 것을 어디에서 가져와, 어떤 식으로 청중을 설득해야 하는지를 설명한다. 이어서 조언을 위한 연설에

서 다루는 그 밖의 다른 윤리적인 주제에서 전제로 사용해야 할 것을 어디에서 가져와야 하는지를 설명한 후에, 세 가지 국가 형태인 민주정, 과두정, 군주정과 관련된 연설을 다룬다.

제9장에서는 선전을 위한 연설에서 다루는 미덕과 관련된 전제에 관해 설명하고, 제10장부터 제15장까지는 법정 변론과 관련되어 있는 전제를 설명한다.

(2) 제2권

제2권에서는 파토스와 에토스와 로고스를 다룬다. '파토스'라는 설득 수단은 연설가가 청중을 자신에게 유리한 감정으로 이끄는 것과 관련되어 있다. '에토스'라는 설득 수단은 청중의 '성격'에 따라 연설 내용을 달리하는 것과 연설가 자신이 어떤 성격의 인물인지를 청중에게 드러내 보임으로써 청중이 자신의 연설을 더 잘 받아들이게 하는 방법과 연관해 설명한다. '로고스'라는 설득 수단은 생략삼단논법과 예증을 통한 증명을 사용하는 것이다.

제1장에서는 파토스와 에토스에 대한 서론적인 내용을 다룬다. 제2장부터 11장까지는 연설과 관련되는 청중의 감정을 다루는데, 분노와 평정심, 우의와 적의, 두려움과 자신감, 수치심, 연민, 증오, 시기, 질투 등이 그런 감정들이다. 사람들은 무엇 때문에 어떤 사람에 대하여, 어떤 심리 상태에서 그런 감정을 표출하게 되는지를 검토한다.

제12장부터 제17장까지는 인간의 성격을 연령대별로 검토한다. 청년기와 노년기와 장년기 사람들은 서로 다른 성격을 지니고 있어서, 연설과 수사학 활용에 큰 영향을 미치기 때문이다.

제18장부터 제26장까지는 세 종류의 연설 모두에 공통적인 전제들을 어디에서 가져와야 하는지를 다루고, 예증과 생략삼단논법에 대해 자세하게 설명한다.

(3) 제3권

아리스토텔레스는 제1권과 제2권에서 사실상 중요한 것을 거의 다루었지만, 연설에 영향을 주는 다른 부수적인 것을 다루지 않을 수 없다고 하면서, 제3권에서는 문체와 배열과 전달의 문제를 다룬다. 하지만 오늘날의 '수사학'은 주로 이런 것을 다루는데, 이 점에서 현대 수사학은 소피스트의 수사학이든 아리스토텔레스의 수사학이든 고대 수사학과는 상당한 차이가 있다.

제1장에서 제12장까지는 문체에 관한 설명이다. 문체는 간결하고 기지 넘치며 생생하고 적절해야 한다고 말하고, 그런 의미에서 은유와 직유와 금언을 잘 사용하는 것이 중요하다고 강조한다. 운율이 있어야 하지만, 시가 되어서는 안 된다고 하면서, 시의 운율과 비교해서 연설의 운율을 설명한다.

제13장부터 제19장까지는 배열과 전달에 관한 설명이다. 연설의 필수적인 두 부분은 논제 제시와 증명, 또는 주장과 설득인데, 도입부와 맺음말은 어떤 내용으로 채워야 하고, 비방에는 어떻게 대처하며, 설명과 질문은 어떤 식으로 사용해야 하는지를 보여준다.

2. 『수사학』의 주요 개념들

(1) **연설의 설득 수단들.** 연설과 수사학은 청중 설득을 목적으로 하기 때문에, 사람을 설득하는 데 어떤 수단이 필요한지를 아는 것이 중요하다. 앞서 언급했듯, 설득과 관련된 것은 청중의 감정('파토스'), 청중과 연설가의 성격('에토스'), 논증을 통한 증명('로고스'), 이렇게 세 가지가 있다. 청중의 감정이라는 설득 수단에 관해 아리스토텔레스는 분노나 연민, 시기와 질투, 두려움과 자신감 같은 감정들이 어떻게 생겨나는지를 이 책에서 자세하게 설명한다. 그리고 청중과 연설가의 성격이라는 설득 수단과 관련해서는 사람들의 연령대에 따라, 그리고 부자이냐 권력자이냐에 따라 어

떻게 서로 다른 성격을 지니게 되는지를 설명한다. 논증을 통한 설명이라는 설득 수단에 대해 아리스토텔레스는 논증에 사용할 전제가 될 명제들을 획득하는 방법을 세세하게 설명한다.

⑵ **연설의 세 종류.** 수사학은 연설을 위한 기술이다. 따라서 어떤 종류의 연설인지 파악하는 일은 수사학 연구와도 관련이 있다. 첫째로, 국가 정책과 관련해 어떤 것을 권유하거나 만류하려는 목적으로 행하는 "조언을 위한 연설"이 있다. 이 연설은 국가 정책과 관련된 것이기 때문에 연설가는 국가 형태, 국가 재정, 전쟁에 관한 것, 국방 등과 관련된 사실을 잘 알고 있어야만 거기로부터 전제를 획득해서 권유하거나 만류할 수 있다. 둘째로, 법정에서 고발하거나 변호하는 것을 목적으로 하는 "법정 변론을 위한 연설"이 있다. 이것은 유무죄를 다투는 연설이다. 셋째로, 국가적인 여러 행사에 참석해서 칭송하거나 비난하는 것을 목적으로 하는 "선전을 위한 연설"이 있다. 이것은 행사용 연설인 셈이다.

⑶ **생략삼단논법과 예증.** 아리스토텔레스가 수사학에서 가장 중요시하는 것은 증명 수단 중 하나인 '생략삼단논법'이다. 생략삼단논법은 대전제-소전제-결론으로 이루어지는 변증학적 삼단논법에서 전제 중 하나, 또는 결론을 생략한 것이다. 예컨대, "사람은 죽고, 소크라테스는 사람이기 때문에, 소크라테스는 죽는다"고 논증하는 것은 전형적인 삼단논법이다. 하지만 "소크라테스가 죽는 것은 사람이기 때문"이라거나 "소크라테스는 사람이기 때문에 죽는다"고 말하는 것은 대전제를 뺀 생략삼단논법이다. 즉, 누구나 다 아는 자명한 사실을 '생략'하는 것이다. 물론, 이 경우에 결론을 생략해서, "사람은 죽고, 소크라테스도 사람이다"라고 한다면, 청중이 결론을 스스로 도출해내도록 하는 더 긴장감 있는 생략삼단논법이 될 것이다.

'예증'은 구체적인 사례를 들어 일반화시킴으로써 연설가가 제시하려는 결론을 이끌어내는 방법이다. 여기서 아리스토텔레스는 역사적인 여러 사실을 들어 페르시아 왕들이 이집트를 정복한 후에는 그리스를 어김없이 공격해왔기 때문에 페르시아 왕이 이집트를 정복하는 것을 허용해서는 안 된다고 논증한 경우를 예로 제시한다. 즉, 역사적으로 여러 페르시아 왕이 그렇게 했다면, 지금의 페르시아 왕도 그럴 개연성이 충분하다는 것이 입증되었다는 뜻이다.

⑷ **필연성과 개연성.** '필연성'은 절대적으로 참되거나 옳은 것이고, '개연성'은 대체로 참되거나 옳은 것을 가리킨다. 전자는 변증학이 추구하는 것이고, 후자는 수사학이 추구하는 것이다. 그래서 변증학의 토대가 되는 전제는 필연적으로 참인 명제들이고, 그런 것은 절대적으로 옳은 '증거'('테크메리온')가 된다. 하지만 수사학에서는 개연적으로 참인 것을 전제로 사용하기 때문에 엄밀한 의미에서는 '명제'라고 할 수도 없고 '증거'라고 할 수도 없다. 그런 용어를 사용한다고 해도, 그것은 단지 '개연성 있는' 명제 혹은 증거라는 의미로 통용된다. 그래서 아리스토텔레스는 개연성 있는 증거를 '증표'('세메이온')라고 부른다. 즉, 수사학에서는 "증명했다"고 하더라도, 그것은 어디까지나 개연성을 증명했다는 의미일 뿐이다. 이런 차이는 변증학의 목적이 증명인 반면에, 수사학의 목적은 설득이라는 사실에서 발생한다.

⑸ **감정과 성격.** 아리스토텔레스는 '감정'과 '성격'도 설득에서 중요한 역할을 하기 때문에 수사학의 중요한 대상이라고 보았다. 연설가는 자신에게 유리하도록 청중의 감정을 만들어낼 줄 알아야 한다. 예컨대, 청중이 상대방 연설가에게 연민을 갖고 있다면 청중에게서 적의와 증오를 불러일으켜 연민의 감정을 없애야 한다. 그렇게 하려면 사람들이 어떤 경우에 무엇에 대하여, 어떤 사람에게 적의와 증오를 느끼는지를 알아야 한다. 또한 연설가의 성격과 청중의 성격도 연설에서 중요하다. 청중은 연설가가

훌륭한 사람이라고 믿거나 자신의 성격에 더 부합하는 연설을 듣게 되면, 그런 연설가의 연설을 더 잘 받아들이기 때문이다. 그래서 아리스토텔레스는 『수사학』 제2권에서 여러 감정과 성격에 대해 자세하게 검토한다.

(6) **문체와 배열과 전달.** 아리스토텔레스의 기준으로는 수사학과 연설에서 '문체'('렉시스')와 '배열'('탁시스')과 '전달'은 부차적인 문제였지만, 그런 것도 설득에 영향을 미치기 때문에 이 문제를 제3권에서 다루고 있다. 문체에서 중요한 것은 청중에게 배움의 즐거움을 선사하여 호평을 얻고, 문법적으로 정확하고 세련되며 생생하고 적절하게 하는 것이다. 그렇게 하려면 운율에 신경 써야 하고, 무엇보다도 은유를 잘 사용해야 한다. 은유는 청중이 연설에 스스로 참여하여 배우게 하고 생생함을 주며 진부하지 않게 하는 아주 중요한 요소이기 때문이다. 금언이나 속담도 은유의 일종이다. '배열'과 관련해서는, 연설은 도입부와 논제 제시와 증명과 맺음말로 구성되는데, 도입부와 맺음말에서 어떤 내용을 제시하고 언제 설명과 질문을 사용하는지도 설득에 영향을 미친다.

IV. 텍스트

1. 아리스토텔레스의 『수사학』 대본으로는 다음 원전을 사용했다. W. D. Ross, *Aristotelis Ars Rhetorica*, Oxford Classical Texts(Oxford: Clarendon Press, 1959). 영역본으로는 다음의 번역본을 참고했다. C. D. C. Reeve, *Rhetoric*, The New Hackett Aristotle(Indianapolis/Cambridge: Hackett Publishing Company, Inc., 2018), Hugh. C. Lawson-Tancred, *The Art of Rhetoric*, Penguin Classics(London: Penguin Books, 2004), Robin Waterfield, *The Art of Rhetoric*, Oxford World Classics(Oxford: Oxford University Press, 2018).

2. 아리스토텔레스의 『수사학』을 인용하거나 참조할 때에 편리하도록 Immanuel Bekker, *Aristotelis Opera*(Berlin, 1831)에 수록된 본문의 쪽과 단과 행을 표기했다. 『수사학』은 베커 판본 1354-1420쪽에 수록되어 있고, 한 쪽은 두 단으로 되어 있다. 예컨대, 1354a5는 베커 판본의 1354쪽의 왼쪽 단 5행을 가리키고, 1354b20은 1354쪽의 오른쪽 단 20행을 가리킨다.

3. 『수사학』 각 장의 제목은 그리스어 원문에는 나오지 않고, 주로 Hugh. C. Lawson-Tancred, *The Art of Rhetoric*, Penguin Classics(London: Penguin Books, 2004)을 참고해 역자가 붙인 것이다.

4. 고유명사는 대체로 문체부의 외래어 표기법을 따랐고, 그리스어를 음역한 경우에는 아티케 그리스어 원래의 발음을 그대로 표기했다.

아리스토텔레스 연보

기원전

427년 소크라테스의 제자이자 아리스토텔레스의 스승이 될 플라톤이 고대 그리스 아테네의 유력한 가문에서 태어남.

399년 소크라테스가 아테네에서 사형선고를 받고 죽음.

385년경 플라톤이 아테네에 아카데메이아를 설립함.

384년 아리스토텔레스가 그리스 북동부 칼키디키의 작은 성읍인 스타게이로스의 부유한 가문에서 태어남. 마케도니아 왕의 주치의였던 아버지는 일찍 죽음.

367년 어머니가 죽고, 후견인에 의해 플라톤의 아카데메이아로 보내져 20년 동안 학생과 교사로 지냄.

347년 플라톤이 죽자, 아카데메이아를 그의 조카 스페우시포스에게 맡기고 철학의 후원자였던 헤르메이아스왕의 초청으로 소아시아 아소스로 가서 머물며, 그의 조카 피티아스와 결혼해서 딸을 낳음.

345년 헤르메이아스왕이 죽자, 레스보스 섬의 미틸레네로 가서 자연과학을 연구함.

342년 마케도니아의 필리포스 2세의 요청으로 나중에 알렉산드로스 대왕이 될 그의 아들의 가정교사가 됨.

338년 마케도니아의 필리포스 2세가 그리스 연합군을 이기고 그리스의 맹주가 됨.

336년 마케도니아의 필리포스 2세가 죽고, 알렉산드로스 대왕이 즉위함.

335년 아테나이로 돌아가서 '리케이온'이라는 독자적인 교육기관을 설립함. 아내 피티아스가 죽자, 동향 사람이자 노예인 헤르필리스와 동거하며 아들 니코마코스를 얻음. 이때부터 10여 년간 대부분의 책을 저술함.

323년 알렉산드로스 대왕이 죽고, 아테나이에 반마케도니아 정서가 확산되어 불경죄로 고발되자, 어머니 가문의 영지가 있는 에우보이아의 칼키스로 떠남.

322년 칼키스에서 62세의 나이로 죽음.

옮긴이 **박문재**

서울대학교 법과대학 법학과와 장로회신학대학교 신학대학원 및 동 대학원을 졸업했으며, 독일 보쿰 대학교에서 수학했다. 또한, 고전어 연구 기관인 비블리카 아카데미아Biblica Academia에서 오랫동안 고대 그리스어와 라틴어를 익히고, 고대 그리스어와 라틴어 원전들을 공부했다. 대학 시절에는 역사와 철학을 두루 공부했으며, 전문 번역가로 30년 이상 인문학과 신학 도서를 번역해왔다.
역서로는 『자유론』(존 스튜어트 밀), 『프로테스탄트 윤리와 자본주의 정신』(막스 베버), 『실낙원』(존 밀턴) 등이 있고, 라틴어 원전을 번역한 책으로 『고백록』(아우구스티누스), 『철학의 위안』(보에티우스), 『유토피아』(토머스 모어) 등이 있다. 그리스어 원전에서 옮긴 아우렐리우스의 『명상록』과 『소크라테스의 변명·크리톤·파이돈·향연』, 『아리스토텔레스 수사학』, 『아리스토텔레스 시학』, 『이솝우화 전집』 등은 매끄러운 번역으로 독자들의 호평을 받고 있다.

현대지성 클래식 30

아리스토텔레스 수사학

1판 1쇄 발행 2020년 2월 5일
1판 8쇄 발행 2024년 12월 19일

지은이 아리스토텔레스
옮긴이 박문재
발행인 박명곤 **CEO** 박지성 **CFO** 김영은
기획편집1팀 채대광, 김준원, 이승미, 김윤아, 백환희, 이상지
기획편집2팀 박일귀, 이은빈, 강민형, 이지은, 박고은
디자인팀 구경표, 유채민, 윤신혜, 임지선
마케팅팀 임우열, 김은지, 전상미, 이호, 최고은

펴낸곳 (주)현대지성
출판등록 제406-2014-000124호
전화 070-7791-2136 **팩스** 0303-3444-2136
주소 서울시 강서구 마곡중앙6로 40, 장흥빌딩 10층
홈페이지 www.hdjisung.com **이메일** support@hdjisung.com
제작처 영신사

"Curious and Creative people make Inspiring Contents"
현대지성은 여러분의 의견 하나하나를 소중히 받고 있습니다.
원고 투고, 오탈자 제보, 제휴 제안은 support@hdjisung.com으로 보내 주세요.

현대지성 홈페이지

이 책을 만든 사람들
편집 채대광 **디자인** 구경표

"인류의 지혜에서 내일의 길을 찾다"

현대지성 클래식

1 그림 형제 동화전집 | 그림 형제
2 철학의 위안 | 보에티우스
3 십팔사략 | 증선지
4 명화와 함께 읽는 셰익스피어 20 | 윌리엄 셰익스피어
5 북유럽 신화 | 케빈 크로슬리-홀런드
6 플루타르코스 영웅전 전집 1 | 플루타르코스
7 플루타르코스 영웅전 전집 2 | 플루타르코스
8 아라비안 나이트(천일야화) | 작자 미상
9 사마천 사기 56 | 사마천
10 벤허 | 루 월리스
11 안데르센 동화전집 | 한스 크리스티안 안데르센
12 아이반호 | 월터 스콧
13 해밀턴의 그리스 로마 신화 | 이디스 해밀턴
14 메디치 가문 이야기 | G. F. 영
15 캔터베리 이야기(완역본) | 제프리 초서
16 있을 수 없는 일이야 | 싱클레어 루이스
17 로빈 후드의 모험 | 하워드 파일
18 명상록 | 마르쿠스 아우렐리우스
19 프로테스탄트 윤리와 자본주의 정신 | 막스 베버
20 자유론 | 존 스튜어트 밀
21 톨스토이 고백록 | 레프 톨스토이
22 황금 당나귀 | 루키우스 아풀레이우스
23 논어 | 공자
24 유한계급론 | 소스타인 베블런
25 도덕경 | 노자
26 진보와 빈곤 | 헨리 조지
27 걸리버 여행기 | 조너선 스위프트
28 소크라테스의 변명·크리톤·파이돈·향연 | 플라톤
29 올리버 트위스트 | 찰스 디킨스
30 아리스토텔레스 수사학 | 아리스토텔레스
31 공리주의 | 존 스튜어트 밀
32 이솝 우화 전집 | 이솝
33 유토피아 | 토머스 모어
34 사람은 무엇으로 사는가 | 레프 톨스토이
35 아리스토텔레스 시학 | 아리스토텔레스
36 자기 신뢰 | 랄프 왈도 에머슨
37 프랑켄슈타인 | 메리 셸리
38 군주론 | 마키아벨리
39 군중심리 | 귀스타브 르 봉
40 길가메시 서사시 | 앤드류 조지 편역
41 월든·시민 불복종 | 헨리 데이비드 소로
42 니코마코스 윤리학 | 아리스토텔레스
43 벤저민 프랭클린 자서전 | 벤저민 프랭클린
44 모비 딕 | 허먼 멜빌
45 우신예찬 | 에라스무스
46 사람을 얻는 지혜 | 발타자르 그라시안
47 에피쿠로스 쾌락 | 에피쿠로스
48 이방인 | 알베르 카뮈
49 이반 일리치의 죽음 | 레프 톨스토이
50 플라톤 국가 | 플라톤
51 키루스의 교육 | 크세노폰
52 반항인 | 알베르 카뮈
53 국부론 | 애덤 스미스
54 파우스트 | 요한 볼프강 폰 괴테
55 금오신화 | 김시습
56 지킬 박사와 하이드 씨 | 로버트 루이스 스티븐슨
57 직업으로서의 정치·직업으로서의 학문 | 막스 베버
58 아리스토텔레스 정치학 | 아리스토텔레스
59 위대한 개츠비 | F. 스콧 피츠제럴드

현대지성 클래식 살펴보기